Veneficium unicum, secundum [lat.]
der Giftmischerei erster und zweiter Teil
Was bisher geschah:

Taron Ikárov, König der Dämmerung, war lange Zeit alleine.
Vor Jahren ist er zu einer Familienfeier losgezogen, blind seinem Schicksal entgegen.
Nach einem feigen Attentat durch die Dunklen kehrt er als ein ganz anderer zurück.
Und er ist alles andere als einsam. Die Töpferstochter Mia, Remoulado Gurkenflieger, ein kleiner Nachtmahr namens Schorsch und viele andere sind als Gemeinschaft für immer zusammengeschweißt.
Auch wenn nichts mehr ist wie zuvor: Zurück in seinem Schloss regiert Taron weiter.
Doch das Leben in Grauen ist für viele völlig anders als erwartet.
Das Rätsel um das schreckliche Attentat wird gelüftet und viele neue Geheimnisse damit aufgetan.
Der König kämpft nicht nur für sich mehr denn je gegen eine rätselhafte Krankheit.
Doch in einem goldenen Käfig zu halten ist er nicht.
Als die Dunklen erneut ihre Hände noch Grauen ausstrecken, bricht er aus und erreicht auf turbulenten und neuen Wegen, was niemand für möglich hält. Auch hier kehrt er nicht alleine zurück.
Alte Freunde, neue Bekanntschaften und alte Feinde. Auch die tragische Geschichte der Familie Ikárov nimmt von hier aus ungewöhnliche Pfade …

Veneficium tertium [lat.]
der Giftmischerei dritter Teil

Der König von Grauen hat nun Familie, und weil er sich weigert endlich zu heiraten, erklärt er sich mit einer Urne vermählt.
Eine Dunkle ist Patin von Tarons Tochter.
Ganz andere Vorzeichen säumen diese Geschichte …
Im Stadtschloss zu Wassergrün, bei Stadtleben, Kunst und Kultur und mit Taron als Gastdozent an der Universität gilt es völlig neue Abenteuer zu bestehen.
Dort trifft Taron auf die Morbidianer …
Sie verfolgen ihre ganz eigenen Ziele und machen dem König ein kniffliges Angebot.
Es hat mit seiner Krankheit, der Fledderiszidose zu tun und der Preis, den er bereit ist zu zahlen, ist hoch.
Doch auch die Morbidianer haben sich verzettelt.
Taron geht erneut seine eigenen Wege
und verblüfft damit alle. Nichts und niemand kann den König der Dämmerung aufhalten.
Schon gar nicht ein niederträchtiger Tauschhandel.
Welche Wendungen wird die Geschichte diesmal nehmen?

CHRISTINA HOFMANN
mit Illustrationen von Ulrike Wilde

Veneficium tertium –
der Giftmischerei dritter Teil

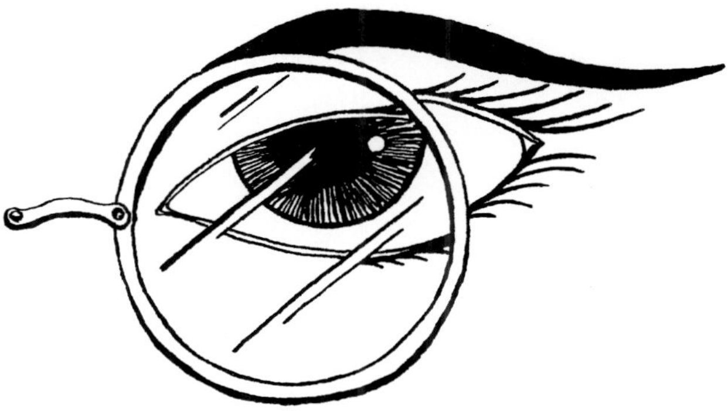

TEIL I

Roman

Turmhut Verlag

Bibliografische Information Der Deutschen Bibliothek
Die Deutsche Bibliothek verzeichnet diese Publikation in der Deutschen Nationalbibliografie; detaillierte bibliografische Daten sind im Internet über http://dnb.ddb.de abrufbar.

Illustrationen: Ulrike Wilde
Gestaltung Cover / Satz / Layout: Marco Sonderegger

– erste Auflage 2018 –

ISBN 978-3-945175-29-3

Printed in Germany

Kontakt:
Turmhut-Verlag
Sylvie Kohl
Eichenweg 8
97640 Stockheim

Internet: www.turmhut.de
E-mail: turmhut@turmhut.de

Wassergrün,
dunkle Gewässer und tiefe Gräben

„Lasst es brennen“,
waren seine letzten Worte an diesem Tag.
“Das Haus könnt Ihr nicht mehr retten, nur Euch selbst.“
Taron hatte seine Leute aus dem Kampf gegen
das Feuer zurückgezogen.
Das alte Gemäuer flammte lichterloh.
Man stand, umsäumt von einigen geborgenen
Habseligkeiten und Papieren Arm in Arm im dunstigen
Rotglühen einer lange hereingebrochenen Nacht
und sah auf das Schloss. Mia weinte leise in Tarons Arm
und in ihren Augen spiegelten sich die Lichter.
Der nächste Tag war nicht mehr fern.

Kapitel 1

Große Teile des Schlosses waren nach der Schlacht mit den Dunklen, durch das Feuer und die große Explosion im Laboratorium so verwüstet, dass die Räume nicht mehr bewohnbar waren. Man musste für eine lange Zeit der Wiederherstellung und Renovierung einen anderen Wohnsitz wählen. Die große Stadtresidenz zu Wassergrün.

Das einsam geruhsame Leben auf dem Schloss gehörte der Vergangenheit an. Soviel war bereits sicher, als sie in ihrer Staatskarosse den belebten Straßen von Wassergrün immer näher kamen. Vorbei waren die Tage der Heimeligkeit und des beschaulichen fast rustikalen Lebens im abgeschiedenen Grauener Schloss.

Nach dem Sieg über die Dunklen war Taron frei zu gehen, wohin immer er wollte, und dies in aller Öffentlichkeit. Die stetige Gefahr für ihn schien vorläufig der Vergangenheit anzugehören.

Trotzdem war ihm beklommen, als sie in der letzten Herberge vor der Stadt gerastet hatten und er sich in seine dekorierteste Staatsuniform gezwängt hatte. Selbst ihm als Herrscher über dieses Land und über diese Stadt erging es so und es waren nicht nur die Restspuren der erst so kürzlich vergangenen Schlacht, die unter seinem Gewand und unter seinem Hut ein wenig schmerzten.

Der Leibwächter neben ihm war todbetrübt und unleidig. Er hatte seinen Hund bei Vincent zurück lassen müssen. Im Wassergrüner Stadtschloss wurden keine Tiere geduldet, so hieß es. Auch die beiden Katzentiere waren in der Obhut der Menschen zurückgeblieben, die für die Burg nun verantwortlich waren.

Für Schorsch, den kleinen frechen Nachtmahr, sollte dies ebenso gelten. Aber er war mindestens ebenso eigenwillig wie der Herrscher selbst und so fand er ganz versteckt einen gemütlichen Reiseplatz als blinder Passagier in der Gepäckkutsche.

Die Gemeinschaft war sehr still auf ihrer Reise. Jeder stand noch unter dem Eindruck dessen, was geschehen war. Jeder hatte etwas zurück gelassen. Und das Heimweh begann bereits an jedem einzelnen von ihnen zu nagen, obwohl sie Wassergrün noch nicht einmal erreicht hatten.

Sie blickten sich schweigend an. Sie sahen aus, als zögen sie in einem Triumphzug in die Stadt. Nicht nur der König, auch seine Wache, sein Leibwächter Remoulado, Mia und selbst Konrad von Schwarzeck und die Amme, die mit ihnen reiste, waren aufgerüscht. So drückte sich zumindest Remoulado abfällig aus, dem sein eng gebundener Kragen so gar nicht passte.

„Gewöhn dich lieber schnell daran", war Tarons einziger Kommentar dazu, als er sah, dass Remoulado noch immer verdrießlich an seinem Kragen herumzerrte.

Der König konnte es nicht ändern. Er hatte wohlweislich von der Medizin die doppelte Dosis genommen, bevor sie die Stadt erreichten. Sein Leibarzt Njorbert von Schnapp würde wenige Tage später in Wassergrün eintreffen.

Taron dachte nur kurz an seine warnenden Worte zum bedachten Gebrauch des Mittels. Er verdrängte den Gedanken schnell. Keine Spur seines Durchsichtigkeitsleidens, der Fledderiszidose, sollte heute den Gesamteindruck und sein Antlitz trüben und den Leuten irgendwelche unschönen Innenansichten ihres Herrschers aufzwingen. Die Grauener Bevölkerung sollte einen siegreichen, strahlenden König zu Gesicht bekommen. Sie hatten ihn während Tarons langem Schlossarrest so lange entbehren müssen. Aus Sicherheitsgründen. Jetzt war es dringend an der Zeit so viel Präsenz wie möglich nachzuholen. Und wo konnte dies besser gelingen als in dieser pulsierenden Metropole.

Sie wurden bestaunt und beäugt und eine tosende Menschenmenge an den Straßenrändern hatte sie lautstark begrüßt, sobald sie das Stadttor passiert hatten. Die Leute waren begeistert. Blumen säumten den Weg bis hin zum Anwesen und flogen ihnen zu Dutzenden in die offene Kutsche.

Taron scheute sich nicht, bei der Fahrt durch die Straßen sein Kind in den Arm zu nehmen. Die kleine Shelly weinte nicht.

Trotz den lauten Massen, an denen die Kutsche vorbei rollte. Sie lag sicher im Arm ihres Vaters. Die kleine Prinzessin war mucksmäuschenstill, sah ihren glänzenden Herrn Papa in seiner Gardeuniform und versuchte nach der Feder auf seinem Hut zu greifen. Sie grinste fröhlich in die Menge.

Dem König war zuvor erst wenig Zeit vergönnt, sich an seine Vaterschaft zu gewöhnen. Er sah seinem Kind in die Augen. Das Tosen um sie herum verstummte in diesem kleinen Kosmos für einen Augenblick.

Im Reisegepäck und sicher verpackt hatten sie auch eine traurige Fracht: Helenes Urne. Shellys Mutter war bei der Geburt in den Bauten der Dunklen gestorben. Das Kind würde sie nie kennen lernen. Für einen Moment dachte Taron schmerzlich an Helene und drückte das Kind in seinem Arm fest an sich. Mit dem anderen winkte er huldvoll in die Menge.

Ein wenig bang wurde ihm von all den Menschen. Ebenso wie seinen Begleitern, die das überschäumende Leben und überhaupt eine so große Stadt überhaupt nicht mehr gewohnt waren.

Kurz beneidete Taron Ellis und Vincent. Die Hausdame und seinen Verwalter, die zurückgeblieben waren im Dorf, um die Renovierung des Schlosses in Tarons Auftrag zu begleiten. Sie würden sich lange nicht wiedersehen.

So zogen sie vorbei an reich geschmückten Straßenzügen, prächtig barocken Großbauten zwischen kunstvollem Fachwerk, entlang an Brunnen, Standbildern, üppig bepflanzen Rabatten, langen Alleen, feudalen Brücken und dem Fluss, der dieser Stadt seinen Namen gab. Beinahe smaragdfarben glitzerte das Wasser unter ihnen, als sie mit ihrer Kutsche eine der Brücken befuhren. Die Straßen waren sauber, als wären sie allesamt vor Kurzem mit einem Besen gekehrt worden. Sie kamen vorbei an den Wassergrüner Leuten in ihrer feinsten Festtagstracht und Grauens ganzer Reichtum schien sich vor ihnen auszurollen wie ein samtroter Teppich.

Sie waren in Wassergrün. Hauptstadt und Stolz eines ganzen Landes und einer der Gründe, warum manch einer von außen schier gelb vor Neid und Habgier nach Grauen blickte.

Kapitel 2

Es wurde ruhiger, als sie das riesige Eingangstor des Anwesens endlich durchfahren hatten. Taron und die Seinen wurden vor dem Haupthaus mit einem großen Empfang geehrt, als der Gardezug mit der Kutsche auf dem Platz vor dem mondänen Haus zum Stehen kam. Die gesamte Hausgemeinschaft einschließlich der zahlreichen Bediensteten stand vor dem Anwesen inmitten der Stadt, um sie willkommen zu heißen.

Sie waren angekommen. Alle waren müde von der Reise und bang, was sie in Grauens großer Stadt nun wohl erwarten würde.

Taron blickte über die Versammlung der sie erwartenden Menschen. Zuvorderst stand alt, gebückt und auf einen Stock gelehnt sein Onkel Anatol. Er bewohnte die Stadtresidenz gemeinsam mit seiner Familie, seit Edolf, dessen Erbe Taron angetreten hatte, in die einsame Enklave des Grauener Schlosses gezogen war.

Taron hatte seinen Patenonkel seit vielen Jahren nicht mehr gesehen. Der Herzog zu Wassergrün begrüßte ihn standesgemäß. Kühl und die steife Etikette wahrend. Im Inneren war Anatol ganz anders, das wusste Taron. Er würde sehen, was die Zeit hier brachte. Edolf hatte ihm den Kontakt beizeiten verboten. Sie hatten sich viele Jahre nicht gesehen.

Taron nickte erhaben, als er aus der Kutsche stieg und wie es dieser Inszenierung gebührte. Der gesamte Hofstaat machte vor ihm und seiner Begleitung eine tiefe Verbeugung.

Anatol hingegen blieb kerzengerade stehen, legte die Hand an die Stirn, klackte die Hacken zusammen und grüßte militärisch.

Taron nickte und erwiderte den Gruß ebenso wie sein Onkel.

„Da sind sie also. Die Flüchtlinge aus dem abgefackelten Schloss“, begrüßte sie der Alte. „Willkommen in Eurer bescheidenen Stadtresidenz“, tönte er Taron entgegen und stand wieder bequem. „Ich gedenke nach wie vor sie für Euch zu verwalten. Also, habt Obdach in *meinem* Haus so lange es nötig ist. Das erste Stockwerk einschließlich der Regierungsräume sei hiermit Euer für die Zeit Eures Aufenthalts. Es wurde alles vorbereitet.“ Man reichte sich die behandschuhten Hände.

Antatol zog Taron ein wenig zu sich heran. „Du wirst arbeiten müssen für deinen Aufenthalt hier, liebster Neffe. Traditionelle Frondienste. Mach dir keine Illusionen. Gebieter!“, grinste er dann ironisch. „Ganz nach Edolfs Willen dulde auch ich keinerlei Schnorrerei. Und glaube mir, auch keine einzige Nachlässigkeit oder Liderlichkeit, die Euren Lebenswandel betrifft“, flüsterte er ihm zuckersüß ins Ohr.

Taron nickte. Alles war genau, wie er es insgeheim erwartet hatte, und in alter Familientradition. Fast niemand sonst konnte es sich erlauben so mit ihm zu reden. Er hatte seinem Patenonkel viel zu verdanken. Er würde sich den Förmlichkeiten seines Hauses fügen. Als Gast. Und er würde dafür sorgen, dass seine Begleitung dies ebenso handhabte.

„Meinst du, es hat mir Spaß gemacht, diesen ganzen steifen Apparat hier zu übernehmen, seit Edolf den Thron von Eurem Vater übernommen hat?“, zischte Anatol. „Bequem ist mein Herr Bruder all dem entflohen. Er wusste wohl warum. Und hat sich von hier abgewendet und sich auf dieses einsame staubige Schloss zurückgezogen, das Euch gerade unter dem Hintern abgebrannt ist. Nie hat er sich für die feine Adelskultur in Wassergrün interessiert. Es war ihm ein Graus. Ich bin gespannt, wie Ihr in diese Gesellschaft passen werdet, mein König.“ Er wippte mit dem Kopf.

„Doch genug der alten Geschichten über meinen verkorksten Bruder. Mein lieber Junge...“, sagte er dann plötzlich milde und drückte Taron verborgen vor den anderen versöhnlich für diese rüde Begrüßung die Hand. „Ich hoffe, Edolf hat Euch zu Lebzeiten dort im Schloss nicht allzu sehr verdorben. Niemanden hat er mehr zu Euch gelassen. Glaubt mir, ich bin sehr gespannt auf Euch! Und wir werden jede Menge Zeit haben uns neu kennen zu lernen.“ Interessiert und mit einem amüsierten Flackern in den Augen betrachtete er Tarons Gefolgschaft, die unschlüssig hinter ihm gewartet hatte.

„Komm her!“, schnarrte es neben Anatol und Tarons Tante Lucinde riss den König an sich. Sie nahm sein Gesicht in die

Hände und küsste ihn stürmisch. Sie war eine Dunkle. Riesengroß und klobig, trotz ihres hohen Alters, sah sie sogar auf Taron noch herunter. Konrad hinter Taron traute seinen Augen kaum. Er war hier als Dunkler nicht allein.

Astronomie, Geschichte und spezielle Pharmazie. Dies waren die Fächer, die Anatol ihm in seinem Amt als Dekan der Grauener Universität zugedacht hatte und die Taron fortan regelmäßig in einzelnen Vorlesungen und Seminaren lehren sollte. Neben den Regierungsgeschäften sein Beitrag für die Stadt. Anatols vorgesehene Frondienste waren auf hohem Niveau. Taron staunte nicht schlecht, als er Anatols Lehrauftrag vernommen hatte.

„Kräuterkunde ist ohnehin dein Steckenpferd", hatte sein Onkel aufmunternd bemerkt. „Hier bist du kaum zu schlagen. Vom Schloss aus hast du hier nach deinem Fernstudium sogar deine Doktorarbeit verfasst. Ich war stellvertretend für deinen Vater sehr stolz auf dich, dass du diese sogar mit Auszeichnung abschließen konntest."

„Ein Doktor?", fragte Mia erstaunt. Sie hatte bisher keine Ahnung von bildungselitären Verhältnissen.

Taron nickte.

„Sehr wohl, werte Gastgesellschaft", prahlte Anatol und klopfte Taron auf die Schulter. „Er hatte nichts anderes als die Paukerei, bis er aus Edolfs allzu harter Lehre ausgebrochen ist. Ein Doktor, ja. Ich weiß, er hat nie ein Aufhebens darum gemacht. Sogar seinen Doktorhut hat er zurückgeschickt nach Wassergrün. Ich kann ihn euch zeigen. Und ab morgen wird er hier als Gastdozent für die nächsten Semester den hiesigen Lehrkörper unterstützen. Verzeih. Eine Professur kann ich dir nicht geben, mein Lieber. Hierfür hast du eindeutig zu wenig Zeit. Aber wer weiß. Vielleicht später einmal, wenn Shelly dir über den Kopf gewachsen sein wird und die Krone auf ihren hübschen Löckchen trägt. Aber so alt werde ich wohl nicht."

Shelly lag während des Gesprächs liebevoll in Tarons Arm gebettet und ließ sich durch den Raum tragen.

Nach einem langen Blick auf das Kind sprach Anatol schließlich weiter.

„Und ein Seminar in Grauener Geschichte, mein Herr König, ist obligatorisch für Euch. Niemand muss darüber so gut Bescheid wissen wie der Herrscher dieses Landes."

Taron verzog das Gesicht. Das würde viel zu tun geben. Wann sollte er noch schlafen? Ein Tag hatte nur eine begrenzte Anzahl von Stunden.

„Astronomie werde ich nicht geben", sagte er dann entschlossen. „Hier bin ich schon viel zu lange nicht mehr eingelesen. Habt ein wenig Nachsicht für mich übrig."

Anatol lachte und pflückte Shelly aus Tarons Arm.

„So soll es sein", schmunzelte er. „Remoulado wird auch hier Euer Leibwächter bleiben und Euch auf Schritt und Tritt zur Seite sein. Damit leistet er wahrlich genug."

Mia kräuselte die Stirn.

„Ich werde nicht herumsitzen wie in einem Puppenhaus, mir die Nägel zurecht feilen und schnöde Stickarbeiten produzieren", platzte es aus ihr heraus.

Die Gesichter ruckten zu ihr herum und man amüsierte sich über ihr unverblümtes Gemüt und ihr Ungestüm.

„Und für Euch reizende Mia habe ich eine besonders schöne Aufgabe." Der Alte sah sie an. „Ich habe gehört, Ihr seid besonders talentiert in der Malerei... Wie wäre es mit einer Anstellung im Theater? Nur so als Idee. Bühnenbau und Kulissengestaltung... Ich könnte Euch den Weg sicher ebnen."

Mia machte große Augen.

„Sie weiß noch nicht mal, was ein Theater ist", bremste Taron seinen Onkel. „In Hiesig hatte sie keine Möglichkeit bisher, das Theater zu besuchen. Und im Dorf vor dem Schloss gab es höchstens ab und zu ein Puppenspiel."

„Na, wunderbar", rief Anatol und ließ sich nicht beeindrucken. „Ich war so frei, uns für heute Abend die große Loge vorbereiten zu lassen. Jeder im Theater soll Euch sehen, König. Wir können Euch der Wassergrüner Gesellschaft nicht länger vorenthalten. Und eine Premiere mit dem Fürsten wird bestimmt ein Höhepunkt für die feine Gesellschaft. Es wird Shakespeare gegeben. Ein Sommernachtstraum. Das Ensemble ist schon ganz aufgeregt. Es wird Euch gefallen, meine Liebe." Er drückte Mia kurz an sich.

Ihre Augen strahlten.

„Ich fürchte, wir müssen heute noch für Euch ein ausreichend pompöses Abendkleid besorgen", witzelte er und zwinkerte Mia zu. „Und was trägst du, Neffe? Die ganz große Galauniform, die ihr vor den Flammen retten konntet dürfte kaum angemessen sein. Wir werden sehen, was Edolf in den Schränken hier für Euch zurückgelassen hat."

Taron lief es kalt über den Rücken. Es bereitete ihm einen Schauer nach dem anderen bei dem Gedanken, einen Ausgehanzug von Edolf zu tragen. Aber sein Onkel hatte Recht. Es war nicht allzu viel, was sie den Flammen im Schloss noch hatten entreißen können.

Kapitel 3

Seit diesem Tag waren drei ganze Jahre vergangen. Und es war gekommen, wie Onkel Anatol es gewünscht hatte. Taron regierte Grauen nun von Wassergrün aus. Zwischen Terminen, Audienzen, offiziellen Terminen und den minutiös festgelegten Essenszeiten arbeitete er in seinen wenigen freien Stunden pflichtschuldigst für das Grauener Bildungssystem. Der König hielt diszipliniert seine Vorlesungen an der nahen Wassergrüner Universität, an der Anatol die Federführung hatte. Wenn er nicht über seinen Geschäften und nicht in den Lehrsälen war, fand man ihn in der Bibliothek und am Schreibtisch. Man hatte im Schloss ein gesondertes Arbeitszimmer für ihn eingerichtet.

Auch Remoulado hatte sich mit dem Wassergrüner Zeremoniell vertraut gemacht und sich nach und nach seinen Platz in der Garde erarbeitet. Soweit möglich blieb er immer an Tarons Seite. So viele Leute waren hier.

Er bewohnte ein Zimmer direkt gegenüber den Räumen des Königs und für seinen Teil konnte es der Annehmlichkeiten nicht genug sein. Als Entschädigung gewissermaßen für die stetig gestörte Ruhe und das beinahe vollständige Fehlen von Privatsphäre. Überall wuselte Hauspersonal und alleine zum Ankleiden stürmten regelmäßig zwei bis drei Mann in des Königs Gemächer. Zu Remoulados Überraschung ließ der König sie gewähren. Er fügte sich klaglos dem Protokoll dieses Hauses und damit auch sein Leibwächter.

Trotz der stetigen Unruhe im Haus hatte Remoulado Gurkenflieger an diesem Ort, im Gegensatz zu ihrem alten Wohnsitz, im Grunde fast nichts zu tun. Außer stetig präsent zu sein bei dem König und dies möglichst ohne zu stören. Man sprach wenig miteinander und fast nie war man allein.

Notgedrungen hatte Remoulado schließlich angefangen zu lesen. Er las alles über Grauen, was er in die Finger bekommen konnte. Die vielen Stunden an der Seite des Königs waren ansonsten schier endlos, wenn sein Dienstherr schweigend schrieb, oder Bücher wälzte. Der Leibwächter wurde ein Meister darin, sich in den Bibliotheken zurechtzufinden und seinem Herrn jedes noch so tief in den Magazinen versteckte Buch zu besorgen.

Mia für ihren Teil fühlte sich mittlerweile sehr wohl hier. Sie war unter Lucindes Fittichen aufgeblüht. Tarons Tante hatte sie eingeführt in die Wassergrüner Gesellschaft. Aber auch sie bestand nach wie vor darauf etwas zu tun zu haben. Sie konnte der dämlich und höfisch kultivierten Langeweile so gar nichts abgewinnen.

Sie hatte am Theater Fuß gefasst und sich in der Zwischenzeit dort einen festen Platz in der Mannschaft erstritten und ermalt. Sie hatte sich Respekt verdient und ebenso wie Taron war sie viel außer Haus, um ihrer Aufgabe gerecht zu werden, und die Bühnenbilder in dem Schauspielhaus wurden prächtiger denn je.

Der Wassergrüner Alltag hatte schneller Einzug gehalten in ihrer aller Leben als sie jemals gedacht hatten. Hier war alles so sehr anders. Aber es blieb selten die Gelegenheit darüber nachzudenken. Man hatte sich daran gewöhnt. Zumindest Taron erging es so. Und bei den anderen war es ähnlich. Und ohne dass man es direkt bemerkte, waren auch sie längst ein Teil der Wassergrüner Hofgesellschaft geworden. Der Moloch dieses Ortes hatte sie einfach in sich aufgesaugt.

Nun war alles wie selbstverständlich und das alte Schloss, an dem voller Tatendrang gebaut wurde, geriet im dicht gepackten Tagespensum des Wassergrüner Zeremoniells schattenhaft in den Hintergrund. Es blieb oft keine Minute Zeit, daran zu denken.

Wöchentlich erhielt Taron von Vincent Berichte über die Planungen und Fortschritte der Renovierungsarbeiten. Der König ließ ihm freie Hand und er wusste, der Verwalter würde seinen Auftrag zum Besten erledigen.

Nachts aber, wenn alles still war und Taron alleine und ohne vierbeinige Schlafgenossen in seinem kalten und überdimensioniert königlichen Prachtbett zwischen knisternden Seidenkissen lag, vermisste er innig seinen alten Wohnsitz. Zumindest in den wenigen Augenblicken, bis er eingeschlafen war.

Das Bett stand auf einem Podest mit mehreren Stufen. Ein Bett mit Podest und Stufen. Wer brauchte bitte so etwas? Wie mochten wohl sein Vater und Edolf vor ihm in der königlichen Bettstatt hier geschlafen haben? Wie oft war Taron am Anfang beim Aufstehen in die Luft getreten. Wie oft war er gestolpert, oder hatte sich die Zehen im Dunkeln angeschlagen. Einmal endete das morgendliche Erwachen im Halbschlaf mit einem verstauchten Fuß.

Und wie oft hatte er geglaubt, die schweren samtenen Vorhänge an den zimmerhohen Bettpfosten wollten ihn im Schlaf erdrücken. Zusammen mit dem allgegenwärtig ausladenden Deckenstuck, den üppigen goldbelegten Bilderrahmen an den Wänden auf gemusterten Tapeten, den bunt gewebten Teppichen und den bedrohlich massigen Stoffbahnen an den Fenstern.

Er vermisste seinen spartanischen Schlafraum in der Burg, die kahlen Wände, den Blick vom Balkon und alles, was dazu gehörte. Vor allem entbehrte er seine Getreuen, die zurückgeblieben waren. Vincent, die Modrichs, Nolda und nicht zuletzt Ellis und die ganze urige Gemütlichkeit ihrer Gewölbeküche, die Eckbank dort und die allabendlichen Treffen.

Die gemeinsamen Essen mit Anatol und seiner Familie glichen eher einem Staatsbankett als einem normalen Mahl im Kreis der Familie. Bequeme Kleidung, fröhliches Seichtgeplauder oder ein Würfelspiel in vertrauter Runde waren Fehl am Platz. Der wöchentliche Tag der hässlich bequemen Kleidung war stillschweigend begraben. Mit Anzug und Krawatte ging der König hinunter zum Frühstück. Und mit Anzug und Krawatte kehrte er nachts in seine Räume zurück.

Die heimlichen Ratssitzungen, die Taron als Vorsitzender dieser Versammlung auch hier in Wassergrün weiter abzuhalten hatte, mussten während der Nachtstunden erfolgen. Man wählte den Keller eines abgeschiedenen Lagerhauses als Tagungsort. Und so geschah es regelmäßig, dass Taron sich gemeinsam mit Remoulado zu später Stunde heimlich und auf lange ausgespähten Wegen von dem Anwesen entfernten.

Kapitel 4

Es gab eine Gruppe von Leuten in Grauen, die das Wirken des Königs seit seiner Ankunft in dieser Stadt sehr genau betrachtete. Jahrelang und ohne, dass der König es jemals bemerkte. Man gab sich nicht zu erkennen.

Man traf den König in der Universität, in den Bibliotheken, bei Diners, bei öffentlichen Anlässen, bei Spaziergängen im Park, beim Besuch im Theater, bei Vernissagen und Soirees. Schlicht bei fast allen öffentlichen Anlässen und man studierte ihn und seine Gewohnheiten im Verborgenen genau. Und ohne dass es dem König auffiel bei all dem Trubel um sich, war er längst ins Visier der heimlichen Elite in dieser Stadt geraten. Man hielt sich bedeckt, beobachtete und lernte einen König kennen, den man an Kraft und Einfluss bei weitem unterschätzt hatte. Bis man es für einen geeigneten Zeitpunkt hielt, sich dem Herrscher zu erkennen zu geben.

Edolf hatte sie stets gefürchtet, doch war er nie konkreter geworden in seinen Berichten. Ein einflussreicher Bund an ebenso bedeutenden Menschen in dieser Stadt aus genau den Kreisen, in welchen Taron sich ständig bewegte. Ein Zirkel aus Verschworenen, der auf seine ganz eigene Weise wusste, wie in dieser Stadt die Fäden zu ziehen waren und wie man seine Interessen durchzusetzen vermochte. Man arbeitete mit den Mitteln der Wissenschaft und weit darüber hinaus.

Edolf hatte Taron nicht ohne Grund aus Wassergrün stets fern gehalten. Was er an Zauberkunst jemals gelernt hatte, wusste er von ihnen. Und was Taron von seinem Onkel einstudiert hatte, fußte auf ihrer Lehre, ohne dass er es wusste. Sie hatten ihre Fänge längst nach dem König ausgestreckt und als Edolf sich vor ihnen zurückgezogen hatte, war es zu spät.

Taron kannte die Geschichten. Er hatte darauf noch nie etwas gegeben. Er hielt es für nichts weiter als eine der schauerlichen Legenden seines Onkels, dass es eine Vereinigung wie diese überhaupt geben sollte. Und vor lauter Emsigkeit und Aufmerksamkeit für seinen innersten Kreis hatte er darauf noch nie zuvor geachtet. Das würde sich ändern.

So kam es, dass einer der Professoren ihn eines Tages im Lehrsaal abgepasst hatte. Nach einer Vorlesung hatte gerade der letzte Student den Saal verlassen und Taron machte die über und über beschriebene Tafel sauber.

Remoulado war bereits vorgegangen, um den Kutscher für die Fahrt zurück zum Stadtschloss zu informieren.

Taron fand sich plötzlich umringt von seinen Kollegen.

„Solide Vorlesung“, floskelte der Professor für Medizin anerkennend und drückte Taron seine Karte in die Hand. Die anderen nickten beipflichtend. Sie hatten den Professor begleitet.

„Wir bieten Euch einen Handel, König", sagte der Gelehrte dann ohne Umschweife. „Nachdem Ihr neben Euren heilsam friedenstauglichen Regierungsgeschäften auch hier so brilliante Dienste für die Wissenschaft und die Bildung unserer jungen Leute leistet, sind wir Euch das mehr als schuldig."

„Danke", sagte Taron verdattert. Er wusste nicht, worauf man hinauswollte. „Ich handle nicht", wehrte er dann ab. „Das dürfte bekannt sein." Er nahm seine Papiere vom Pult und wollte sich durch die Professoren einen Weg bahnen. „Ich habe bereits alles, was ich je brauche. Und jetzt entschuldigt mich. Euer Dekan verzeiht es nicht, wenn ich zu spät zu einem seiner Essen komme. Also, Kollegen. Bis morgen." Taron rückte seine Brille zurecht und wollte gehen.

Die Professoren stellten sich ihm in den Weg.

Unmerklich glitt Tarons Hand zu der versteckten Waffe unter seinem Talar. Egal, was das nun werden mochte, aber es gefiel dem König ganz und gar nicht.

„Wie es von außen betrachtet aussieht möchte ich Euch nicht widersprechen, mein Herrscher." Der Professor lächelte und drängte sich in den Vordergrund. „Aber blickt einmal in den Spiegel. Wir wissen Bescheid. Die letzte Einnahme Eurer Medizin ist bereits über der Zeit."

Taron fasste sich ins Gesicht. Konnte es sein, dass Njorberts Mittel jetzt bereits wieder seine Wirkung verlor? Wurde er schon wieder durchscheinend? Schnell schob er das Visier seines Hemdkragens vor das Gesicht.[1]

„Nicht auszudenken, wenn Eure Studenten Euch so sähen", lächelte der Mediziner gefährlich. „Euer Leibarzt, dieser Njorbert von Schnapp, ist wahrlich eine Koryphäe auf seinem Gebiet. Und er hat sein Möglichstes getan. Das wissen wir wohl. Aber wir wissen auch noch etwas anderes. Der Nachteil an seinem Medizinprodukt ist, dass Ihr es nicht zu oft einnehmen dürft. Schon gar nicht mehrfach hintereinander. Seine Wirkung wird zudem in letzter Zeit immer kürzer. Habe ich

---

(1) Ein findiger Schneider hatte bereits vor langem Tarons Garderobe so entworfen, dass er sein Gesicht bei Hervortreten der Fledderiszidose verbergen konnte.

Recht?“ Der Professor sah seinem König tief in die kritischen Augen. „Wie soll das auf Dauer gehen in dieser Stadt hier? Ihr wisst, dass wir Recht haben. Und da sagt Ihr so leicht, Ihr habt alles, wirklich alles, was Ihr braucht?“

Taron wurde blass.

„Wir meinen es gut mit Euch“, beteuerte der Professor für Philosophie. Seine Stimme wurde knirschend. „Wir sind diese Stadt und Ihr seid unser höchstes Gut, Herr König. Was ist, wenn das Mittel bald gar keine Wirkung mehr zeigt? Wenn Ihr uns fragt, ist das alles nur eine Frage der Zeit.“ Der Professor wagte sich noch näher an Taron heran. Er begann halblaut zu flüstern. „Ihr seid wahrlich sehr viel in der Welt herum gekommen, aber wir sagen Euch, Ihr habt wenig Ahnung von Wassergün. Eure Minister haben dies alles hier bisher im Grunde geleitet“, grinste der Professor. „In Eurem Namen…“, beschwichtigte er schnell, als er Tarons Blick auffing und erhob dabei zynisch die Hände. „Wir kennen sie allesamt gut. Und wir getrauen uns beinahe nicht es auszusprechen, aber es wäre Euer gesellschaftlicher Freitod hier in Wassergrün, wenn Ihr auf unser Angebot nicht zurückkommt. Und soll Eure Tochter Euch etwa ständig so sehen? Soll sie aufwachsen mit einem dauerhaft und grausig entstellten Vater? Soll sie die Schmach ertragen?“

Seine Kollegen stimmten ihm murmelnd zu. Der Kreis um Taron wurde enger.

„Sie ist übrigens allerliebst“, fuhr der Professor dann fort. „Wir haben sie neulich mit ihrer Amme und Eurer *Schwester*, wie Ihr sie nennt, in der Stadt gesehen. Es wäre doch ein Jammer, wenn schon wieder einem Mitglied der Familie Ikárov etwas zustoßen würde, weil die Leute zu viel Angst vor Euch bekommen. Wo Ihr doch so vernarrt seid in die kleine Prinzessin.“

Taron fuhr herum. Seine Augen funkelten bösartig.

„Noch ein einziges Wort und ich lasse Euch alle zusammen vierteilen!“, bellte er kurz. Er schlug die heuchlerisch ausgestreckte Hand des Gelehrten zur Seite, quetschte sich durch die Reihe der Professoren und ging ohne sich noch einmal umzublicken Richtung Ausgang. Er musste sich beeilen. Anatol entschuldigte keine Unpünktlichkeit.

„Bis morgen, Euer Gnaden. Werter Kollege..." Die Professoren machten allesamt einen tiefen Diener. „Ich denke, Ihr überlegt Euch unseren Vorschlag noch einmal. Und nachdem Euch der Tag so wenig Freiräume zulässt, müsst Ihr wohl Euren Schönheitsschlaf opfern, wenn Ihr mehr wissen wollt. Wir erwarten Euch morgen Nacht hier in der Bücherei. Und seht, dass Eure vertrottelte Leibwache Euch nicht schon wieder folgt."

Remoulado, die vertrottelte Leibwache, steckte gerade den Kopf zur Tür herein, um zu sehen, wo sein Freund so lange abgeblieben war. Überrascht sah er in die Runde der Professoren und Taron hinterher, der soeben mühsam beherrscht an ihm vorbeirauschte.

„Nicht wichtig, Rem", beschwichtigte der König, als Remoulado ihn aufhielt. „Nur eine kurze Besprechung unter Kollegen."

Taron hatte nach einer unruhig durchwachten Nacht lange in den Spiegel gesehen. Gezeichnet von Edolfs Fluch sah man jeden einzelnen Knochen in seinem Leib. Und nach einem anstrengenden Tag voller Aufgaben und Termine hatte er sich bei einbrechender Dunkelheit schließlich davongestohlen. Er hatte die Fähigkeiten, die er früher einmal lange trainiert hatte, noch nicht verlernt. Er wusste sich noch immer, wenn er wollte, lautlos und unbemerkt in Gebäuden zu bewegen.

Der König verließ das Anwesen und eilte hin zur Universität und zu den Professoren, die ihn bereits erwarteten.

Der Leibwächter hatte es nicht bemerkt.

„Also? Wie lautet Euer vielgerühmtes Angebot, was habe ich davon und vor allem: Was habt Ihr davon?", begann er die Unterredung, als man in der Bibliothek aufeinander getroffen war.

Die Professoren setzten sich mit Taron in die Runde und sahen sich verschwörerisch an.

Es war düster in der Bibliothek. Nur wenige Lampen waren entzündet und unruhige Schatten tanzten flackernd auf den Gesichtern. Irgendwo knarrte leise eine Türangel. Ein Luftzug vielleicht. Man hatte im Leseraum einen Kreis aus Sitzgelegenheiten gestellt. Die trockene Luft hier war geschwängert vom Holzduft der alten fast deckenhohen Regale, unzähliger Bücher und Folianten. Hier hatte man den König empfangen. Minuten vergingen, bevor einer von ihnen begann zu sprechen.

„Wir sind die Gemeinschaft der Morbidianer", ergriff einer von ihnen schließlich das Wort. Seine Einleitung klang bedeutsam wie ein Paukenschlag. „Falls Ihr davon schon einmal gehört habt, Euer Gnaden", setzte er fort. „Wir waren einstimmig der Meinung, es ist an der Zeit, das Blindekuh- Spielchen mit Euch nun endlich zu beenden und uns vorzustellen. Ihr sollt uns heute kennen lernen."

„Blindekuh?", lachte Taron spöttisch. „Was soll das? Ich spiele keine Spielchen. Nicht mit Euch. Allenfalls mit meiner Tochter. Manchmal besteht sie darauf. Vor allem wenn ihr Vater die Kuh ist." Taron legte den Kopf schief und sah die Professoren spottsüchtig an. „Aber wisst Ihr, es gibt triftige Gründe so etwas nur mit unbedarften Kindern zu riskieren."

„Wie Ihr meint", lächelte einer der Professoren. „Wirklich rührend übrigens, wie Ihr Euch trotz allem und des ganzen Trubels bemüht ein annehmlicher Vater zu sein. Man hat schon davon gehört und die Leute sprechen darüber. Aber dies nur am Rande und zurück zu unserem Thema. Manchmal spielt man Ähnliches längst, ohne es überhaupt zu bemerken, Euer Gnaden."

„Was wir zu sagen haben, wird also kein Zuckerschlecken für Euch", begann nun der Rhetorikprofessor. „Seid Ihr bereit?"

Der König zuckte ungeduldig mit den Schultern.

„Unsere Fähigkeiten gehen weit über das normale Maß hinaus, wenn es notwendig ist", erklärte der Professor ohne darauf zu achten. „Und wir halten etwas für notwendig. Nachrangig für Euch, Herr König, aber vor allem für Grauen. Kurz gesagt: Ihr erhaltet von uns etwas sehr Wertvolles. Etwas, das all Eure

Probleme löst, ohne dass Ihr den Schutz einbüßen müsst, den Ihr durch Euren Fluch genießt. Wir erhalten von Euch im Gegenzug ebenfalls etwas. Und wir wollen keine Kleinigkeit. Wir erwarten etwas sehr Persönliches als Gegenleistung."

So begannen die Verhandlungen. Die Professoren blickten ernst auf ihren König.

Er war in Uniform erschienen, nicht im Talar, und erwartete streng und gespannt, was diese Gemeinschaft ihm nun auseinandersetzen wollte.

„Wir wollen nicht zu dick auftragen", begann einer der Professoren. „Aber wir haben Euch gegen Eure Durchsichtigkeit eine Lösung anzubieten, die wahrlich ihresgleichen sucht. Ihr müsstet Euch nicht weiter stetig mit irgendwelchen Mitteln vergiften für eine nur flüchtige Wirkung. Ihr bekommt etwas viel Besseres von uns. Ihr verändert nicht länger Euer Aussehen. Ihr bekämpft Eure abschreckende Durchsichtigkeit nicht länger, sondern es ist uns gelungen eine Möglichkeit für Euch zu finden, sie zu eliminieren. Eine, durch die Ihr in Frieden mit all Euren anderen Gebrechen leben könnt. Mitten unter Euren Leuten und Euren Untertanen. Wie findet Ihr das? Ihr wärt für sie endlich ein makelloser König und müsstet Euch weder vermummen noch dauernd irgendwelche Schädlichkeiten zu Euch nehmen. Mit Eurem Spiegelbild könnt Ihr selbst inzwischen sehr gut leben, schätze ich. Dennoch. Wir haben die Macht, den Fluch für Euch in diesem Teil zu brechen. Na, was sagt Ihr?"

Taron sah ungläubig und misstrauisch in die Runde. Der andere ließ sich davon nicht irritieren und sprach weiter.

„Was wir von Euch dafür erwarten, wird Euch täglich daran erinnern, dass Ihr unseren Handel auch ja nicht vergesst. Ist das nicht phänomenal?"

Die anderen applaudierten.

„Wenn es so ein tolles Angebot ist, warum treffen wir uns dann heimlich mitten in der Nacht und nicht zur üblichen Audienzzeit in meinem Haus? Was ist hier faul?", fragte Taron ironisch in die Runde. „Und was ist der Preis für Eure angebliche Genialität, wenn ich fragen darf?“ Er traute ihnen kein bisschen über den Weg.

„Stellt Euch vor“, frohlockte der Professor für Sprachkunde übertrieben. „Das ist ja das Gute. Wir sind in dieser Stadt wie eine Münze, müsst Ihr wissen. Oh, ich liebe Metaphern.“

Begann er zu faseln? Taron wusste es nicht.

„Eine Münze, mein König. Jede von ihnen hat zwei Seiten. So können wir Gutes bringen, oder nicht so Gutes für jeden einzelnen, mit dem wir es zu tun haben. Die Leute wissen das und manch einem ist es eine hübsche Summe wert, von der annehmlichen Seite bedacht zu werden. Zwei Seiten einer einzigen Sache, König. Und ich bin mir sicher, Ihr versteht wovon wir sprechen. Und Ihr dürft selbst wählen, wie teuer es Euch ist. Wir bieten Euch Entlastung für garantierte zehn Jahre. Danach müssten wir neu verhandeln, das müsst Ihr verstehen. Von einem Zeitvertrag haben wir so ungleich viel mehr.“

Taron zog fragend die Augenbrauen zusammen. Er wusste nicht, worauf sie hinaus wollten. Aber die Art, wie sie sprachen, wie ihre Augen anfingen zu funkeln und wie sie nun zusammenrückten, ließen ihn Haarsträubendes ahnen.

„Herr König“, begann der Mediziner unter Ihnen nun zischelnd und drängte sich in den Vordergrund. „Sucht Euch eine Entbehrlichkeit aus. Einen Preis gibt es immer. So ist das nun mal. Geben und Nehmen heißt das Prinzip bereits, seit es die Menschheit gibt.“ Er gluckste aufgeregt und räusperte sich. Es wurde totenstill im Raum. „Um es kurz zu machen: Einen Eurer Sinne hätten wir gerne als Unterpfand“, schallte es in das Schweigen hinein. „Und Ihr dürft frei wählen. Ist das nicht famos?“ Er klatschte amüsiert in die Hände und man ließ Taron keine Zeit, über das Gesagte nachzudenken.

„Ja“, kreischte der Professor für Psychologie nun fiebrig dazwischen und rieb sich die Hände. „Einen Eurer Sinne...“, echote er kichernd. „Überlasst uns Eure wunderbar blauen Augäpfelchen. Eingelegt in Spiritus geben sie bestimmt ein schönes Exponat für die medizinische Abteilung. Auch Euer Trommelfell wäre leicht entfernbar... Wenn Ihr aber lieber nichts mehr fühlen wollt und ewig gefeit sein vor Schmerzen und jeglicher Art von Empfindung, reicht eine einzige lange Nadel, die wir durch Eure Nase nur ganz kurz in Euer Hirn hinauf stoßen an der richtigen Stelle... Keine große Sache... Nicht wahr, Herr Kollege?“ Er grinste den Medizinprofessor widerlich an.

„Ersatzweise schneiden wir Euch auch gern Eure scharfe Zunge heraus.“

Taron wurde übel. Er fuhr auf von seinem Stuhl, zog sein Messer und richtete es drohend auf die Professoren. Mit der anderen Hand hielt er sich den Mund vor Entsetzen.

„Entschuldigt“, fuhr der andere schnell fort. „Ich habe mich wohl in Rage geredet.“

Taron wurde ein Becher Wein entgegen gestreckt.

„Setzt Euch wieder und legt das Messer weg!“, beschwichtigte der Medizinprofessor. „Nur die Ruhe und schweig still jetzt, Kollege“, fuhr er den anderen an. „Ihr und Eure üblen Scherze...“

Taron schluckte. Er war auf alles vorbereitet und willig zuzuschlagen. Seine Hand schloss sich fester um den Knauf seiner Waffe.

„Er meint das nicht so“, versuchte der Mediziner den König noch einmal zu besänftigen. „Nichts von alledem soll Euch natürlich widerfahren. Bewahre!“

Taron brauchte lange, bis er sich überreden ließ, sich wieder zu ihnen zu setzen und das Messer beiseite zu legen.

„Aber jetzt überlegt doch einmal“, fuhr der Professor absolut trocken fort und legte unangemessen freundschaftlich seine Hand auf Taron. „Vielleicht kann ich Euch bei Eurer Entscheidung ein wenig helfen. Also. Ein König, der nichts hört, ist absolut unpraktisch... Das kann ich Euch wirklich nicht empfehlen. Zehn Jahre ist eine lange Zeit und Eure Herrschaft wäre in kürzester Zeit mehr als hinfällig dadurch. Wir sind doch froh, dass wir Euch haben. Und ein wenig Gefühl benötigt Ihr ebenfalls dringend. Zumal es sehr wichtig ist, Schmerzen und Verletzungen zu spüren in Eurem Amt, das allzu viele feindliche Scharmützel bereithält. Zumindest, wenn man am Leben bleiben möchte. Und Hellsehen könnt Ihr nicht. Ihr besitzt im Gegensatz zu Edolf kein Drittes Auge, um Gefahren zielsicher vorauszusehen. Nein, diesen Sinn braucht Ihr unbedingt. Und außerdem sollt selbst Ihr in Eurem selbst erwählten Witwertum ab und an wenigstens ein bisschen Genuss bekommen", bemerkte der Professor schmunzelnd und zwinkerte ihm zu. „Nicht wahr? Zumindest theoretisch. Apropos Genuss. Das Schmecken wollen wir Euch ebenfalls nicht nehmen. Wo Ihr so wenig habt vom Leben...", heuchelte er mitleidig.

In Taron stieg der Zorn ins Unermessliche. Er trank von dem Wein auf volles Risiko. Er hatte keine Ahnung, ob sie etwas hinzugesetzt hatten.

Der Professor ließ sich nicht aus der Ruhe bringen. Bleibt also nur noch eine andere Gabe als Unterpfand für uns übrig."

Der Mediziner zählte an den Fingern ab, während er Taron seinen Becher nachschenkte.

Der König wusste nicht, wie ihm geschah.

Der Professor sprach genau so wirr wie sein Kollege zuvor.

„Euer Augenlicht wäre da noch, mein König", sprach er unbeeindruckt weiter. „Wie wäre das? Gebt uns das als Sicherheit. Ihr habt das vortrefflich geübt bei einer vergangenen Reise mit den Gauklern[2], habe ich mir erzählen lassen." Er winkte ab. „Aber auch fehlendes Augenlicht ist einem König im Grunde sehr abträglich. Denkt nur an den verblichenen Fürsten der Dunklen, Euren ehemaligen Erzfeind. Leonhard wäre zu Lebzeiten so sehr viel gnädiger gewesen, wenn er nur etwas hätte sehen können. Statt dessen musste er seinem Sohn Gumpert[3] vertrauen, diesem Taugenichts. Nachdem er von Eurem Vater geblendet wurde, als es zum großen Scharmützel in Schwarzeck kam. Um Anatols Willen und seiner Liebe zu Eurer Tante Lucinde. An diesem Tag schwor er Grauen ewige Feindschaft

---

(2) Taron hatte sich auf dem Weg zu seiner Wiederauferstehung als König nach dem Attentat zusammen mit Mia mithilfe eines speziellen Mittels als blinder Wahrsager auf Zeit in eine Truppe Gaukler eingeschleust, um ungesehen an sein Ziel zu kommen.

(3) Gumpert ist Konrads Bruder. Von Taron wurde er während der großen Schlacht um Grauen vernichtend geschlagen und noch immer hegten er und Taron eine tiefe Aversion gegeneinander.

und Euer Vater Viktor dankte ab. Edolf übernahm zähneknirschend den Grauener Thron." Der Professor schweifte ab.

„Ihr müsst mich nicht über die jüngere Grauener Geschichte belehren, ich kenne sie in- und auswendig", unterbrach Taron ihn gereizt.

„Nein!", fuhr der andere unbeeindruckt fort. „Das muss ich nicht. Verzeiht meine kleine Abschweifung. Euer Augenlicht müsst Ihr behalten, sage ich. Es wäre zu mühsam für alle Beteiligten. Und bestimmt wollt Ihr Eure Tochter aufwachsen sehen und Mia ist so eine wunderhübsche junge Frau.... Es wäre einfach eine Schande..."

Taron schnaubte. Er konnte dieses irrsinnige Gerede kaum noch ertragen.

„Meine Stimme wollt Ihr also ersatzweise, wenn ich das richtig zu Ende denke!", kürzte Taron ab und lachte beißend. „Das ist einfach lächerlich. Wie soll das gehen? Bereits nach dem Attentat auf mich in Hiesig hatte ich sie kurzfristig schon einmal verloren. Glaubt mir, ich bin froh, dass ich sie wieder habe, soweit es möglich war..." Er schüttelte vehement den Kopf. „Niemals. Was solltet ihr merkwürdige Gesellschaft auch davon haben, frage ich mich. Ihr solltet alle geschlossen in ein Sanatorium, so scheint mir."

„Verschiedenes", lächelte der Mediziner nun kryptisch. „Macht zum Beispiel, mein Lieber", sagte der Mediziner nun und ging mit keiner Silbe auf Tarons sonstige Rede ein. „Macht haben wir davon. Und zwar über das Mächtigste im ganzen Land. Über Euch, mein Lieber! Und Sicherheit. Ein klein wenig zumindest. Auch die Wissenschaft möchte ihren Platz im Reigen Eurer Regentschaft haben, mein König."

Taron starrte ihn an.

„Es ist Euer Werk, mein Bester", fuhr der Professor dann fort. „Ihr habt uns immer gefördert. Und....", fuhr er fort. „Vor allem werdet Ihr so in Wassergrün bleiben. In unserer Nähe. Ist das nicht herrlich? Wie sehr würdet Ihr auch sonst Eure geliebten Theaterbesuche vermissen und die Oper. Das Leben in der Stadt passt doch sehr viel besser zu Euch als ein Dasein auf einem einsamen Schloss. Ihr werdet doch wohl nicht wirklich in den alten Kasten zurückkehren wollen. Nein. Das musste einfach verhindert werden." Er legte den Kopf schief und zog spitzbübisch die Schultern nach oben. Sofort wurde er wieder sachlich und wechselte das Thema.

Der Professor fuhr unvermindert in seinen wirren Reden fort. Die anderen in der Runde schwiegen und sahen Taron lauernd an. Der König wollte nichts lieber als von seinem Platz auffahren und davon laufen. Ihm schauderte es eiskalt über den Rücken. Aber er tat es nicht.

Der Mediziner referierte weiter und ließ dem König keine Zeit das bisher Gesagte sacken zu lassen.

„Außerdem verlange ich Satisfaktion von Euch", sagte er nach einer verschwindend kurzen Atempause. „So offen möchte ich sein. Das ist mein kleiner ganz persönlicher Nebenanteil an dieser Sache", fuhr der Professor unvermindert fort.

Taron blickte ihn fragend an.

„Ihr erinnert Euch an den Maskenball vor ein paar Monaten, den Anatol Euch zu Ehren gegeben hat? Eine Brautschau für Euch sollte es werden. Ein rauschendes Fest und das Ereignis in Wassergrün." Der Professor schnaubte.

„Nun. Bis Mitternacht war es das auch. Dann habt Ihr meine Tochter brüskiert, König", rief er unverblümt und zeigte auf Taron. „Um Mitternacht, als die Masken fielen, hattet Ihr sie gerade zum Tanz gebeten."

Taron konnte sich erinnern.

„So schrecklich Eure Fledderiszidose ohnehin schon ist, umso entsetzlicher ist sie bei Vollmond, wenn Ihr gänzlich skelettiert! Und es grenzt an grobe Unflätigkeit, damit derart geschmacklos zu kokettieren." Der Professor wurde lauter. „Ein Schlag ins Gesicht Eurer Untertanen und eines verantwortungsvollen Königs absolut unwürdig!" Der Professor schnaubte vor Zorn, wenn er an den Ausgang des Abends nur dachte. „Sie hat heute noch Albträume davon, sage ich Euch, dass sie so unverhofft in Eure leeren Augenhöhlen blicken musste. Sie fand Euren blanken Schädel gar nicht komisch. Sie wäre vor Schreck beinahe in Ohnmacht gefallen. Ähnlich wie einige andere junge Damen." Er hob drohend seinen Finger. „Vielleicht hat dies unserem Vorhaben einen sagen wir mal... einen gewissen Vorschub gegeben. Was meint Ihr, mein Fürst? Eure Gäste und auch Anatol fanden das ebenfalls überhaupt nicht witzig. Im Gegensatz zu Euch und wenigen in Eurem direkten Umfeld. Ihr habt nicht mehr aufgehört zu lachen, nachdem Ihr das Fest gesprengt hattet und Eure Gäste kreischend den Saal verlassen hatten. Ihr habt sie lauthals verspottet. Mit voller Absicht habt Ihr dieses Fest auf diese Art und Weise sabotiert, sagen wir. Ihr habt Eure Medizin zuvor nicht eingenommen."

Taron war peinlich berührt. Was sollte er sagen. Daran hatte er gar nicht mehr gedacht. Es war lange her. Und es war nun einmal Vollmond an diesem Abend und die Demaskierung war damals schließlich Anatols Idee. Sonst hätte man niemals gesehen, was an diesem Abend hinter seiner Maske, der festlichen schneeweißen Perücke und den Glacehandschuhen verborgen war. Seitdem hatte Anatol bisher nie mehr versucht, ihn zu verkuppeln und er war lange böse mit ihm. Er hatte ein Vermögen für dieses Fest ausgegeben.

Taron nahm erneut einen großen Schluck von dem Wein, den man ihm gereicht hatte. Es war damals alles, wie er und Mia sich das in einsamen Stunden im Grauener Schloss einmal ausgedacht hatten. Die Ballgäste hatten schreiend das Haus verlassen.

Der Professor kroch ganz nah an Taron heran und knirschte: „Nun, mein Lieber. Damit ist nun Schluss, sagen wir. Ein Handel zu Euren Gunsten und eine Strafe für Euren bösen Widerstand in einem. Eure harsche Zunge wäre fortan ebenfalls gezähmt. Was will man mehr?" Der Professor donnerte los.

„Vor allem müsst Ihr heiraten! Das sagt lange bereits auch unser hochwertester Dekan. Auch wenn Anatol nicht im Geringsten ahnt, welche Möglichkeiten der Überzeugung uns Morbidianern zu Verfügung stehen."

Taron zeigte ihm trotzig und zur Erinnerung den Ring an seinem Finger.

„Ja", schrie der Professor jetzt. „Zu allem Überfluss habt Ihr am Tag nach dem Fest auch noch den Priester holen lassen!" Er spuckte die Worte förmlich aus. „Und Euch nachträglich in der Schlosskapelle in aller Eile trauen lassen. Mit der Asche von Gräfin Helene zu Hiesig. Der Mutter Eures Kindes, die unter unglücklichen Umständen bei den Dunklen verschieden ist. Ihrer Urne habt Ihr den goldenen Smaragdring geschenkt." Der Professor fasste sich an die Stirn. „Der weiße Hochzeitsanzug an diesem Tag! Alle, die zu dieser erneuten Skurrilität geladen waren, einschließlich der Vertreter des Nachrichtenwesens, konnten es nicht glauben. Ein Schlag ins Gesicht der Grauener Gesellschaft. Ihr habt einen Skandal verursacht und Euch gleichzeitig damit zum Witwer gemacht. Das darf nicht sein. Seither geht Ihr ständig nur in Schwarz. So etwas hat es vorher noch nie gegeben. Ihr habt Euer Kind legitimiert mit dieser Vermählung, sonst nichts."

„Sonst nichts...", höhnte Taron. Er wurde kühl. Er wurde nicht laut wie der Morbidianer. Aber deutlich und schneidend wie selten. „Ich sehe das anders. Damit habe ich der gesamten adeligen Damenwelt einen sehr großen Dienst erwiesen. Welche hätte wohl Eurer Meinung nach an meiner Seite glücklich werden können? Ein Albtraum wäre diese Verbindung geworden, die länger angedauert hätte als ein einziger schreckhafter Moment auf einem Maskenball. Wem hätte ich meinen Fluch also zumuten sollen? Eurer Tochter vielleicht? Sie kann mir im Grunde dankbar sein. So wie viele andere. Ich hoffe inständig, sie kann es irgendwann einmal so sehen. Dafür wollt Ihr mich jetzt bestrafen?" Tarons Augen wurden hart.

„Ihr seid so töricht, mein König. Aber verzeiht. Ich habe mich vergessen. Es steht uns nicht zu, hier unsere Meinung kund zu tun. Und vielleicht hätten wir Euch unser Angebot wesentlich früher unterbreiten sollen..."

„Ich werde meine Einstellung dazu nicht ändern", schnitt Taron ihm nun ungeduldig das Wort ab. „Ich sage Euch, ich habe mehr als richtig entschieden. Ich würde es wieder tun."

„Für Eure Tochter mit Sicherheit. Das kann keiner leugnen." Der Professor verbeugte sich ehrerbietig.

„Das ist alles, was zählt für mich in dieser Sache!", entgegnete Taron entschlossen. „Wisst Ihr, es tut mir aufrichtig leid, was passiert ist nach dem Maskenball. Ich wusste nicht, dass sich jemand erschreckt hat. Ich werde ihr schreiben. Ich hätte mich nicht so gehen lassen dürfen an diesem Abend. Das weiß ich besser, als Ihr ahnt." Er machte eine kurze Pause. „Es tut mir leid, Euch enttäuschen zu müssen. Aber leider ist auch Euer König einfach nur ein Mensch."

„Wisst Ihr", fuhr der Professor dann etwas sanfter fort. „Soviel zum Thema: Alles, was zählt..." Er drängte Taron noch einen weiteren Schluck Wein auf. Die Gläser klackten zusammen. Das Gespräch wurde konzentriert und ruhig. Die Spannung im Raum konnte man beinahe fühlen.

Keiner der mit anwesenden Professoren unterbrach den Dialog der beiden.

„Glaubt mir, ich kann Euch besser verstehen, als Ihr denkt. Dennoch ist es nicht Euer Leben", erklärte er plötzlich ruhig und väterlich. „Es gehört Grauen seit Eurer Geburt. Und vor allem gehört es Euren Pflichten. Ihr könnt Euch hier nicht herausziehen, wie es Euch gefällt. Ihr seid kein junger Bursche mehr, der aus Protest die Lehrjahre als Knecht bei einem alten Bauern wählt. Ihr seid Grauen. Nichts anderes. Daran brauche ich Euch nicht zu erinnern. Versteht mich nicht falsch. Man ist äußerst zufrieden mit Euch. Wir wissen, welche Last Ihr auf Euren Schultern tragt jeden Tag. Aber auch an anderer Stelle war man der Meinung, man müsse in diesem Punkt Euren Ikárov´schen Eigensinn mit geeigneten Mitteln ein wenig in Bahnen lenken. Man möchte Euch an Wassergrün gebunden sehen. Also, lasst uns jetzt an die Verhandlungen gehen."

Taron war sprachlos und blickte demütig zu Boden. Diese Ansprache hatte gesessen.

„Satisfaktion, hm?", sagte er dann leise. „Macht? Um so etwas geht es? Einen gezähmten, konformen König? Meine Stimme also wollt Ihr dafür..? Als scheinheiliges Pfand", murmelte er dann und senkte den Kopf.

„Heil und Unheil auf nur einer Münze", flüsterte der Professor eindringlich.

„Aber wie stellt Ihr Euch das bitte vor?", sagte Taron dann. „Zehn Jahre lang... Ich bitte Euch. Und das als Herrscher. Ich habe gleich geahnt, dass Ihr die Sache nicht richtig durchdacht habt."

„Mitnichten", widersprach der Wortführer der Versammlung und wurde sehr ernst. „Eure Stimme, mein Bester. Dieses grobkratzige heisere Instrument seit dem Attentat, das Euch bedauerlicherweise widerfuhr, ist doch wirklich entbehrlich... Zwei winzig kleine chirurgische Kniffe in Eurem Hals... Nichts was mit ein wenig Geschick und Fachwissen nicht wieder reparierbar wäre... Denkt doch einmal nach." Der Mediziner lachte. „Ich bin mir sicher, Ihr werdet unseren Handel noch sehr zu schätzen wissen. Also, überlegt es Euch. Überlegt es bald. Wir machen das Angebot kein zweites Mal. Und Euch läuft die Zeit davon. Wir wissen es genau. Bald wird von Schnapps Gemisch nicht mehr helfen. Ihr wisst selbst, was es gekostet hat, dieses Mittel überhaupt für Euch zu finden." Er machte eine kurze Kunstpause. „Die Damenwelt wäre auch endlich wieder gnädiger mit Euch", fuhr er dann mit seinem hypnotischen Singsang fort. „Wenn Ihr nicht länger vermummt oder durchsichtig mit Knochenoptik herumwandeln würdet."

„Meine Stimme. Macht Euch nicht lächerlich", prustete Taron abwesend. „Ihr habt zu viele Geschichten gelesen. Wollt Ihr mich veralbern? Das erinnert mich an Märchen, die ich meiner Tochter vorlese. Wie abgeschmackt. Etwas Besseres fällt Euch nicht ein? Meine Stimme für ein krummes Geschäft. Ich bin keine Meerjungfrau[4]. Außerdem gehen Geschichten dieser Art oft tragisch aus, wenn ich mich richtig erinnere."

„Ich dachte mir, dass Ihr es zunächst als banal abtun würdet. Aber Eure Außenhülle ist zu befreien, mein Lieber... Was glaubt

---

(4) Siehe: Das Märchen von der kleinen Meerjungfrau nach Hans Christian Andersen.

Ihr, wie viel Anatol und sogar Eure Minister den Mätressen in drei Jahren bezahlt haben, dass sie bleiben. Aber keine hat es bisher länger ausgehalten als bis in Eurer Schlafzimmer… Und Ihr habt keine Ahnung, wieviel erst hinterher gezahlt wurde, damit sie schweigen. Aber Ihr kennt ja diese Damen. Sie sind leider auch sehr tratschsüchtig…"

„Aber…", schnappte Taron.

„Was denkt Ihr denn, König? Keine Sorge. Die Leute sehen Euch das nach. Nachdem Ihr es vorgezogen habt, Euch mit einer Urne voller Asche als vermählt zu erklären. Im Prinzip seid Ihr die beste Partie im ganzen Land, wenn man von all dem absieht. Jeder würde Euch eine längere Liaison gönnen. Es braucht eine neue Heirat. Aber so…"

„Wie bereits gesagt. Ich lese vor!", betonte Taron noch einmal und lenkte das Gespräch in eine andere Richtung. Es wurde ihm zu anstrengend. „Meine Tochter besteht darauf. Beinahe täglich und ich will es nicht missen." Er dachte an Shelly und erhob sich.

Die Professoren kicherten.

„Eure Tochter wird es in Ordnung finden, wenn dies jemand anders für Euch tut und Ihr sitzt daneben, König."

„Und wie soll ich bitte arbeiten und Vorlesungen halten, wenn ich nicht mehr sprechen kann, meine Herren? Habt Ihr daran einmal gedacht? Ihr sagtet stets, Ihr schätzt meine Dienste für diese Universität. Warum handelt Ihr dann um so private Dinge mit Eurem König?"

Der Professor lächelte undurchsichtig.

„Da sieht man es", fuhr Taron fort. „Ihr seid allesamt keine richtigen Geschäftsleute. Sogar der Kollege aus den Wirtschaftswissenschaften ist nicht darauf gekommen." Er schüttelte tadelnd mit dem Kopf. „Warum fordert Ihr nicht einfach Unsummen für Eure Forschung und für diese Universität? Wäre das nicht sinnstiftender, als meine Stimme als Unterpfand?" Taron glitzerte die Professoren angriffslustig an.

„Tatsächlich", bemerkte der Mediziner und lavierte sich an Tarons Argumentation vorbei. „Daran hatten wir wirklich nicht gedacht. Danke für den Hinweis aus Eurem klugen Kopf. Aber Ihr fragt zu viel. Natürlich werden wir Unsummen fordern. Alleine für unsere Unannehmlichkeiten."

„Eure Unannehmlichkeiten? Dass ich nicht lache!" Taron schnappte nach Luft.

„Nein. Eure Stimme soll es also sein, wertester Herr."

„Und was sage ich…", unterbrach Taron ihn.

„Eurer Familie?", schnarrte der Professor. „Euren Freunden? Nun. Ihnen sagt Ihr dann gar nichts mehr. Sie werden es wohl früh genug bemerken." Er lachte amüsiert.

Die anderen stimmten hinterhältig mit ein.

„Lasst alles unsere Sorge sein. Sie würden von unserem Handel nie etwas erfahren. Es fällt uns schon eine geeignete Erklärung ein mithilfe Eures kränklichen Körpers."

Taron stand auf und wandte sich zum Gehen. Es war genug geredet. Er sah sich nicht um und keiner der versammelten Gelehrten hielt ihn auf.

„Ihr seid Abschaum. Ich wünsche eine gute Nacht!", verabschiedete er sich.

„Entscheidet Euch. Wir erwarten Eure Antwort. Denkt, was Ihr dadurch gewinnt. Ihr wärt frei und auf lange Sicht nicht länger entstellt." Der Professor sah Taron schräg von der Seite an. „Ihr müsst uns nicht direkt antworten. Dieses Gespräch hier hat es nie gegeben. Sagen wir, wenn Ihr eine andere Barttracht tragt, wissen wir, Ihr habt Euch für unseren Vorschlag entschieden. Dann wird man sich bei Euch melden zu gegebener Zeit."

Kapitel 5

Taron schrak aus dem heftigsten Albtraum seit Jahren. Schorsch, der kleine Nachtmahr saß an seinem Bett und sah ihn aus großen kugelrunden Augen an.

„Was träumst du da nur, Gebieter? Diesen Traum habe nicht ich mir ausgedacht. Er war ganz von allein in deinem Kopf", beteuerte er. „Ich musste dich sehr fest kneifen, um dich daraus zu wecken. Mehr konnte ich leider nicht für dich tun." Der kleine Gnom schüttelte mit dem Kopf. Er machte sich Sorgen um seinen Herrn.

Tarons Träume hatten sich seit langem wieder begonnen selbständig zu machen. Der König schwieg sich aus über sein Gespräch mit den Professoren.

Der kleine Nachtmahr ahnte Großes herannahen. Seit er heimlich nach Wassergrün mitgekommen war, führte er ein Schattenleben. Anatol durfte ihn nicht zu Gesicht bekommen. Er bezeichnete ohnehin alles, was nicht menschlich war in seinem Haus, als Ungeziefer.

Lange hatte sich der Nachtmahr daher heimlich in dem riesigen Gebäude herumgedrückt. Oder er hatte im Park in einem hohlen Baumstumpf übernachtet. Er hatte hier und da geschlafen und hatte regelmäßig die Speisekammer ausgeräubert.

Nachdem Taron ihn schließlich bei einem eigenen schlaflos nächtlichen Streifzug in der Küche entdeckt hatte, vereinbarte man eine Art Wohngemeinschaft in Tarons Räumen. Seine Schlafkiste stand in einer Ecke unter Tarons Schreibtisch. Nur wenn der König Besuch bekam, dann suchte der Gnom das Weite.

Manchmal aber wachte er über den Schlaf des Königs. So wie heute. Taron schlief unruhig, seit er in Wassergrün lebte.

Kapitel 6

Seit der Nacht in der Bibliothek dachte der König nicht im Traum daran, auf die Professoren in diesem Punkt auch nur mit einer einzigen Silbe noch einmal einzugehen. Er verrichtete sein Tagwerk konzentriert und hielt tadellos seine Vorlesungen. Auf die Gelehrten traf er mehrmals in der Woche. Er war stets höflich und distanziert.

Noch nicht einmal mit Mia oder Remoulado sprach er darüber, was sie ihm angetragen hatten. Jeder war mit seinen Aufgaben in der Stadt ausgefüllt. Der Wassergrüner Alltag hatte sie eingeholt. Alle miteinander. Daher bemerkte niemand, was dem König im Kopf herum ging und wie sehr er damit beschäftigt war, sich vor den Morbidianern in Acht zu nehmen. Noch nicht einmal die Professoren selbst nahmen wahr, wie aufmerksam und gründlich sie der König aus dem Augenwinkel heraus beäugte.

Trotzig und erhaben trug er regelmäßig seine Durchsichtigkeit zur Schau, oder besser gesagt die Verschalung, die er sich hierfür in dutzenden Facetten zugelegt hatte. Und man schien sich allgemein an die exzentrische Erscheinung des Königs zu gewöhnen. An einen König, von dem man an solchen Tagen neben vortrefflich geschneiderter Garderobe nur die Augen zu sehen bekam.

Hohe Krägen und breite Schals wurden in Wassergrün plötzlich modern und besonders Mutige wagten sich damit auf die Straße.

Der König erheiterte sich heimlich darüber und ließ sich nicht aus der Ruhe bringen. Und im Gegensatz zu Edolf vor ihm oder Anatol wagte sich Taron von Zeit zu Zeit auch an für die höhere Gesellschaft ungewöhnliche Orte in dieser Stadt. So auch dieses Mal.

Er besuchte Wassergrüns Armenspeisung. In einem Stadtviertel, das Anatol zuvor noch nicht einmal betreten hatte. Als wäre es das Normalste der Welt, teilte er gemeinsam mit den angestammten Helfern an diesem Tag das Essen aus.

Er war dezent gekleidet zu dieser Gelegenheit, aber nicht so bescheiden, dass die Leute, denen er begegnete, enttäuscht sein mussten. Er war als König deutlich erkennbar. Ein paar Tressen, einfache Schulterklappen und das Grauener Wappen an seinem dunkelbraunen Anzug, Handschuhe und ein schmuckloser Dreispitz verzierten ihn dezent.

Und es gab nur kurz ein überraschtes Murmeln im Raum, als die Türen heute geöffnet wurden und man den Besuch erkannte. Es hatte sich eine manierliche Schlange vor der Ausgabe gebildet und neugierig starrte man den König an.

Taron ließ sich ausgiebig von denen betrachten, die ihn sonst nie einfach so zu Gesicht bekamen. Von denen, die sich noch nicht einmal unter die Leute am Straßenrand wagten oder gar verscheucht wurden, wenn er irgendwo vorüber kam, weil sie so elend waren. Trotz seines vorgelegten Visiers war man aufgeregt ihm zu begegnen und einer nach dem anderen trat an die Essensausgabe heran.

„Seid Ihr ein Zombie, oder ein Untoter?“, fragte eine blinde Alte dann unverblümt und interessiert, als sie an der Reihe war. Die knittrige Alte mit der runzeligen pergamenttrockenen Haut und dem roten Kopftuch grinste ihn aus verschmitzten Zügen an.

„Verzeiht“, entgegnete Taron freundlich amüsiert. „Ich bin Euer König.“

„Lasst mich Euch bitte ansehen, Herr König“, sagte sie dann plötzlich. „Nie habe ich gehofft Euch jemals zu treffen. Welche Ehre. Und dann hier...“ Ihre stumpfen Augen strahlten ihn an ohne Ziel. „Ich möchte, dass die Geschichten um Euch für mich endlich ein Gesicht haben.“ Sie streckte ihm die Hände entgegen.

Ohne zu überlegen stellte Taron den bereits für sie aufgefüllten Teller zur Seite und beugte sich zu ihr hinunter.

„Was ist das?“, beschwerte sie sich, als sie gegen die Stoffblende vor seinem Gesicht fasste.

„Wisst Ihr“, entgegnete Taron leise. „Das ist für die Sehenden. Ich bin hässlich zeitweise, müsst Ihr wissen“, sagte er entschuldigend. „Sehr sogar! Es tut mir leid. Für die Sehenden ist das ein echtes Problem. Sie lassen sich nur allzu leicht täuschen von etwas, das sie nicht verstehen...“

„Davon hat man schon gehört“, entgegnete sie.

Der König nahm den Hut ab, schob die Blende in seinem Kragen zur Seite und führte ihre Hände behutsam an sein Gesicht.

Mia, die mit ihm hierhergekommen war, hielt inne in ihrem Tun und sah ihnen zu.

Ebenso wie alle anderen, die in der langen Schlange anstanden.

Er, der König kniete auf einem Schemel vor der Bettlerin und wagte ihre Erkundungstour nicht zu unterbechen.

Ihre Finger fuhren langsam und zielstrebig von seinem Nasenrücken und den hohen Wangen über die Kieferkanten zu seinem Kinn. Von dort über seinen geschlossenen Mund und an den Konturen seines Bartes entlang hinauf zu seiner Stirn und zu den Brauen, über die geschlossenen Augenlider bis zu den Schläfen. Den selben Weg glitten ihre Fingerspitzen zurück und abwärts bis zu seinem Hals.

„Die habt Ihr für uns erlitten", seufzte sie schließlich, als sie bedächtig über die breiten Narben strich, die sich rings um seine Kehle zogen. Ihre Finger fassten zum Abschluss durch sein ungebändigtes Haar.

„Ich kann nichts Hässliches an Euch feststellen, mein Herr", sagte sie ehrfürchtig und ließ eine letzte Strähne los. Sie küsste den Siegelring an seiner Hand. Taron ließ es geschehen und schob das Visier zurück vor sein Gesicht.

„Es ist nicht Vollmond", kommentierte Taron kurz. „Ebenso wie Ihr, werden auch andere nichts Hässliches mehr bemerken in ein paar Tagen", versprach Taron kryptisch, verabschiedete sich seinerseits mit einem höflichen Handkuss von der Alten und half ihr auf, als sie einen tiefen Hofknicks versuchte.

„Alleine, so sagt man, habt Ihr die Armee der Dunklen unterworfen", sprach sie weiter. „Ohne einen einzigen Tropfen Blut. Kein einziger Eurer Mannen wurde verwundet bei der Schlacht um die Burg, erzählt man sich. Und nun seid Ihr tatsächlich hier. Bei den Ärmsten Eurer Leute."

„Ich bin dort, wo ich längst hätte sein sollen, werte Dame. Schon mein Vorgänger Edolf hat immer gepredigt, ich solle leben wie der ärmste meiner Untertanen. Nur dann könne man ein guter Herrscher sein. Nun. Hier in Wassergrün ist das schwerlich möglich und mir wird schier schwindelig von all dem Pomp in der Residenz, den Empfängen, Theaterbesuchen und Diners."

Taron gab ihr zu essen und drückte ein letztes Mal ihre alte schwielige Hand.

„Wir wissen das“, gab die Alte zurück, nickte und viele der Umstehenden pflichteten ihr flüsternd bei. „Und wir wissen, dass Ihr es könnt – zu leben, wie Euer Onkel Euch geheißen hat. Aber entschuldigt meine vorlaute Zunge. Ich denke, ich spreche für viele hier. Ein wenig Bequemlichkeit und Prunk gönnen wir Euch nach den letzten Jahren wirklich von Herzen! Die Schatzkassen quellen über und es bleibt sogar ein wenig übrig für uns. Seid gepriesen“, sagte sie nur und entfernte sich mit ihrer Schale voller Suppe.

Erneut gab es Beifall.

„Nur mit einem sind wir nicht zufrieden“, klagte sie von weit entfernt im Raum. „Warum wollt Ihr nicht heiraten?“

Taron lächelte und widmete sich seiner Aufgabe.

Kapitel 7

Sein Onkel Anatol sah ihn am nächsten Tag beim Frühstück durchdringend an. Taron war vermummt, wie so oft in diesen Tagen. Aber seine Augenringe und seine Unausgeschlafenheit waren mehr als deutlich zu sehen. Taron war durchscheinend wie lange nicht mehr.

Njorbert kam regelmäßig zur Visite, aber er konnte dem König tatsächlich, was das betraf, nicht mehr weiterhelfen.

Die kleine Shelly saß auf Mias Schoß gegenüber und sah zu ihrem Vater hinüber. Auf ihrer Stirn bildete sich eine nachdenkliche Falte. Mit ihrem Löffel voll Haferbrei zeigte sie damit auf Taron.

„Weg!“, rief sie und deutete auf das Visier vor seinem Gesicht. Tränen schimmerten in ihren Augen.

Taron hatte eben erst Platz genommen und schob den dunklen Stoff unwillig zur Seite. Die Sonne strahlte gerade durch das Fenster und traf ihn mitten in sein Antlitz. Sein Schädel grinste ihnen durch die transparente Haut entgegen.

Shelly kannte dieses Gesicht ihres Vaters bereits. Fröhlich hielt sie ihm einen Zettel entgegen. Man reichte das Stück Papier weiter bis zu seinem Platz.

Taron bleib beinahe sein Frühstück im Hals stecken, als er es ansah. Wunderschön abgebildet darauf war eine Märchenfigur. Es war die Darstellung einer Meerjungfrau. Wenn man genau hinsah, erkannte man die Ikárov`schen Züge in ihrem Gesicht genau. Blaue Augen strahlten Taron aus dem Bild entgegen. Mit ihrem spitzen Finger zeigte sie direkt auf ihren Betrachter. Er räusperte sich.

„Wo hat sie das her?", fragte er streng und ließ die andere Hand mit dem Besteck sinken.

„Stell dir vor", sagte Konrad schnell, der bei ihnen saß. „Es ist ihr gestern Abend einfach so in die Hand gedrückt worden draußen im Park. Von einem netten Herren, als sie mit ihrer Kinderfrau einen Spaziergang gemacht hat. Einfach so. Das ist doch reizend, oder? Sie hat sich so darüber gefreut. Sie wollte dir ihren neuen Schatz gleich heute Morgen zeigen." Der Dunkle grinste und zuckte sorglos mit den Schultern.

Tarons Augenbrauen zogen sich finster zusammen.

Shelly kam zu ihm gerannt und versuchte auf seinen Schoß zu klettern. Sie wollte das Bild wieder haben.

Am Liebsten hätte Taron es auf der Stelle verbrannt. Doch er reichte es ihr wortlos.

Shelly quietschte vor Freude, gab ihrem Vater einen schmatzenden Kuss auf die Wange, rannte mit dem Bild davon und vergrub ihr Gesicht lachend im Fell des Bären, das ausgebreitet vor dem Kamin lag.

Taron senkte den Kopf und nahm wortlos einen Schluck Kaffee aus seiner Tasse.

„Ist etwas nicht in Ordnung?", fragte Anatol hintergründig, der Taron genau beobachtet hatte. Die anderen sahen ihn verdattert an.

„Nein. Alles ist bestens!", quetschte er zwischen den Zähnen hervor und widmete sich schweigend seinem Frühstück.

„Konrad", sagte er schließlich, als das Frühstück abgetragen wurde. „Kannst du dir heute Nachmittag für mich Zeit nehmen? Ein Schachspiel. Unter Freunden. Heute ist keine Vorlesung. Ich brauche ein wenig Zerstreuung."

„Aber gern doch, mein König!“ Der Dunkle strahlte. Seit langem hatte sich Taron keine Ecke seiner Zeit mehr für private Vergnügungen nehmen können.

Der König beendete wortkarg sein Frühstück und setzte alle seine Aktivitäten an diesem Tag bis zum Nachmittag ohne jeglichen Kommentar wie üblich fort.

Taron gewährte Konrad das so lange vermisste Schachspiel. Diese Zeit nahm er sich gerne. Nichts erzählte er von dem beklemmend irrwitzigen Gespräch mit den Professoren. Er genoss die Zeit allein mit Konrad. Ihm konnte er vertrauen und am Ende bat er den Dunklen in die alte Heimat zurückzukehren, nach Schwarzeck. Und dort seine Schwester Shelly um einen Besuch in Grauen zu bitten.

Konrads Schwester war ebenfalls eine Shelly. Von ihr hatte Tarons Tochter ihren Namen. Und welche Gelegenheit hätte besser gepasst als der nahende Geburtstag seiner Tochter, um ihre Patentante hierher einzuladen. Sie hatte die kleine Shelly seit drei Jahren nicht mehr gesehen.

Es war viel Zeit vergangen seit dem ersten Zusammentreffen in Schwarzeck und seit dem Sieg Grauens über die Dunklen waren die Zeiten friedlicher. Ein Bund war geschlossen und Shelly hatte anstelle ihres Bruders Gumpert den Thron in Schwarzeck übernommen.

So verdreht sie auch war. Man war in den letzten Jahren sehr positiv erstaunt über ihre Weitsicht und Überlegtheit, was ihre Regierungsgeschäfte betraf.

Nichtsdestotrotz kannte sie sich noch immer aus mit düsteren Machenschaften wie dem, was die Professoren gewagt hatten vorzuschlagen. Und sie war Taron gegenüber seit ihrer Patenschaft wesentlich milder gestimmt. Sie begegneten sich auf Augenhöhe und mit dem größten gegenseitigen Respekt.

Mit ihr wollte Taron dringend ein paar Worte wechseln. Solange er es noch konnte. Wenn ihm jemand raten konnte in dieser Sache, dann war sie es. Sie heuchelte nicht, sie redete nichts schön und vor allem nahm sie Taron gegenüber mit Sicherheit kein Blatt vor den Mund.

Kapitel 8

Konrads Schwester hatte sich nicht lange bitten lassen und war der Einladung spontan gefolgt. Es wurde ein Familientreffen der besonderen Art. Nicht nur Konrad und seine Schwester sahen sich wieder, sondern auch Tarons Tante Lucinde und die Dunkle. Seit vielen Jahren zum ersten Mal.

Taron fürchtete sich ein wenig vor der Begegnung mit Schwarzecks Regentin. Die Patentante seiner Tochter war grob und absolut unberechenbar. Niemand hatte das mehr zu spüren bekommen als er selbst und seit seiner Odyssee in den Katakomben Schwarzecks hatten sie sich nicht mehr persönlich gesehen. Aber seit sie den Thron ihres Vaters übernommen hatte, hatte man miteinander zu tun. Und man schrieb sich Briefe. Schon alleine wegen der kleinen Shelly.

Lange waren sie schließlich nach der Geburtstagsfeier im Garten verschwunden und hatten miteinander geredet.

Remoulado musste zähneknirschend beim Schloss zurück bleiben. Taron bestand darauf allein mit der Dunklen unter vier Augen zu sein.

„Weißt du", sagte sie irgendwann ungewohnt familiär zu Taron, nachdem er sein Anliegen erklärt hatte und schlenderte vor ihm den Weg entlang. „An deiner Stelle würde ich dir raten zu überlegen, welche Vorteile du daraus ziehen kannst."

Taron sah sie verwundert an. „Vorteile?"

„Was büßt du tatsächlich ein, frage ich dich, wenn du dich auf den Handel einlässt? Denke an die Gegenleistung, die du dafür bekommst. Wenn du mich fragst, und das hast du soeben, dürfte das für dich ein Leichtes werden. Die Herrn Professoren haben Recht. Und unter uns...", flüsterte sie und kam ganz nah an ihn heran. „Egal, was sie mit dir vorhaben. Ich schätze, es gibt Mittel und Wege das Ganze vor der Zeit wieder aufzuheben. Mal ehrlich. Der krächzige Rauchklang deiner Stimme ist tatsächlich entbehrlich. Warum sträubst du dich, Fürst der Dämmerung? Lass es geschehen. Ich weiß genau, was in dir vorgeht", gurrte sie und sah ihm tief in die Augen. „Und – ich werde dir helfen. Ich habe dir etwas mitgebracht. Eigentlich sollte es ein nettes Spielzeug für Shelly werden, aber warum das Ganze nicht zu einem echten Schatz aufwerten zuvor? Man kann es sogar sinnvoller nutzen als ich dachte", murmelte sie geheimnisvoll. Die Dunkle verschwand und wenig später drückte sie Taron einen Kasten Muscheln in die Hände. „Nicht unbedingt um deinetwillen tue ich das, soviel ist klar, oder?" Da war sie wieder, die alte Gehässigkeit. Dank Tarons Tochter jedoch hatte die Dunkle ihre allzu große Bissigkeit verloren. „Schon alleine wegen der kleinen süßen Shelly", fuhr sie fort. „Sie scheint in dich alten Haudegen doch wirklich vernarrt zu sein. Ich konnte mich davon heute persönlich überzeugen. Wenn du dich also für diesen Schritt entscheidest, soll mein Patenkind nicht ohne deine Stimme aufwachsen müssen. Sie wird deinen Klang nicht vermissen."

Taron sah sie ratlos an. War die Dunkle wieder verdreht? Sie sprachen gerade darüber, dass er vorhatte seine Stimme einzutauschen.

Sie nahm eine der gedrehten Schnecken aus dem Korb. „Sprich in jede einzelne mit deiner klarsten Sonntagsstimme", sagte sie und hielt die Mündung der Schnecke dicht vor ihren Mund. „Was auch immer du ihr sagen willst, Teuerster. Lese Geschichten hinein. Singe etwas, schimpfe und spaße mit ihr. Und vertraue mir. Es wird euch weiterhelfen, wenn die Zeit dazu gekommen ist."

Dann hielt sie ihm die Schale ans Ohr.

Was auch immer du ihr sagen willst, Teuerster. Lese Geschichten hinein. Singe etwas, schimpfe und spaße mit ihr. Und vertraue mir. Es wird euch weiterhelfen, wenn die Zeit dazu gekommen ist, echote es daraus zurück. Bedächtig legte sie die Muschel wieder in die kleine Kiste und strich Taron beinahe zärtlich über das perplexe Gesicht und über seine vernarbte Kehle.

„Wie viele Damen hast du eigentlich wieder nach Hause geschickt seit du hierher gezogen bist?“, lenkte sie nun ab.

Taron war verdattert. Weggeschickt hatte er eigentlich keine. „Ich weiß nicht“, erklärte er abwesend. „Sie sind stets von selbst davongelaufen.“ Er zuckte mit den Schultern.

„Du hast deine Mittel am Morgen nicht genommen. Um sie zu vergraulen“, stichelte die Dunkle. „Schorsch hat mir das berichtet. Ein wenig Fahnentreue uns Dunklen gegenüber hat er sich behalten, der kleine Nachtmahr. Zumindest wenn es um dein Wohlergehen geht, König.“ Sie räusperte sich tadelnd. „Jetzt sag ich dir mal etwas. Helene hätte gewollt, dass du glücklich wirst“, sagte sie dann ernst. „Sie wusste, dass ihr nicht füreinander geschaffen seid. Nicht in diesem Leben, und wahrscheinlich auch nicht im nächsten. Aber dennoch trägst du diesen albernen Ring am Finger und mit dem zweiten verschmutzt du die selige Asche in ihrer Urne. Aber ich weiß schon. Lin und du, ihr habt euch entzweit, bevor es überhaupt richtig angefangen hat zwischen euch. In dem Moment, als sie dich mit der Fledderiszidose in Schwarzeck zum ersten Mal sah... Aber du...“ Sie stupste ihn freundschaftlich gegen die Schulter. „Alle hast du sie bisher verjagt. Und ich weiß wohl warum. Du hast nur Augen für eine Einzige. Ich habe vorhin am Kaffeetisch genau gesehen, wie du sie ansiehst.“

„Lass uns in Ruhe“, sagte er nur und lächelte kühl. „Es geht dich nichts an. Du weißt wie immer wieder einmal nicht, wovon du redest. Mia ist mir wirklich sehr nah. Das ist kein Geheimnis. Aber denkst du, mein elitärer Onkel würde es dulden, ich würde die Tochter eines Töpfers zur Frau nehmen? Sie hat keinen Titel. Nein. Es ist gut so, wie es ist. Vor allem soll sie frei sein von all dem Etikettenschwindel an einem Adelshof.“

„Weise gesprochen, Taron Ikárov!“, lächelte die Dunkle.

Es war Zeit zum Abschied.

„Hach“, seufzte sie und sah ihn von oben nach unten noch einmal an. „Du bist und bleibst ein gelackter Schnösel.“

Shelly umarmte ihn mit ihren riesigen Armen. Taron spürte dabei ihre Hand nach seiner Mitte greifen. Eine kleine schneidende Erinnerung an ihr erstes Zusammentreffen in Schwarzeck. Er schob sie freundlich bestimmt wieder von sich.

„Es tut mir leid", entgegnete er trocken. „Verzeih, dass ich noch immer nicht aussehe wie ein umgepflügter Rübenacker mit einem Bauch wie eine Blechwanne. So wie du." Seine Augen glitzerten arglistig.

„Die Fratze[5] stand dir einfach fabelhaft ihrerzeit", konterte sie zurück. Der alte Wahnsinn blitzte auf. „Welch ein Jammer und ich verstehe es bis heute nicht, warum das so schief gehen musste." Sie knirschte unterschwellig und putzte ihm mit ihren behandschuhten Fingern übers Revers. „Aber deine Durchsichtigkeit macht es erträglicher."

Sie lächelten sich an. Keiner würde dem anderen jemals etwas schenken. Die bitterböse Ironie zwischen ihnen war ein Überrest aus einem erbitterten Konflikt und dem danach hart erkämpften Waffenstillstand. „Die kleine Shelly ist mein Augenstern", trällerte sie süßlich. „Also muss ich wohl oder übel auch auf ihren Vater ein wenig acht geben. Nachdem sie schon keine Mutter mehr hat. Und ich hoffe er tut ebenfalls sein Bestes." Das Gesicht der Dunklen wurde weich, und versöhnlich strich sie Taron über die Wange. „Leb wohl, mein lieber Feind, und wäge gut ab, was man dir angetragen hat." Mit diesen Worten stieg sie in ihre Kutsche und trat die Heimreise an. Shelly von Schwarzeck hatte sich die Ehre gegeben.

Spät am Abend fand Mia Taron in der Kapelle. Sie hatte nach ihm gesucht. Nachdem er die kleine Shelly zu Bett gebracht hatte, schien er wie vom Erdboden verschwunden. Niemand hatte ihn mehr gesehen und seine Räume waren verwaist. Die anderen waren ratlos, aber Mia wusste, wo sie nach ihm suchen musste.

---

(5) Mit einer scheußlichen Maske hatte man Taron bei dem Attentat, für das Shelly von Schwarzeck höchstpersönlich verantwortlich war, bis zur Unkenntlichkeit entstellt.

Eigentlich wollte sie noch ein wenig über den Besuch aus Schwarzeck mit ihm plaudern und hatte ihn bei ihrem Streifzug durch das riesige Haus schließlich entdeckt.

Stundenlang musste er dort gesessen haben, wie er es oft tat, wenn er Ruhe suchte. Er sah nachdenklich aus. Er saß, noch eingezwängt in seine Uniform, kerzengerade auf der vordersten Bank. Die Streben in seiner Weste hielten ihn aufrecht. Nur sein Kopf war gebeugt. Seine Hände waren gefaltet und die Augen geschlossen. Das Visier vor seinem Gesicht verdeckte den Rest seiner Züge.

Für einen Außenstehenden sah es aus, als ob er schlief. So ruhig und reglos saß er auf seinem Platz.

Mia wusste, er war hierher gekommen, um nachzudenken. Von dem, was ihn an diesem Abend bewegte, ahnte sie nichts. Dennoch lief ihr ein leiser Schauder über den Rücken, als sie ihn so sah. So ernst hatte sie ihn lange nicht mehr erlebt.

Was war geschehen?, fragte sie sich. Er und Shelly von Schwarzeck hatten Tiefschürfendes besprochen am Nachmittag. Soviel war sicher. Warum hatte er sie eingeladen?

Eine rein freundliche Geste für die Patin seiner Tochter allein war es nicht gewesen. Taron hatte keinem dazu Rechenschaft abgelegt. Noch nicht einmal ihr.

Der König bemerkte Mia zuerst nicht, als sie sich hereingeschlichen hatte und sich in eine Bank hinter ihn setzte. Das dachte sie zumindest. Sie wagte ihn nicht anzusprechen.

So saßen sie eine ganze Weile. Nichts war zu hören außer zwei leise atmende Menschen und die hereinbrechende Nacht.

„Na?“, sagte er irgendwann und drehte sich zu ihr um. Er schob das Visier beiseite. „Hast du etwa ein gesondertes Gespür für schwere Stunden?“, fragte er leise und lächelte sie an. Seine Stimme hallte sachte durch den Raum.

Er musste an eine Nacht im Kloster denken. Sie dachten beide daran. Auch hier war Mia zu ihm gekommen, als er nach dem Attentat auf seinem Krankenlager einen persönlichen Tiefpunkt mit sich ausrang.

Und wieder hatte er sich das Gehirn zermartert. Sein Kopf wollte eine Entscheidung noch immer nicht freigeben. Wie oft hatte er Für und Wider abgewägt in den letzten Stunden und doch war er zu keinem greifbaren Ergebnis gekommen. Zum ersten Mal seit langem wusste er nicht, was er tun sollte.

War es feige, auf Ripenschneiders Irrsinn einzugehen? Wenn er sich nicht auflehnte und das allem zum Trotz? Ließ der König der Dämmerung sich jemals drohen? Nein, wusste er plötzlich und sah Mia in die fragenden Augen. Feige war es nicht. Es war die mutigste Entscheidung, der er vielleicht jemals zu treffen hatte.

Er wusste, dass Ripenschneider in seinem ganzen Irrsinn Recht hatte mit manchem. Wie egal war ihm mittlerweile seine Durchsichtigkeit.

Aber er musste leben. Auch wenn der Preis astronomisch erschien. Wenn nicht für sich selbst, dann auf jeden Fall für Shelly. Er durfte es nicht riskieren, dass ein erneutes Rollkomando loszog, um ihn niederzuwalzen.

Er musste leben. Für sie. Für Grauen und für viele andere. Und für niemanden in seiner Nähe durften die Morbidianer zu einer Gefährdung werden. Die in Aussicht gestellte Heilung von seiner Fledderiszidose schien ihm dagegen lächerlich. Taron seufzte tief und erhob sich nach einem langen Blick auf den Altar vor sich.

„Mia, bitte!", begann er dann. „Ich möchte heute nicht alleine sein."

„Was…?", fragte Mia entsetzt und sah Taron an.

Er hakte sie wortlos unter und führte sie nach draußen. Ein feines Lächeln flog über sein Gesicht, als sie Arm in Arm durch die Kirchenbänke schritten.

Mia würde auf jeden Fall mit Remoulado und Konrad über die Sache hier in der Kapelle reden. Sie war fest entschlossen.

Taron wusste es. Er wollte in die Küche. Dort saßen sie bis weit nach Mitternacht und redeten.

Taron legte Jacke und Weste ab und saß hemdsärmelig am Küchentisch. Die Krawatte lag gelöst aus ihrem Knoten um seinen Hals. Sie aßen und tranken eine Kleinigkeit und sie sprachen miteinander, wie sie es lange nicht mehr getan hatten. Kein Wort über eben. Man sprach über Belangloses, Klatsch und Tratsch, die laufenden Renovierungsarbeiten im Grauener Schloss, über Vincent, Ellis und den Nachtmahr Schorsch, den sie dabei aus seinem Nest unter der Ofenbank aufschreckten.

Der Nachtmahr gesellte sich schließlich hinzu und steuerte die neuesten Witze und Zoten bei, die er aufgeschnappt hatte.

Es wurde herzlich gelacht und Mia wunderte sich insgeheim, wie überaus redselig sich Taron an diesem Abend gab. All seine Arbeit, der bereits nahende Morgen und der anstrengende darauf folgende Alltag randvoll mit höfischer Etikette schienen vergessen.

Kapitel 9

Die zwei dekorative Aussparungen in den Kanten von Tarons akkuratem Wangenbart zierten am nächsten Tag ganz neu sein Gesicht. Er stand vor einem großen Spiegel in der Universität und blickte hinein. Tiefe Augenschatten zeichneten eine beinahe schlaflose Nacht in seine Züge. Er war auf den Weg in die Bibliothek vor seiner Rückkehr zum Stadtschloss und war an der glänzenden gerahmten Scheibe hängen geblieben. Er hatte das Visier an seinem Kragen zurückgeschoben und gab vor seine Krawatte zu richten. In Wirklichkeit starrte er angestrengt durch sein Gesicht hindurch auf seine Anatomie. Er hatte nicht bemerkt, als jemand hinter ihn getreten war.

Sofort war Remoulado zur Stelle und baute sich neben seinem Dienstherrn gewichtig auf. Er hatte den erschrockenen Blick von Taron gesehen.

„So ist es recht“, lachte der Professor und klopfte ihm freundschaftlich auf die Schulter.

„Es ist, was ich Euch versprochen habe. Sagen wir, es ist eine Art Parfum“, raunte er Taron zu. „Die Tinktur wurde aufgewertet von einem der bekanntesten Parfümeure im Land, müsst Ihr wissen“. Der Professor reichte Taron freudestrahlend einen zierlichen Flakon.

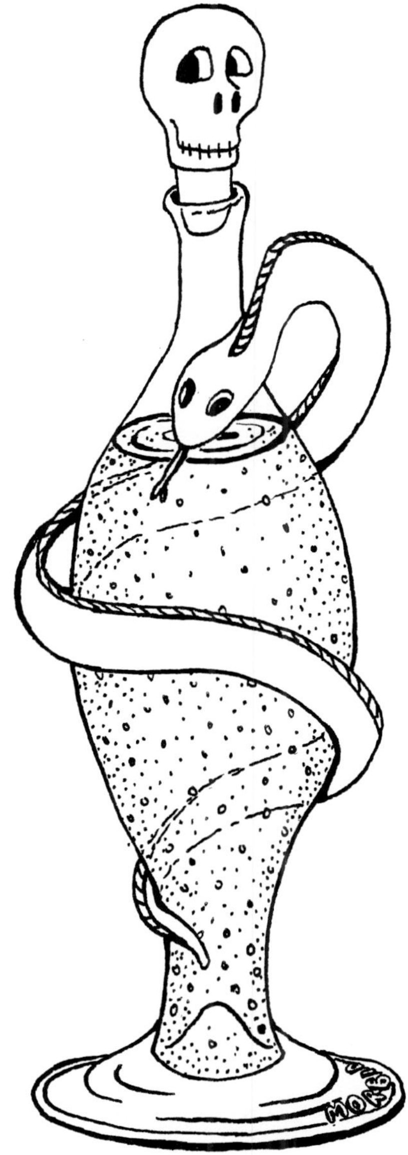

Remoulado konnte die Situation vor sich nicht richtig deuten. Er hielt es für eine freundliche Geste unter Kollegen und für eine von Tarons Eitelkeiten.

Nachdenklich öffnete Taron das Gefäß, verrieb ein paar wenige Tropfen zwischen seinen Handgelenken und roch anerkennend an dem Wässerchen, das man ihm gegeben hatte. Der Professor hatte ihm nicht zu viel versprochen. Er nickte ihm zu. Es war besiegelt. Tarons Innenleben war nicht mehr zu sehen.

Remoulado ließ sich indes von dem Professor in ein Gespräch verwickeln. Er bemerkte es nicht.

Taron schob das Visier zurück an seinen Platz und gab Remoulado das Zeichen zu gehen. Der Leibwächter folgte ihm augenblicklich zur Kutsche. Der Besuch in der Bibliothek entfiel.

Alles begann mit einem kleinen Hüsteln. Tarons Stimme war noch rauer geworden als sonst und bald konnte er keine Vorlesung mehr halten. Wenig später zwang hohes Fieber ihn in sein Schlafgemach. Er konnte nicht mehr aufstehen. Und zum wiederholten Mal seit ihrem Kennenlernen war es Mia, die seine durchweichten Laken und Hemden wechselte, als er fantasierte. Sie wich nicht von seiner Seite. Lucinde half ihr dabei. Und alle guten Seelen im Haus hatten damit zu tun hilfreich zu sein und Taron die Stirn zu kühlen.

„Alles wie nach Lehrbuch", freute sich der Professor, als er schließlich in Tarons Hals gesehen hatte. Der König sah ihn aus glasigen Augen missgünstig an.

„Dachtet Ihr wirklich, es gäbe eine große Operation oder ähnliches? Mitten auf den Tischen unserer Fakultät und mit feierlichen Ritualen? Nein, mein Bester." Er lächelte. „Die Natur darf ganz allein ihr Werk vollbringen. Wir müssen nur warten. Es ist eine einfache Erkältung, die in Eurer vorgeschädigten Kehle einfach nicht mehr ausheilen möchte. Es ehrt mich natürlich, dass Eure Leute und sogar Euer Leibarzt Njorbert von Schnapp nach mir schicken ließen am Ende, weil sie

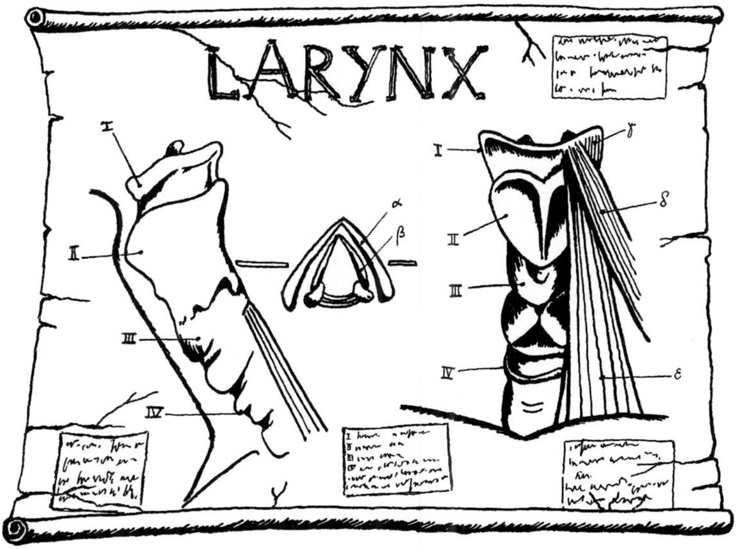

keinen Rat mehr wussten.“ Er grinste hintergründig und klopfte Taron auf die Schulter.

Taron konnte einen fragenden Gesichtsausdruck nicht verhindern.

„Der Wein, den wir Euch in der letzten Besprechung angeboten haben“, erklärte der Mediziner beflissen und lächelte verschlagen. „Ihr erinnert Euch? Ein armer Halskranker hat vorher für Euch damit gegurgelt. Keinen Ton hat er mehr hervorgebracht, der Ärmste. Wir haben ihn dafür umsonst behandelt. Ich sage Euch, seine Familie war überglücklich, dass wir dem armen Tropf geholfen haben. Er war uns sehr dankbar und für die Forschung wollte er gern seinen Teil beitragen. Er weiß nicht, welchen Dienst er uns erwiesen hat.“ Der Professor nestelte verborgen vor Taron an etwas in seiner Tasche. „Eine Essenz seiner maroden Mandeln war übrigens in dem Wasser, an dem Ihr bei Euren letzten Vorlesungen genippt habt“, sagte er wie beiläufig.

Der Professor wühlte in seiner Tasche.

Taron kämpfte unvermittelt mit einem Würgereiz.

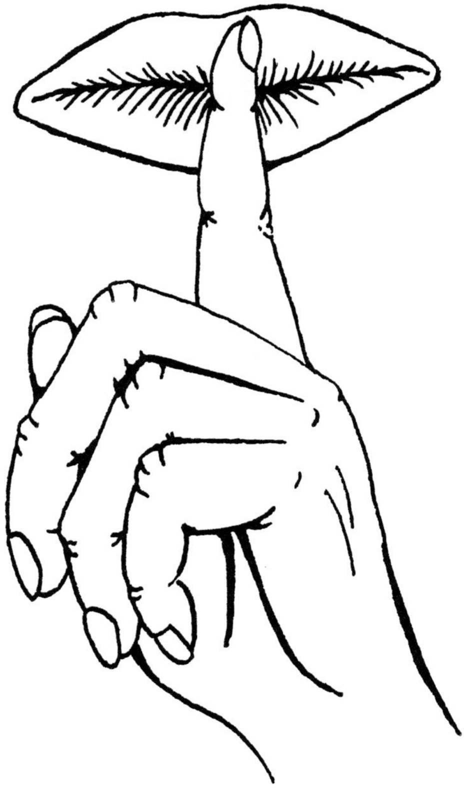

„Nicht doch. Nicht doch. Ihr sollt Euch nicht aufregen", beschwichtigte er gekünstelt und legte den Finger vor den Mund.

„Ein paar Tage Bettruhe, ein paar Aderlässe, kühle Wickel, Kräutertees und im Nu haben wir das Fieber gesenkt, mein Lieber. Macht Euch keine Sorgen."

Taron krächzte, zeigte wütend auf den Professor und schüttelte vehement mit dem Kopf. Mit der Hand machte er eine schnappende Bewegung.

„Wie Ihr wünscht. Dann soll von Schnapp Euch eben weiter behandeln. Ich bin mir sicher, er wird das Fieber leicht beherrschen. Unsere Arbeit ist ohnehin gleich getan.“ Der Professor legte sachte die Hand auf Tarons Stirn.

„Werdet schnell wieder einsatzfähig“, fuhr er fort. „Euer Thron und Eure Studenten warten ungeduldig auf Euch. Und meine Tochter Mathilda und ich wären Euch sehr verbunden für eine Einladung zu einem Eurer nächsten Diners.“ Der Besucher kramte in seiner Tasche.

Taron stierte ihn an.

„Bitte“, beschwichtigte der Professor dann süßlich. „Behandelt man so jemanden, der einem eine große Last von den Schultern nimmt und einfach nur helfen will? Was glaubt Ihr, König, woher Euer Onkel die Formel hatte Euch mit der Fledderiszidose einstmals zu segnen? Er hat sich immer vor uns gefürchtet, aber er kam angekrochen, als es darum ging, dass Ihr König werdet. Und er war sich sicher, Ihr werdet angekrochen kommen bei uns, wenn es an der Zeit ist. Er wusste, Ihr würdet für alle Euren Lieben bereit sein einen hohen Preis zu zahlen. Und was soll ich sagen: Hier seid Ihr!“ Der Professor verneigte sich hämisch und zeigte in einer großen Geste auf den bettlägerigen König.

Taron riss endgültig der Geduldsfaden. Er schnappte den Professor am Kragen und zog ihn zu sich heran.

„Wie, bitte?“ kicherte dieser und wand sich aus Tarons Griff. „Ich kann Euch so schlecht verstehen...“

Taron stellte den Versuch ein, den Professor anzuschreien. Matt ließ er sich in die Kissen zurücksinken.

„Und was glaubt Ihr, warum Euer Onkel es vorzog sich in die Einöde der Burg zurückzuziehen? Warum wohl hat er dieser Stadt so konsequent den Rücken gekehrt... Ich kann mit Stolz behaupten, es war vorrangig unseretwegen. Und wegen Euch. Und zwar bereits lange, bevor er Euch zu sich holte. Dass er es vor seinem Tod dennoch gewagt hat zu uns zu kommen, um seine Bitte vorzubringen, spricht für viel Mut. Was denkt Ihr, welchen Preis hat er wohl gezahlt?“ Er lachte.

Taron flirrte der Kopf.

„Ihr fragt Euch bestimmt, wie wir um Himmels Willen dies wieder umkehren wollen, wenn wir gleich zu Ende bringen, worum Ihr gebeten habt. Nun. Gar nicht!“ schmunzelte er vornehm. „Zehn Jahre habt Ihr die Garantie, dass wir Euch geben, was Ihr braucht gegen Euren Fluch. Sonst nichts. Satisfaktion, mein Lieber.“ Er zuckte mit den Schultern.

Taron griff den Professor am Arm und bedeutete ihm Einhalt. Er schüttelte mit dem Kopf und sah dem Professor zweifelnd in die Augen. Panik ergriff ihn plötzlich und kaltes Grausen. Die Situation glitt ihm zusehends aus den Fingern. Sein Blick suchte verzweifelt die Zimmertür. Doch sie war zu weit weg und niemand kam, sie zu öffnen. Niemand störte. „Aber nein“, erklärte der Professor und schob Tarons Hand beiseite. „Wir werden jetzt doch nicht abbrechen?“ Er strich Taron demonstrativ über die beiden Aussparungen in seinem Bart. „Ihr habt bekommen, was Ihr wolltet. Also, kommen wir jetzt zu Eurer Gegenleistung...“

Tarons Augen funkelten fatal.

„Betrug? Nein. Nur nicht alle Details in der Vorbesprechung“, entgegnete der Professor. „Vergesst es“, setzte der Professor ungerührt nach, nachdem Tarons Züge sich mitnichten entspannten. „Ich weiß wohl, was Ihr jetzt denkt. Ein ganzer Lehrkörper enthauptet... So stellt Ihr Euch das vor... Tststs... Ihr wisst genau, dass Ihr uns quasi per natura nichts anhaben könnt. Stellt Euch doch mal vor, was das würde.“ Er schüttelte spöttisch den Kopf. „Wir sind die geistige Elite Eures Landes. Grauen hat jede Menge Silber, ein bisschen Landwirtschaft und seine geliebten Wissenschaften. Ihr könnt uns nicht einfach ausradieren. Wir haben Euch in der Hand, wenn wir wollen, mein Lieber. Und ich wette bis eben habt Ihr Euch zu diesem Thema noch keinerlei Gedanken gemacht...“

Taron gab einen unwilligen Laut von sich.

„Aber was ist mit Euch?“, fragte der Professor dann und wurde beißender als er bereits war. Sein Blick wurde drohend. „Seid Ihr das auch? Unantastbar? Ich denke, Ihr habt aus der Vergangenheit einiges an Demut gelernt zu diesem Thema. Und es täte uns wirklich entsetzlich leid...“, flüsterte er dann und kam ganz nah an den König heran. „Ihr seid so ein guter König und ein wahrlich hoch geschätzter Kollege." Der Professor seufzte künstlich. „Im Gegensatz zu Eurem Onkel Edolf habt Ihr nie die nötige Ergebenheit vor Eurem Amt verloren. Was würde das nur, wenn wir öffentlich zu dem Ergebnis kommen müssten, dass Ihr eine Gefahr seid? Mit Eurer nicht mehr kontrollierbaren Fledderiszidose. Sie würden Euch lynchen, mein König, mit Haut und Haar und ohne zu überlegen. Ihr wisst, wie schnell die Angst gesäht ist. Und wie leichtgläubig der Pöbel sein kann, wie schnell er überschäumt. Ihr habt es damals bereits erfahren, als Ihr in Hiesig am Pranger standet. Bedauerlich das." Der Professor schnaubte und machte eine wegwerfende Handbewegung. „Doch genug der alten Geschichten. Aber glaubt mir übrigens auch noch etwas anderes. Anatols Sohn Rupert wäre es eine Ehre, als Quereinsteiger Euren Thron zu übernehmen. Macht die Augen auf!" Der Professor sah Taron amüsiert an. „Aber nein doch!", sagte er dann plötzlich wie ausgewechselt. Er lachte und tupfte Taron die fiebrigen Schweißperlen aus dem Gesicht. „Warum lasst Ihr Euch so aus der Ruhe bringen? Ihr lasst Euch doch von mir nicht ins Boxhorn jagen. Ich sagte nur: Was würde das nur, wenn? Theoretisch, versteht Ihr? Wissenschaftlich– rein– theoretisch. Ihr kennt meinen Hang zur Übertreibung. Und Ihr kennt mich nun lange genug." Er legte Taron ein kühlendes Tuch auf die Stirn.

„Aber wir sind die obersten Honoratioren in Wassergrün. Das wisst Ihr. Unser Wort hat Gewicht. Es ist das oberste Ziel der Morbidianer ihrem König zu dienen."

Taron hätte sich bei diesem Kauderwelsch am liebsten die Ohren zugehalten. Er machte eine abwehrende Handbewegung und drehte sich weg. Sein Körper glühte.

„Wirklich und fern ab von allen Gruselgeschichten, die ich Euch gerade erzählte. Lange haben wir beraten, was zu tun ist. Man möchte, dass der König sich auf seine Aufgabe konzentriert. Dass er anwesend ist und vor allem: Dass er hier anwesend ist in der Hauptstadt. Der Rat, Eure Weltenbummelei. Alles das hat Euch früher fern gehalten. Und nachdem Ihr lange nicht mehr in Schutzhaft seid wegen der Dunklen, musste irgendetwas passieren. Glaubt mir. Lange haben wir beraten, welche Möglichkeiten es gibt. Sogar mit Eurem Vater haben wir darüber gesprochen."

Taron fuhr herum und sah dem Professor nun mehr als gereizt in die Augen.

„Ja, mein Lieber. Ihm kann ich vertrauen. Es beruht auf Gegenseitigkeit, müsst Ihr wissen. Lang ist es her, aber mein Lehrstuhl war es, an dem er nach seinem Verschwinden inkognito Medizin studiert hat." Abgebrüht fächerte der Professor neben Taron seine Instrumente auf. Es klapperte und klirrte verhalten. Ein großes Geräusch in der eisigen Atmosphäre zwischen den beiden Männern.

„Wir dienen Grauen, ebenso wie Ihr. Und wir dienen Euch, werter König. Eure Stimme, sag ich, ist der Schlüssel zu allem und wir nehmen sie nun als Unterpfand. Ihr sollt nicht so enden wie Euer Onkel Edolf." Er zückte mit einer langen Pinzette in der einen, etwas Zangenartigem in der anderen Hand.

„Aber nun Schluss damit, lasst mich helfen, Euer Gnaden. Und wer hätte jemals gedacht, dass Ihr so ein zäher Brocken seid. Als sollte die Mandelkur nicht schon genug gewesen sein. Ich war mir so sicher..." Er schüttelte tadelnd mit dem Kopf. „Verzeiht. Aber wir müssen da wohl oder übel noch ein paar kleine Korrekturen machen. Und ab nun schweigt!"

Die Angst flackerte in Tarons Augen. Ihn schauderte und er hielt noch einmal die Hand des Professors zurück.

„Bitte!", krächzte er schwächlich. „Gibt es denn keine andere Möglichkeit?" Mehr bekam er nicht heraus.

Der andere klapperte demonstrativ mit dem Chirurgenbesteck in seiner Hand.

„So demütig plötzlich?", stichelte der Professor und kam näher heran. „Ihr fleht?" Dann grinste er, schüttelte mit dem Kopf und erhob seine Instrumente. Er wollte anfangen.

Der König seufzte ein letztes Mal, schloss die Augen und legte seinen Kopf zurück auf das Kissen. Ein paar Instrumente klackten. Es war eine Sache von Sekunden.

Kurz darauf klopfte es an der Tür. In den Gemächern des Königs war es totenstill geworden. Onkel Anatol, Konrad, Mia und Remoulado spitzten gespannt durch den Türspalt. Nur Minuten zu spät.

Der Professor packte gerade seine Tasche und verkorkte das Fläschchen mit dem Schlafmittel, das er dem König gegeben hatte. Er schob zufrieden das Visier vor Tarons regloses Gesicht, bevor er ging.

„Bewahre, es würde sich noch jemand anstecken...", schmunzelte er. „Er ruht jetzt. Lasst ihm ein paar Tage."

Kapitel 10

Taron schreckte aus dem Schlaf. Remoulado hielt ihn fest. Mia beugte sich über ihn. Auch Njorbert von Schnapp stand ratlos vor seinem Bett. Es war spät am Vormittag und die Sonne schien längst durch die blitzblank geputzten Fenster.

Die Decken und Kissen waren zerwühlt, sein Nachthemd war durchweicht und auf der Stirn des Königs glitzerten kleine Schweißperlen.

Remoulado ließ ihn los, als er endlich zu sich kam.

„Du hast geträumt, mein König. Sehr schlecht geträumt. Schon wieder. Und du hast um dich geschlagen wie ein Berserker."

Taron sah sich um. Um ihn scharten sich seine Freunde. Keine geisteskranken Professoren. Sie sahen ihn an.

„Was ist mit dir?", fragte Mia.

„Lasst mich mal sehen", polterte Njorbert und drängte sich zu Taron. Lange nahm er ihn in Augenschein. Dann setzte er sich.

„Was ist?", fragten Remoulado und Mia gleichzeitig, als sie die tiefe Falte auf seiner Stirn bemerkten.

„Ihr seid geheilt, Taron. Hab ich Recht?"

Taron zuckte müde mit den Schultern.

„Seht Ihr es denn nicht?", fuhr der Heiler die anderen an, die nur verständnislos vor Tarons Bett standen. Njorbert tippte dem König schließlich ins Gesicht. „Die Fledderiszidose!"

Er stellte sich trotzig vor Taron und verschränkte die Arme.

„Ich weiß nicht, was Euer feiner Herr Professor da veranstaltet hat“, fuhr er fort.

Taron schloss die Augen. Selbst wenn es ihm möglich gewesen wäre, hätte er das nicht kommentiert.

Der Heiler hatte in Sekunden einfach alles durchschaut. Jetzt sahen es auch die anderen. Seit Ewigkeiten hatte man Tarons Außenhülle nicht mehr so makellos gesehen. Die Fledderiszidose schien verschwunden. Obwohl es fast gleißend hell war im Raum und die Sonne direkt ins Zimmer schien.

„Taron Ikárov!“, fuhr nun Mia dazwischen und rüttelte ihn an der Schulter. „Was hat das zu bedeuten?“

Der König sah sie an, setzte sich auf und deutete auf seinen Hals. Mit einer eindeutigen Geste bedeutete er ihnen unmissverständlich, dass es aus war mit seiner Stimme. Kein Band schwang mehr in seinem Hals, um ihr einen Ton zu verleihen.

„Das kann nicht sein!“, rief Njorbert und untersuchte ihn gründlich. „Das ist unter natürlichen Bedingungen überhaupt nicht möglich. Was habt Ihr gemacht, mein Fürst?“, sagte er entgeistert. Zur Untermauerung stach er Taron mit einer Nadel ins Bein.

Der Schrei des Königs blieb lautlos, nur ein Keuchen war zu hören.

„Es ist medizinisch nicht möglich!“, wiederholte sich der Heiler und wischte sich echauffiert übers Gesicht.

„Selbst wenn Ihr Eure Stimme durch diese Infektion gänzlich verloren hättet, wärt Ihr nicht vollkommen tonlos. Aber nichts. Kein einziges Geräusch. Kommt, gebt mir wenigstens ein einfaches *S*. Dazu braucht ihr Eure Kehle nicht.“

Doch Taron sah ihn sehr ernst an und schüttelte mit dem Kopf. Der Vollständigkeit halber und trotzig formte Taron den Laut, aber nicht das leiseste Zischeln kam von seinen Lippen.

Njorbert war fassungslos und holte erneut mit der Nadel aus.

Taron wehrte ihn ab. Auch Remoulado hielt ihn zurück.

„Ripenschneider, dieser Bastard!“, schimpfte Njorbert außer sich. „Welche Bosheit hat er sich nur ausgedacht.“ Der angesetzte Beschimpfungsregen verstummte im Ansatz.

„Papa!“, rief es plötzlich von der Tür. Die kleine Shelly kam auf die Versammlung zugelaufen.

Njorbert schnappte nach Luft und schluckte seine nächsten Worte hinunter. Mit zornesrotem Kopf drehte er sich weg. Die Nadel verschwand in einem Futteral.

Shelly achtete nicht auf all die ernsten Gesichter. Sie machte große Augen, stürmte das Bett und warf sich ihrem Vater kompromisslos in die Arme.

Taron schloss die Augen und drückte sie an sich. Eine Träne stand in seinem Augenwinkel. Die Visite war beendet.

Taron lag allein in der Dunkelheit. Der Mond schien durch das Zimmerfenster. Im Haus war es ruhig geworden. Dennoch konnte der König nicht schlafen.

Ripenschneider hatte es also durchgezogen. Ohne einen Moment zu zögern. Ohne einen Funken Reue. Und Taron selbst hatte ihm vorher die Erlaubnis erteilt.

Er war mundtot und der König hatte keine Ahnung, wie es jetzt weitergehen sollte. Und er hatte, wenn er ganz alleine mit sich war, alles ausprobiert. Kein Laut, kein Konsonant, kein Vokal, kein Schrei und noch nicht einmal ein Seufzer kam über seine Lippen.

Schorsch hatte ihm bestätigt, dass er noch nicht einmal leise schnarchte in der Nacht. Es war nicht allein das Fieber, das ihn jetzt schüttelte.

Aber er musste leben. Den Preis hatte er bezahlt. Taron presste die Kiefer aufeinander und schnaufte tief. Es war nicht feige. Es war die schwerste Entscheidung, die er jemals getroffen hatte.

Der Professor sollte recht behalten. Taron war dank Njorberts Unterstützung beizeiten wieder einsatzfähig. Zumindest körperlich. Pflichtbewusst und verstummt war er zurück auf seinem Thron und an seinem Schreibtisch.

Ansonsten blieb er zurückgezogen. In seiner wenigen freien Zeit traf Mia Taron oft alleine in seinem Zimmer. Neben Njorbert und Shelly war sie die einzige, die er jetzt zu sich ließ. Sie versuchte wieder und wieder mit ihm zu sprechen, aber es ging nicht.

Jedesmal wenn er versuchte mit seinen Lippen die Worte zu formen, die er an sie richten wollte, blieb er stumm. Es war alles andere als Routine und er hatte sich bisher kein bisschen daran gewöhnt. Alles musste er aufschreiben, um sich mitzuteilen. Das wenige, was sie mimisch und gestisch austauschen konnten, war allzu mühsam.

Njorbert hatte sie schließlich zur Seite genommen und mit einem einfachen endgültigen Kopfschütteln erklärt, was dem König und Ihnen allen in Zukunft blühen würde. Es würde nicht so einfach vorbeigehen dieses Mal. Es gab keine Hilfe für den König.

Mia war entsetzt. Noch nicht einmal Njorbert konnte helfen. Das hatte sie niemals gedacht.

Oft war Taron in diesen Tagen frustriert und schlecht gelaunt. Der einsame Entschluss, den er getroffen hatte, war schwerer, als er es sich in seinen kühnsten Träumen ausgemalt hatte. Und es blieb ein wortloses Geheimnis, was er zuvor mit den Morbidianern besprochen hatte. Jeden Tag blickte er im Spiegel in ein perfektes Gesicht.

Taron raufte sich die Haare. So ging das bereits seit Tagen und man wurde schließlich Zeuge eines von Tarons äußerst seltenen, aber heftigen Wutanfällen.

Brav und beinahe wie ein Mönch hatte er in den letzten Jahren seinen Dienst getan und nun das. Was hatte er noch für diesen Thron zu ertragen? Minutenlang schrie er sein Spiegelbild an, bis sein Kopf rot wurde vor Zorn und Unglauben. Zu hören war davon nichts. Wenig später war in einem lauten Klirren der große Wandspiegel zerbrochen.

Als das halbe Haus danach eilte zu sehen, was der Lärm zu bedeuten hatte, fand man Taron im Morgenrock auf dem Boden knien. Er las die Scherben zusammen und reichte dem erschreckten Remoulado einen Zettel in die Hand.

Wenigstens konnten mich jetzt alle hören!

Er wehrte Remoulados Hand ab, die ihm aufhelfen wollte.

Lucinde war schließlich diejenige, die dem bedauerlichen Schauspiel ein Ende machte. Sie zog ihren Neffen zur Seite und scheuchte die anderen aus dem Zimmer. Sie führte einen langen Monolog mit ihm.

Sigur der Sekretär suchte Taron nach einigen Tagen ganz früh in seinem Schreibzimmer auf. Niemand ahnte, dass ausgerechnet er es sein würde, der den Bann der Morbidianer mit einigen wenigen Sätzen bei dem erstarrten König zu brechen wusste.

„Lasst Euch nicht verunsichern“, begann er ohne Umschweife.

Taron sah ihn irritiert an. Er war nicht gut gelaunt an diesem Morgen. Warum auch.

Der Sekretär stockte kurz, als würde er um die nächsten Worte ringen. Fast getraute er sich nicht sie zu sagen. „Darf ich ein persönliches Wort an Euch richten?“, fragte er dann vorsichtig.

„Ich weiß mehr, als Ihr denkt“, murmelte der Sekretär freundlich, während er Taron die Papiere für diesen Tag vorlegte.

„Lasst den Mut jetzt nur nicht sinken. Ihr seid von nun an der *Stille König* und Eurer Legende um den König der Dämmerung wird noch ein weiteres Quäntchen Mystik und Ehrfurcht hinzugefügt. Dafür werde ich sorgen.“ Er nickte bestätigend mit dem Kopf, während Tarons sich missmutig über seine Briefe beugte und seine Brille zurecht schob. Er wollte diesen Unsinn jetzt nicht hören.

„Nein, wirklich“, beharrte der Sekretär. „Ein Herrscher, der seine Stimme gab für sein Land. Wo gab es so etwas zuvor? Ich werde die Nachrichtenschreiber entsprechend instruieren." Taron sah auf und bedeutete mit den Händen, dass ihm dies im Augenblick herzlich wenig nutzte.

„Sie haben nur Macht über Euch, wenn Ihr es zulasst", sprach der andere weiter.

Taron kritzelte weiter an einem Briefentwurf, als würde er ihn nicht hören. Seine Augenbrauen hatten sich finster zusammengezogen.

Der Sekretär ließ sich nicht beirren.

„Ihr könnt schreiben, Ihr könnt lesen und Ihr könnt zuhören. Und Ihr bekommt noch dazu den besten Gebärdenlehrer, der diesseitig des Gebirges zur Verfügung steht. Nämlich mich." Er zeigte lachend auf seine eigene Person. „Ich spreche fließend. Es wurde nicht allzu oft benötigt bisher, zugegeben. All meine Kollegen schimpften es Zeitverschwendung, dass ich es lernte. Aber ich wusste, es würde der Tag kommen, an dem dieses Wissen einmal von Nutzen sein würde. Was wollt Ihr mehr? Welch ein Zufall, oder?" Sigur strahlte den König an.

An Zufälle konnte dieser lange schon nicht mehr glauben. Argwöhnisch stierte er den anderen an.

Sigur ließ sich von Taron nicht beeindrucken.

„Und ich weiß, dass auch Ihr vor langer Zeit zumindest die Grundlagen dieser Sprache einmal eingebläut bekommen habt. Ich habe es in Edolfs Lehrplänen nachgelesen. Es sollte wohl keine große Schwierigkeit werden, Euch schnell wieder mitteilungsreif zu machen. Sicher braucht Ihr sehr viel Wortschatz, aber ich bin mir sicher, Ihr lernt schnell."

Taron legte die Feder zur Seite und massierte angestrengt seine Nasenwurzel.

„Ihr werdet Euch also bald ohne inhaltliche Einschränkung unterhalten können. *Ja* und *Nein*", plapperte der Sekretär einfach weiter. „Das sind ohnehin die wichtigsten Worte für einen Herrscher. Sie kosten Euch lediglich eine klitzekleine Kopfbewegung. Seht Ihr? Eure Stimme... Kommt schon... Für Eure Freiheit. Gebt den Morbidianern kein einziges Fünkchen Bedeutung!"

Taron sah auf, verschränkte die Arme und sah Sigur direkt in die Augen. Jetzt hatte er seine Aufmerksamkeit. Was hatte er seinen Schreiber unterschätzt bisher. Er bot dem Sekretär einen Sitzplatz an vor seinem Schreibtisch.

„Ich sagte bereits, es gibt Spezialisten. Sie übersetzen Euch Gebärden simultan gleich in Eurem Thronsaal, in Eurem Lehrsaal... Wo auch immer Ihr wollt. Eure Leute, Eure Studenten, überhaupt alle werden sich sehr schnell daran gewöhnen. Zugegeben", gab Sigur zu bedenken. „Jede Sprache dauert ihre Zeit, bis man sie tatsächlich gut beherrscht. Wochen und Monate bis zu den ersten fließenden Passagen. Jahre vielleicht für den Rest. Aber es gibt darüber hinaus ein Fingeralphabet, das Ihr für die Übergangszeit nutzen könnt. Es ist so simpel. Die Laute, die Zeichen für die einzelnen Buchstaben des Alphabets sind in wenigen Stunden gelernt. Es ist etwas umständlich und es dauert länger sich auszudrücken. Aber es wird gehen. Ich rate Euch übrigens, wir fangen gleich damit an." Wie zur letzten Aufmunterung und zur Demonstration hatte der Sekretär während seiner Rede jedes Wort durch die Hände mitgesprochen.

„Eure Vorlesungen bereitet Ihr vorläufig schriftlich vor. Ein Vorleser wird an Eurer Seite sein, der auf jede Eurer Gesten achtet, während Ihr Eure Tafelanschriebe macht. Was meint Ihr? Es wird schwer werden, das ist mir bewusst. Kein bisschen Einfluss haben sie, mein Fürst, diese Morbidianer. Wenn Ihr das wollt. Und es wird Zeit, Ihnen das zu beweisen." Sigur nickte ihm entschlossen zu.

„Ihr seid der König, mein Herr. Lasst sie alle um Euch herum Eure neue Sprache lernen. Nichts und niemand wird Euch einschränken." Sigur verbeugte sich vor Taron auf seinem Sitzplatz.

„Und es würde mich wundern, wenn der Heiler Njorbert von Schnapp nicht irgendwann etwas finden würde, Euch zu helfen", fügte er hinzu.

Taron nahm die Brille ab und lächelte ihn an. So viel Loyalität hatte er seinem Sekretär, der sich bisher so sehr im Hintergrund gehalten hatte, gar nicht zugetraut. Ständig an seiner Seite und emsig bei der Arbeit, aber bisher völlig ohne Profil. Er hatte sich

getäuscht in ihm. Er reichte Sigur die Hand über den Tisch. Ein kräftiger Händedruck folgte.

In weniger als zwei Stunden hatte der König von Sigur für den Anfang die gestische Lautsprache gelernt. Dann legte er nachdenklich die Finger zusammen und begann zögerlich das Alphabet mit seinen Fingern zu buchstabieren.

Sigur lächelte und korrigierte die Hände des Königs an der einen oder anderen Stelle.

Wisst Ihr. Schweigen ist eine sehr unterschätzte Seite der Sprache, kommentierte der Sekretär dann mit den Händen.

Taron lehnte sich in seinem Sessel zurück und sah aus, als würde er angestrengt nachdenken. Dann zeigte er zu Sigurs Überraschung unsicher ein paar Zeichen in Gebärdensprache.

Haus

Krone

Tod

„Ihr seid ein wahres Genie!“, rief der Sekretär übetrieben begeistert und schlug sich aufs Bein. „Ein Überraschungskünstler allererster Güte. Wer hätte das gedacht. Ihr vergesst wirklich nur wenig. Hier, mein König, können wir ansetzen.“

Wieder seufzte Taron lautlos und schnaufte tief.

Mein Onkel Edolf war tatsächlich so freundlich, buchstabierte er dann konzentriert. *Mir in den vielen einsamen Jahren auf dem Schloss auch das irgendwann ein wenig näher zu bringen,* begann Taron holprig. *Er meinte, wer weiß, wozu ich es einmal brauche. Aber ich weiß davon fast nichts mehr. Von wegen Genie! Ich befürchte, es wird ein hartes Los für Euch werden.* Der König zeigte auf den Sekretär.

Sigur schüttelte mit dem Kopf und zog seinen Hut vor dem König.

„Nichts leichter als das“, frohlockte er. „Mit ein bisschen Übung werden Euch Eure Mitteilungen schnell wieder flüssig... von der Hand gehen. Ihr werdet sehen.“ Der Sekretär gestikulierte parallel in Zeichensprache, während er redete und lachte über seinen eigenen Wortwitz. „Von der Hand gehen“, wiederholte er.

Taron grinste ebenfalls, wurde aber schnell wieder ernst.

Remoulado muss diese Sprache lernen. Schnell. Gemeinsam mit mir. Er soll mir Übersetzer sein. Ich möchte nicht eine Leibwache und noch einen Übersetzer dazu ständig an meinem Mantelsaum haben.

Dann seufzte er stumm. Es war ein völlig neuer Weg, den er fortan zu gehen hatte. Und es würde nicht einfach werden. Seine Pflicht als Herrscher, das Erbe der Familie Ikárov, das Leben in der Stadt, dies alles hatte ihn mit Haut und Haaren. So intensiv hatte er dies noch nie wahrgenommen. Und da war sein Gefolge, das auf ihn zählte und vor allem war da jetzt seine Tochter. Er atmete tief und setzte sich in seinem Sessel kerzengerade. Dann nickte er Sigur zu. So sollte es sein.

„Den Morbidianern werden schier die Augen aus dem Kopf fallen. Sie frohlocken vielleicht, sie haben Euch gebrochen und Euch unter ihr Joch gespannt“, lachte Sigur. Taron grinste schief. Man reichte sich noch einmal die Hände.

Dies war der Tag, an dem Taron wieder lachen konnte. Die Bitternis fiel ab von ihm und er verfiel statt dessen in emsige Strebsamkeit. Manchmal holte ihn der Schatten dieser Bürde dennoch wieder ein. Der Weg war steinig und beschwerlich. Dann verzweifelte er schier über seine tonlose Stimmlosigkeit.

Sigur jedoch ließ ihm keine Zeit dafür. Er trieb seinen Gebieter stetig voran und beschäftigte ihn jede freie Minute mit seinen Lektionen.

Man hörte den König seither in seiner freien Zeit oft am Klavier. Meist spielte er leise vor sich hin und übte an einem neuen Stück. Manchmal aber dröhnte die Musik durch das ganze Haus.

Ein König, der sonst so geräuscharm war, verschaffte sich nun auf andere Weise Gehör. Er lernte es schnell auf das Perfekteste seine Stimmung in die Musik zu legen. Meist spielte er Angenehmes. Die Mondscheinsonate schmiegte sich vor allem Abends und in den späten Stunden in Moll durch die Flure. Wenn Taron jedoch den Erlkönig gab, hielten sie alle lieber sicheren Abstand, bis seine Stimmung sich wieder gemäßigt hatte.

Shelly genoss ein Kinderlied zur guten Nacht, statt einer Geschichte.

So kommunizierte man auf ungewöhnlichen Wegen miteinander und reicher als jemals gedacht und als Sprache allein dies oft vermocht hätte.

Kapitel 11

Es war der erste öffentliche Auftritt seit seiner Erkrankung und es wurde die Zauberflöte gegeben. Taron war dringend geraten worden, sich wieder in der Öffentlichkeit zu zeigen. So hatte er sich mit Anatol und seiner Tante, Mia und Remoulado als Leibwache auf den Weg in die Oper gemacht. Der König freute sich nur mäßig auf diesen Abend.

Die gesamte Mannschaft hatte sich in vornehmes Grün gekleidet. Zur hellroten Ausstattung der Oper war dies in seiner edelsten Form ein Kontrast der Superlative und ein sorgfältigst ausgewählter Hingucker für diesen Abend.

Mia funkelte wie eine Prinzessin, als sie die Treppe herunter schwebte, und Taron hatte es sich nicht nehmen lassen, ihr aus den königlichen Beständen zum Ausgehen ein paar hübsche Schmuckstücke zu überlassen.

Er hatte sich gefreut über ihre Auswahl, denn im Gegensatz zu vielen anderen vielleicht hatte sie nicht die prunkvollsten und ausladendsten Exemplare gewählt. Ihr Geschmack war einfach und klar, aber äußerst exquisit. Mit Freuden hatte Taron ihr die Sachen umgelegt. Ihre schönen Locken hatte sie mit einer beeindruckend hübschen Hochsteckfrisur gebändigt.

Taron hatte es beinahe den Atem verschlagen als sie sich vor der Abfahrt in der großen Halle trafen. Er hatte ihr versonnen eine lange Schillerlocke im Nacken zurecht gestrichen.

Auch Remoulado hatte sich stolz in eine neue Ausgehuniform gepresst, die reichlich dekoriert war.

Anatol und seine Tante hielten sich dagegen an diesem Abend zurück mit Opulenz.

Dem König sollte uneingeschränkt alle Aufmerksamkeit an diesem Abend gelten. Und man hatte alles darauf ausgerichtet, dass Taron an jenem Abend dieses Interesse auch bekam.

Durch seinen langen Krankheitsausfall war er schlanker denn je und der Schneider hatte sein Ausgehgewand kurzfristig ändern müssen. Trotzdem bot er alleine durch seine Größe eine eindrucksvolle Erscheinung. Hemd und Anzug lagen vollendet auf seiner Haut und wussten die Konturen des Königs durch wenig ausladende Details geschickt zu unterstreichen.

Der König wirkte tatsächlich makellos. Eine Meisterleistung von Schneider und Kammerfrau. Sogar einige zusätzliche Stunden Schlaf waren dem König vor diesem Ausgang vergönnt. Von den Strapazen der letzten Zeit, die er überstanden hatte, sah man keine Spur. Dafür hatte man gesorgt. Und der typische überhohe Kragen und breite Manschetten verdeckten wie immer die unschönen alten Narben. Eine üppige Krawatte wellte sich über seine Brust. Seit langem zum ersten Mal trug er Schmuck. Die Brille saß auf seiner Nase.

Auf eine Kopfbedeckung hatte er jedoch verzichtet. Seine Tante Lucinde hatte ihm etwas aufdrehen wollen, das eher einer überschmückten Torte glich als einem Hut. Auf seine Bitte hin hatte sich die Kammerfrau darauf etwas ganz Besonderes ausgedacht. Statt einem Hut oder Dreispitz war sein Schopf bis zur letzten Strähne zur typischen Perückenform modelliert. Ein echtes Meisterwerk. Eine perfekte Liaison aus wild abstehendem Toupierungen, wie Edolf es von Natur aus immer getragen hatte, und schnöder Etikettenpflicht. Die ersten grau melierten Strähnen im Deckhaar zogen sich in einem symmetrischen Streifenmuster über seinen Kopf nach hinten. Der geringelte Zopf mit Schleife sah virtuoser aus als je einer von Edolfs eingepuderten Haaraufsätzen.

Ausstaffiert wie ein Zirkuspferdchen, hatte Taron selbst darüber gedacht, als er an einem großen Wandspiegel vorbeikam. Und stumm wie ein Fisch. Er sah sehr streng aus in seiner Aufmachung.

Das Sehen und Gesehenwerden in der großen Halle des Schauspielhauses, aber vor allem die Gespräche der Besucherschar hatte der König bewusst umgangen. Sie waren erst kurz vor der Vorstellung mit ihrer Kutsche angekommen und waren durch einen Seiteneingang in die Oper gelangt.

Ein lautes Raunen erhob sich im Konzertsaal, als Taron mit seinem Gefolge die königliche Loge betrat. Die Zuschauer erhoben sich. Alle Augen waren auf ihn gerichtet.

Tarons Blick glitt in die Runde. Und staunend sahen die Leute ihn an. Viele von ihnen voller Erleichterung. Von seiner Durchsichtigkeit war nicht mehr das Geringste zu sehen. Dennoch blickte mancher nach wie vor zweifelnd, als wäre er ein Gespenst. Er sah in Gesichter voller Ehrfurcht. Manchen Damen stand ein aufgeregtes Flackern in den Augen. Erkannte

er da bei dem einen oder anderen im Zuschauerraum etwa auch leises Mitleid? Seine neue Situation musste sich herumgesprochen haben wie ein Lauffeuer. Alle wussten sie es.

Er setzte ein künstliches Lächeln auf, machte sich gerade und nahm das Kinn einen Deut weiter nach oben. Mit einer kühlen Handbewegung grüßte er in die Menge. Dann zog er sich zurück in den Schatten seiner Loge.

Ein mächtiger König hatte sich präsentiert, um keine Spur gebrochen durch sein Schweigen. Daran hatte er keinen Zweifel gelassen.

Auch der Blick des Professors lag auf ihm. Ripenschneider war mit seiner Familie in einer Loge in einiger Entfernung seitlich von Ihnen ebenfalls zu Gast.

Taron bedachte ihn mit einem frostigen Blick.

Der Professor grüßte süßlich grinsend zurück. Keinen anderen Auftritt hatte er erwartet.

„Nur weiter so, mein König", mahnte Antatol leise und drückte Taron ein Opernglas in die Hände.

Im Orchestergraben wurden die letzten Instrumente gestimmt und flirrende Spannung trat in den Saal.

Mia saß neben Rem in zweiter Reihe schräg hinter Taron und der königlichen Familie.

Taron fasste ungesehen hinter sich und ergriff ihre Hand.

Mia drückte sie fest.

Er seufzte stumm. Sein Gesicht schien wie gefroren. Durch wie viele Operngläser er gerade bis zur letzten Hautpore inspiziert wurde, wollte er sich gar nicht ausmalen.

Das Licht wurde verdunkelt im Zuschauerraum. Endlich begann die Ouvertüre.

Die Zauberflöte wurde gegeben. Die Oper fächerte sich auf in Spiel, Gesang und perfektionierter Musik.

Mia und Remoulado saßen mit offenen Mündern auf ihren Stühlen. Aber auch alle anderen verfolgten gebannt, was auf der Bühne passierte.

Selbst Taron konnte sich darauf einlassen und er vergaß für eine kurze Zeit alles um sich herum. Sogar die Augenpaare, die immer wieder neugierig zu seiner Loge lugten. Die Musik erfüllte schillernd den ganzen Raum.

Plötzlich bemerkte Taron, dass er beobachtet wurde. Sein Kopf fuhr herum zum Platz des Professors. Hintergründig sah dieser ihn an, und wie es schien, hatte er jede mimische Regung des Königs seit längerem beobachtet. Als Einziger schien er nicht auf die Vorstellung zu achten. Freundlich und gönnerisch wies er von seiner Loge aus des Königs Aufmerksamkeit zurück auf die Bühne.

Dort streckte eben ein Papageno, der Sprache beraubt durch die Königin der Nacht, seine Hand unvermittelt in Richtung Königsloge aus, während er seine hilflos stimmgewaltigen Verse summte.

Hmhmhmhmmmm...hmmm...hmmm... hm...

Warum brach der Solist aus der Inszenierung und nahm den Kontakt zum Publikum auf? Wer hatte sich das nur ausgedacht. Eine Variation zu Ehren des Königs, wie es vordergründig schien.

Der Professor nickte Taron begeistert zu und zeigte auf den Darsteller, während Prinz Taminos Arie wie zufällig zynisch durch die Zuschauerreihen schwülstete.

„Weil ich zu schwach zu helfen bin... man kann dich nur bedauern... Ich kann nichts tun... es tut mir leid..."

Der Schauspieler zeigte mit dem Finger auf den König.

„...gewöhn dich an das Schloss vor deinem Mund – und schweig..."

Hmhmhmhmmmm...hmmm...hmmm... hm...

Taron hielt den Atem an.

Während Papageno auf der Bühne von den Drei Damen bald befreit wurde und seine Stimme zurück erhielt, würde er stumm bleiben. Für immer. Noch nicht einmal hilfloses Summen war ihm vergönnt wie diesem gemimten Vogelmenschen auf der Bühne. Kein Ton schlich sich seit Ripenschneiders Hausbesuch von seinen Lippen.

Nein. Das war nicht ein Ausscheren eines Schauspielensembles zur Huldigung des Königs. Es war die Bestechung der Solisten zur puren Verhöhnung und noch dazu äußerst intelligent verpackt.

Und wie zur Bestätigung lachte der Professor auf seinem Platz und klatschte in die Hände vor Vergnügen. Er hatte erkannt, dass Taron diese Finte richtig gedeutet hatte.

Die Zuschauermenge verstand diesen stummen Zweikampf mit dem König nicht. Einen Moment lang sahen sie bang hinauf zur Loge des Königs.

Taron kochte innerlich, doch süßsäuerlich lächelte er in die Menge und zeigte dem Schauspieler ebenfalls durch ein geräuschloses kurzes Klatschen seine Ehrerbietung für seine Sondereinlage.

Die Zuschauer waren begeistert und klatschten ebenfalls mitten in Taminos fortgesetzte Arie.

Haltung bewahren war eines von Tarons Spezialgebieten. Er atmete ruhig und gleichmäßig. Er spürte das Parkett unter seinen Schuhen. Nichts und niemand würde ihn dazu bringen nachzugeben. Auch kein Professor Ripenschneider und seine morbidianischen Methoden. Und wenn er bis zu seinem letzten Atemzug keine einzige Silbe mehr von sich geben würde. Das Duell der Mächtigen war eröffnet.

Taron brach den Augenkontakt mit dem Professor und trank einen großen Schluck aus dem Weinglas, das für ihn bereitgestellt war. Er traf Mias Blick hinter sich, als er es zurück stellte.

Sie hatte das seitliche Nebendrama genau verfolgt. Ihre Finger legten sich in ihren Handschuhen für einen Moment tröstend auf seinen Arm.

Remoulado hatte die kurze Geste aus dem Augenwinkel ebenfalls mitbekommen. Sofort war er alarmiert und sah Taron skeptisch an.

Schon gut. Lasst euch nur nichts anmerken, zeigte Taron ihnen unauffällig mit den Händen, ohne seinen Blick von der Bühne abzuwenden. Er machte eine besänftigende Handbewegung und sah starr und steif das Stück zu Ende.

Kapitel 12

Er stand alleine auf einem Wagen und sah auf die Menge hinab. Die Reiter vor und hinter ihm hatten das Gefährt, auf dem er stand, in ihre Mitte genommen. Glänzend polierte Rüstungsteile schimmerten in der Sonne.

Die Menschen jubelten, als er an ihnen vorüber fuhr. Überall sahen ihm lachende und zufriedene Gesichter entgegen. Auch heute trübte kein Zeichen der Fledderiszidose und der überstandenen Bettlägrigkeit seine Erscheinung. Er trug ein edles Gewand und seine Krone auf dem Haupt.

Eine Parade wälzte sich mit dem König als Mittelpunkt durch die Straßen von Wassergrün. Trommler und Pfeifer führten den Festzug an. Stolz und aufrecht stand er da. Den Blicken, die auf ihn gerichtet waren, wich er nicht aus. Die Menschen machten ein beinahe ohrenbetäubendes Getöse. Die Sonne schien auf sie herab. Es war seine Stadt und ihre Atmosphäre war ihm längst nicht mehr fremd. Tief sog er die Luft in den Straßen ein.

Ungeachtet seines sonstigen Aufzuges stand der König barfuß auf den Holzplanken seines Gefährts. Er hatte sich mit dem Rumpf bis zur Mitte an die hohe Brüstung des Wagens gelehnt. So hatte er seinen Schwerpunkt genauso austariert, dass er während der langsamen Fahrt durch die Straßen mit freien Armen auch ohne eine Stütze von hinten sicher an seinem Platz stehen konnte.

Er sah auf Mia vor sich. Zusammen mit Anatol und der Familie fuhr sie in einer offenen Kutsche. Die kleine Shelly saß auf ihrem Schoß.

Habe Hunger!, zeigte die Kleine souverän und mit strahlenden Augen nach hinten zu ihrem Vater.

Ich auch!, antwortete ihr Taron mit den Fingern in kleinen Bewegungen.

Ich hab dich lieb, Papa, zeigte sie dann und grinste breit, während sie durch die Menge fuhren. Ein winziges Diadem auf ihrem Haar glitzerte in der Sonne.

Taron lächelte und antwortete mit ein paar wenigen Zeichen ebenso.

Shelly quiekte vor Freude und vor Aufregung.

Die Leute um sie herum, die es sahen, waren begeistert. Tosender Applaus erhob sich. Auch Vincent und Ellis waren gekommen an diesem Tag und fuhren mit ihnen. Sie drehten sich ebenfalls nach ihm um.

Wie gerne hätte Taron etwas zu ihnen gesagt. Er blickte an sich hinab. Er sah seine Staatskette, die über seinen Schultern lag. Einem eigenständigen Wesen gleich rankten sich die Ausläufer aus den schweren Gliedern in eleganten Windungen um ihn herum bis zu seinen Füßen. Es hatte lange gedauert, sie dem König anzulegen.

Einer Spinne gleich hatten sich die schmalen Ranken von oben angefangen feingegliedert in die Spange gekräuselt, die sein Haar am Hinterkopf zusammenfasste. Von dort spürte er sie in zwei kühlen dünnen Strängen seinen Nacken umspielen, bevor sie sich gefällig um seinen Hals ringelten. Durchbrochen von kunstvoll gearbeiteten Ornamenten schmiegten sie sich wuchernd anstelle einer Krawatte an seine verstummte Kehle, um von dort in breiten Bändern über seine Schultern zu fließen. Die Kette legte sich stolz, aber federleicht über ihren Herrn.

Taron spürte seinen Herzschlag durch das metallene Schmuckstück gehen. Sein Puls wurde schneller.

Die Strahlen des Silbergeflechts liefen in breiten Verzierungen weiter nach unten, von seinen Schultern nach vorne und nach hinten über seinen Rücken, um in der Mitte seiner Taille wieder zusammenzulaufen. Sie wanden sich von dort weiter um beide Beine zu seinen Füßen, wo das skurrile Schmuckwerk wie eine Pflanze mit dem Boden des Wagens verhakt war. Das Grauener Wappen prangte auf Tarons Brust. Der König glänzte und gleißte. Er war Grauen.

Die Menschen um ihn jubelten.

Sein Herz pochte lauter. Seine linke Hand lag auf der Fahrt durch die Menge militärisch hinter seinem Rücken. Mit der anderen winkte er galant in die Menge, während ein feiner Silberdraht sich mit dem Ring an seinem Finger verflocht.

Er war ein lebendiger Stein in einer monströsen Fassung Silberschmiedekunst, dachte Taron bei sich. Er dachte an einen Albtraum vor langer Zeit. Hier hätte ihn die Bürde der Staatskette beinahe erwürgt. Aber die Glieder der Kette legten sich warm und freundlich über ihren Herrn und stützten ihn auf seiner Fahrt. Grauen hatte ihn eingefasst. Im wahrsten Sinne des Wortes, dachte Taron nun ganz ohne Furcht.

Sein neues Festgewand[6] verband sich mit dem Schmuckstück auf das Trefflichste. Es war eine Art massenwirksamer Staatsakt in dem der König sich an diesem traditionellen Feiertag[7] wie jedes Jahr in der Öffentlichkeit präsentierte. Vermählt mit seinem Land und mit den Leuten, die darin lebten. Dies war ein Volksfest und alle schienen beste Laune zu haben und glücklich zu sein. Fast alle.

Dann kam der Moment, als sie an der Universität vorbeizogen. Der gesamte Lehrkörper stand aufgereiht, um dem König die Ehre zu erweisen. Erhaben lächelte dieser von seinem Wagen herab und mit einem hintergründigen Schmunzeln nickte Taron Professor Ripenschneider zu, als er an ihm vorüber fuhr. Die Strahlen seiner Krone ragten majestätisch in den Himmel. In Zeichensprache wünschte Taron dem Morbidianer einen äußerst angenehmen Tag. Dessen Tochter Mathilda, die neben ihm stand, warf er ein provokant anzügliches Seitenzwinkern zu. Für den unwissenden Betrachter kaum wahrnehmbar. Dann legte er die Hand zurück auf seinen Rücken, lächelte und sah stoisch geradeaus in die Menge.

Der Professor deutete eine Verbeugung an, wie es sich geziemte. Hinter seiner Stirn brodelte es.

Taron sah es mit Genugtuung. Ein Duell der Mächtigen ging in eine weitere Runde.

---

(6) Vor drei Wochen bereits hatte man, wie es seit langem der Brauch war, des Königs Aussteuer für das nächste Jahr zur Stadtresidenz gebracht. Der Feiertag „Pallium Regis“, ein Mantel für den König, wurde in allen Ehren gefeiert.

(7) Rex Gratiam Agit: Der König dankt.

Taron war müde, als die Parade Stunden später zu Ende war. Man reichte ihm etwas zu Trinken und zurück auf dem Anwesen löste sich der Festzug auf. Taron nahm die Krone vom Haupt, reichte sie weiter an Remoulado und hakte seine Füße mit den Silberschlingen aus dem Wagenboden. Er nahm seinen Mantel ab und ließ sich von dem Gefährt helfen. Müde und verkrampft von dem eintönigen Stehen auf dem Gefährt und mit schmerzendem Rücken stieg er in die Schuhe, die man ihm hingestellt hatte.

Bitte nehmt mir dieses Ding wieder ab, zeigte er den hilfreichen Händen, die ihn dabei unterstützten. Ein Stuhl wurde gebracht und man nahm Taron die Staatskette von den Schultern. Langsam zogen sich die Schlingen zurück, die sich überall um ihn herum gewunden hatten.

Gut gemacht Junge, meinte er ein leises Raunen aus dem Metall zu hören.

Zeit für eine lange Pause würde er nicht haben, bevor die Gäste am Abend zum großen Festdiner kamen. Dennoch wollte er eine kurze Weile ruhen.

Nach ein paar freundlich gestikulierten Worten und einem Kuss für seine Tochter begleitete Remoulado ihn auf sein Zimmer.

Nein. Es war nicht viel Zeit. Auch Ripenschneider mit Familie würde an diesem Abend bei der Festgesellschaft sein. Taron wollte ausgeruht sein und umgezogen, wenn er auf ihn traf.

Kapitel 14

Das Diner suchte seinesgleichen und Anatol hatte alles auffahren lassen, was Wassergrüns Schlossküche möglich machen konnte. Das Fest zu Ehren des Königs wurde perfekt und eine Art Gegenveranstaltung zu dem missglückten Maskenball. Die Gäste und selbst Taron kamen aus dem Staunen nicht mehr heraus, was Anatol und die Seinen für diesen denkwürdigen Abend vorbereitet hatten, ohne dass Taron dies vor lauter Arbeit im Detail mitbekommen hatte.

Die ohnehin prächtig ausgestatteten Festräume waren reich geschmückt. Leuchter, Kerzen und Blumen, wohin man schaute. Der Raum glich einem vollgestopften Füllhorn.

Mia hatte sogar ein paar prunkvolle, eigens für diesen Abend hergestellte Kulissen bemalt. Neben den Türen und hinter Tarons Platz an der großen Festtafel waren die überdimensionalen Kunstwerke aufgestellt.

Taron hatte es den Atem verschlagen, als Remoulado ihn nach seiner gewünschten Ruhepause zum Fest begleitete.

Shelly hüpfte staunend und fröhlich vor sich hinplappernd neben ihnen her. Sie trug eine kleine Krone aus Blumen.

Kurz bevor sie den Festsaal betraten, hielt Taron seinen Leibwächter am Arm zurück.

Remoulado sah seinen König verwundert an. Dann lächelte er.

„Ihr seht vortrefflich aus, Eure Majestät. Kommt, stürzen wir uns in den Abend. Ich kann es kaum erwarten. Es wird Zeit, dass Ihr Euch ordentlich feiern lasst, Durchlaucht."

Er richtete Taron grinsend die Festuniform und gab ihm Shelly an die Hand. Und etwas leiser flüsterte er an den Türpagen vorbei: „Keine Sorge, Taron. Ich werde dir heute Abend keinen Zentimeter von der Seite weichen. Außer du wünschst es ausdrücklich, wenn du heute Abend einen guten Fang gemacht hast." Er zwinkerte ihm zu und schob seinen König Richtung Festsaal.

„Was willst du denn fangen, Papa?", krähte Shelly dazwischen und lachte.

„Einen Schmetterling vielleicht. Wer weiß, meine kleine Butterblume", lachte Remoulado ebenfalls.

Taron gab ein leises Schnauben von sich und Remoulado beendete die Unterhaltung mit einem aufmunternden Stups in die Rippen seines Freundes.

Die Türen öffneten sich. Mit einem Tusch der musikalischen Begleitung wurden sie in der abendlichen Gastgesellschaft begrüßt.

Taron bildete zu den überdekorierten Räumen einen eindrucksvollen Kontrast in seinem beinahe schnörkellosen Festgewand. Ganz anders als am Nachmittag, als die silberne Staatskette sich gleißend darüber gewunden hatte, kam der König sehr bescheiden zu seinem Fest.

Nur ein paar wenige Schmuckstücke zierten ihn. Er trug den Grauener Siegelring an der einen, seinen Ehering an der anderen Hand. So einfach und prägnant, dass es jedem Gast unmissverständlich ins Auge springen musste. Nur eine silberne Haarspange und ein paar einfache schlichte Kreolen in den von Schorsch einstmals im Spukrausch gestochenen Ohrlöchern schmückten den König zusätzlich an diesem Abend.

Die eisige Noblesse seines Aufzugs ließ die aufgeregt summende Festgesellschaft für einem Moment erstarren.

Anatol als selbsterklärter Festmeister begrüßte den König lautstark.

Taron zuckte unmerklich zusammen.

Alle waren von der großen Tafel aufgestanden und erhoben ihr Glas, während er mit Shelly zu seinem Platz an dem Bankett schritt.

Am liebsten wäre Taron davongelaufen. So viel überschäumender Pomp war ihm einfach zuwider, aber er war Anatol nach dem Maskenball einiges schuldig und so setzte er sich beherzt auf seinen Platz. Mit einem selbstsicheren Kopfnicken begrüßte er seine Gäste.

Remoulado nahm wie beschlossen direkt neben Taron Platz. Alle Augen waren auf den König neben ihm gerichtet. Er mochte es gar nicht, an Tarons Seite an diesem Abend derart im Brennpunkt zu stehen, aber er hatte ihm ein Versprechen gegeben. Als Leibwächter würde er ihm heute nicht von der Seite weichen. Sein bewusst gewähltes, militärisch derbes Festgewand, die metallenen Beschläge und die Waffe an seiner Seite erinnerten jeden im Raum unmissverständlich daran, wozu er anwesend war.

Sigur saß aus übersetzungstechnischen Gründen direkt neben ihm und in Tarons direkter Nähe. Er sollte dem König heute ganz genau auf die Hände sehen.

An ihn reichte Remoulado den Umschlag mit Tarons Festrede weiter, während der König ihm freundlich bedeutete, diese jetzt für ihn zu verlesen.

Der Sekretär nahm sie entgegen, erhob sich vielsagend und verlas die knappe Ansprache, die sein König für diesen Festtag vorbereitet hatte.

Während Sigur ihm seine Stimme lieh und seine Worte deutlich und klangvoll durch den Raum schwangen, nutzte Taron die Gelegenheit sich umzusehen. Er hatte zuvor keine Gelegenheit gehabt, sich mit der Tischordnung auseinanderzusetzen. Zu sehr hatte seine Arbeit ihn in den letzten Tagen in Anspruch genommen und er hatte dem Papier, das ihm von Anatol zur Unterschrift vorgelegt worden war, noch nicht einmal seine halbe Aufmerksamkeit geschenkt.

Shelly begann auf dem Platz neben ihm zu zappeln. Ihr wurde die Zeit lang, sie hatte Hunger. Ebenso erging es ihm, dachte er, lächelte zurückgehalten und legte mahnend die Hand auf ihren kleinen Arm, während sie begann, die kunstvoll gefaltete Serviette vor sich zu zerknüllen.

Er war froh, dass Mia gleich neben ihm und Shelly saß. Man warf sich einen wohlwollenden Blick zu und zeigte sich verborgen vor den anderen einige aufmunternde Gebärden.

Dass seine Freunde an diesem Abend in seiner Nähe saßen, wusste Taron sehr zu schätzen. Der Dunkle überragte gemeinsam mit seiner Tante Lucinde die Gäste um einiges.

Auf der anderen Seite neben Remoulado und Sigur saß Anatol mit seiner Familie. Rund um die riesige Tafel die gesamte geladene Festgesellschaft. Alle lauschten sie andächtig Tarons Festschrift.

Er ließ seinen Blick weiter schweifen. Die Gäste an den äußersten Enden des Tisches konnte Taron nicht genau erkennen. Seine Sehhilfe hatte er für diesen Anlass oben in den Gemächern gelassen.

Die Personen direkt gegenüber an der breiten Tafel erkannte er jedoch genau. Professor Ripenschneider und seine Familie. Sie waren auf Anatols Wunsch hin als Ehrengäste geladen.

Taron taxierte den Professor genau. Ihre Blicke trafen sich für einen Moment.

„Mach nur einen Fingerzeig heute, Meister. Und ich klopfe diesen hochnäsigen Ripenschneider zu Feinmett…“ knirschte Remoulado neben ihm leise. Er hatte den Blick der beiden aufgefangen.

Taron ging nicht darauf ein. Sigur hatte seine Rede gerade beendet. Der König erhob sich und brachte einen kurzen Trinkspruch aus. Er scheute sich längst nicht mehr, in der Öffentlichkeit wie selbstverständlich mit den Händen zu sprechen. Wenn auch nur kurz. Für große Reden war es zu früh und er wollte die Geduld seiner Gäste nicht strapazieren. Dann erhob er sein Glas.

Sigur übersetzte die Gesten wie vorgegeben. Das Diner und der Abend nahmen ihren Lauf.

Das Fest wurde kurzweilig. Es wurde viel gegessen und gelacht. Taron saß stumm inmitten seiner Gäste und ließ sich mustern von der gesamten höheren Grauener Gesellschaft.

Wie wenig nur schien der König sich durch seine Stimmlosigkeit beeindrucken zu lassen. Ganz genau wie immer verhielt er sich, tuschelten die Gäste. Nur, dass er nicht sprach. Und mehr als einmal ertappte Taron seine Gäste dabei, wie sie ihn aus sicherer Entfernung heraus taxierten und offensichtlich kein Blatt vor den Mund nahmen bei ihren Tischgesprächen. Er nickte ihnen lächelnd zu.

Heimlich hatten er und Mia mit den Händen unter dem Tisch über das Essen debattiert. Und über Tarons Gäste. Der König genoss die Ablenkung und vergaß die Gesellschaft um sich herum für kurze Augenblicke.

„Nicht schwätzen“, lachte Sigur einmal und ermahnte Taron und Mia leise, die nur allzu sehr auf dem Präsentierteller saßen an diesem Abend.

Remoulado und auch die anderen waren selig nach sieben Gängen kulinarischer Höhenflüge und man schritt zum nächsten Teil des Abends.

Dass Ripenschneider und ganz gegen das Protokoll auf einem fremden Fest auf eine Ansprache bestand, damit hatte außer Anatol niemand gerechnet an diesem Abend. Man hatte für Taron noch eine Überraschung vorbereitet.

Anatol nickte Ripenschneider zu und bat mit einem hektischen Klirren seines Glases um die Aufmerksamkeit der Gästeschar.

Der Professor war kurz verschwunden. Als er wieder auftauchte, trug er einen Doktorhut auf einem Samtkissen herein.

Neben ihn gesellten sich links und rechts zwei weitere Professoren als Vertreter der Universität.

Die Musiker auf dem Podium rückten ein wenig zur Seite und Taron wurde zu ihnen gebeten. Er ahnte Merkwürdiges.

Sein Onkel Anatol winkte ihn begeistert heran und ließ einen übertriebenen Auftakt von dem Orchester spielen.

Taron ging hoch erhobenen Hauptes zu ihnen auf das Podium. Er bekam die kritische Stirnfalte dabei nur schwer aus seinem Gesicht. Er war überrascht und ihm war unwohl, was kommen würde. Was nur hatte sich der Professor diesmal ausgedacht? Er würde es nicht wagen, ihn in seinem eigenen Haus allzu sehr zu vor den Kopf zu stoßen. Er wusste, das würde er bitter bereuen. Egal, wie sicher sich der Professor in seiner Position aalte. Sein Onkel wusste, worum es ging. Er würde also mitspielen, solange sie seinen Geduldsfaden nicht überspannten.

Und Ripenschneider gestaltete seine Ansprache ausführlich. Er hielt diesen Anlass tatsächlich für angemessen, Taron die Ehrendoktorwürde zu verleihen. Schwülstig sprach er von Tarons großen Verdiensten und man überreichte dem König den eigens mitgebrachten Doktorhut.

Taron ließ es geschehen, bedankte sich gebührlich und ließ dem Publikum einen Moment, das Geschehene zu begreifen. Er konnte ja auch schlecht widersprechen. Er nahm den Hut entgegen und Ripenschneider schüttelte ihm affektiert die Hand.

Schon wollte Taron sich lösen und das Podium endlich wieder verlassen.

„Seine Arbeit ist einfach hervorragend“, schwadronierte Ripenschneider erneut und hielt den König im Handschlag zurück. „Ihr habt ja alle, die ihr hier versammelt seid, werte Damen und Herren, keine Ahnung, wie viel Euer König für diese Universität und für sein Land investiert. Er gibt für beides täglich alles, was er hat, und sogar eine ganze Menge mehr.“ Er blinzelte Taron zu und entließ ihn aus dem unangenehmen Händedruck. „Deshalb hat er heute diesen Titel und unser aller Anerkennung wahrlich mehr als verdient. Und wir und auch dieses Haus hier waren der Meinung, es wäre heute der richtige und ausreichend öffentlichkeitswirksame Moment dafür.“

Taron schluckte verbissen hinunter, was in ihm gerade brodelte. Warum musste Ripenschneider ihn so provozieren.

Geduldig schüttelte er im Anschluss viele Hände. Den Hut hatte er einstweilen an Remoulado weitergereicht. Er brauchte die Hände frei. Was die Leute auf ihn einredeten, war für ihn wie hinter Milchglas.

Anatol klopfte ihm freudig auf die Schulter. Wusste er etwas von Ripenschneiders Komplott, fragte Taron sich insgeheim, und sah seinem Onkel in die Augen. Und wenn ja, wie viel? Kaum hatte er den Gedanken zu Ende gebracht, schüttelte er ihn ab. Nichts und niemand sollte ihm diesen Abend heute verderben.

Leise Musik setzte ein. Es gab ein Feuerwerk und die Leute genossen es von der großen Terrasse aus. Manch ein Gast ging ein paar Schritte im Park und in dunklen Gartenecken ergaben sich kirchernde leise Gespräche.

Taron stand umringt von seiner Familie im Freien und sah mit seiner Tochter auf dem Arm die sprühenden bunten Lichter am dunklen Abendhimmel.

Remoulado hielt sich pflichtschuldigst ganz in seiner Nähe auf, obwohl er sich nach der Völlerei dieses opulenten Mahls am liebsten einen bequemen Diwan gesucht hätte. Er konnte sich kaum noch bewegen. Er hatte den Doktorhut gut sichtbar auf einem Postament im Saal aufgebaut, damit jeder ihn sehen konnte. Er ruhte auf seinem samtenen Kissen. Nun stand der Leibwächter aufmerksam in Tarons Rücken.

Als der letzte Lichterregen erloschen war, spielte das Orchester zum Tanz.

Taron verabschiedete sich lachend von Shelly, die so gar nicht mit ihrer Kinderfrau gehen wollte. Für sie war es Schlafenszeit und sie klammerte sich verbissen an ihren Vater.

Konrad war es schließlich, der den kleinen quengeligen Irrwisch von Tarons Hosenbein pflückte, und trug sie unter dem Arm der Kinderfrau hinterher Richtung Schlafgemächer.

Taron hatte sich indes für diesen Abend gut gerüstet. Er war betont charmant und ließ sich ansprechen, wann immer es den Leuten beliebte. Und seit langem zum ersten Mal wieder tanzte er.

Remoulado ließ indes bei all dem seinen König und auch sein Umfeld niemals aus den Augen.

Es war bereits fast Mitternacht, als Taron gut gelaunt und konsequent annähernd jede heiratsfähige und tanzwütige Dame auf dem Fest höchstpersönlich auf das Parkett geführt hatte. Das leichte Hinken, das er seit dem Attentat behalten hatte, störte ihn dabei kaum. Bereits im Vorfeld hatte er sich auf einen anstrengenden Abend eingestellt und die Wahl seines Schuhwerks gut bedacht. Beim Diner hatte er sich in weiser Voraussicht zurückgehalten. Nun gönnte er sich kaum eine Pause.

Fast alle Damen versuchten, jede auf ihre eigene Weise, mehr oder weniger geschickt einen unsicher einseitigen Plausch mit dem König. Obwohl ihnen bewusst war, er würde nicht antworten, meinte nahezu jede irgendetwas sagen zu müssen. Kleine belanglose Nettigkeiten. Der Stille zwischen ihnen und ihrem Tanzpartner schienen sie alle nicht gewachsen. Meist lächelte Taron, nickte kurz und ließ es darauf beruhen. Am schlausten waren diejenigen Damen, die ihm Ja- oder Neinfragen stellten.

Hier hatte es der König leicht. Er behielt stets die Contenance, aber er lachte mit jenen herzlich, die es schafften, trotz der etwas steifen Situation auch noch witzig zu sein.

Er hätte es selbst zuvor nicht gedacht, aber trotz allem war er gelöst und von Stunde zu Stunde gefiel ihm dieses Fest immer besser. Ripenschneiders Auftritt war vergessen. Seit langem zum ersten Mal erfreute sich der König ungetrübt. Er ließ sich fallen und er ging auf in diesem Fest. In seinem Fest. Ein langweiliger König wollte er nun wirklich nicht sein.

Sein Onkel Anatol sah den Verlauf des Abends mit Entzücken. Er fragte sich verwundert, woher sein Neffe die Energie für diesen Abend nahm.

„Na?", fragte er den König stolz, als sie zwischen zwei Tänzen nebeneinander kurz zum Stehen kamen. „Seid Ihr etwa zur Besinnung gekommen, werter Neffe?"

Taron entließ seine Tanzpartnerin mit einem Handkuss und einem strahlenden Lächeln und antwortete seinem Onkel mit einem Glitzern in den Augen.

Sofort war Sigur zur Stelle, um seine Gesten zu übersetzen.

‚Na' ist eine sehr gute Frage, antwortete Taron durch Sigur knapp und nahm bereits die nächste Dame ins Visier. *Das ist doch schließlich Sinn und Zweck dieses Abends, oder etwa nicht? Aber wie nur soll man sich da entscheiden, frage ich dich, wenn doch für all diese netten Damen immer nur so entsetzlich wenig Zeit ist während einem einzigen Tanz. Keine einzige von ihnen darf man doch enttäuschen. Ihr entschuldigt mich lieber Onkel, ich habe zu tun …*

Die Musik setzte bereits wieder ein. Lucinde neben ihnen lachte amüsiert in sich hinein. Taron hatte es verstanden, Anatols Ansinnen einer Heiratsanbahnung an diesem Abend so spitzfindig auszuhebeln, dass Anatol der Mund offen stehen geblieben war.

Taron warf seiner Tante ein belustigtes Zwinkern zu und trat schließlich entschlossen vor Mathilde von Ripenschneider.

Kurz sah sie ihn erschrocken an. Sie dachte an ihre letzte Begegnung.

Doch Taron schien es ernst zu meinen und machte einen höflichen Diener. Dann erhellten sich ihre Züge und auch die ihres Vaters neben ihr. Darauf hatte man gewartet.

Taron achtete nicht auf den Professor neben ihr und geleitete Mathilde formvollendet auf das Parkett.

Sie war ebenso schön wie ihre Mutter, dachte Taron im Stillen, nachdem sie einige Minuten miteinander getanzt hatten. Mit der Frau des Professors hatte er zuvor an diesem Abend bereits einen Höflichkeitstanz gewagt. Die Melodie des gespielten Liedes wurde gerade langsamer.

Mathilde gab sich ganz in seine Führung und schwebte mit ihm über die Tanzfläche. Ihre Hand lag federleicht auf seiner Schulter und Taron sah seiner Tanzpartnerin direkt in die Augen.

Es tut mir leid, formte er dann knapp mit den Lippen die Worte, die er nicht sagen konnte. Sie konnte es lesen.

„Ich weiß“, sagte sie nur und drehte sich weiter mit ihm im Kreis.

Darauf hatte er den ganzen Abend gewartet. Schweigend und ohne künstliches Geplapper ihrerseits brachten sie den Tanz zu Ende.

„Ist schon gut“, flüsterte sie knapp, als der Tanz vorbei war. Sie drückte sanft seine Hand, während ein Page ihnen ein großes Tablett mit Getränken anbot.

Taron reichte ihr eines der Gläser und man besiegelte es. Die Kelche klackten versöhnlich aneinander.

„Wisst Ihr“, begann sie so leise, dass die Umstehenden es nicht hören konnten. Sie nahm all ihren Mut zusammen und ihre nächsten Worte hatte sie für diesen Abend zuvor längst gewählt. Immer und immer wieder hatte sie sich ihre Ansprache ausgemalt, falls sie Gelegenheit bekäme mit dem König zu sprechen. Und nie im Leben hätte sie auch nur zu hoffen gewagt, dass sie sich zu dieser Gelegenheit so nah kommen würden. Und auch nicht, dass der Fürst offen war, so vertraulich mit ihr zu reden. Sie nahm einen Schluck von ihrem Getränk und fuhr fort.

„Ich weiß wohl, welche Absichten Euer Onkel hatte mit diesem unseligen Maskenball. Und ich weiß nur zu gut, welche Absichten mein Vater hat.“ Sie sah ihn kurz von der Seite an. „Ich war an diesem Abend einfach nicht vorbereitet auf Euren Anblick. Niemand war das. Es tut mir leid, dass ich so geschrien habe. Ich muss mich also auch bei Euch entschuldigen. Glaubt mir, mein Vater war außer sich vor Zorn, nicht ich. Ich verstehe selbst nicht, warum er sich so furchtbar aufgeregt hat.“ Sie nippte nervös an ihrem Glas und sah dem überraschten Taron fest in die Augen.

„Von mir habt Ihr jedenfalls nichts zu befürchten“, lachte sie. „Ich möchte Euch nicht beleidigen“, fuhr sie dann fort. „Ihr seht wirklich gut aus, seit Euch die Durchsichtigkeit nicht mehr plagt. Ehrlich. Und alles andere wäre gelogen. Aber...“, schmunzelte sie dann keck. „Ihr seid nun mal einfach nicht mein Typ.“

Mathilde Ripenschneider hatte mehr Schneid, als Taron jemals gedacht hätte. Er musste lachen über so viel Unverblümtheit. Und vor allem war er erleichtert.

„Außerdem bin ich eine Bürgerliche, Euer Gnaden. Mein Vater vergisst das allzu leicht", sagte sie dann. „Aber lasst mich Euch eine Freundin sein, wenn ich darf."

Der König lächelte breit und reichte ihr die Hand. Seine Vorbehalte gegen das Haus Ripenschneider in allen Ehren, dachte er. Aber was sie sprach, war aufrichtig so mitten aus dem Herzen, das konnte nicht eine von Ripenschneiders Finten sein. Mathilde war echt.

„Sagt, mein König. Ist denn der Schatten hinter Euch schon vergeben?", unterbrach sie ihn unverhohlen in seinen Gedanken. „Ich muss gestehen, er hat es mir angetan seit dem Maskenball." Sie errötete.

Taron sah sich um. In seinem Rücken und ein bisschen weiter entfernt von ihm stand Remoulado. Der Oberst wirkte mittlerweile etwas angestrengt. Ihn meinte sie? Der König grinste und schüttelte bestätigend mit dem Kopf. Nein. Sein Schatten war noch nicht vergeben. Noch nicht einmal ansatzweise.

Remoulado beäugte sie aus sicherer Entfernung skeptisch und nichtsahnend.

Sie mussten lachen. Wenn es ihm möglich gewesen wäre, hätte Taron wahrscheinlich sogar lauthals herausgelacht.

„Noch etwas", sagte sie nach ein paar Augenblicken plötzlich ernst und machte eine kurze Bewegung hinauf zu seiner Kehle. „Was immer mein Vater damit zu tun hat... Versteht mich nicht falsch. Ich liebe ihn wirklich von Herzen, aber glaubt mir, ich kenne sein Potential. Der Himmlische beschütze Euch vor seinem Genie. Und vor allem vor seinem Groll. Er gebe Euch Kraft!" Sie flüsterte ihre letzten Worte ganz leise, bevor sie verstummte. Ihre Eltern hatten sich neugierig an ihr Gespräch heran gedrängt.

„Ich habe Euer Gnaden mit Eurem Einverständnis gerade zu unserem Diner nächste Woche eingeladen, werte Eltern", erklärte sie dann schnell. „Als Gegeneinladung zu diesem famosen Fest. Was meint ihr? Wäre der König nicht ein Glanzpunkt bei unserem Essen unter lauter verstaubten Gelehrten?" Sie strahlte die beiden an.

Professor Ripenschneider verzog keine Miene.

„Es ist uns eine Ehre!", säuselte Madame Ripenschneider begeistert und knickste vor ihm. Der Professor sah dem König lange in die Augen. Dann bestätigte er kurz angebunden und neigte sein Haupt.

Dann nehme ich diese freundliche Einladung gerne an. Bis nächste Woche, entgegnete Taron.

Sigur hatte sich nicht so schnell durch die dichten Menschengrüppchen im Saal zu ihnen drängen können. Als er ankam zur Übersetzung, hatte Tarons Nicken bereits die Antwort vorweggenommen.

Ich freue mich, sah Taron aus dem Augenwinkel noch von Mathilde, die ihm im Rücken ihres Vaters mit den Händen etwas holprig noch eine letzte Botschaft zukommen ließ. Diese Frau steckte voller Überraschungen.

Ganz meinerseits, deutete Taron verborgen zurück, bevor er durch die Menge davon eilte.

Was war das für ein überraschender Abend. Tarons Augen suchten nach Mia. Sie hatte er noch nicht zum Tanz geführt. Das wollte er jetzt endlich nachholen. Ein letzter Tanz für diese Ballnacht, bevor seine Füße wundgetanzt waren und sein Bein einen Belastungsbruch erlitt. Die verstrebte Weste unter seiner Jacke hielt ihn kerzengerade. Und wollte seinen Rücken mittlerweile schier auseinanderbrechen, wie es schien.

Er fand Mia gemeinsam mit Konrad beim Buffet im fröhlichen Gespräch. Amüsiert reichte sie ihm ein Törtchen, nachdem er unmerklich seine Krawatte ein wenig gelockert hatte.

„Ein wenig außer Atem, Fisch. Wie? Schnappst du schon nach Luft?"

„Ja, deine Ausdauer ist beeindruckend", witzelte nun auch Konrad und reichte Taron einen Käsespieß.

Geduldig ließ Taron sich von den beiden vollstopfen. Ein wenig Energie konnte er jetzt durchaus gebrauchen. Nach ein paar weiteren Happen vom Buffett wehrte Taron ab. Es war Zeit. Ein letzter Tanz und dann würde er sich verabschieden, in seine Gemächer humpeln und die Beine hoch legen. Er sehnte sich nach seinem bequemen Lehnstuhl und dem Hocker davor.

Aber er lächelte, räusperte sich lautlos und forderte Mia zum Tanz. Auf diesen einen Tanz hatte Taron sich heimlich gefreut und er war froh, dass Mia diesen so spät nicht verwehrte. Den ganzen Abend hatte er zuvor kaum Zeit für seine Freunde gefunden.

Konrad klatschte begeistert in die Hände.

Als Taron sie schließlich zum Walzer führte, verstummte der ganze Saal. Ihr himmelblaues Ballkleid und seine dunkle Uniform verschmolzen auf der Tanzfläche zu einer magischen Einheit. Ihr Tanz war perfekt, obwohl Taron sein lahmes Bein mittlerweile mehr als deutlich spürte. Eine funkelnde Aura schein das Tanzpaar zu umhüllen. Und obwohl keiner von ihnen beiden dies beabsichtigte, konnte jeder im Saal deutlich sehen, wie nahe sie sich waren. Und wo trotz aller Galanz für die Damenwelt bei diesem Fest die heimlichen Prioritäten des Königs lagen.

Niemand wagte es ihren Tanz zu stören. Manch eine im Saal stieß einen stillen Seufzer aus.

Ripenschneider starrte die beiden an. Seine Augen verengten sich zu Schlitzen. Man wich auseinander und ließ sie den Walzer zu Ende bringen.

Kapitel 15

Am nächsten Tag war für Taron an Ausruhen nicht zu denken. Er war früher wach als alle anderen. Gleich nach dem Frühstück verließ Taron mit einem unausgeschlafenen und missgelaunten Remoulado das Haus Richtung Universität. Der König hatte eine Vorlesung zu halten.

Obwohl er todmüde zu Bett gegangen war, hatte er in der Nacht zuvor lange wach gelegen und nachgedacht. Im schwachen Schein einer kleinen Lampe hatte er auf den Doktorhut gestarrt, dem man ihm in seine Gemächer hinterher getragen hatte. Nach dieser Ballnacht und Ripenschneiders unsäglicher Impertinenz hatte er einen stillen Entschluss gefasst.

Unter seinem Arm und eingeschlagen in ein Tuch trug er die einfache Tracht eines Hiesichen Kaufmanns. Seit langem wieder benutze er heute einen Gehstock als Stütze. Auch Remoulado hatte er einfache Kleidung zum Wechseln angewiesen. Der Leibwächter hatte Hemd und Hose verwundert unter seinem großen Dienstmantel versteckt.

Nach dem letzten Abend brauchte Taron dringend einen Aufenthalt außerhalb der höfischen Gesellschaft und es war ihm lange schon ein Anliegen aus dem minutiös durchorganisierten Wassergrüner Apparat auszuscheren. Wenigstens für diesen Tag. Er wollte auf den Markt gehen und dort ungehindert und ohne jede Etikette einem Teil der Leute begegnen, die er regierte. Unerkannt und als Mensch. Auf seinem Schreibtisch hatte er einen Brief hinterlassen.

Die Vorlesung hielt er an diesem Tag mechanisch. Längst war er geistig mit dem beschäftigt, was er vorhatte. Ob man es bemerkte?

Ein Übersetzer war an seiner Seite und simultan übersetzte er den Stundenten, was Taron ihnen zu vermitteln suchte.

Der König trug ihnen ungewöhnlich viel Stoff für die nächsten Tage auf. In der Bibliothek würden sie vieles nachbereiten müssen. Geduldig stellte Taron sich ihren Fragen. Innerlich fieberte er dem Moment entgegen, an dem er gemeinsam mit Remoulado dieses Gebäude verlassen konnte.

Nachdem die Vorlesung für heute beendet war, machte sich Taron mit Remoulado gemeinsam auf den Weg in sein kleines Dozentenbüro. Er hatte seinen Leibwächter zuvor wecken müssen.

Remoulado hatte sich wie immer an den Rand in der letzten Reihe des Lehrsaales gesetzt und– er war eingeschlafen. Die vorangegangene Ballnacht forderte nun ihren Tribut. Leise hatte er zur Belustigung der Studenten vor sich hingeschnarcht und Taron hatte ihn nach Ende der Vorlesung sachte angerempelt, als das Auditorium den Raum verlassen hatte. Auch der Übersetzer hatte sich längst verabschiedet.

Taron lachte wohlwollend über seinen Leibwächter. In Zeiten wie diesen und nach dem letzten Abend war dies leicht entschuldbar.

Remoulado jedoch war außer sich. Er starb beinahe vor Scham und Selbstvorwürfen. So etwas durfte ihm nicht passieren.

Nicht mit einer Geste war Taron auf Remoulados Selbstkasteiung eingegangen. Er hatte es eilig. Schnell hatten sie in Tarons Büro Talar und Dienstlivree abgelegt.

Der König versteckte seinen Zopf unter einem großen Hut.

So verließen sie ungesehen und über viele Seitengänge die Universität durch eine Dienstbotentür.

Bevor sie aus dem Gebäude traten, legte der König kurz die Hand an seine Brusttasche. Darin steckte eine kleine Phiole mit Ripenschneiders Essenz. Danach liefen sie schweigend durch die Straßen und hin zum bunten vormittaglichen Markttreiben.

Es war großer Markttag in Wassergrün. Händler von nah und fern boten ihre Waren feil und das dichte Gewimmel der Leute war nicht überschaubar.

Viel Zeit ließ sich der König beim Schlendern über den riesigen Marktplatz. Seit seiner Ankunft in der Hauptstadt vor einigen Jahren war er zum ersten Mal inkognito unterwegs. Und es funktionierte prächtig.

Manchmal probierte er etwas an einem Stand, oder ließ sich Stoffe und Werkzeug zeigen. Die vermeintlichen Gäste aus Hiesig fielen in dem bunten Treiben überhaupt nicht auf. Sie verschmolzen mit der Menschenmenge.

Remoulado übernahm die Rolle des Plappermauls, wodurch die Schweigsamkeit seines Begleiters überhaupt nicht ins

Gewicht fiel. Er konnte perfekt einen hiesischen Akzent über sein Grauisch legen. Die Wurzeln zu seiner Heimat hatte er noch immer nicht verloren.

Die wenigen Male, an denen Taron auf sein Schweigen angesprochen wurde, machte sich Remoulado über ihn lustig und versicherte glaubhaft, dass der Kaufmann aus Hiesig kein Wort Grauisch beherrschte und ihn, einen Dienstboten, daher als Übersetzer dabei hatte. Taron zuckte jeweils mit den Schultern und lächelte darüber hinweg, während Remoulado das Gesprochene demonstrativ auf Hiesisch für ihn übersetzte. Diese Taktik glückte brillant und ohne jegliche vorherige Absprache.

Taron genoss das laute Gewimmel um sich herum. Welch andere Atmosphäre gab es hier als auf dem kleinen Marktplatz zu Hiesig. Er erinnerte sich fröstelnd an ein paar lieblos triste Marktbuden und ein Schafott. Der Gedanke wurde von den Eindrücken auf dem Markt schnell davongerissen. Taron ließ sich davon treiben.

Als sie irgendwann aus der Ferne Madame Ripenschneider ausmachten mit ihrer Tochter, schlug Taron zwischen den Buden und Ständen schnell einen Haken. Sie nahmen einen anderen Weg.

So verbrachten sie gemächlich und unbehelligt den Tag bis zum Abend und Taron lud seinen Leibwächter in eine Taverne ein.

Remoulado machte schließlich für einen ratlos dreinblickenden hiesischen Kaufmann die Bestellung, während dieser die Speisekarte wieder aus der Hand legte. Beide gingen voll in ihrer Rolle auf.

Kapitel 16

Es wurde spät, als Taron sich mit Remoulado nach einem guten Essen und dem Genuss eines Kruges Wein auf den Weg durch das nächtliche Wassergrün machte, um eine Herberge zu suchen. Zurück ins Schloss wollte er noch nicht.

Taron hatte Remoulado während des Essens in einem unbeobachteten Augenblick zu verstehen gegeben, dass er nicht gedachte, heute von ihrem Ausflug in das Stadtschloss zurückzukehren. Er wollte seine Freiheit noch ein wenig genießen.

Remoulado war nach einem ersten Meckern begeistert vorausgelaufen. Auch für ihn, schon zu lange eingezwängt in eine strenge höfische Etikette, war es seit Jahren ganz unverhofft ein erstes Durchschnaufen. Er wusste, Taron hatte vorgesorgt und seine Anweisungen im Schloss hinterlassen. Niemand würde es wagen die Garde loszuschicken, um nach ihnen zu suchen.

So liefen sie beide, jeder in stille Gedanken versunken, durch die verdunkelten Straßen.

Remoulado war an einem Laden stehen geblieben. Sein Blick verlor sich in dem überberstend dekorierten Schaufenster.

Taron lief langsam auf seinen Stock gestützt an ihm vorbei. Die Gehhilfe tackte synchron zu seinen Schritten auf das Kopfsteinpflaster. Der König spürte den vergangenen Tanzabend und heutigen Tag auf den Beinen deutlich in den Knochen und er freute sich auf eine gemütliche Sitzgelegenheit.

Als Remoulado sich von dem Fenster löste, beeilte er sich seinem Dienstherrn hinterherzukommen. Er schrak auf. Taron war bereits um die nächste Ecke gebogen. So eine Unaufmerksamkeit wie im Lehrsaal sollte ihm nicht noch einmal passieren. Schließlich waren sie hier sozusagen in ungeschützter Wildbahn, in einer für ihn molochartig großen Stadt. Und ein unberechenbarer König war auf Freigang.

Als er in die kleine Seitengasse bog, die Taron genommen hatte, war der Leibwächter starr vor Schreck. Aus dem Augenwinkel nur hatte sein wachsamer Blick ein winziges Glitzern in einer unbeleuchteten Nische neben dem König bemerkt. Er zog seine Waffe, drängte Taron unsanft hinter sich und baute sich in einer Mauerecke schützend vor ihm auf. Er hatte das Funkeln richtig gedeutet.

Im nächsten Moment waren sie eingekesselt. Eine Horde finsterer vermummter Gestalten hatte sich aus den Schatten gelöst und umringte sie in der nur spärlich beleuchteten Passage. Man hatte sie gegen eine Mauer gedrängt und viele Hände erhoben sich entschlossen gegen sie. Messer und Klingen fuhren scharrend aus ihrer Scheide. Ansonsten war es totenstill in der Gasse.

Remoulado konnte es nicht fassen. Eben erst hatte er noch Taron um die Ecke biegen sehen. Er war entsetzt. Wie konnte das sein? Die Bande musste direkt hinter der Abbiegung auf sie gewartet haben. Wie lange wurden sie bereits verfolgt, seit sie das Gasthaus verlassen hatten?

Remoulado fühlte sich plötzlich mit Gänsehaut an eine frühere Szene erinnert. Lange her und schon beinahe nicht mehr wahr. Nach einem abendlichen Kochgelage in einer Wäscherei hatte man ihnen in Williams Stadt Taron bereits einmal entrissen. Sie mussten ihn damals gehen lassen. Allein. Hin zu seiner geheimen Verhandlung vor dem Rat. Damals hatte der König die Abordnung im Stillen erwartet.

Nun standen sie wieder vor einer Horde finsterer Gestalten. Remoulado baute sich vor seinem König auf. Seine Rolle als Leibwächter durchströmte ihn nun ganz und gar. Das war es, wovor er seinen Herrn und Freund im Grunde zu schützen hatte. Nicht vor den höfischen Ränken, nicht vor einem Pulk wissbegieriger Studenten. Remoulado hatte immer befürchtet, dass ihm Szenen wie diese bei seinem freiheitsliebenden Dienstherrn nicht auf alle Zeit erspart bleiben würden. Auch nicht in Wassergrün.

Der Leibwächter war außer sich vor Zorn und Entschlossenheit. Er griff nach seiner Waffe. Lange hatte sich sein Amt nur auf Repräsentatives beschränkt.

Taron trat an Remoulado vorbei nach vorne und besänftigte ihn mit einer einzigen Handbewegung. Er wusste wohl, dass Remoulado drauf und dran war, seinen Herrn bis aufs Blut und wie ein Berserker zu verteidigen. Aber er hielt ihn zurück.

Remoulado ließ die Hände sinken. Er war der Verzweiflung nahe. Wie nur schaffte es dieser König nur immer in weniger als einer Sekunde in ernsthafte Schwierigkeiten zu geraten, ohne dass er es mitbekam?

Taron musste seine Gedanken erraten haben. Er bedeutete ihm, dass ihn keine Schuld traf.

Remoulado schnappte nach Luft. Hatte der Fürst der Dämmerung es etwa mit voller Absicht auf einen Überfall durch diese Horde gewöhnlicher Straßendiebe angelegt? Remoulado blickte ihn forschend an. Hatte dieser ganze Ausflug nur diesem einen Zweck gedient? Die Erkenntnis traf Remoulado wie ein Blitz. Genau so war es und er war sich sicher. Niemals wäre Taron nach dem Attentat und im Vollbesitz aller seiner verfügbaren Kräfte noch einmal nichtsahnend in einen derartigen Hinterhalt geraten. Remoulado sah Taron fragend an. Er bekam keine Antwort.

Die Gestalten vor ihnen sahen zerlumpt aus. Mit ihren Waffen stocherten sie wenig zielgerichtet nach ihrer Beute.

Kein Grund sich ernsthafte Sorgen zu machen, bedeutete Taron mit einem Blick hinüber zu einem übernervösen Schurken, der sich gerade aufgeregt als Anführer der Truppe aufzuspielen begann.

„Willkommen in der Schimmelgasse“, tönte dieser näselnd. „Hat man Euch Fremden nicht gesagt, dass es unklug ist, nachts hierher zu kommen?“ Er fuchtelte mit seiner Waffe gegen die beiden Eingekreisten.

„Was für ein Fang heute Nacht! Wir nehmen Euch alles, feine Herren“, lachte er kreischend. „Alles, was Ihr habt. Eines nach dem anderen. Und zu allererst her mit Eurer Kleidung.“ Schon raffte er nach Tarons Jacke. Der König trat einen Schritt zurück und wehrte ihn ab.

Für nichts und niemanden lege ich meine Kleidung ab, gestikulierte Taron eisig mit flachen kleinen Handbewegungen. *Außer für meinen Leibarzt, wenn unbedingt nötig, oder eine unaufdringliche Schöne. Und Ihr seid keines von beidem!*

„Was macht er da?“, kreischte der Räuber und sah Remoulado zornig an. „Redet wohl nicht mit jedem, der feine Herr. Was zeigt er da, hm?“

„Nichts!“, lenkte der Leibwächter ab und drängte sich erneut vor seinen Herrn. War der König gerade dabei, sich mit voller Absicht zu verraten? Das durfte nicht wahr sein.

Schon zerrte der Räuber an Remoulados Tasche mit den wenigen Habseligkeiten, die er auf dem Markt erstanden hatte.

Die Mordlust leuchtete in seinen Augen. Doch dann besann er sich.

„Doch nicht hier", zischte er schließlich. „Ihr habt ohnehin schon zu viel Aufsehen erregt hier in diesem Viertel. Unser Hauptmann wird entzückt sein, wenn ich Euch ihm vorwerfe. Also, los! Mitkommen!"

Remoulado schlug seine Hand zur Seite und sah neben sich einen seelenruhigen König, der einstweilen die Horde ihrer Angreifer taxierte. Taron rührte sich keinen Milimeter und ließ seinen Blick beinahe reglos über ihre Köpfe schweifen. Er zählte sie.

Remoulado tat es ihm gleich. Er wusste ganz ohne ein Wort, worauf sein König hinaus wollte. Ihre Blicke trafen sich. Der König lächelte schief. Acht Köpfe zählte die verschrobene Truppe. Sie waren ungeübt und unorganisiert.

Taron nickte Remoulado mit einer winzigen Kopfbewegung zu und begann sich die Ärmel nach oben zu krempeln. Es waren vier Mann für jeden.

Dann brach das Chaos über die Gasse herein. Es dauerte eine ganze Weile, aber Taron und Remoulado brachten Seite an Seite einen nach dem anderen in der Dunkelheit zu Fall. Nicht ohne selbst den einen oder anderen Hieb einzufangen, aber stetig.

Mit derart kampferprobten Widersachern hatte die Räuberbande im Leben nicht gerechnet und sowohl Taron, als auch Remoulado teilten ein paar ordentliche Backpfeifen und Haken aus.

Nun waren es zwei mutmaßliche Kaufleute aus Hiesig, die den Überraschungseffekt ganz auf ihrer Seite hatten. Nach wenigen Minuten war der letzte der Räuber entwaffnet und lag jammernd auf dem Boden. Der Wortführer der Bande hielt sich schimpfend die Wange. Die anderen begannen sich kriechend aufzurappeln.

Remoulado half indes Taron wieder in die Höhe, der ebenfalls gestrauchelt war.

Der König rieb sich den Rücken. Eben noch hatte man hinterrücks eine Holzlatte über ihm zerschlagen.

Auf Remoulados Hand prangte ein tiefer Kratzer.

Im Gefecht hatten die beiden nicht bemerkt, dass sich die Zugänge zu der Gasse währenddessen erneut mit Menschen gefüllt hatten. Sie standen einer Übermacht gegenüber.

„Jetzt ist Schluss damit!“, donnerte eine laute Stimme über die Köpfe hinweg und an Tarons und Remoulados Kehle drückten sich von hinten zwei gnadenlos geschärfte Klingen. Eine Laterne leuchtete ihnen grell ins Gesicht.

„Mitkommen jetzt! Tot oder lebendig“, bestimmte die Stimme weiter. „Und ihr jämmerlichen Figuren steht auf und schämt euch gefälligst!“, rief sie den verkrümmten Gestalten auf dem Boden zu.

Die scharfen Klingen ritzten fein die Hälse von Taron und Remoulado. Sie ließen die Arme sinken. Es war vorbei. Vorläufig.

Als man ihnen die Hände nach hinten riss, um sie zu binden, ließ einer der Räuber plötzlich von ihnen ab. Im Schein der Lampe hatte er Tarons Siegelring erkannt.

Er schrie auf vor Entsetzen, zeigte Tarons Hand in die Menge und warf sich dem König flehend vor die Füße.

Durch die Schar der Angreifer ging ein Ruck. Die Waffen wurden raunend zurückgezogen und Taron nahm seinen Hut vom Kopf. Sein Zopf fiel herunter auf seine Schultern und er strich sich die wirren Haare aus dem Gesicht.

Er drückte einem der Räuber seine Kopfbedeckung in die Hand und bedeutete Remoulado neben sich ruhig zu bleiben.

Ich danke für die freundliche Einladung, bedeutete Taron mit den Händen.

Remoulado übersetzte es mit bebender Stimme und so laut er konnte. Nun hatte auch der Letzte begriffen, dass es der König höchst persönlich war, der vor ihnen in dieser Gasse stand. Sie hatten ihn nicht ungeahnt überfallen, er war zu ihnen gekommen.

Auch Remoulado stand für einen Moment der Mund offen, als er restlos verstand.

Der gesamte Reigen der Angreifer warf sich vor Taron auf den Boden. Unverzeihlich war das, was sie getan hatten. Nichts verehrten sie so sehr wie ihren König, den sie noch niemals leibhaftig getroffen hatten. Und nichts auf der Welt fürchteten sie mehr.

Nur einer blieb stehen und kam mit seiner Laterne ganz nah an Taron heran. Es war der Hauptmann der Bande, der bisher im Hintergrund geblieben war. Das Gesicht des Königs flackerte im Lampenschein. Der andere war mit ihm auf einer Höhe. Man blickte sich direkt in die Augen.

Taron erkannte ihn trotz seiner Vermummug sofort. Es war Lir und kein anderer, der vor ihm stand. Nun war es Taron, der schluckte vor Unglauben.

Lir brach den Blickkontakt und verneigte sich nun ebenfalls vor dem Fürsten. Jahre waren vergangen, seit Lir vor dem Ratstribual seinen Verrat an Taron gestanden hatte. Er war es, der Tarons Häschern vor dem Attentat den entscheidenden Hinweis gegeben hatte. Er war es, der es nicht verhindert hatte. In Taron tobten alte Erinnerungen.

Längst hatte man Lir nach seinem Verschwinden seither für tot gehalten.

Taron hatte dies nie gedacht. Er war sich sicher, sie würden sich eines Tages wieder sehen. Doch so und noch dazu in seiner Stadt, das hatte er nicht vermutet.

Jeder in der nächtlichen Gasse war aus unterschiedlichen Gründen verblüfft. Keiner rührte sich. Kein Laut war zu hören.

Remoulado sah, dass etwas vor sich ging zwischen Taron und dem Anführer der Räuberbande. Er wusste nicht, was. Er kannte Lir nicht.

Ich danke für die freundliche Einladung, wiederholte Taron noch einmal mit den Händen. Äußerlich blieb er gefasst und bedeutete den übrigen Räubern, sich wieder zu erheben. Langsam regten sie sich. Man stand auf und klopfte sich den Staub aus den Kleidern.

Es war der Räuberhauptmann, der das erstarrte Schweigen in der Gasse schließlich zu durchbrechen wusste.

„Beeindruckend!“, schmetterte er und zeigte auf die Schar seiner verdroschenen Räuber. „Trotz Eures beschaulichen Lebens im Regierungssitz scheint Ihr nichts verlernt zu haben, mein

Bester. Und wenn man es nicht besser wüsste, könnte man denken, Ihr habt nach uns gesucht. Auch wenn ich für meine Wenigkeit mit Sicherheit eine Überraschung für Euch bin. Nun, hier sind wir. Wenn Ihr bereit seid, Euer Gnaden, diese Einladung zu unseren Bedingungen anzunehmen, seid unser Gast. Ich denke, wir haben Einiges zu besprechen und ich bin sehr gespannt, welches Anliegen Euch zu uns führt. Zu Euren Diensten." Er sah sich um. „Doch nicht hier. Wir müssen fort, bevor Eure Stadtwache unser Zusammentreffen noch stören kann. Ihr habt es vortrefflich verstanden, nicht gerade leise bei uns anzuklopfen."

Taron fegte sich ebenfalls den Straßenstaub vom Revers, nickte und sah Remoulado durchdringend an.

Der Leibwächter konnte es kaum glauben. Sein König wollte sich einer Horde Straßenräuber ausliefern? Wozu? Doch Tarons

Blick blieb fest. Remoulado fügte sich wortlos seufzend und verdrehte die Augen. Es war entschieden. Der König bestand auf ein neues Abenteuer und Remoulado würde ihn begleiten. Dem Willen seines Dienstherrn musste er Folge leisten.

Der König nahm einen tiefen Atemzug und nun war er es, der sein Haupt vor dem Räuberhauptmann neigte. Er schloss die Augen. Remoulado tat es ihm widerwillig gleich. Zwei Säcke aus altem Leinen verhüllten im nächsten Moment ihre Gesichter.

Die beiden verkleideten Kaufleute aus Hiesig wurden von beiden Seiten gestützt und umringt von den Räubern wurden sie weggeführt. Es ging in Wassergrüns Untergrund.

Es ging viele Verwinkelungen und Abzweigungen entlang, bevor endlich eine Tür knarrte. Sie schienen am Ziel zu sein. Obwohl Taron diese Stadt mittlerweile recht gut kannte, wusste er längst nicht mehr, wo sie waren.

Im Stadtviertel waren sie geblieben. Soviel war klar. Aber in welche Seitengasse man sie gebracht hatte konnte er nicht sagen. Er hatte auch nicht darauf geachtet.

Zu sehr hatte ihn Lir in seinen Gedanken beschäftigt und ihr unerwartetes Wiedersehen. Ja. Er würde einiges mit ihm zu besprechen haben.

„Vorsicht jetzt, mein König!“, sprach sein ehemaliger Freund dann, als hätte er Tarons Gedanken erraten. Der Räuberhauptmann beugte Tarons Kopf unter einer niedrigen Tür hindurch. „Nicht, dass Ihr Euch noch eine Beule holt an Eurem edlen Kopf.“

Eine Tür klappte ins Schloss, dann ließ man sie los. Man nahm ihnen das Leinen ab. Langsam öffnete Taron die Augen.

Auch Remoulado neben ihm blickte sich gerade um.

Sie standen in einem großen Raum und viele Gesichter blickten ihnen entgegen. An mancher Stelle scharrte ein Messer, fuhr aber sofort zurück in die Versenkung, als man erfuhr, wen Lir mit seiner Mannschaft hierher gebracht hatte. Ungläubiges Schweigen erfüllte den Raum. Sie waren mitten in einem Räuberquartier.

Schließlich war es Magda, welche die eingetretene Stille zu durchbrechen wusste.

Taron staunte nicht schlecht, hier auch noch Zahnars Tochter anzutreffen. Die Tochter des Gauklers war hier in der Stadt und getrennt von ihrer Truppe? Wunderliches ging hier vor sich. Taron hatte sie seit Jahren nicht mehr gesehen und neben Lir hatte er sie an diesem Ort am allerwenigsten vermutet. Sie legte freundschaftlich den Arm um Lir. So war das also.

„Aus dem Fluss gefischt hab ich ihn vor ein paar Jahren", lachte sie und zeigte auf den Räuberhauptmann. „Übel zugerichtet, wie er war. Nun. Irgendwie dachte ich, es wäre an der Zeit mal etwas anderes zu erleben und irgendwann sind wir dann hier gelandet. In Wassergrün." Sie zuckte mit den Schultern. „Das war die Geschichte."

Remoulado verfolgte das Geschehen mit einigen Fragezeichen im Kopf. Er teilte die Verwirrung seines Herrn. Wie lange war es her, dass auch er mit den Gauklern damals Richtung Grauen gezogen war. Zusammen mit Mia und Taron. Mit den Gauklern hatte ihre gemeinsame Geschichte begonnen. Wie viele Überraschungen sollte es heute noch geben?, fragte er sich.

Magda schien ihm seine Gedanken anzusehen. Sie lächelte ihn an.

„Rührt Euch, Leute!", rief sie in den halbdunklen Raum hinein. „Wir haben den höchsten Besuch! Zeigt, dass ihr Kinderstube besitzt!"

Lir neben ihr lachte.

Und schon löste sich die Gauklerin von Lir und trat vor den König. Sie knickste und küsste ihm die Hand. Dann erhob sie sich, riss Taron stürmisch an ihre üppige Brust und knutschte ihn mitten ins Gesicht.

Taron ließ es geschehen.

Dann umarmte sie Remoulado, bevor sie sich wieder an den König wandte.

„Alt und grau bist du geworden, mein Lieber!“, witzelte sie, zog eine melierte Strähne aus Tarons Schopf hervor und hielt sie vor sein Gesicht.

Der König seufzte stumm und zuckte hilflos mit den Schultern. Wo sie recht hatte, hatte sie recht. Leider konnte er ihr nicht antworten.

Abwägend sah sie ihn an und legte schließlich den Finger auf seinen Mund.

„Ich konnte es einfach nicht glauben, mein Lieber, als ich es gehört habe. Und nun stehst du tatsächlich vor mir. Stumm wie ein Fisch.“ Sie schüttelte mit dem Kopf.

Taron sah zu Boden.

„Eine schicksalhafte Grippe, erzählt man sich“, murmelte sie nachdenklich, hob sein Kinn und zeichnete mit ihrer Fingerkuppe die Konturen seines Mundes nach. „Das kann glauben wer will!“, setzte sie dann nach und musterte ihn streng. „Wer hat Euch das angetan?“

Taron schob sie sanft von sich und sah ihr in die Augen.

Genau deshalb bin ich hier, zeigte er dann mit den Händen und Remoulado übersetzte ihr. Er gab ihr einen Kuss zurück und ließ sich von der eingeschüchterten Räuberbande im Hintergrund begaffen.

„Wie charakterlos das ist!“, echauffierte Magda sich und gab Lir neben sich einen auffordernden Knuff. „Oder?“

Der nickte ihr beipflichtend zu. Auch er war erschrocken, seinen alten Weggefährten so zu erleben. Egal, was zwischen ihnen geschehen war.

„Und da bist du ausgerechnet zu uns gekommen?“, fuhr Magda dann ironisch fort. „Dem Abschaum der Wassergrüner Gesellschaft? Aller Gefahr zum Trotz hast du dich ohne Scheu zu uns führen lassen. Stumm wie du bist und ohne auch nur einmal zu zögern.“

Lir und die anderen, die Taron hierher geleitet hatten, nickten bestätigend.

Die Züge der Gauklerin erhellten sich.

„So kenne ich dich, Ikárov!“, lachte sie dann und scheuchte

den letzten sitzenden Räuber von seinem Schemel auf.

„Also, dann! Wir haben höchsten Besuch!", skandierte sie noch einmal.

„Zeigt Euch würdig!" Sie zeigte auf den König und seinen Begleiter.

Man stellte sich vor Taron in einer Reihe auf und einer nach dem anderen kam, um sich vor ihm zu verbeugen. Verschämt wurden Hände an Hosenbeinen saubergewischt, wildes Haar nach einmal Spucken ordentlich zur Seite gelegt.

Auch Remoulado wurde begrüßt, und als die Zeremonie zu Ende war, klatschte Magda in die Hände und man geleitete Taron und Remoulado zu einem großen Tisch.

„Es ist schon spät, meine Herren, für einen solchen Besuch. Aber lasst uns heute noch kurz hören, was Ihr uns anzutragen habt." Die Gauklerin schnippte mit den Fingern und rief zwei der Räuber herbei.

„Ihr richtet den Herren zwei unserer besten Schlafstätten her. Sofort."

Die beiden eilten augenblicklich.

Nun war es Taron, der lachen musste.

Und so kenne ich dich, zeigte er in Remoulados Richtung, damit er es übertragen konnte.

Genau wie damals bist du, Gauklerin. Als ich auf unserer Reise unter deinem Regiment eine ganze Wagenladung Kartoffeln zu schälen hatte.

Manches Wort musste er noch buchstabieren. Sein Wortschatz war längst noch nicht ganz ausgereift. Er musste noch viel lernen.

Remoulado übersetzte für die Räuber konzentriert, was Taron mitzuteilen hatte.

Magda grinste und setzte sich neben Taron und seinen Begleiter. Es wurde ihnen ein Becher Wein gereicht.

Auch Lir setzte sich zu ihnen. Er sah Taron skeptisch in die Augen. Er wollte erfahren, worum es ging. Und er hoffte, er würde die Nacht überleben. Nie hatte er gedacht, dass er Taron so unverhofft wiedersehen würde.

Doch der König ging mit keiner Geste auf die Vergangenheit ein. Kein Kommentar über das Attentat.

Lir sah es Taron an. Dieses Thema würde er besprechen. Mit Sicherheit und aller Konsequenz. Doch nicht mehr heute.

„Warum bist du also gekommen?“, fragte Lir schließlich und versuchte seiner Stimme einen möglichst festen Klang zu verleihen.

Als Diener für Grauen bitte ich ganz bescheiden um eure Hilfe, zeigte er dann knapp und selbst Remoulado war überrascht, als er Tarons folgende Ausführungen übertrug. Taron erklärte in langsamen Gesten und ganz ruhig, worum es ihm ging.

Die Räuber lauschten gebannt Remoulados Übersetzung. Man starrte den König an.

Dieser setzte sich nach einer Weile auf seinem Platz gerade und zeigte abschließend auf seinen Hals. Er hatte alles mitgeteilt.

Betretenes Schweigen trat ein. Das stetige Murmeln und Raunen der Räuber erstarb.

Taron schnaufte tief und rieb sich gedankenverloren das schmerzende Bein.

„Doch vor allem braucht Ihr jetzt ein Bad und ein bequemes Lager, wenn ich das richtig sehe“, fuhr Magda dazwischen.

„Es ist wirklich schon sehr spät geworden. Morgen ist auch noch ein Tag, um über Pläne und Anträge zu diskutieren. Es soll uns später niemand vorwerfen können, wir hätten Euch nicht angemessen behandelt. Auch bei uns Räubern gibt es einen Kodex und so etwas wie Gastfreundschaft.“ Sie schnippte mit den Fingern und einer der Räuber verschwand schnurstracks in einem Nebenraum.

Taron lächelte, fasste sich in den verspannten Nacken nach diesem langen Tag und nickte. Sie hatte Recht.

„Habt Ihr so viel Zeit, dann seid unser Gast heute Nacht, Herr König!“, bestätigte nun auch Lir.

Die nehme ich mir, antwortete Taron knapp und erhob sich dankbar.

„Sobald ich ein paar blutige Nasen versorgt habe, komme ich zu Euch!“, rief Magda nun und erhob sich. In aller Eile wurde für den König und seinen Begleiter alles vorbereitet.

Mitten in der Löwengrube unter lauter Räubern schliefen Taron und Remoulado in einem abgetrennten Raum. Nachdem man sich rührend um ein Bad für den König gekümmert hatte und er aus dem alten Holzzuber gestiegen war, hüllte ihn frische Räuberkleidung ein und er legte sich auf das vorbereitete Lager. Niemand störte ihn mehr.

Remoulado indes schlief auf seinem Bett gegenüber bereits und schnarchte leise. Immer wieder fuhr er aus dem Schlummer und sah schlaftrunken, ob sie in Sicherheit waren. Taron musste schmunzeln über die angestrengten Bemühungen seines Leibwächters, löschte die letzte Kerze und legte sich zur Ruhe.

Taron schloss die Augen und dämmerte vor sich hin. Er war träge und benommen. Er wusste, man hatte etwas in seinen Wein getan. Es half gegen die Schmerzen und brachte die längst überfällige Bettschwere.

Er lag in der Dunkelheit und vermisste seine Tochter. Vor seinem Weggang hatte er eines von Shellys Schneckenhäusern bereit gelegt. Seine Stimme würde ihr eine Geschichte erzählen und sie trösten, bis er zurück war. Das hoffte er zumindest und schweren Herzens. Und er vermisste Mia.

Als alles ruhig war und selbst das letzte Geräusch in der Räuberburg verstummt war, öffnete man leise die Tür zu seinem Lager.

Eine trockene alte Hand legte sich an sein Gesicht. Der König erschrak und griff instinktiv nach seiner Waffe. Doch besänftigend strich die Hand im Dunkeln über seine Wange.

„Dass Ihr tatsächlich hier seid“, flüsterte eine alte Frauenstimme leise.

Taron rührte sich nicht.

Jemand setzte sich zu ihm ans Bett.

„Magda hat es gerade erzählt“, erklärte die Stimme. „Ich konnte es nicht glauben und entschuldigt vielmals, dass ich Euch hier belästige. Aber ich konnte nicht anders. Ich wollte Euch nur noch einmal treffen. Wer weiß, ob es für mich noch einmal die Gelegenheit gibt, bevor ich das Zeitliche segne…“

Ein feines, staubiges Bukett nach einem alten Menschen in ärmlichen Kleidern und voller Straßenschmutz stieg Taron in die Nase. Jetzt wusste er, wen er vor sich hatte.

Die alte Berberin saß an seinem Bett, die er bei der Armenspeisung getroffen hatte. Was tat sie hier? Suchte sie Schutz in der Räuberburg vor der Kälte der Nacht? Gehörte sie zu ihnen? Erneut fuhren ihre Finger über sein Gesicht. Taron ließ es geschehen.

„Ihr seid es!“, stellte sie fest. „Und ein Jammer ist es, was mit Euch geschah“, klagte die Berberin so leise, dass es kaum hörbar war. Sie achtete gut darauf, dass Tarons Begleiter nicht erwachte.

„Ein Jammer. Jetzt kann ich Euch weder sehen, noch hören. Bald seid Ihr ganz ein Geist für mich. Ich hoffe sehr, Lir und seine Leute können Euch helfen.“ Sie gab ihm einen Kuss auf die kühle Stirn. „Ihr seid so freundlich zu mir gewesen.“

Dann legte sich ihre alte Hand auf sein schlimmes Bein.

Taron wollte sie sanft zur Seite schieben, aber die Berberin ließ sich nicht daran hindern. Sie schwieg und verharrte so ein paar Momente. Der Schmerz ließ nach und sie erhob sich.

„Schlaft jetzt, König. Ich wünsche Euch das Allerbeste.“

Dann war sie verschwunden und Taron lag einsam in der Nacht. Ihm gegenüber der unruhig schlummernde Remoulado.

Als Taron am nächsten Tag erwachte, war es spät am Vormittag. Man hatte die Gäste schlafen lassen. Taron schlug die Augen auf und müde räkelte er sich in den Kissen. Es dauerte einen Moment, bis er wieder wusste, wo er war. Er war mit seinem Leibwächter zu den Räubern gegangen.

Remoulado war anscheinend bereits aufgestanden, denn sein Bett war verlassen.

Taron sah sich in dem kargen Zimmerchen um und setzte sich aufrecht. Er fröstelte und sah an sich hinunter. Warum war er unbekleidet? Er hatte sich anders zur Ruhe begeben.

Taron griff irritiert nach den Kleidungsstücken, die hinter ihm über dem Bettpfosten hingen. Er konnte sich nicht richtig entsinnen. Ja. Irgendwas war in dem Wein, den man ihm gegeben hatte.

Einzelne Gedankenfetzen waberten hervor in seiner Erinnerung. Hatte er in dieser Nacht noch einmal Besuch bekommen? Ihm stockte der Atem. Magda war zu ihm gekommen, lange nachdem die Berberin ihn verlassen hatte. Schweigend hatte sie seine Decke zurückgeschlagen.

Taron nahm ein paar große Schlucke Wasser aus dem Krug, der neben seinem Bett stand, und erhob sich taumelnd. Seine Erinnerung wurde klarer.

„Ihr habt um Hilfe gebeten", hatte sie geflüstert. „Nun. Ich für meinen Teil habe mit dem großen Räuberhandwerk nichts zu schaffen."

Taron sah sich um. Seine Erinnerung verstummte. Wo war Remoulado? Der König kleidete sich an und verließ die Kammer. Sein Kopf dröhnte.

Schweigsam und mürrisch hatte Remoulado ihn erwartet, als er zögerlich näher kam, sich das Hemd in den Hosenbund stopfte und sich zu ihm an den großen Holztisch setzte.

Die Räuber waren bereits ausgeflogen. Mit all ihrer Habe hatten sie unbemerkt das baufällige Gebäude verlassen. Ohne ein weiteres Gespräch.

Taron war sich sicher. Sie würden nicht zurück kommen.

Niemand war mehr hier außer ihnen beiden. Ein spärliches Frühstück stand bereit.

Waren sie frei zu gehen nach diesem Zusammentreffen? Einfach so? Auf dem Tisch lag eine Nachricht:

Sage es, wenn du uns brauchst!

Remoulado saß missmutig über seinem kärglichen Frühstück und reichte Taron ohne ihn anzusehen einen Krug Milch.

Da fiel es Taron wie Schuppen von den Augen und er sah beschämt auf den Tisch vor sich. Plötzlich verstand er Remoulados schlechte Laune und seine Einsilbigkeit. Es fuhr ihm in die Magengrube. Der Leibwächter hatte das Zimmer mit ihm geteilt in dieser Nacht. Und er war ebenfalls mit ihm dort, als Magda zu ihm gekommen war. Wann genau war Remoulado erwacht, fragte Taron sich.

Ich habe keine Ahnung, was sie mir in den Wein geschüttet hat, gab Taron wahrheitsgemäß und kleinlaut an Remoulado weiter.

„Ich habe es jedenfalls vorgezogen den Rest der Nacht verdreht auf der harten Ofenbank hier zuzubringen", machte Remoulado seinem Ärger Luft und rieb seinen schmerzenden Nacken. „Sicherheitshalber. Nachdem ich unfreiwillig aufgewacht bin..." Er unterbrach sich und schnaubte abfällig. „Eine Zumutung ist mein Amt manches Mal, Herr König!", polterte er und blickte Taron über den Rand seines abgenutzten Bechers vorwurfsvoll an. Dann stellte er ihn ab und verschränkte pikiert die Arme.

Taron musste lachen und hielt sich kopfschüttelnd die Hand vor den Mund.

Diskretion!, buchstabierte er dann mit den Fingern. *Bitte!* Was in der Dunkelheit dieser Nacht tatsächlich geschehen war, das sollte sein Geheimnis bleiben. Hatte sie ihn tatsächlich einen spröden Witwer genannt, als sie schließlich versucht hatte ihm nahe zu kommen? Taron versuchte zur Tagesordnung überzugehen.

„Diskretion", äffte Remoulado seinen Dienstherren nach und riss ihn aus seinen Gedanken. „Sonst noch etwas?" Der Leibwächter verdrehte die Augen, warf Taron einen Kanten Brot auf den Teller und sah ihm verschmitzt ins verschlafene Gesicht.

„Und wo ist Eure Krawatte abgeblieben?“, stichelte er weiter und zeigte auf Tarons offenen Hemdkragen. „Ihr seid doch sonst so pedantisch korrekt. So wollt Ihr doch wohl nicht auf die Straße gehen?“

Ein winziges Lächeln überflog Tarons Züge und er machte mit der rechten Hand eine wellend ausladende Bewegung Richtung Zimmerdecke. *Davongeschwirrt,* meinte er damit. Wie die Diebin, die das Stück Stoff als Souvenir für sich behalten haben musste. Taron hatte das gute Stück in der Schlafkammer nirgends mehr finden können.

„Aber die erste seit Jahren, die Euch nicht schreiend davongelaufen ist, wie?“, fuhr Remoulado wenig später fort. „Ach, sei es drum“, sagte er dann so trocken er konnte. „So leid es mir tut das sagen zu müssen. Aber Ihr seid eben auch nur ein Mensch, Durchlaucht.“

Taron sah hinunter auf sein Frühstück.

„Meine Geldbörse ist übrigens auch weg!“, grummelte Remoulado nach einer Weile verschnupft. „Nur der Vollständigkeit halber. Ein Glück, dass uns diese Halunken wenigstens die Kleider gelassen haben.“

Der Griff von Taron an seine Jackentasche bezeugte, dass ihm seine Börse ebenfalls abhanden gekommen war. Der König zuckte gleichgültig mit den Schultern.

Wenn er dazu fähig gewesen wäre, hätte er lauthals losgeprustet. Jetzt lachten sie beide. Jeder auf seine Art.

Ihr Abenteuer bei den Räubern war vorläufig vorbei. Zurück im Schloss würde alles weiterlaufen wie bisher. Als ob nichts gewesen wäre.

Er wusste genau, wo er sie finden würde. Und er wusste, wer sie war, obwohl sie einander bisher niemals namentlich vorgestellt wurden. Der König würde nach dieser Nacht mit einer Nachricht an die Räuber nicht lange auf sich warten lassen. Er hatte keine Zeit zu verlieren. Genau in zwei Tagen sollte das große Diner bei Professor Ripenschneider stattfinden. Bevor er zu Mathilde ging, um die Einladung noch einmal zu bestätigen, würde er die Bettlerin aufsuchen.

Ungesehen gelangten Taron und sein Leibwächter zurück zum Schloss. Der König zog sich augenblicklich um und bevor ihn dort noch jemand zu Gesicht bekam, eilte er direkt zur Armenspeisung.

Mia staunte nicht schlecht, als er dort völlig unangemeldet und wie ein Geist erschien. Sie hatte nicht mit ihm gerechnet. Den Tag zuvor war er samt seinem Leibwächter wie vom Erdboden verschwunden. Ohne etwas zu sagen. Noch nicht einmal ihr. Das hatte es lange nicht mehr gegeben.

Und jetzt war er hier. Einfach so. Mitten während seiner Geschäftszeit und völlig außerhalb des Protokolls.

Sigur musste im Schloss bereits ungeduldig auf ihn warten.

Taron kam im einfachsten Dienstgewand, gab ihr einen flüchtigen Handkuss und stellte sich ohne weitere Erklärung neben sie. Der Mann neben Mia an der Essensausgabe hatte galant seinen Platz für ihn geräumt. Er hatte verstanden.

Der König wirkte leicht gehetzt. Nur wer ihn sehr genau kannte, konnte dies an seinen Zügen ablesen. Woher kam er plötzlich? Vordergründig war er vornehm freundlich und schenkte jedem, der anstand und an der Reihe war, ein Lächeln. Die meisten gaben es zurück.

Mia sah Taron und Remoulado nacheinander aufmerksam von der Seite an. Der Leibwächter hatte im Raum vor dem Tresen seine Position bezogen. Niemand störte sich daran. Man war das mittlerweile gewohnt. Wo auch immer der König sich die Ehre gab, war auch er zur Stelle.

Die Tatsache, dass sowohl Taron als auch Remoulado einem allzu direkten Blick von Mia so konsequent auswichen, verriet ihr so einiges. Sie hatten Geheimnisse. Der König wirkte angespannt und voller Tatendrang. Er schien auf etwas zu warten. Der reine Selbstzweck war die Essensausgabe an die Armen für den König heute sicher nicht.

Mia ahnte, dass sich Taron nach all der Zeit höfischer Stille und ohne dass es jemand mitbekommen hatte, bereits mit Volldampf mitten in seinem nächsten Abenteuer befand. Wenn er doch sprechen könnte. Nur ein einziges Wort. Die Zeit hatte Grauens Thron und Tarons Schicksal hier in Wassergrün nicht befrieden können. Mia vermisste seine Stimme. Und sie vermisste ihre Gespräche. Wie schmerzlich hatte sie dies gerade wieder bemerkt. Sie tauschten einen langen Blick miteinander. Taron erkannte wohl, was hinter ihrer Stirn vor sich ging.

Der König verzog keine Miene. Er füllte stoisch Teller um Teller und die Leute freuten sich, ihn so unerwartet wieder zu sehen. Aufgeregtes Summen und Murmeln erfüllte den ganzen Raum.

Als sie kam, um ihre Ration abzuholen, griff sie statt nach der Schüssel zunächst nach Tarons Handgelenk. Sie hatte das Gemurmel im Raum zuvor wohl gehört. Sie wusste, er war hierher gekommen. Er war hier, um sie zu treffen. Wie zum Beweis suchten ihre Hände den Siegelring, der an seinem Finger steckte. Bestätigend drückte er ihre Hand. Ihre trüben Augen strahlten ihn an ohne Ziel.

„Hier seid Ihr also und schneller als jemals gedacht", flüsterte sie so leise, dass nur er und Mia es hören konnten. „Nur sagt mir: Wer wird mir die Nachricht übermitteln, die Ihr nun für mich habt? Ich kann nicht sehen und Ihr könnt nicht sprechen. Ein Hauch von Ironie, findet Ihr nicht?"

Er stellte die Schüssel ab, nahm ihre Hände und beugte sich zu ihr hinunter. Er gab ihr einen flüchtigen kleinen Kuss drauf. Ein ehrlicher Dank für sein nicht mehr schmerzendes Bein. Dann schob er der verdatterten Mia einen zusammengefalteten Zettel in den Ärmel und übergab der Bettlerin die gefüllte Schale. Eine Sache von Sekunden und niemand der Anwesenden hatte es bemerkt.

„Ist schon gut, mein Bester", flüsterte sie und drückte noch einmal seine Hand für einen Moment. „Ich bin mir sicher, Ihr werdet einen Weg finden." Sie nickte ehrerbietig, nahm ihr Essen und suchte leise vor sich hinflüsternd einen Platz bei den Speisenden.

Mia erstarrte für einen Moment. Tarons Blick lag lange auf ihr. Dannn nickte er ihr zu. Sie folgte der Alten, sobald sie das Haus wieder verlassen hatte.

R. Übermorgen. Wie besprochen.

Das war das Einzige, das Mia der Bettlerin in einer stillen Ecke hinter dem Haus von dem Zettel verlesen konnte. Remoulado hatte ihn geschrieben. Noch nicht einmal Tarons Schrift sollte verraten, dass diese kryptische Nachricht von dem König geschickt wurde, falls sie jemand anders zu Gesicht bekommen sollte. Man hatte nichts dem Zufall überlassen.

Nachdem Mia die Nachricht verlesen hatte, ohne überhaupt zu verstehen, welches Spiel sie gerade unterstützte, nahm die Alte sie entschlossen am Arm.

„Du weißt nichts darüber, Kindchen", flüsterte sie. „Das höre ich an deiner Stimme." Sie zog Mia noch näher an sich heran. „Das ist auch besser so. Glaube mir. Verbrenne den Zettel sofort, hörst du? Sage ihm, ich habe seine Nachricht verstanden und gebe sie dem, für den sie bestimmt ist. Ich weiß Bescheid." Die Alte nickte noch einmal bestätigend und entließ Mia aus ihrem Griff. Nach außen hatte es so ausgesehen, als habe sie sich noch einmal gesondert und besonders herzlich bei Mia für die Bewirtung bedankt.

„Sofort, hörst du?", raunte sie. „Er zählt auf dich! Er sei beschützt. Und mit ihm auch ihr, die ihr an seiner Seite seid!"

Remoulado war Mia nachgekommen und rief von der Tür aus nach ihr. Sie drehte sich nach ihm um. Als sie sich wieder zurück wandte, war die Alte verschwunden.

Mia knüllte den Zettel zusammen und warf ihn postwendend in ein vor der Tür entzündetes Wärmefeuer.

Remoulado nickte ihr bestätigend zu. Ihre Augen wurden groß, aber auch Remoulado ließ sich nicht anmerken, worum es ging. Nicht hier. Nicht jetzt. Und nicht vor all diesen Leuten und vielen fremden Ohren, hatte sein Blick verraten.

Mia nickte. Sie hatte verstanden.

Taron indes brachte die Essensausgabe zu Ende. Er ließ sich geduldig grüßen, beplaudern und ansehen, wie es den Leuten beliebte.

Mia war kurze Zeit später wieder zurück an seiner Seite und half, wo sie nur konnte. Sie redete mit den Leuten ein paar nette Floskeln. An seiner statt.

Am späten Nachmittag wurde Taron zurück im Schloss von dem missgestimmten Anatol bereits erwartet. Sein Onkel war es nicht gewohnt, dass Taron derart aus Protokoll und Etikette ausbrach, seit er hier in Wassergrün wohnte.

Taron ließ die verschnupfte Begrüßung über sich ergehen und nahm einen Umweg über das Badezimmer. Nachdenklich hatte er schließlich den letzten Tropfen seiner Essenz aus dem winzigen Flakon zwischen seinen Handgelenken verrieben. Er musste sich bald etwas einfallen lassen. Ripenschneider hatte nichts darüber gesagt, wie eine Ersatzlieferung erfolgen würde.

Pflichtbewusst und ohne weitere Umwege saß er danach an seinem Schreibtisch.

Sigur brachte ihm Unmengen Papier.

Wie würde es nun weitergehen, fragte sich Taron insgeheim, während er sich durch die Flut an Briefen und Papieren wühlte. Konnte er Lir und seinen Leuten vertrauen? Er würde es in Kürze erfahren.

Sein Kopf wollte heute nicht mehr aufhören zu schmerzen. Was nur hatte die Gauklerin in den Wein gegeben? Er rückte seine Brille zurecht und beugte sich über die Arbeit. Die Gedanken an letzte Nacht wischte er beiseite.

Erst spät erhob er sich wieder von seinem Platz für eine Pause. Das Nachtmahl war bereits serviert, als er eintrat in den Speisesaal. Er war unpünktlich.

Die Familie sah ihn an. Shelly rutschte von Lucindes Schoß und stürzte sich in die Arme ihres Vaters. Sie hatte ihn heute noch nicht gesehen. Lucinde war gerade mit ihr in der Stadt unterwegs gewesen, als sie zurück gekommen waren. Tränen der Freude kullerten über die Wangen der kleinen Prinzessin. Sie war nicht die Einzige die nicht verstand, warum Taron sich so lange rar gemacht hatte. Sie war nicht die einzige, die ihn vermisst hatte.

Taron musste schmunzeln, als sie schließlich hoch erhobenen Kopfes auf dem Schoß ihres Vaters thronte. Sie sah ihn von unten herauf an. Es war das gleiche vorwurfsvolle Starren mit dem Mia ihn oft bedachte, wenn sie böse auf ihn war und ihn strafen wollte. Seine Tochter lernte schnell. Er gab ihr einen Kuss und wandte sich mit ihr dem Essen zu.

„Dein Vater ist leider stumm, Liebchen“, stichelte Anatol in Shellys Richtung, obwohl er eigentlich Taron meinte. „Er kann uns nicht erzählen, wo er gewesen ist. Und ich schätze er will es auch gar nicht.“ Sein Onkel stierte ihn an. Er wagte es nicht dem König gegennüber allzu deutlich zu werden.

„Aber horchen kann er mit Sicherheit sehr gut“, zischelte er dennoch hinterher. „Also wird er sich später einiges anzuhören haben.“

Taron reagierte nicht darauf. Die Rede seines Onkels prallte ab an einer perfekten Fassade. Ohne ein einziges Wort, ohne ein Handzeichen hatte Taron damit signalisiert, dass er sich nicht in seine Angelegenheiten reden ließ. Anatol nahm sich schnaubend zurück.

Taron grinste seinem Onkel süffisant entgegen. Nach dem Essen würde Sigur ihn in Anspruch nehmen. Disziplin und Tagesordnung bis zur Nachtruhe. Für ihn, für Remoulado und auch für Mia standen heute noch zwei Einheiten Gebärdensprache an. Sigur war hier unerbittlich, was seine Lektionen betraf. Anatols Predigt würde also sehr viel später stattfinden, als seinem Onkel lieb war.

Für einen Moment war es still im Raum. Noch nicht einmal Shelly quackerte vor sich hin. Nur das Klappern des Bestecks war zu hören.

Es dauerte lange, bis Taron nach seinem Aufenthalt bei den Räubern die ersehnte Nachtruhe finden konnte. Keine Nachricht von Ripenschneider war in der Zwischenzeit eingegangen, wie er es gehofft hatte. Der Professor machte es spannend und keinen Hehl daraus, dass er es genoss, den König in dieser Sache in der Hand zu haben. Er musste wissen, dass die Essenz zur Neige gegangen war. Morgen würde Taron wieder durchscheinend sein und nichts außer seine vermummende Tracht konnte das verbergen.

Ausgerechnet morgen war eine Audienz angesagt und Taron würde seine Gäste hinter dichten Stoffen und im Schatten einer düsteren Ecke empfangen. Er dachte bang daran, was Ripenschneider ihm über die Fledderiszidose gesagt hatte. Wie lange würden Grauens Bewohner ihren König so hinnehmen?

Blödsinn, dachte Taron im Halbschlaf. Der Professor hatte es erfolgreich geschafft, einen Dorn in seine Gedankenwelt zu setzen. Es war immer so, seit er König war. Dafür hatte Edolf umsichtig vor seinem Tod gesorgt. Warum sollten sie ihn deswegen plötzlich hassen?

Warum also sollte er den verkorksten Handel mit den Morbidianern nicht einfach in den Wind schreiben?

Aber er dachte an Shelly. Und er dachte an alle, die in seiner Nähe waren. Der Professor hatte ihm eindeutig gedroht. Er seufzte stumm. Für sie, und nur für sie würde er diesen Irrsinn mitmachen. Zumindest bis ihm endlich etwas Besseres einfiel.

Er dachte voller Unruhe an das, was er vorhatte. Würde er die Informationen, die er brauchte, erhalten? Das Diner bei Ripenschneiders war nicht mehr fern.

Der kleine Nachtmahr Schorsch hatte sich in seinem Dasein hier in Wassergrün längst auf seine eigene Weise eingerichtet. Lange ausgeschieden aus seinem ursprünglichen Dienst bei den Dunklen war er endlich frei von seinem Amt, den König zu bealbträumen.

Und Taron gab ihm die Gelegenheit an seinem Hof zu tun und zu lassen, was er wollte. Der kleine Albtraumbote hatte sein Handwerk überwiegend an den Nagel gehängt und seine Liebe für das Küchenhandwerk entdeckt. In der Küche verbrachte er die meiste Zeit, wie bereits früher am liebsten. Mittlerweile hatte er viel gelernt und als Helferlein war er fleißig zu Werke für die königliche Familie. Nur Anatol durfte ihn nicht erblicken. Aber hier war die Gefahr gering. Noch nie hatte er sich in die Wirtschaftsräume oder den Gesindebereich verirrt. Niemand verriet ihn, selbst Lucinde nicht, die von der Anwesenheit des kleinen Gnoms längst erfahren hatte.

Nur manchmal noch besuchte der Gnom in der Nacht seinen Herrn. So wie heute. Schorsch schlich sich, nachdem er den guten Schlaf aller Schlossbewohner kontrolliert hatte, in das königliche Schlafzimmer.

Lange saß er neben Taron auf de Kopfkissen und betrachtete den unruhig ruhenden König. Er hatte ihm unten beim Essen an der Nasenspitze angesehen, dass schwere Gedanken ihn plagten. Plötzlich hatte er eine Idee.

Es war wie ein kleines Déjà- vu. Taron fand sich wieder im Keller eines Klosters. Wie damals, als er nach dem Attentat auf Heilung wartete. Aber eigentlich sahen die Gewölbe viel mehr aus wie der Keller seines geheimsten Rückzugsortes in dem Kochbuch, das er seit Jahren nicht mehr benutzt hatte. Die Räume, in denen einst die schreckliche Fratze für die Gerichtsverhandlung vor dem Rat über seinem Gesicht wieder neu entstanden war. Bei den Dunklen war die Maske schließlich verloren gegangen, als sie noch einmal das Gesicht des Königs entstellt hatte. Shelly von Schwarzeck hatte sie akribisch und wahnsinnig vor Zorn aus seinem Gesicht herausgeschnitzt und ihn damit unwissend gerettet.

Nun saß er hier. In einem bequemen Lehnstuhl in der kleinen Bibliothek. Ungewöhnlicherweise gab es Fenster und draußen war heller Tag. Mia war hier bei ihm. Seit wie langer Zeit zum ersten Mal waren sie alleine miteinander. Kein höfischer Trubel, kein Sigur und kein Anatol. Und schon gar kein Professor Ripenschneider. Nur sie beide.

„Solche Momente sollte es viel öfter geben", sagte er freudig und lächelte sie an.

„Wenn du nicht so entsetzlich viel zu tun hättest, seit wir in Wassergrün angekommen sind...", frotzelte sie zurück. Auch sie lächelte ehrlich.

„Es ist eigentlich schade, dass ich dir nichts mehr beibringen kann, Fräulein aus Hiesig", murmelte Taron nach einer Weile. „Lesen und Schreiben. Das war einmal vor langer Zeit unser Geschäft. Wie viel hat sich seit damals verändert. Was haben wir alles zusammen erlebt. Und was haben wir nun dennoch alles zu lernen." Er machte verächtlich ein paar Zeichen mit den Händen.

Sie antwortete nicht.

„Begleitest du mich zu Ripenschneider?", fragte er schließlich. „Bitte. Ich garantiere, es wird ein spannender Abend."

„Aber klar doch", lächelte Mia und knuffte Taron vorwitzig in die Seite. Sie unterhielten sich lange miteinander– bis Taron erwachte.

Beim Frühstück am nächsten Morgen warfen Taron und Mia sich verschwörerische Blicke zu. Erst heimlich und sehr verschüchtert, aber dann erkannten sie, dass der andere das Gleiche dachte.

Schorsch saß unter dem Tisch und ließ sich äußerst zufrieden ein Stück Gebäck schmecken, das wie zufällig zu ihm auf den Boden gewandert war. Er merkte den beiden an, dass er mit seinem Einfall mitten ins Schwarze getroffen hatte.

Zuerst hatte es Mia nicht richtig sehen können, denn Taron erschien an diesem Morgen seit langem wieder vermummt bis kurz unter die Nasenwurzel. Er setzte sich an den schattigsten Platz hier am Tisch. Aber seine Augen funkelten verräterisch.

Erst, als er für sein winziges Morgenmahl und ein paar Schlucke Kaffee das Visier vor seinem Gesicht zurückschob, hatte sie es bemerkt. Konnte man sagen, der König wirkte glücklich zu diesem Tagesanbruch? Und das, obwohl er so viel zu arbeiten hatte. Und das, obwohl kein Millimeter Luft mehr blieb zwischen dem Protokoll und dem König, der es zu erfüllen hatte. Heute würde keine Minute Zeit bleiben für irgendetwas außer der Reihe. Sigur hatte Tarons Tag durchgetaktet bis zum letzten Sekundenschlag. Schon war der Sekretär zur Stelle und verlas Taron die heutige Tagesordnung.

Der König schmunzelte tatsächlich in sich hinein. Niemand außer Schorsch und Mia verstanden, warum der König so blendend aufgelegt war. Er wirkte regelrecht befreit.

Eine ganze Nacht lang hatte er mit jemandem sprechen können. Er hatte gelacht, er hatte gegrollt und er hatte Mia viel berichtet. Seine Geheimnisse waren bei ihr wie immer sicher aufgehoben.

Ein einziger mit ihr getauschter Blick verriet Taron, dass sie den gleichen Traum hatte heute Nacht.

Mia wollte etwas sagen, doch Taron legte getarnt durch seine Serviette warnend einen flüchtigen Moment den Finger an seinen Mund. Sie verstand.

Dann schob er höflich die Stoffblende vor sein durchscheinendes Gesicht zurück.

Und ohne ein einziges Wort begriff Taron, dass der kleine Nachtmahr dies für ihn arrangiert hatte. Tarons Blick hinunter unter die Tischdecke begegnete dem von Schorsch. Der riss begeistert die Daumen nach oben.

Anatol, seine Familie und alle anderen am Tisch einschließlich Remoulado verstanden überhaupt nichts von dieser stummen Unterhaltung.

Taron reichte Schorsch heimlich ein großzügiges Stück Wurst nach unten und tätschelte ihm den kleinen Kopf.

Ginge das Ganze öfter als einmal, schien Taron darauf den Gnom mit seinem Blick unsicher zu fragen.

Der Nachtmahr nickte eifrig.

Der König machte einen tiefen Atemzug. Endlich war seine Lautlosigkeit durchbrochen. Wenn auch nur im Traum.

Taron würde in der von Sigur zugestandenen Pause den Nachtmahr zur Unterredung bitten. Er musste erfahren, was er Mia mitteilen wollte. Es war einiges zu besprechen.

So wurde der kleine Nachtmahr durch einen einzigen Traum der wichtigste Geheimrat im ganzen Reich.

Mia und Remoulado. Mit ihnen konnte Taron plötzlich sprechen und Mitteilungen machen. Genau wie anders herum. Ohne die Mühen der noch nicht perfektionierten Zeichensprache, völlig im Verborgenen, ohne dass irgendjemand sonst davon wusste. Völlig neue Dimensionen taten sich auf.

Unverhofft war Taron von Ripenschneiders noch vor dem großen Diner zu einem Ausritt eingeladen worden. Es war eine echte Überraschung, als die Einladung einging.

Remoulado hatte geknirscht. Ohne eine entsprechende Delegation Begleitschutz würde er Taron nirgends hin gehen oder reiten lassen. Und er würde ihn auf jeden Fall begleiten und ihm nicht von der Seite weichen.

Taron grinste, verdrehte für einen Moment die Augen und – er fügte sich. Natürlich stand es außer Frage, dass Remoulado ihn hier begleitete. Er dachte schmunzelnd an Mathildes Geheimnis, das sie ihm auf dem Ball verraten hatte.

Beinahe ohne jede Pause und möglichst konzentriert hatte Taron daher seit dem frühen Morgen an seinem Schreibtisch gesessen, um die fehlende Zeit ab dem Nachmittag vorzuarbeiten. Nichts und niemand konnte ihn dabei stören. Es fiel ihm schwerer, bei der Sache zu bleiben, als ihm lieb war. Ständig glitten seine Gedanken ab.

Was würde ihn an diesem Nachmittag und vor allem am Abend erwarten? Er versuchte sich geistig zu wappnen gegen alle Verbalattacken und Frechheiten, die von Ripenschneider zu erwarten waren.

Umso mehr hatte ihn die Einladung bereits für den Nachmittag überrascht. Taron besah sich einmal mehr das Schreiben, dass ihn am Vorabend erreicht hatte. Er hatte es bisher nur überflogen. Erst jetzt fiel ihm die fremde Handschrift auf.

Taron legte das Papier zur Seite. Es war nicht die Handschrift des Professors. Und auch nicht seine Unterschrift. *M. Ripenschneider* stand unter der Nachricht. Nicht Nicolaj Ripenschneider hatte hier unterschrieben. Der König lächelte über so viel Mut. Es war Mathilde, die das Schreiben an ihn gerichtet hatte.

Taron legte bedacht die Feder zur Seite, als er schließlich sein Tagwerk am Schreibtisch für heute beenden konnte. Er wollte sich erheben, doch Sigur hielt ihn zurück. Sein Blick war streng, als er den Raum betrat und nach des Königs erledigtem Arbeitspensum sah. Der König war noch nicht entlassen. Nicht, bis er seine Lektion für heute hinter sich gebracht hatte.

Taron schnaufte tief, doch er ließ es geschehen. Eine penible Abfrage des kürzlich Gelernten und viele neue Zeichen, die er für heute zu lernen gehabt hatte, standen auf dem Programm.

Ein sparsames Mittagsmahl wurde Taron heute aus Zeitmangel direkt in seinem Schreibzimmer serviert, während Sigur dozierte. Taron bekam ohnehin fast nichts davon hinunter.

Er würde Mia vor dem Diner also nicht mehr treffen. Wie auch am Tag zuvor war sie bei der Armenspeisung. Er hoffte sehr, sie würde ihn an diesem Abend nicht im Stich lassen. An einem Abend, zu dem er vorhatte hinter Ripenschneiders Geheimnis zu kommen.

Auch seine Tochter hatte Taron heute kaum gesehen. Er wollte ihr daher, bevor er mit Remoulado das Haus verließ, eine weitere gefüllte Muschel aus dem Korb schenken, den ihm die Dunkle vor so vielen Wochen übergeben hatte.

Er hatte ein langes Märchen für sie hinein gelesen. Die Meerjungfrau. Er hatte seine Auswahl insgeheim und metaphorisch für äußerst passend gehalten.

Für einen Augenblick hatte Taron die gedrehte Schale selbst an sein Ohr gehalten und der eigenen Stimme gelauscht, die darin zu hören war. Wie fremd klang sie für ihn und beinahe nicht mehr wahr.

Nachdem er angekleidet war für sein Erscheinen bei Ripenschneiders hatte er Shelly zur Verabschiedung die Geschichte gebracht. Ein kleines Lächeln flog über seine Lippen, als sie das Geschenk strahlend in den Händchen hielt. Sie würde ihre Freude daran haben und er hoffte, mehr als einmal. Innig hatte er sich von ihr verabschiedet.

Remoulado hatte ihn in der Halle bereits erwartet.

Ohne großes Aufheben waren Taron und Remoulado auf ihren Pferden bei Ripenschneiders angekommen. In der Stadt hatte Taron kaum jemand erkannt. Trotz der auffälligen Vermummung, die er trug. Zu überrascht waren die Leute von den beiden Herren, die an ihnen vorüber ritten und zu unüblich war es, dass der König einfach so und zu Pferde auf der Straße unterwegs war.

Was der König nicht wusste, war, dass ihnen in sicherem Abstand eine ganze Abordnung der Palastwache folgte. Auf sie wollte Remoulado als Begleitung der gefährdetsten Person weit und breit nicht verzichten. Sie hielten sich so dezent im Hintergrund und so viel Abstand, dass Taron sie tatsächlich nicht bemerkte.

Die Tochter des Professors hatte nicht lange auf sich warten lassen und auf dem großen Hof vor dem Haus kam sie ihnen von den Ställen her entgegen. Auch sie wurde begleitet. Mit ihr kam eine Benimmdame.

Taron schmunzelte spöttisch. Er sah im ersten Stock des Hauses einen Vorhang zurückfallen. Das Studierzimmer des Professsors. Er hatte sie beobachtet. Er wusste also von ihrem Ausritt.

Taron fragte sich insgeheim, was man mit diesen beiden Einladungen heute bezweckte. Er war misstrauisch. Und er war vorbereitet. Er würde es erfahren.

Verborgen vor den Blicken seiner Betrachter war Taron bewaffnet von der Stiefelspitze bis zum Kragensaum. In der Innenseite seiner Jacke steckte ein umfangreiches Arsenal Klingen im Futteral. In der dunklen Uniform, die er gewählt hatte, sah er streng aus und unterkühlt. Das war kein Zufall. Wenige mattsilberne Details daran verstärkten diesen Eindruck noch.

Er kam als König zu seinem zweifelhaften Gastgeber, nicht als Bittsteller, oder als Freund. Um seine immer mehr durchbrechende Durchsichtigkeit zu verbergen hatte er heute einen besonders hohen Kragen gewählt. Das Visier daran verdeckte sein Gesicht hoch bis zu den Augen. Taron hatte bewusst eine transparente Stoffblende gewählt, so dass vor allem Mathilde vor seinem schrecklichen Anblick bewahrt blieb, man die Konturen seines Gesichtes jedoch noch erahnen konnte.

Der Hut mit der breiten Krempe umschattete den Rest seines Gesichtes so geschickt, dass die durchscheinenden Augenhöhlen beinahe nicht zu sehen waren.

Remoulado war unter seiner Gewandung ähnlich kriegerisch ausgestattet, hatte aber eine unscheinbare Dienstlivree gewählt. Der König war schließlich die Attraktion dieses Nachmittags und des darauf folgenden Abendessens. Er würde sich im Hintergrund halten. Das dachte er zumindest.

Mathilde plauderte wie ein Wasserfall. Sie und Taron ritten voran. Remoulado und Mathildes Begleiterin hielten sich dicht hinter ihnen. Es ging von den weitläufigen Parkanlagen ganz am Rande der Stadt hinein in den Wald. Die Sonne schien und kein Wölkchen verdeckte den leuchtend blauen Himmel.

Es war merkwürdig, wieder zu Pferd unterwegs zu sein, dachte Taron, während er neben der plappernden Mathilde herritt. Das letzte Mal war er in der Nacht vor dem fürchterlichen Attentat länger auf einem Pferd gesessen. Taron dachte kurz mit Wehmut an sein treues Tier, das in dieser Nacht sein Leben gelassen hatte.

Die Tochter des Professors riss ihn strahlend aus seinen Gedanken.

„Ihr seid so ein angenehmer Gesprächspartner, mein Fürst", kicherte sie, als sie in ihrem Redestrom eine Pause machte. Sie zügelte ihr Pferd. Das Tier verfiel in einen langsamen Spazierschritt.

Findet Ihr?, zeigte Taron flüchtig mit einer Hand. Er konnte sich kaum erinnern, was sie ihm alles erzählt hatte.

Und dann räusperte sie sich.

Taron begriff. Er stoppte sein Pferd und kam neben Remoulado zum stehen.

Sie möchte, dass jemand neben ihr reitet, der ihr jetzt meine Antworten geben kann, gestikulierte er dann seinem Leibwächter und schickte ihn nach vorne.

Remoulado protestierte und legte überrascht die Hand an die Brust. „Ich?" Er war verwirrt, während Taron sich mit seinem Pferd nach hinten fallen ließ zu Mathildes Begleitung. Der König warf seinem Leibwächter ein aufmunterndes Zwinkern zu.

Remoulado verstand vollends, als Taron ihm im Vorbeikommen mit dem Ellbogen sachte in die Seite knuffte. Er lief an wie eine Tomate.

Wollte der König ihn etwa verkuppeln? Das war doch seine Partie hier, oder? Nein, korrigierte sich Remoulado im Stillen, während er vor der grinsenden Mathilde seinen Hut zog. Er dachte ein wenig betrübt an Mia. Er wusste genau, wem der König schon lange heimlich sein Herz geschenkt hatte. Unabhängig von seiner skurrilen nachträglichen Hochzeit mit Helene. Ob die beiden jemals einen Weg finden würden? Oder würde sein Freund irgendwann den Forderungen seines Onkels Anatol zustimmen und eine standesgemäße Vernunftheirat beschließen? Es blieb abzuwarten.

Remoulado wagte es zu Mathilde hinüber zu schielen. Sie war es jedenfalls nicht, die für eine königliche Zweckehe in Frage kam. Sie war eine Bürgerliche, ebenso wie er als Leibwache. Auch wenn Professor Ripenschneider sich dies vielleicht anders erhoffte, inklusive einer gekauften Erhebung in den Adelsstand.

Mathilde riss auch ihn aus seinen Gedanken und verwickelte ihn in Nullkommanichts in ein angeregtes Gespräch.

Taron ritt amüsiert hinter den beiden her. Die unbekannte Dame neben sich hatte er höflich gegrüßt. Ihr war es sichtlich unangenehm, plötzlich so im Fokus zu stehen. Sie wusste nicht, was sie zu dem König sagen sollte. So stammelte sie einige klassische Belanglosigkeiten. Und Taron ging, soweit er das konnte, mit einer bestätigenden Kopfbewegung oder mit einem kleinen Handzeichen wohlwollend darauf ein. Er wollte nicht, dass es ihr peinlich war, neben ihm zu reiten.

Er nahm sich zurück, sah vergnügt Remoulados ungeschickten Galanterieversuchen vor sich zu und genoss es die frische Luft zu atmen. Unterwegs zu sein und fern von den Fesseln seines Amtes. Für eine kurze Weile.

Kurz vor der Stadt tauschten Taron und Remoulado wieder die Plätze.

„Danke, mein Herr“, lachte Mathilde vergnügt nach einem langen endlich zweisamen Plausch mit Remoulado und fasste dem König dankbar an den Arm.

„Ich bin so froh, dass Ihr mich gleich verstanden habt. Ich hatte befürchtet, ich würde Euch damit brüskieren.“

Taron schüttelte verborgen grinsend den Kopf und tippte an den Rand seiner Hutkrempe. Er hatte seine zu schwer beladenen Gedanken endlich wieder ein wenig frei bekommen und Remoulado unerwartet gute Gesellschaft. Es konnten alle hoch zufrieden sein.

Auch Mathildes Anstandsdame nickte Taron freundlich zu, als der Ausritt zu Ende war. Es war nicht so unangenehm gewesen wie befürchtet, überwiegend schweigend seine Gesellschaft zu teilen. Sie zog sich zurück, als sie das Haus wieder erreichten. Ihr Auftrag war vorläufig zu Ende.

„Genießt das Diner in unserem Haus heute Abend, mein Herr Ikárov", beendete Mathilde den Ausritt und sah ihm dankbar in das vermummte Gesicht.

„Meine Mutter hat alles seit dem Vormittag höchstpersönlich zubereitet. Ich hoffe sehr, es entspricht Eurem Geschmack." Sie machte einen kurzen Knicks vor ihm. Plötzlich hielt sie inne und sah den König prüfend an.

„Aber wie wollt Ihr Euch so an einem Essen in Gesellschaft erfreuen?", fragte sie besorgt und legte nachdenklich die Hand an ihr Kinn. Dann zeigte sie mit dem Finger auf seine Blende.

Der König zuckte ratlos mit den Schultern. Er hatte nichts mehr von Ripenschneiders Elixier und der Professor war offensichtlich bisher nicht gewillt, seinen Handel einzuhalten.

„Ich weiß schon", lachte Mathilde nach ein paar Augenblicken. „Das werden wir ganz einfach verstecken."

Taron deutete verwirrt auf den Stoff vor seinem Gesicht. Nichts anderes tat er gerade. Er würde sich den dunkelsten Platz am Tisch aussuchen. So wie immer.

„Ohne dieses Ding vor Eurer Nase heute Abend!", beharrte sie. „Und ohne Schattenplatz, wenn Ihr es zur Seite schieben müsst. Wenn Ihr Euch umgekleidet habt, werde ich alles Weitere veranlassen. Wir tarnen Euch mit meinen Waffen", erklärte sie entschlossen und lachte ihn an. Jede Form des Widerspruchs war dadurch im Keim erstickt.

Remoulado und Taron warfen sich fragende Blicke zu.

Als sie vom Pferd gestiegen waren und sich verabschiedeten, reichte sie ihm die Hand. Er gab ihr einen angedeuteten, kultivierten Handkuss darauf. Dann trennten sich ihre Wege für eine kurze Zeit. Die Pferde wurden weggeführt.

Taron und sein Begleiter wurden in den Gästebereich des Hauses geleitet, wo sie Gelegenheit hatten, vor dem Diner einen Moment zu ruhen und sich für den Abend vorzubereiten.

Remoulado hatte ein Zimmer gleich neben Taron erhalten und er achtete auf jeden Laut, der aus dem anderen Raum kam.

Dank Mathildes Hilfe würde Taron später tatsächlich ohne das Visier zum Essen erscheinen. Dies war ein ganz persönliches Dankeschön von der Tochter des Hauses für ihren Ausritt mit Remoulado Gurkenflieger.

Der König wollte nach dem Ausritt nicht ruhen. Nur kurz saß er in dem fremden Zimmer in einem Lehnstuhl am Fenster und ordnete seine Gedanken. Die Garderobe für den Abend hatte man hierher vorausgeschickt. Nun lag sie fein säuberlich bereit.

Er war überrascht. Als er sich umgekleidet hatte in eine passende abendliche Ausgehuniform, klopfte eine Hausdame an seiner Tür. Mathilde hatte es veranlasst und das Fräulein, das sie zu dem Ausritt begleitet hatte, bat schüchtern um Einlass.

Die Dame richtete ihm beinahe wortlos die Haartracht. Zuerst war sie zurückgeschreckt, als sie Taron danach bat das Visier an seinem Hemdkragen zur Seite zu nehmen. Sie hatte in traurige Augen geblickt, als sie so erschaudert war. Dann hatte sie sich besonnen, schnaufte einmal tief und führte mit der Erlaubnis des Königs feinfühlig aus, worum Mathilde sie gebeten hatte. Allen Gerüchten und Erzählungen zum Trotz hatte sie sich seiner angenommen. Und verbarg fachmännisch die freien sichtbaren Stellen seiner Haut unter einer Schicht dichter Schminke.

Das Gesicht unter ihren Händen hatte verletzlich gewirkt in all seiner Transparenz und beinahe zerbrechlich. Obwohl der König weder weichlich noch angemalt wirkte, sah er am Ende aus wie feinstes Porzellan. Die Schrecklichkeit in seinen Zügen und auf der Oberseite seiner Hände war gänzlich unsichtbar.

Taron hatte sich ungläubig im Spiegel betrachtet. Er wusste nicht, wie sie es bewerkstelligt hatte, nachdem die Dame ihn zögerlich in Mathildes Namen um dieses kleine Experiment gebeten hatte. Sie beherrschte ihr Handwerk meisterhaft.

Kapitel 15

So kam Taron Ikárov schließlich an die festlich geschmückte Tafel. Er musste sich nicht im Schatten herumdrücken und hatte keinen automatischen Reflex den Kopf zu senken wegen seines Gesichtes. Die Haare waren streng nach hinten gebunden und er saß vornehm gerade, gut gelaunt, aber stocksteif am Tisch seines Feindes.

Dadurch wirkte er wesentlich größer als er war. Eine imposante Erscheinung im Haus eines Widersachers und ein Herrscher im Vollbesitz seiner Macht. Er schaffte es tatsächlich überlegen zu wirken und gleichzeitig zugewandt und freundlich zu Madame von Ripenschneider und ihrer Tochter. Nur den Professor traf die Kühle in seinem Blick wie ein Schauer winziger Eiskristalle.

Taron trug keine Krawatte an diesem Abend. Sein Hals war über dem flach angelegten Stoff einer dünnen Halskrause eingefasst in ein stabiles Silbergeflecht. Das Metall ringelte sich in spektakulären Windungen um seine Kehle und aus seinem Kragen hinunter auf die Brust.

Mia wusste, es war die Staatskette, die er unter seinem Hemd trug. Wie er es allerdings geschafft hatte, dass das Metall sich zu dieser neuen Zier um seinen Hals bettete, war ihr schleierhaft. Die silbernen Schlingen schienen sich warm, lebendig und wie ein Teil seines Körpers um ihn zu legen. Sie machten jede seiner Bewegungen mit.

Noch immer wusste sie der König der Dämmerung zu überraschen. Und noch mehr erstaunte sie, dass er es ertrug.

Dass Taron mit seiner Sprachlosigkeit ein plakatives Schaulaufen hier veranstaltete und mit einem einzigen Schmuckstück seine Behinderung nichtig machte, verblüffte jeden hier am Tisch.

Selbst Mia, die erst kurz vor dem Essen bei Ripenschneiders eingetroffen war, lief manchmal ein frostiger Schauer über den Rücken, als sie neben ihm saß.

Der Professor für seinen Teil hatte ein mahlendes Geräusch mit den Zähnen gemacht, als Taron zu seinem Diner erschienen war. Der König glänzte ohne Makel und offensichtlich hatte er auch keinerlei Probleme damit, die Speisen von seinem Teller aus der Hand zu verzehren.

Remoulado hatte als Leibwächter und Übersetzer einen Platz direkt neben seinem König erhalten und er tat sich schwer mit den fremden Sitten und Gebräuchen, die in diesem Hause scheinbar vorherrschten.

Taron und auch Mathilde taten ihr Bestes, dass er diesen Kodex baldmöglichst erlernte.

Die geladenen Professoren hingegen schienen dies alles bereits zu kennen.

Taron sah sich um in der geladenen Runde. Er saß mitten unter den Morbidianern. Mitten unter ihnen und Remoulado und auch Mia standen ihm bei.

Der Professor beäugte Taron mit einer Mischung aus zurückgehaltenem Zorn und Begeisterung in dem Glauben, der Grund für Mathildes Einladung zu dem Ausritt sei der König selbst gewesen. Und dem Glauben, der König sei darauf eingegangen.

Dass Remoulado und Mathilde sich seit dem Ausflug heimliche Blicke zuwarfen, entging ihm über seiner Fixierung auf den Herrscher gänzlich.

Aber die Dame des Hauses sah es wohl. Madame Ripenschneider schmunzelte und warf ihrer Tochter ein kleines verborgenes Lachen zu.

Das Diner war unglaublich. Ein kleiner Kreis der Professoren war geladen und Taron als sogenannter Ehrengast. Taron hatte nicht damit gerechnet, dass es Indische Küche war, die in Ripenschneiders Haus serviert wurde. Und die Herrin des Hauses verstand es auf das Vortrefflichste zu kochen. So exquisit wie die Gemahlin des Professors selbst war auch ihr Abendessen. Sie war gebürtige Inderin und Taron konnte sich nicht erklären, wie sie sich in Ripenschneiders Haus verirrt haben konnte. Er fragte nicht danach.

Er hatte auf dem Ball bereits die Ehre gehabt mit ihr zu tanzen, aber ihre Tafelfreuden übertrafen alles. Es war ein Wunder und eine wahrlich fürstliche Entschädigung für die teils so unangenehme Gesellschaft.

Kaum saßen sie am Tisch, wurde eine unendliche Vielzahl gewärmte Schüsselchen und Töpfchen aufgetragen, während die gelehrten Herren in universitätsspezifische Fachsimpelei verfielen. Große Schüsseln Reis standen in der Mitte. Verschiedene Sorten Fladenbrot wurden gereicht und jede Menge scharfe Saucen und Pasten.

Taron genoss vordergründig entspannt das Diner. Durch seine Stummheit hielt er sich bei den Gesprächen vornehm zurück und konzentrierte sich auf das Essen. Und auf die Gesellschaft, die ihm nahe stand.

Nur, wenn er direkt angesprochen wurde, antwortete er in kurzen einfachen Mitteilungen. Remoulado war mittlerweile so weit, dass er diese für die Tischgesellschaft übersetzen konnte.

Wie skurril war dieser Abend und wie wunderbar zugleich. Taron ließ seinen Blick in die Runde schweifen.

Die Professoren waren freundlich zu ihm, und als ob nichts geschehen wäre. Als ob sie mit der Situation, in der er sich befand, absolut nichts zu tun hätten. Die meisten von ihnen mochte Taron sogar.

Er war kurz in Gedanken darüber versunken, als er bemerkte, dass Mia gerade etwas zu ihm gesagt hatte. Er hatte sie nicht verstanden und lächelte sie wohlwollend an. Bisher war sie an diesem Abend auffällig wortkarg gewesen.

Sie trug ein lindgrünes Kleid. Ihre Lockenpracht war sehr hübsch gebändigt und darauf glitzerte ein winziges Diadem.

Wie eine Prinzessin sah sie aus, auch wenn sie absichtlich vielleicht nicht so dick aufgetragen hatte an diesem Abend wie manch anderer der Anwesenden. Sie liebte es schlichter. Vielleicht gerade deshalb. Einen Moment verlor er sich in ihrem kühlen Blick.

„Taron?", rief sie noch einmal über den Leibwächter hinweg. „Siehst du, Rem. Er träumt schon wieder", flüsterte sie und sah dem König ketzerisch ins Gesicht.

Das Diner zog sich in verschiedenen Gängen über mehrere Stunden. Nach dem Dessert versammelte man sich zum beschaulichen Beisammensein und zum Ausklang des Abends im ausladenden Salon des Hauses.

Zufrieden lächelte Mathilde den König an.

„Kommt, man hat Euch das Haus noch nicht gezeigt", rief sie ausgelassen und hakte Taron unter. „Ihr werdet staunen!" Madame Ripenschneider nickte ihnen aufmunternd zu.

Der Professor für seinen Teil gab seiner Tochter ein unmissverständliches Zeichen. Nicht seine Arbeitsräume. Mathilde nickte.

Auf dem Weg zur Tür schnappte sie mit der anderen Hand nach Mia, die unschlüssig neben Remoulado gestanden und an ihrem Glas genippt hatte. Das Getränk in ihrer Hand schwappte beinahe über, als Mathilde sie am Arm mit sich zog. Schnell stellte sie das Gefäß zur Seite und folgte den beiden widerstrebend. Auch sie wurde von Mathilde eingehakt.

Das Haus jenseits des Speisesaals und des Salons war weitläufiger, als es die Fassade von außen vermuten ließ. Es war über und über voll mit schweren Möbeln, Bildern und asiatischem Zierrat.

Eine seltsame Mischung aus morbidianischer Düsternis und der quirligen Lebensfreude von Madame Ripenschneider, dachte Taron, als sie durch die Gänge geführt wurden.

„So", sagte Mathilde schließlich, als sie einen pompösen Wintergarten auf der Rückseite des Anwesens betraten. „Jetzt sagt mir einmal, liebe Gäste…“, fing sie an. „Warum meine liebe Mia, bist du heute so äußerst unterkühlt zu unserem Gebieter? Den ganzen Abend ist mir dies schon aufgefallen.“ Sie ließ die beiden aus ihren Armen und lächelte sie an.

„Es ist gar nichts“, sagte Mia trotzig und besah sich ausweichend Ripenschneiders üppige Orchideensammlung.

„Na, na!“, ermahnte Mathilde sie witzelnd. „Dafür, dass dieser Mann hier für niemand anderen Augen hatte heute bei unserem herrlichen Diner als für Euch, ist das glaube ich ein wenig ungnädig. Ich bin geradezu enttäuscht nach dem, was man auf dem Ball beobachten konnte“, sagte sie amüsiert. „Euer Walzer ist noch heute Stadtgespräch.“

„Ist es nicht“, stellte Mia nüchtern fest. „Ungnädig, meine ich. Dafür, dass…“

Taron wollte eingreifen in das Gespräch, doch Mathilde fasste seine Hände.

„Dafür, dass er den ganzen Nachmittag mit mir zusammen war, meint Ihr? Hat er das verdient?“ Mathilde lachte. „Ihr seid ja eifersüchtig, meine Liebe.“

Mias Augen funkelten sie an.

Tarons Mund schnappte hilflos auf und zu.

„Nicht doch!“, mahnte Mathilde und legte besänftigend ihre Hand auf seinen Arm. Dann wandte sie sich wieder Mia zu.

„Wisst Ihr“, schwärmte sie. „Der heutige Tag wurde durch Euer Gnaden zu einem reinen Glückstag für mich.“ Sie lachte.

Mia runzelte die Stirn.

„Und wie gern hätte ich heute dabei wenigstens einmal seine Stimme gehört“, fuhr sie fort. „Ihr kennt ihren Klang und ich wette, Ihr habt ihn nicht vergessen. Er war so galant, meine Liebe. Ihr seid zu beneiden.“

Mias Stirn runzelte sich immer tiefer.

Lasst es gut sein!, schien Tarons Blick Mathilde zu ermahnen. Sie ignorierte es.

Mia schnaufte hörbar ein.

Die Tochter des Professors sah Mia in die Augen. Sie wollte es nicht auf die Spitze treiben. Daher lenkte sie ein und strich ihr entschuldigend über den Rücken. Dann fasste sie Mia entschlossen an den Schultern und stellte sich vor ihr auf.

„Taron hat es mir ermöglicht, liebe Mia, einen ganzen Nachmittag mit Herrn Gurkenflieger zu verbringen. Seinem Leibwächter. Uneigennützig, und ohne dass er etwas davon hatte. Einfach so. Weil ich ihn darum gebeten habe. Und er hat die Gesellschaft meiner leider recht ungeschickten und unkommunikativen Begleitdame bei dem Ausritt großherzig ertragen. Ich bin so überglücklich!" Sie drehte sich im Kreis und sah sich dankbar zu Taron um. „Glaubt mir, Euer Gnaden. Das vergesse ich Euch nie!"

Taron brachte ein Lächeln zustande.

„Und das, obwohl ihm so wenig freie Zeit vergönnt ist", schwärmte sie weiter.

Mia starrte Taron an. Er zuckte mit den Schultern und grinste sie bestätigend an. Wegen Remoulado und Mathilde flog nun auch ihr ein kleines Lächeln über die Lippen. Das hatte sie nicht vermutet. Dann sah sie Taron erneut verärgert an.

„Dann hat unser Durchlaucht ja in der Tat einmal etwas sehr Nützliches vollbracht", stichelte sie. „Mein Glückwunsch, liebe Mathilde!"

„Warum seid Ihr dann noch immer so garstig?", mahnte sie die Tochter des Professors und ging mit den beiden durch das Pflanzenmeer in diesem Wintergarten. Stehenbleiben wollte sie jetzt nicht.

„Seine Krawatte, liebe Mathilde", erklärte Mia schnippisch, als ob Taron gar nicht vorhanden wäre.

„Was ist damit?"

Was ist damit?, fragten Taron und Mathilde gleichzeitig.

Taron fasste an das Stück Stoff um seinen Hals.

„Nicht diese da!", wehrte Mia ab und wandte sich wieder Mathilde zu. „Das ist keine Krawatte. Diese modische Eskapade zählt nicht. Ich meine die Halsbinde, die heute Vormittag so pralerisch um den Hals der Gauklerin gebaumelt ist. Sie gab einen abfälligen Laut von sich.

„Zur Armenspeisung ist sie gekommen. Gemeinsam mit der alten Amalie. Schadenfroh hat sie mich angegrinst und mit den Enden dieses Fetzens gewedelt, als sie mir eine Nachricht für Euch gab, EUER GNADEN!", fuhr sie Taron an, zog einen kleinen Zettel aus ihrer Tasche und reichte ihn trotzig an ihn weiter.

Er ging zu einer der zahlreich entzündeten Lampen im Raum und faltete es auseinander.

Es geht alles in Ordnung!

stand darauf.

Taron faltete den Zettel wieder zusammen und steckte ihn kommentarlos in seine Westentasche. Heute Abend also würde Lir mit seinen Räubern in diesem Haus für ihn nach Ripenschneiders Geheimnis forschen, während er und alle anderen im Erdgeschoss der Einladung nachgingen und sich bemühten, repräsentable Gäste zu sein.

Taron hatte es bisher verstanden an diesem Abend, Ripenschneiders Aufmerksamkeit an seine Person zu binden.

Der Professor war bisher noch nicht einmal annähernd auf die Idee gekommen, seine Arbeitsräume aufzusuchen. Falls seine Spitzel bereits hier waren, war Taron sich sicher, für eine Hausführung wussten sie unsichtbar zu sein.

Mia hatte sich umgedreht und die Arme verschränkt. Sie ahnte nicht, was Tarons Geist den ganzen Tag bereits beschäftigt hielt.

„Ich denke, diese Frau stellt aufschneiderisch mehr zur Schau, als ihr gebührt", sagte Mathilde nur verächtlich. „Ich müsste mich ansonsten sehr täuschen in Euch. Nicht wahr, mein Herr Ikárov?"

Mathilde holte den König aus seinen Gedanken.

Er zuckte teilnahmslos mit den Schultern und presste die verschränkten Arme an sich. Er war verärgert. Über Magda, die ihn unnötig vorgeführt hatte.

Und über Mia, die ihr dies sofort abgenommen hatte.

Mia und Taron bemerkten nicht, dass Mathilde mit ihnen vor einer unbeleuchteten Nische stehengeblieben war. Die Spannung zwischen ihnen war beinahe greifbar.

„Nun“, brach Mathilde die peinliche Stille, die entstanden war. „Ich möchte mich für heute Nachmittag revanchieren. Ich weiß, wie wenig Gelegenheit es für Euch gibt. Wie viele Jahre lebt ihr nun fast wie Geschwister? Und jetzt…“, sprach sie weiter und schob die beiden in die dunkle Nische hinein. „Das hier ist Eure Gelegenheit.“ Sie schloss die wuchtigen Samtvorhänge, sodass sie die Wandvertiefung verdeckten.

„Ich bin nebenan und warte auf Euch“, säuselte sie und verließ den Raum. „Allzu viel Zeit für eine Versöhnung habt ihr nicht. Aber wenigstens ein paar Augenblicke seien Euch vergönnt. Also schluckt beide Euren Starrsinn hinunter!“ Damit klappte die Tür hinter ihr ins Schloss.

Mia und Taron waren allein. Im Haus war es still und kein Geräusch von der fernen Festgesellschaft drang zu ihnen herein. Nur ihrer beider Atem war zu hören. Augenblicke verstrichen, in denen nichts geschah.

Es waren beinahe fünf Jahre nun, dachte Taron und gab einen überraschten Schnaufer von sich, als Mia ihn unvermittlet an seinem Halsputz packte und ihn zu sich herunter zog. Die Zeit schien still zu stehen, als sie sich küssten.

Keiner ahnte etwas, als Mathilde mit Mia und Taron in den Salon zurückkehrte. Taron gesellte sich förmlich und stumm zu den Gelehrten. Und eine halbe Pfeife später lud Ripenschneider Taron alleine in sein Arbeitszimmer. Er entschuldigte sich bei den Gästen und bedeutete Taron mit einem Fingerzeig ihm zu folgen.

Remoulado zuckte nervös zusammen, aber Taron winkte unmerklich ab. Er deutete mit dem Daumen einmal kurz auf seine Jacke und auf das verborgene Innenleben darin. Er würde sich zu verteidigen wissen, wenn notwendig.

Er nickte und ohne zu zögern folgte er dem Professor in den ersten Stock. Der König war sich sicher. Ripenschneider wollte mit ihm erneut verhandeln. Nach vielen Monaten der Sprachlosigkeit und ohne einen übrigen Tropfen von seinem Elixir.

Taron folgte dem Professor mit klopfendem Herzen die Treppe nach oben. Den ganzen Abend über hatte es bisher ihm gegenüber keinerlei zynische Stichelei von dem Professor gegeben. Ripenschneider war aufmerksam und vordergründig freundlich gewesen. Fast wie zu allen anderen Gästen. Er hatte den König in Ruhe gelassen.

Nur Remoulado und Mia sahen ihnen bange nach. Keiner von ihnen dachte, einschließlich Taron, dass er dies aus reiner Rücksichtnahme auf Madame Ripenschneider oder seine Tochter getan hatte. Sie machte alleine diese Tatsache schon nervös.

Die anderen Gäste schienen kaum zu bemerken, dass sie den Salon verließen. Für sie war es nichts Ungewöhnliches, dass der Professor den einen oder anderen während eines abendlichen Treffens alleine in seinem Arbeitszimmer zu sprechen hatte. Sie plapperten und plauderten munter weiter.

Kapitel 16

Oben in Ripenschneiders Reich bot der Professor Taron zunächst einen grotesken Stuhl an. Das Ganze hier schien wie eine eigens eingerichtete Praxis, ein Labor und nicht wie ein Schreibzimmer. Führte hier Ripenschneider die Untersuchungen für seine Studien durch? Mischte er hier seine Tränke und Elixiere?

Taron zögerte und ließ seinen Blick durch den Raum schweifen. Die Regale waren übervoll mit Büchern, es gab medizinische Geräte und Vorrichtungen wohin man sah, einen Tisch mit Reagenzutensilien, einen Käfig mit einer Ratte, ein schmales Schreibpult, eine Liege und diesen Stuhl. Eingelegte Organe in großen Gläsern und ausgestopfte Tierexponate zierten obenauf die Regale.

Neben dem Stuhl, auf den Ripenschneider gedeutet hatte, stand ein großer Wandschrank offen. Mit einem weiteren

baccata
Aconitum napellus
Digitalis purpurea
bum autumnale
belladonna
Convaralla majalis
Datura stramonium
Amanita phalloides
Latrodectus
Lytta

unüberschaubaren Fundus aus medizinischem Werkzeug und Hilfsmitteln, einschließlich einer kleinen Apotheke in seinem Inneren. Die beiden Türflügel waren weit aufgesperrt und die großen Türgitter darin bleckten Taron entgegen. Der König wendete den Blick ab vom Inneren des beinahe begehbaren Möbels.

Neben den Regalen auf der anderen Seite des Raumes war eine weitere Tür geöffnet, durch die Taron vage einen opulenten Schreibtisch erkennen konnte. Ripenschneiders Büro war also nebenan. Doch warum führte ihn der Professor ausgerechnet hierher?

Im müden Licht der eilig von Ripenschneider entzündeten Lampen sah dies alles furchteinflößend aus und der Mediziner grinste bedrohlich. Die Lichtquelle in seiner Hand warf flackernde Schatten über sein Gesicht. Er wirkte diabolisch.

Taron schauderte und es widerstrebte ihm, sich in dem Sitzmöbel niederzulassen. Unbemerkt von Ripenschneider knöpfte er seine Jacke auf und seine Hand legte sich prüfend auf die Waffen im Innenfutter. Wann war es an der Zeit, eine davon zu ziehen?

Ripenschneider eilte geschäftig durch den Raum und entzündete weitere Lampen und Leuchter. Eine Lichtquelle nach der anderen. Es wurde hell im Raum. Leise quiekte die Ratte in ihrem Käfig vor sich hin. War er für Ripenschneider etwa auch nichts anderes als eine Versuchsratte?, fragte Taron sich. Und genau so schien es.

Nicolaj Ripenschneider ging zu einer abgeschlossenen Kommode, zückte einen Schlüssel und holte daraus ein dickes Notizbuch hervor. Ikárov– stand in großen Lettern auf dem Einband. Betrieb der Professor eine heimliche Studie über ihn? Der Professor ließ sich nicht ablenken. Er legte das Buch auf das Schreibpult neben sich, schlug es auf und überflog seine letzten Notizen darin.

Taron schnappte nach Luft. Er war wie erstarrt, als der Professor sich ihm zuwandte und ihm noch einmal gebot, sich zu setzen.

Hintergründig grinsend schob er den König auf den Stuhl und lehnte ihn darin zurück. Die zahlreichen Haltevorrichtungen an dem Untersuchungsmöbel klimperten dabei leise. Sanft drückte er Tarons Haupt zurück auf die Kopfstütze.

„Keine Sorge", lachte Ripenschneider dann und rasselte mit einem der Gurte an dem Stuhl. „Das hier brauchen wir nicht, wenn Ihr für ein paar Augenblicke stillhalten könnt."

Taron blickte ihn angespannt an, als sich der Professor umdrehte und aus dem offenen Wandschrank ein Arsenal von blank poliertem Medizinbesteck holte.

„Ich möchte sehen, wie es Euch geht", murmelte Ripenschneider konzentriert, als er sein Werkzeug auf ein kleines Tablett sortierte und damit auf Taron zutrat. „Mehr nicht. Seit Eurer Erkrankung hat man mich nicht mehr in Eure Nähe gelassen. Ich muss sicher gehen, dass alles gut verheilt ist. Nichts gegen Euren Leibarzt Njorbert von Schnapp, mein Lieber. Aber es sollte sich doch ab und an ein Spezialist ansehen. Übrigens weiß er davon."

Taron schnellte nach vorne und drückte den Professor zur Seite. Der reichte ihm ungerührt ein Glas Wasser.

„Bitte kurz ausspülen", sagte er nüchtern und stellte neben Taron eine flache Schale auf ein Kästchen. Er legte eine Hand auf die Schulter des Königs.

„Ich schwöre Euch, Taron", versicherte er. „Es wird Euch kein Leid durch meine Hand heute Abend geschehen. Doch bevor wir uns nebenan noch einmal über die Bedingungen unseres Handels unterhalten, möchte ich nach Euch sehen."

Die beiden Männer sahen sich in die Augen. Kein bisschen von dem gewohnten Wahnsinn lag im Blick des Professors.

„Erlaubt mir nur diese eine kurze Innenansicht", beschwor er Taron weiter.

Der König tat schließlich zweifelnd, was der Professor ihm geboten hatte, stellte das Wasserglas zur Seite und legte den Kopf auf die Stütze zurück. Seine Hand fuhr entschlossen zur Innenseite seiner Jacke und als der Professor sich über ihn beugte, saß diesem ein spitzer Dolch direkt an den Rippen.

Ripenschneider ließ sich nicht irritieren und ging kaltschnäuzig darüber hinweg. Und er hatte nicht zu viel versprochen. Er arbeitete konzentriert und zügig und seine Werkzeuge berührten kaum das Innere von Tarons Hals.

Taron ließ es über sich ergehen und hoffte sehr, er würde dem Würgereiz standhalten von all dem, was der Professor an Gerätschaft in ihn versenkte.

Selbstzufrieden zog der Gelehrte schließlich den letzten kleinen Spiegel aus Tarons Rachen und legte die Instrumente in einer Schale zur Seite.

„Ihr könnt glücklich sein, wie alles verheilen konnte in der Zwischenzeit. Wer hätte gedacht, dass die Klammer, die ich hineingesetzt habe, sich so gut einpasst." Der Professor strahlte den König an und schüttelte ihm die Hand, als hätte er einen Preis gewonnen.

Taron richtete sich auf und deutete entsetzt auf seinen Hals. Hatte der Professor tatsächlich etwas von einer Klammer gesagt?

„Ganz recht, mein Bester", nickte Ripenschneider. „Wer konnte auch nur im geringsten zuvor annehmen, dass Ihr so widerstandsfähig seid? Unsere Mandelkur wäre rückstandslos ausgeheilt. Keiner konnte das glauben. Also mussten wir nachhelfen, um Euren Wünschen zu entsprechen. Und nun legt das Messer weg!", sagte er bestimmt, trat ein paar Schritte von Taron zurück und schrieb seelenruhig seine Notizen in das Buch.

Der König kam mit erhobener Waffe auf ihn zu.

Doch der Professor winkte ab und fasste Tarons Arm.

„Wisst Ihr, ich denke es wäre äußerst töricht, Euren Emotionen jetzt nachzugeben. Schließlich bin ich der Einzige, der sich wirklich auskennt, was das betrifft. Und auch mit Eurer Fledderiszidose. Welch halbgares Stümperwissen konnte von Schnapp schon an Euch anwenden? Wart Ihr etwa unzufrieden mit der Heilwirkung meines Elixiers?" Er stupste Taron ein wenig von sich.

„Ich denke, es war ein faires Geschäft, werter Herr", grinste Ripenschneider nun. „Jetzt und so lange Ihr lebt. Oder besser:

Jetzt und so lange ich lebe, denn Ihr seid noch jung. Ihr werdet mich hoffentlich überdauern.“ Der alte Zynismus war zurück. „Ich braucht mich. Das wisst Ihr genau! Also steckt Eure Klinge weg. Oder wollt Ihr zeit Eures Lebens auf das hier angewiesen sein?“ Er fasste provozierend an Tarons zurückgeschobene Kragenblende und in sein übertünchtes Gesicht.

„Da seid Ihr sprachlos, wie?“, provozierte er weiter und ging bedrohlich auf Taron zu. „Geradezu unverständlich wortkarg und maulfaul“, setzte er nach. Beliebte es ihm bis zum Äußersten zu gehen? Was veranstaltete er hier?

„Wie gefällt Euch also unser Knebelvertrag?“, grinste Ripenschneider heimtückisch und bissig. „Noch immer habt Ihr nicht eingelenkt“, ermahnte ihn Ripenschneider. „Wann gedenkt Ihr mich in den Reigen Eurer Berater aufzunehmen? Wann werdet Ihr mich adeln? Ihr seid nicht nur unerwartet widerstandsfähig, Ihr seid auch unbequem stur. Ich warte bereits seit Monaten! “

Taron legte das Messer zur Seite und gestikulierte ruhig und überdeutlich jeden einzelnen Buchstaben.

N i e m a l s!

Nun war er es, der die Oberhand gewonnen hatte.

Der Professor konnte seine Zeichen nicht lesen. Aber er ahnte, was der König ihm geantwortet hatte.

Ihr werdet einen Weg finden, meine Durchsichtigkeit zu heilen. Ansonsten werdet Ihr als Untertan in meinem Land kein sorgloses Leben mehr haben, mein Lieber! Das verspreche ich Euch, so wahr ich hier stehe.

Dies schrieb Taron in großen Lettern auf die nächste freie Seite von Ripenschneiders Studie und setzte seine Unterschrift darunter.

„Ganz wie Ihr wünscht“, schimpfte Ripenschneider erbost darüber, dass Taron seine Aufzeichnungen bekritzelt hatte und baute sich vor ihm auf. Und ehe sich Taron versah, warf Ripenschneider sich gegen ihn und schubste den König mit all seiner Kraft in den offenen Wandschrank. Das Schloss knackte zweimal und Ripenschneider zog den Schrankschlüssel ab. Er hatte ihn tatsächlich eingesperrt.

Der König krachte unsanft mit dem Rücken gegen die Regale darin. Es schepperte und klirrte, als ein Teil der dort aufgereihten Utensilien zu Boden fiel.

Taron rüttelte wütend von innen an der Tür. Er hatte geahnt, dass eine Unterredung mit Ripenschneider im Chaos enden musste.

Der Professor kam mit einer überlangen Nadel an den Schrank heran und schon saß die geschärfte Spitze des erschreckenden Instruments an Tarons Kehle.

„Jetzt hört Ihr mir einmal genau zu, mein Junge!“, zischte Ripenschneider durch die Ritzen des Türgitters ungebührlich persönlich. Seine Augen funkelten.

„Scheinbar kann man mit Euch in keinster Weise vernünftig reden. Und um der Gefahr vorzubeugen, dass Ihr mich gleich anfallt, verzeiht diese Maßnahme zu meinem eigenen Schaden hier in diesem Lagerraum.“ Er meinte die zerstörten Gegenstände auf dem Schrankboden. „Sobald ich mit meiner Ansprache fertig bin, lasse ich Euch heraus“, versicherte er und sein Tonfall knirschte vor Aufregung und Zorn. „Wenigstens müsst Ihr mir jetzt zuhören und Ihr könnt mich auch nicht unterbrechen.“ Etwas gemäßigter fuhr er dann fort: „Unsägliches habt Ihr überstanden bereits in den letzten Jahren, mein König. Also übersteht Ihr auch dies!“

Taron hieb von innen gegen die Schranktür. Die Scharniere ächzten bedenklich. Ripenschneider schob einen schweren Kasten davor.

Der König stand dicht an den Gittern. In einer zackigen Bewegung fuhr er mit seinem Zeigefinger quer über seine Kehle und bedeutete dem Professor, dass dieser ein schwerwiegendes Problem haben würde, wenn er erst wieder aus diesem Schrank heraus war.

„Nicht doch, ein Bester", mahnte ihn Ripenschneider. „Ihr kommt doch hervorragend mit Eurer Behinderung zurecht. Besser als diejenigen, die sich das ausgedacht haben, es jemals vermutet hätten. Ihr seid daran gewachsen, nicht verzweifelt, mein König. Dafür gebührt Euch jeglicher Respekt. Aber scheinbar seid Ihr nicht unter Druck zu setzen. Deshalb musste ich heute mit Euch reden. Und deshalb habe ich Euer Elixier ausgehen lassen. Ich musste sicher stellen, dass Ihr zu mir kommt. Dort drüben in meinem Schreibzimmer steht es, Euer Gnaden. Fertig gemischt, abgefüllt und bereit in Eure Hände überzugehen. Und nun beruhigt Euch und hört mir zu!"

Der Professor wartete ab, bis Taron aufhörte gegen die Türen zu hämmern. Er holte sich einen Stuhl und setzte sich damit direkt vor Tarons Verlies.

„Ein Heilmittel möchtet Ihr also", begann er und seine Stimme wurde wieder schneidend. „Ich darf Euch mit absoluter Sicherheit mitteilen, es gibt kein Heilmittel. Das ist bedauernswerter Weise genau der Sinn des Ganzen."

Taron lehnte sich mit der Stirn gegen die Tür. Hatte der Professor gesagt *bedauernswerter Weise?* Er klang ernsthaft mitfühlend in der Art, wie er es formuliert hatte. Taron schauderte.

„Wisst Ihr...", knödelte Ripenschneider weiter. Seine Stimme war vom Wein an diesem Abend schon leicht verwaschen.

„Edolf – und auch Euer Vater – stehen mir wirklich sehr nahe. Und Edolf war es, der mich für Euch irgendwann einmal um Hilfe gebeten hat. Ich bin seinem Willen nachgekommen. Keine zwei Jahre hättet Ihr sonst auf dem Thron überdauert."

Sprach der Professor irre? Taron lehnte sich ganz nah an die Tür, um durch die Gitter das halblaute Gesäusel von Ripenschneider verstehen zu können.

„Ein sofortiges Heilmittel gegen die Durchsichtigkeit fordert Ihr...", wiederholte er übertrieben dramatisch. „Ohne eine passable Gegenleistung... Und ich sage Euch noch einmal, es gibt keines. Seid dankbar für den Schutz, den ihr dadurch genießt. Und die Nebenwirkungen... Das bisschen Hässlichkeit verzeiht man Euch. Sogar meine Tochter", fügte er hinzu. „Sie spricht übrigens nur in den besten Tönen von Euch“, sagte er dann billigend. „Das erkenne ich Euch durchaus an.“ Fast klang er freundlich. Für einen Moment, dann wurde seine Stimme hart.

„Aber kommt nicht auf die Idee es zu unterlassen, die Durchsichtigkeit regelmäßig zurückzudrängen. Ihr dürft Euch mit dieser Hässlichkeit nicht anfreunden! Egal wie tolerant Eure Nächsten sind. Es ist nämlich so... Und verzeiht, dass ich Euch diesen Pferdefuß an diesem Fluch nun verrate. Aber Ihr habt es so gewollt. Njorbert hat bereits sein Bestes getan, nachdem Ihr aufgehört habt, dieses schädliche Pflanzengift zu benutzen. Mein Respekt für den Kollegen. Unter den stümperhaften Laien auf diesem Gebiet ist er wohl ein Genie gewesen, Euch zu helfen. Und was habt Ihr alles für Experimente seinerseits ausgestanden.“

Taron griff in die Gitter der Tür.

Ripenschneider wich zurück.

„Unterlasst es nicht, sage ich noch einmal. Ich weiß nicht, ob Euch aufgefallen ist, dass bei einer längeren Pause Eure Transluzidität stärker wird.“ Der Professor rückte wieder an das Gitter heran und raunte durch die Stäbe.

„Verbleichen würdet Ihr, mein werter Herr. So ist es und es tut mir leid, dass Ihr das jemals erfahren müsst. Ihr würdet ein Schatten mit der Zeit. Also lehnt Euch nicht länger gegen Euer Schicksal auf und besinnt Euch auf Wesentliches. Ein Gespenst könnte schwerlich eine irdische Herrschaft aufrecht erhalten.“

Taron dröhnte der Kopf. Er glaubte nicht richtig zu hören.

„Und was Euch bisher auch keiner der Sachverständigen sagte, es ist Blut, das Ihr bräuchtet, über Monate hinweg eingenommen, damit diese Nebenwirkung Eures Fluchs gänzlich zurückgedrängt wäre. Wollt Ihr das?“

Dem König wurde noch mehr übel, als ihm bereits war.

„Richtig hört Ihr. Frisches, rotes, klebriges Blut. Ihr wärt viel mehr ein Monster als die, die Ihr zu bekämpfen sucht. Und viel mehr als diejenigen, die aus niederen Motiven und im Verborgenen Euer Wohl zu stören versuchen.“ Der Professor lachte schauderlich.

„Vor ihnen will ich Euch jetzt ebenfalls warnen... Es wird höchste Zeit. Ihr seid einfach viel zu unwissend..."

Taron war sich sicher. Der Professor war nicht mehr bei Verstand.

Plötzlich fuhr Ripenschneider auf. Im Schreibzimmer nebenan war etwas Schweres zu Boden gefallen. Er sprang auf von seinem Stuhl vor Tarons Wandschrank, griff sich das Messer des Königs, das dieser neben dem Pult hatte liegen lassen, und verschwand mit wirrem Blick in den Nebenraum.

Was dann folgte, war unbeschreiblich. Zuerst wurde es laut. Möbel wurden umgestoßen. Taron hörte einen verbissenen Kampf. Etwas Gläsernes fiel klirrend zu Boden. Der Professor schrie.

Taron erwachte aus seiner Erstarrung und polterte gegen die Schranktüren. Mit der Schulter warf er sich dagegen und schließlich gaben die Scharniere nach. Er trat die Türen ein und mit einiger Mühe drückte er den Kasten vor dem Schrank zur Seite. Mit einem Dolch in jeder Hand stürzte er dem Professor nach durch die Praxis in den unbeleuchteten Nebenraum. Als er dort ankam stand nichts mehr an seinem Fleck.

Bis er Ripenschneider erreichen konnte, war dieser schreiend mit seinem Angreifer zu Boden gegangen.

Taron ging dazwischen und trennte den wild entschlossenen Eindringling von dem Professor. Er hatte alle Mühe, den Einbrecher zurückzudrängen. Denn offensichtlich hatte er es auf den Professor abgesehen.

Der Vermummte versuchte weiterhin auf Ripenschneider einzudringen.

Indes war der Professor panisch durch den Raum gewankt und hatte die Tür zum Flur hinaus aufgerissen. Er stürzte Richtung Treppenhaus, während Taron mit dem Unbekannten gegen Tische und Möbel krachte, um ihn niederzuringen. Es dauerte lange, bis sich eines der Messer in den Angreifer versenkte und er reglos über dem Schreibtisch liegen blieb.

Taron hatte selbst einige Kratzer kassiert. Er ließ von dem Angreifer ab und rannte Ripenschneider hinterher Richtung Treppenhaus. Das Ganze dauerte nur wenige Augenblicke.

Als er Ripenschneider erreichte, bemerkte er, dass sein eigener Dolch tief in der Brust des Professors steckte. Die Klinge, die Ripenschneider zuvor mit ins Schreibzimmer genommen hatte. Rotes Blut sickerte aus der Wunde hervor.

Taron warf seine Waffen beiseite, riss den Professor zu Boden und hielt ihn fest. Ripenschneider stand neben sich. Er schrie noch immer und versuchte ihn abzuwehren. In aller Eile warf Taron seinen Mantel von sich und riss sich den Schmuck vom Hals. Die Staatskette hatte sich sofort gelockert, als er hineingegriffen hatte. Die ornamentförmig ausgewachsenen Strahlen hatten sich zurück gezogen. Taron drückte den Stoff seiner Halsbinde mit aller Macht auf die Wunde. Bald waren sie beide über und über voller Blut.

Der König deutete die Situation richtig. Jemand hatte soeben versucht den Professor umzubringen.

Taron hielt ihn fest im Griff.

Der auf dem Boden liegende Ripenschneider wurde ruhiger. Er schlug nicht mehr um sich und die Kraft schien mehr und mehr aus ihm zu weichen. Er sah Taron ins angestrengte Gesicht, das sich über ihn gebeugt hatte, und streckte seine blutige Hand gegen ihn aus. Er fuhr dem König damit quer über sein Anlitz.

„Blut, verstehst du?", wisperte Ripenschneider dabei dümmlich grinsend und steckte Taron einen seiner triefenden Finger in den Mund.

Taron nahm angewidert den Kopf zur Seite und spuckte aus. Dann stützte er sich, so gut er es vermochte, auf die Wunde, während der Professor leise in sich hinein lachte.

Taron war verzweifelt. Er konnte nicht um Hilfe schreien.

Kapitel 17

Doch das war überhaupt nicht notwendig. Der Lärm aus dem ersten Stock hatte längst die gesamte geladene Gesellschaft auf den Plan gerufen und als man die Treppen nach oben stürzte, sah man den König der Dämmerung über und über besudelt neben dem verletzten Professor knien. Jeder konnte Tarons mitgebrachtes Waffenarsenal in der achtlos hingeworfenen Jacke neben den beiden Männern sehen. Es war das Messer des Königs, das in Ripenschneider steckte fast bis zum Heft.

Madame Ripenschneider schrie und nicht nur Mia verschlug es die Sprache, dass ein Streitgespräch zwischen dem Professor und Taron scheinbar derartig eskalieren konnte. Und ein Streitgespräch hatten sie alle erwartet. Aber so einen Skandal hatte niemand vermutet.

Taron löste eine Hand aus seinen verbissenen Pressversuchen und winkte die Kollegen des Professors aus der medizinischen Fakultät heran.

Es dauerte einige Momente, bis zumindest sie begriffen, dass Taron gerade dabei war, seinem Erzfeind das Leben zu erhalten und deswegen so verbissenen über ihm kniete.

Die Herren übernahmen.

Taron wurde zur Seite gezogen und man brachte den Professor sofort in seine eigene Praxis. Die Türen wurden geschlossen.

Die Leute um Taron wichen entsetzt zurück.

Remoulado starrte seinem Dienstherren schockiert in die Augen, als Taron sich bückte und trotz eigener sickernder Blessuren die beiden Dolche wieder ergriff.

Er sah riesig aus gegen den Schein ihrer Lampen und er triefte von Ripenschneiders Blut.

Madame Ripenschneider drohte in Ohnmacht zu fallen.

Irgendjemand schrie.

Der oberste Hausdiener drängte sich nach vorne und wollte den Ripenschneiders zur Hilfe eilen. Er baute sich vor ihnen auf. Er hielt es für seine Pflicht. Er begann den König anzuschreien, denn er verstand nicht.

Schweigt! , gestikulierte Taron zackig mit den Messern in den Händen. *Alle zusammen!*

Remoulado war neben Taron geeilt und übersetzte wie paralysiert.

Bring sie alle weg von hier in ein sicheres Zimmer, Rem. Sofort!

Taron bot in seinem Zustand ein erschreckendes Bild. Sein Leibwächter starrte ihn bestürzt an. Ebenso wie alle anderen. Der König rempelte Remoulado ungeduldig an.

Sie sind noch hier! Sie sind in diesem Haus!, setzte Taron nach. *Also, bring die Leute gefälligst fort und dann hilf mir, wo du kannst.*

Der Diener wollte sich erneut in den Vordergrund drängen.

Ihr habt hier nichts mehr zu melden ab diesem Zeitpunkt, fuhr Taron zornig fort und stocherte mit seinem Finger gefährlich gegen seine aufgepumpte Brust. Er stieß ihn zur Seite. Tatsächlich gehörte das Hausrecht ab sofort dem König als Oberhaupt der Garde.

Dieses Haus wird soeben angegriffen, Trottel!, setzte Taron nach.

Remoulado übersetzte wörtlich. Die übrige Festgesellschaft geriet in Panik, als man seine Worte verstand. Schreie waren zu hören.

Der Leibwächter führte aus, was Taron angewiesen hatte, und brachte sie zurück nach unten in einen sicheren Raum. Er verschloss die Türen. Dann stürmte er zu Taron in den ersten Stock. Es war dunkel.

Für die im Erdgeschoss Eingeschlossenen dauerte es eine gefühlte Ewigkeit, bis das Gepolter im Obergeschoss zur Ruhe kam. Schwere Möbel kippten um. Glas und Geschirr zerschellte. Der eine oder andere durchdringende Schrei erfüllte das totenstille Treppenhaus.

Mia hatte sich auf einen Sessel gekauert und hielt sich die Ohren zu. Mathilde war neben ihr und tat es ihr gleich.

Kurz darauf stürmte die Grauener Garde das Haus.

Die Gäste wurden abgeschirmt und der Rest der Mannschaft eilte nach oben in den ersten Stock.

Bald hatte man Taron gefunden. Er lag erschöpft neben einem niedergestreckten Angreifer auf dem Boden. Remoulado wurde unter einem umgekippten Schrank hervorgezogen. Dort oben hatte eine Schlacht gewütet, die ihresgleichen suchte.

Von den Wachen gestützt, wurden Remoulado und Taron nach unten geführt. Die Eindringlinge waren gefallen, oder hatten ihr Heil in der Flucht gesucht. Der König hatte die Angreifer des Hauses Ripenschneider bekämpft wie ein Berserker.

Taron schob die Wachen von sich, die ihn nach unten brachten.

Die Familie Ripenschneider ist im Schloss willkommen, zeigte er nur und senkte seinen Blick vor Mia, die ihn nach wie vor mit schreckgeweiteten Augen anstarrte. Er ließ sich nicht beirren.

Die Renovierung dieses Anwesens geht auf meine Rechnung, deutete er beklemmend sachlich in die Richtung von Madame Ripenschneider.

Remoulado übersetzte seine Worte und sprach sie aus.

Dieser Angriff war gegen mich gerichtet, fuhr er fort. *Nicht in erster Linie gegen das Haus Ripenschneider. Es tut mir leid, was geschehen ist. Und es ist keiner mehr übrig, den wir genauer befragen könnten.* Seine Augen glänzten noch immer gefährlich.

Taron wischte sich mit dem Ärmel über das verschmierte Gesicht und ließ sich ohne ein weiteres Wort von der Garde nach draußen führen. Er drückte er sich ein Tuch gegen die blutende Nase.

„Es muss wohl immer alles renoviert werden, wenn unser Herr König richtig unangenehm werden musste“, murmelte Remoulado schulterzuckend, als er an Madame Ripenschneider vorbei aus dem zerstörten Haus des Professors trat. Er dachte an Konrads altes Büro in Schwarzeck und an die Grauener Burg nach der Schlacht mit den Dunklen, die nun seit Jahren schon wieder hergestellt wurde.

Madame Ripenschneider und Mathilde hielten sich in den Armen. Mia und den Professoren stand der Mund offen. Das Haus wurde evakuiert.

Die Familie hatte längst zu Mittag gegessen. Auch Madame und Mathilde Ripenschneider waren heute Gäste an der königlichen Tafel. Viel war es, was man Anatol und seiner Familie berichtet hatte, nachdem mitten in der Nacht das ganze Schloss in Aufruhr geraten war. Ein Wunder, dass die kleine Shelly von all dem in ihrem tiefen Schlummer nichts bemerkt hatte.

Der König war zu einem Höflichkeitsbesuch ins Haus des Professors aufgebrochen und von einer Schlacht zurückgekehrt. Mit ihm seine Gastgeber vom Vorabend.

Anatol und der Rest der Familie waren außer sich. Ein neuer Anschlag gegen den König. Das durfte nicht sein.

Das Schloss wurde hermetisch abgeriegelt und bewacht. Keiner kam ohne strengste Kontrolle hinein und keiner durfte ohne ausdrückliche Genehmigung hinaus. Selbst die Lieferanten, welche die Lebensmittel zum Schloss brachten wie jeden Morgen, waren strengstens kontrolliert worden. Das Schloss glich einer Festung.

Der Professor war ebenfalls hierher gebracht worden, gleich nachdem er als transportfähig erklärt worden war. Die Ärzte kämpften noch immer verbissen um ihn. Er war schwer verwundet und hatte sehr viel Blut verloren. Ihm und seiner Familie war der gesamte Gästetrakt zur Verfügung gestellt worden. Neben den eingetroffenen Ärzten hatte auch Njorbert von Schnapp sich um ihn gekümmert, bevor er noch einmal nach Taron gesehen hatte.

Mia stand noch immer unter Schock und auch alle anderen, die im Hause Ripenschneider vor Ort waren letzten Abend, schienen Mühe zu haben das Erlebte zu verarbeiten.

Zwischen Mathilde und Mia war seit dem letzten Abend ein Band geschweiß worden, dass die beiden jungen Frauen kaum mehr auseinander zu bekommen waren. Spätestens seit der unwirklichen Kutschfahrt zurück zum Schloss waren sie Freundinnen geworden und hielten aneinander fest.

Mia musste auf dem Schloss bleiben. Sie hatte weder die Erlaubnis, zur Armenspeisung zu gehen, noch zum Theater, um dort ihre Kulissen weiter zu bemalen. Sie war wütend. Und sie war verwirrt. Was war an diesem Abend und in dieser Nacht alles geschehen. Immer wieder hatte sie Taron vor sich gesehen, wenn sie in dieser Nacht aus dem Schlaf geschreckt war. Triefend von Blut hatte er über dem Professor gekniet. Und triefend von Blut hatte er die Angreifer ausgeschaltet, die dieses Haus so hinterlistig angegriffen hatten.

Zehn an der Zahl hatte man an diesem Morgen gezählt, als die Garde das Anwesen Ripenschneider inspiziert hatte. Es waren unbekannte Schergen, wie sich herausstellte.

Weder Lir noch ein anderer aus seinem Räuberhaufen wurde dort gefunden. Man stand vor einem Rätsel. Auch Taron, dem von Remoulado in der Zwischenzeit alles haarklein berichtet worden war.

Der König hatte seinen Leibwächter heute freigestellt, aber Remoulado hatte es sich nicht nehmen lassen, gemeinsam mit der Garde höchstpersönlich die Untersuchungen zu leiten. Obwohl auch er unter dem Angriff des Vorabends gelitten und einige Blessuren davongetragen hatte, stand er morgens in voller Dienstuniform bereit.

Taron hatte ihn gehen lassen.

Mia hatte heute Nacht zum ersten Mal von Edolf geträumt. Tarons verstorbener Onkel hatte sie wie leibhaftig in den Arm genommen und nur wenige Worte mit ihr geredet. Ein Mensch, dem sie nie begegnet war, war an ihrer Bettstatt gestanden und hatte mit ihr gesprochen.

„Geh nach Hause!“, hatte er eindringlich gesagt. Sie ahnte nicht, dass Taron in dieser Nacht genau das Gleiche geträumt hatte. In den wenigen Augenblicken, in denen er überhaupt Schlaf gefunden hatte.

Kapitel 17

Bis zum Mittag hatte Taron nach dieser Nacht in seinem Schlafgemach geruht. Man hatte seinen unruhigen Schlummer nicht gestört. Sigur hatte für diesen Tag alles zurückgestellt und ihn abgeschirmt. Die Räume des Königs wurden schwer bewacht.

Er hatte weder ein Frühstück, noch ein Mittagessen mit der Familie geteilt. Nur seine Tochter Shelly hatte er zu sich gelassen, nachdem Njorbert, sein Leibarzt, gegangen war.

Das schwarzblau unterlaufene Auge und die aufgeplatzte Stelle auf seiner Nase konnte er ihr nicht verbergen. Er versuchte sie zu trösten. Sein Kopf dröhnte und auch er versuchte zu begreifen, was geschehen war. Warum kam Mia nicht zu ihm? Er hatte keine Kraft nach ihr zu fragen.

Seine Patentante Lucinde war es in der Nacht gewesen, die ihn zur Seite genommen und in aller Eile ein Bad für ihn gerichtet hatte. Sie hatte ihm geholfen sich zu säubern, ihn versorgt und neu gekleidet. Bis Njorbert eingetroffen war. Er war ihr dankbar.

Danach hatten die nächsten Stunden der Garde gehört und Tarons Beratern, die aus ihrer Nachtruhe geholt worden waren.

Nun lag er im Garten, auf einer beschatteten Liege unter den großen Bäumen. Wie er es gewünscht hatte nach dieser schrecklichen Nacht. Und er ließ mit geschlossenen Augen wieder und wieder an sich vorüberziehen, was geschehen war und was in seinem Kopf seither so ruhelos arbeitete.

Das bereitgestellte Essen hatte er bisher noch nicht angerührt und niemand wagte ihn zu stören. Die Wachen um ihn hielten gebührenden Abstand und blieben unsichtbar.

Der ganze Hofstaat war ebenso durcheinander wie er selbst.

Es war ruhig hier im Garten, nur ein paar Vögel zwitscherten in den seltsamen Nachmittag.

„Dürfen wir Euch belästigen für einen Augenblick?“, unterbrach eine wohlklingende freundliche Stimme irgendwann sein angestrengtes Dämmern. Taron nahm die kühlende Kompresse auf seinem Gesicht zur Seite.

Madame Ripenschneider und ihre Tocher hatten sich zögerlich genähert.

Taron gab ihnen ein Zeichen, dass er es zuließ.

„Wir mussten einfach sehen, wie es Euch geht“, begann sie leise und trat auf Tarons Liege zu. Beide Frauen machten einen tiefen Knicks. Und sie schreckten zusammen, als sie dem König ins Gesicht sehen konnten. Er hatte einiges abbekommen.

Taron winkte ab. Es war nicht wichtig und er war bereits auf dem Weg der Besserung.

Die Ripenschneiders staunten. Es war heller Tag und Taron war kein bisschen durchsichtig. Kein Gebein, nur sein schwarzblaues Auge bleckte aus dem Gesicht hervor.

Mathilde wrang das Tuch in kühlem Wasser und gab es zurück an den König.

Dieser nickte und Mathilde und Madame von Ripenschneider waren eingeladen sich zu ihm zu setzen.

„Wir wollten nicht lange stören, Herr“, begann Mathilde an Stelle ihrer Mutter. „Aber wir sind gekommen, um Euch zu danken.“

Taron presste das kühle Tuch auf sein Gesicht und sah die beiden aus einem Auge an.

„Die Professoren sagten uns, dass Ihr Nicolaj gerettet habt. Nur durch Euch hatten sie überhaupt eine Chance ihm zu helfen. Alle Hilfe wäre sonst zu spät gekommen. Verzeiht, dass es im ersten Moment ganz und gar nicht danach aussah.“

Taron rieb sich die Unterarme. Ja, und er hatte deshalb heute auch nicht wenig Muskelkater. Es war eine beinahe übermenschliche Aufgabe gewesen, das Blut des Professors aufzuhalten.

„Und Ihr habt alles dafür getan, uns zu schützen", fuhr Mathilde fort. Sie trat an ihn heran und gab ihm einen Kuss auf seinen Siegelring. Ihre Mutter tat es ihr gleich.

„Und wir sind glücklich, dass Euch nichts Ernsthaftes passiert ist. Und dass ihr wohlauf seid. Den Umständen entsprechend zumindest", relativierte Mathilde, als sie ihn ansah.

Taron nickte müde und legte den Finger an seinen Mund. Er räusperte sich zur Unterstreichung. Er bedeutete ihnen, das fachmännische Urteil der Professoren für sich zu behalten. Sie verstanden.

Dann schlugen sie alle drei die Hand vor den Mund. Der König hatte sich geräuspert. Ein Laut aus seinem Hals. Es war ein Wunder.

Taron war überwältigt und griff an seine Kehle. Die beiden Damen gerieten in helle Aufregung.

Wieder legte Taron einen Finger an seine Lippen.

Madam Ripenschneider und Mathilde nickten ihm zu. Auch darüber würden sie Stillschweigen bewahren.

Der König öffnete seinen Mund, doch keine Sprache kam daraus hervor. Das einzige, das Taron zustande brachte, waren ein paar kehlige Laute. Er beendete den Versuch zu sprechen schnell und ließ frustriert den Kopf zurück auf sein Kissen sinken.

Taron sah sie traurig an. Was nutzte ihm das, wenn er sich artikulieren konnte wie ein gewürgter Frosch.

„Immerhin", rief Mathilde aufgeregt. „Ihr seid nicht mehr vollends tonlos. Das ist doch etwas." Sie klatschte in die Hände. „Ich habe gewusst, mein Vater würde Euch helfen, wenn ich ihn darum bitte."

Taron sah sie an. Er war äußerst überrascht. Hatte Ripenscheider etwa die mutmaßliche Klammer in seinem Hals bei seiner Inspektion ihr zuliebe ein wenig gelöst? Er wusste es nicht. In Mathilde steckte wohl mehr, als er jemals gedacht hatte.

„Sie sagen, mein Mann wird es wahrscheinlich überstehen“, lächelte Madame Ripenschneider freundlich und drückte ihm die Hand. „Was auch immer er getan hat. Ihr habt ihn gerettet. Das vergessen wir nicht.“

Sie erhoben sich und entfernten sich so schnell und unauffällig, wie sie gekommen waren.

Noch am späten Nachmittag lag Taron genau so unter den Bäumen, wie Mathilde und Madame von Ripenschneider ihn zurückgelassen hatten. Nur für wenige Augenblicke war er aufgestanden an diesem Tag.

Irgendwann hatte Remoulado berichtet, dass Ripenschneider die erste kritische Phase überstanden hatte. Dennoch stand es ernst um ihn.

Was sollte er nun machen, zerhirnte sich Taron. Was sollte er nur tun, wenn Ripenschneider jetzt verstarb? Zumal ein Großteil der Dinergäste, einschließlich Mia, ihn nun für einen Schlächter hielten. Der alte Trotz regte sich in ihm und deswegen hatte er sowohl die Ripenschneiders als auch Remoulado angewiesen nichts zu verraten. Es sollte jeder das denken, was er für richtig hielt und wie er es verdient hatte.

Er ließ die Augen geschlossen und versuchte das Mahlen seiner Gedanken anzuhalten. Irgendwann schlief er ein vor Erschöpfung und vor Sorge.

Und er erwachte von seiner eigenen Stimme. Irgendjemand hatte ihm eine wärmende Decke übergelegt und seine Tochter Shelly hatte sich an seine Seite gekuschelt. Sie hielt ihm die Muschelschale mit der Geschichte an sein Ohr. Zärtlich strich sie mit ihren kleinen Fingern über die unterlaufenen Ränder an seinem Auge. Er nahm sie liebevoll in den Arm.

Als er die Augen öffnete, sah er, dass noch jemand in seiner Nähe war.

Mia stand etwas abseits und sah auf ihn und Shelly herab.

Weit draußen im Meere ist das Wasser so blau wie die Blätter der schönsten Kornblume und so klar wie das reinste Glas. Aber es ist sehr tief, tiefer, als irgendein Ankertau reicht. Viele Kirchtürme müssten aufeinander gestellt werden, um vom Grunde bis über das Wasser zu reichen. Dort unten wohnt das Meervolk. Nun muss man aber nicht glauben, dass da nur der nackte weiße Sandboden sei, nein, da wachsen die sonderbarsten Bäume und Pflanzen, die so geschmeidig in Stiel und Blättern sind, dass sie sich bei der geringsten Bewegung des Wassers rühren, gerade als ob sie lebten. Alle Fische, kleine und große, schlüpfen zwischen den Zweigen hindurch, ebenso wie hier oben in der Luft die Vögel. An der allertiefsten Stelle liegt des Meereskönigs Schloss. Die Mauern sind aus Korallen und die langen spitzen Fenster aus allerklarstem Bernstein, aber das Dach ist aus Muschelschalen, die sich öffnen und schließen, je nachdem das Wasser strömt. Es sieht herrlich aus, denn in jeder liegen strahlende Perlen, eine einzige davon würde in der Krone einer Königin ein großer Schmuck sein. Der Meerkönig dort unten war seit vielen Jahren Witwer…

„Aber er muss doch etwas zu sich nehmen!“, quietschte Shelly dann offensichtlich im Tonfall derer, die sich in der Schlossküche über ihn unterhalten hatten, rutschte aus seinem Arm, lief zu dem Beistelltisch an seiner Seite und stopfte ihrem Vater ungefragt etwas von dem Essen in den Mund. Den Teller reichte sie weiter an Mia, gab Taron einen Kuss auf die Wange und sauste lachend davon Richtung Schloss. Ihr war die Zeit an der Seite ihres reglosen Vaters zu lang geworden.

„Tante Lucindää“, quäkte sie lauthals und war verschwunden.

Mia wusste nicht, was sie tun sollte. Da stand sie nun. Sie fürchtete sich vor ihm nach dem gestrigen Abend. Wie brachial war der Fürst der Dämmerung aus seinem Wassergrüner

Kokon erwacht. Und wie schrecklich. Sie wusste nicht, was sie glauben sollte. Sie hatte gesehen, was sie gesehen hatte. Die pure Rohheit hatte in seinen Augen geglommen.

Den ganzen Tag hatte es ihr jedoch keine Ruhe gelassen. Sie wollte wenigstens wissen, wie es ihm ging. War er verletzt? Sie hatte sich bis jetzt nicht zu ihm gewagt.

Shelly hatte ihr schließlich die Entscheidung abgenommen. Sie war ihr davongelaufen. In den Garten, zu ihrem Vater, der bereits den ganzen Tag dort draußen einsam vor sich hingebrütet hatte.

Taron hatte die Augen geschlossen und verharrte bewegungslos auf seiner Liege.

Mia hatte den Teller mit Tarons missachteten Speisen noch immer in der Hand.

„Ja, er muss etwas zu sich nehmen", sagte sie dann und setzte sich zu ihm.

Er nahm das Tuch von seinem Gesicht.

Ein Schauer lief über ihren Rücken, als sie ihn richtig ansehen konnte. Langsam und mit Bedacht gab sie ihm ein Stück nach dem anderen von dem Teller.

Sie schwiegen sich an.

Seine Hände blieben ebenso stumm wie sein Mund. Nach ein paar Bissen gebot er ihr Einhalt. Ihm war noch immer flau von den Geschehnissen in der Nacht zuvor.

Sie erhob sich, stellte das Geschirr zur Seite und reichte ihm wortlos den Becher Wein, der ebenfalls für ihn bereitgestanden hatte. Zu dieser Tageszeit.

Er trank und stellte den geleerten Becher neben sich.

Die Wachen im Hintergrund rührten sich nicht.

Wie einfach waren noch die Zeiten, als du mich im Kloster nach dem Attentat mit Brei gefüttert und alle paar Stunden die verschmutzten Laken gewechselt hast, wie?, begann er irgendwann ironisch. Seine Handzeichen waren zögerlich. Er hatte den Kopf zurückgelegt und sah sie aus halb geöffneten Augen an.

„Das waren sie allerdings", gab Mia leicht gereizt zurück. Sie sog die milde Luft des Gartens in sich ein.

Ich bin Grauens erster Soldat, deutete Taron weiter, ohne sie anzusehen. Er sah an ihr vorbei. *Nicht viel mehr als ein Leibeigener. Und ich bin der Einzige, der niemals einen Dienstschluss erleben wird, solange er lebt. Ob es uns gefällt oder nicht. Das war ich immer, und das werde ich immer sein. Das ist es, was ich gelernt habe.*

„Ich weiß", gab sie zurück und setzte sich erneut an seine Seite.

Und eines Tages, meine liebe Mia, bald vielleicht sogar, werde ich daran sterben.

Taron rieb sich die tobende Stirn.

Und ich bin noch viel mehr, erklärte er dann kleinlaut. Ich bin versehrt, ich bin entstellt, ich bin vielleicht für immer stumm und habe bereits jetzt fast jeden Tag Schmerzen. Ich bin verflucht und ich fürchte das Ende der Fahnenstange ist noch nicht erreicht. Langsam werde ich davon offen gestanden ziemlich mürbe in meinem Kopf. Und – seit gestern bin ich ein Monster… Er zog trotzig das Tuch über einem kleinen Likörglas neben sich zur Seite. Es war Blut darin.

Mia schrak zurück.

Zum Wohl!, kommentierte er nur, bevor er das Glas an seinem langen Stiel nahm und trank. Er erwähnte nicht, dass es sein eigenes Blut war, das darin aufgefangen war.

Mia hielt sein verbundenes Handgelenk für eine Nachwirkung des gestrigen Tages.

Danach reagierte er lange nicht. Still saßen sie beieinander. Ein seichter Wind strich an ihnen vorbei. Grillen zirpten.

Wann wirst du abreisen?, fragte er irgendwann und richtete sich auf.

„Morgen, Brüderchen. Morgen."

Er nickte. Dann erhob er sich ächzend und ging ins Haus.

Mia bemerkte das Ächzen nicht. Sie war zu sehr in ihren Gedanken. Sie saß noch lange dort im Garten und weinte.

Sie blieb nicht die Einzige, die an diesem Tag ein paar heimlich verzweifelte Tränen des Abschieds vergoss.

Kapitel 19

Beinahe mechanisch und schwer bewacht von der Garde hatte Taron am nächsten Tag in der Universität seine Abschiedsvorlesung gegeben. Er hatte sie lange vorbereitet und ein Gebärdendolmetscher war an seiner Seite. Das Semester war vorbei. Und er würde die Gebäude lange nicht mehr betreten.

Bereits am Morgen war Mia abgereist. Fast ohne etwas mitzunehmen. Wo auch immer sie nun hinwollte. Sie hatte sich nicht verabschiedet. Zumindest nicht von ihm.

Taron hatte nach seiner Rückkehr aus der Universität seinen Talar in eine Kleiderhülle verpackt und ihn in einen der großen Schränke verbannt.

Ripenschneider ging es den Umständen entsprechend, aber er war noch nicht ansprechbar. Mathilde kam regelmäßig, um zu berichten. Auch die Tochter des Professors war außer sich, dass Mia abgereist war. Nichts und niemand hatte sie umstimmen können.

Anatol und seine Familie waren ebenfalls sprachlos. Niemand wusste, wie es jetzt weitergehen sollte. Dies war der Tag, ab dem Taron niemanden mehr empfing.

Neben Shelly waren Sigur und Remoulado seine einzigen Kontakte zur Außenwelt. Er stürzte sich in die Arbeit, nahm Doppelstunden Unterricht, aß alleine und brütete über seinem Schreibtisch. Oft bis spät in die Nacht. Bei den wenigen Gelegenheiten außerhalb seiner Räume war er stets tief vermummt unterwegs und er legte keinerlei Wert auf Gesellschaft.

So ging das eine ganze Woche. Zu Vollmond sperrte er sich gänzlich ein.

Er hatte keine Ersatztinktur von Ripenschneider erhalten. Das Klirren im Büro des Professors war unter anderem von der Phiole gekommen, die Ripenschneider ihm offensichtlich hatte geben wollen an diesem Abend. Das Gefäß war bei dem Kampf in tausend Stücke zerbrochen.

Und Taron hatte noch keine Nachricht von Lir.

Der alte Priester hatte Taron in der Schlosskapelle eine lange stumme Beichte abgenommen. Geduldig hatte er ihm Fragen gestellt und Taron hatte mit aufrichtigen Gesten für Ja und Nein geantwortet.

„Tu, was du für richtig hältst, mein Sohn“, sagte er ihm am Ende. „Doch zuvor habe Einkehr.“

Und das tat er. Er rief die Familie zusammen, seine Räte und den Sekretär. Und in einer lange vorbereiteten Zeremonie adelte er anschließend seinen Leibwächter. Aus Remoulado Gurkenflieger wurde Remoulado zu Wassergrün.

Tarons Freund wusste nicht, wie ihm geschah, als Taron vor aller Augen die Zeremonie beendet hatte und ihm den Adelsbrief überreichte. Das wenigstens hatte er tun können. Das war er ihm schuldig. Lange hatte Taron diesen Entschluss gefasst und immer auf den rechten Zeitpunkt gewartet. Dieser schien ihm der geeignetste der Welt.

Nun konnte Remoulado um Mathilde werben. Der Leibwächter war nun eine richtig gute Partie. Und er war überwältigt.

Selbst als Taron sich zurückzog, um den restlichen Tag mit seiner Tochter zu verbringen, hatte Tarons ehemaliger Todfeind noch nicht richtig begriffen. Immer wieder griff er an das Ehrenzeichen, das Taron ihm ans Revers gesteckt hatte. Und immer wieder strich er über den silbernen Siegelring, den er seit Kurzem an seinem Finger trug. Grauens Siegel und seine Initialien waren eingraviert.

Taron gönnte Remoulado die kleine Feier, die spontan für ihn ausgerichtet wurde.

Sogar Konrad hatte ergriffen in sein Taschentuch geprustet, als Taron seinem Wächter diese Ehre erwies.

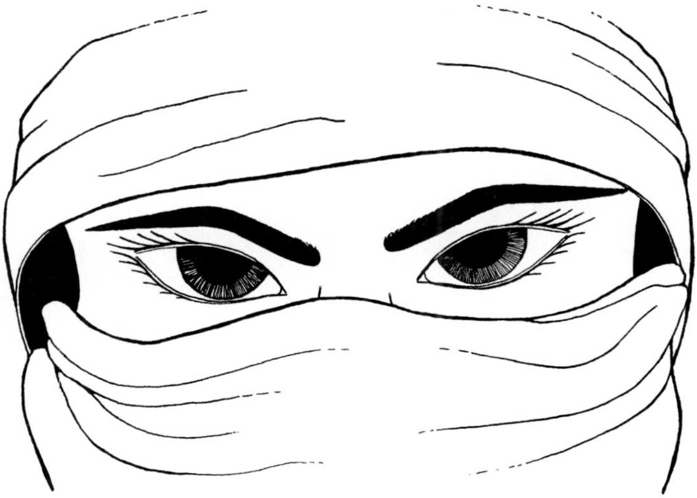

Teil II

Stille Reisen, selbst mit Irrlicht, lassen Wunder strahlen

Kapitel 1

Niemand war glücklich, dass nun auch Taron Wassergrün verlassen wollte. Sein Onkel Anatol hatte getobt und auch die Räte hatten auf das Schärfste protestiert, als man davon erfahren hatte. Man hatte gedacht, man könne den König zurückhalten.

Man schimpfte ihn ungehorsam gegen seine eigenen Gesetze. Und egal aus welchen Gründen, man verbot ihm, die Sicherheit Grauens erneut aufs Unvernünftigste zu gefährden. Und nach der kleinen Feierlichkeit für Remoulado hatte man den König schließlich umstellt.

Anatol hatte die symbolische Maßnahme persönlich vollzogen. Man hatte Taron vor aller Augen, mit einer bitterbösen Ansprache und mit vorgehaltener Waffe das Band um den Knöchel gelegt.

Remoulado hatte den König zunächst in seine Räume abgeführt.

Noch größer war der Tumult im Schloss gewesen, nachdem bekannt wurde, dass Taron tags darauf den Advokaten bestellt hatte. Aus dem Rechtsverdreher war keine Information herauszubekommen und seine Berufsehre war unerschütterlich. Aber man munkelte, dass Taron seinen Nachlass geregelt hatte. So lange vor der Zeit.

Lucinde war danach zu Taron geeilt. Sie hatte die kleine Shelly zu ihm gebracht. Seine Tante hatte geweint.

Als alles ruhig war und Taron sich von seiner Tochter in aller Eile verabschiedet hatte, machte er sich daran umzusetzen, was nichts und niemand mehr aufhalten konnte.

Der König schor sich kahl. Lange hatte er zuvor in den Spiegel geblickt, bevor er sich mit einer Schere von den langen herrschaftlichen Locken trennte. Den Rest einschließlich der akkurat gepflegten Barttracht erledigte das frisch geschliffene Rasiermesser.

Er hüllte sich in Lumpen. In die alten zerschlissenen Kleider von Mias Vater, mit denen er einst seine Flucht aus Hiesig zurück in sein altes Leben gewagt hatte. Er hatte sie nie weggeworfen. Gesicht und Hände wurden absichtlich beschmutzt. Er blieb ungewaschen und er ging barfuß. Keinerlei Schmuck zierte ihn mehr. Seinen Ring trug er verborgen in einer kleinen Tasche bei sich. Ebenso wie einen zweiten.

Nur ein Häufchen dunkel meliertes Haar blieb von ihm auf dem Fußboden seines Zimmers im Schloss zurück. So verließ er gegen jede Anweisung gemeinsam mit Remoulado das Haus auf geheimen Pfaden.

Auch Konrad hatte sich indes auf den Weg gemacht. Er machte sich auf nach Schwarzeck, denn Taron hatte um die Unterstützung von Shellys Patentante gebeten.

Der König ließ er sich von dem anfänglich heftig protestierenden Remoulado fort bringen von dem unseligen Stadtschloss und hin in die Nähe der Armenspeisung.

Der Leibwächter sah ihn lange an, bevor er ihn entließ.

Rem, alter Freund…, deutete Taron nur. Er rang um die Worte, die er mitteilen wollte. *Dies alles hier…* Er zeigte auf die Stadt rings um sich, insbesondere Richtung Stadtschloss. *Ich brauche frische Luft.* Er fasste sich an die Brust. *Ich kann hier kaum mehr atmen.*

„Du weißt, was du zu tun hast", nickte Remoulado. Sein Gesicht war skeptisch und sorgenvoll, als die beiden Männer sich zum Abschied kurz umarmt hatten. „Du gehst auf dem für dich kürzesten Weg zur Burg", ermahnte er ihn. „Keine Umwege! Keine Eskapaden! Und wenn du vorhast vorher nach Mekka zu humpeln. In der Burg erwartet man dich. Schorsch wird dich ankündigen. Er ist bereits unterwegs. Dort erwartet auch Shelly dich. Konrads Schwester wird sich darum kümmern. Und: Dort erwarte ich dich. In ein paar Tagen pflanzt du wieder auf deinem Thron. Hast du das verstanden, mein Herr? Es war alles schwierig genug und es wird kein Leichtes zu erklären, dass du mir entflohen bist. Ab jetzt bist du vogelfrei, ein Deserteur."

Remoulado tippte beschwörend noch einmal mit einem Stock gegen Tarons Fuß. Um den Knöchel des Königs lag das gelbe

Band[8]. Mehrfach war es herumgeschlungen und mit einer doppelten Schleife war es besiegelt. Das Band war verknotet. Damit stand der König eigentlich unter strengem Arrest! Die kleinen Schellen an dem Band um Tarons Fuß hatte er vor ihrem Aufbruch entfernt. Der König sollte unbehelligt erledigen, was seine Ruhelosigkeit ihm vorschrieb. Ohne zu dröhnen wie ein klingender Schellenbaum.

Der Leibwächter war seinem Herrn treu ergeben. Auch wenn es ihm die Nackenhaare aufstellte bei dem Gedanken, dass Taron diesen Weg für sich beschlossen hatte.

Remoulado nahm den Stock von Tarons Bein und nickte ihm zum Abschied zu.

„Hast du verstanden?", fragte Remoulado noch einmal eindringlich, bevor er Taron entließ.

Der König sah ihn bekümmert an.

Was würdest du tun, wenn ich die Absicht hätte zu fallen?, zeigte er dann unvermittelt und ohne seinen Leibwächter anzusehen. Diese Gegenfrage hatte Remoulado nie im Leben erwartet. Tarons stumme Worte trafen wie ein Donnerschlag. Er war entsetzt. Wollte der König ihn aufstacheln? Oder hatten die letzten Geschehnisse den König am Ende doch noch gebrochen? Drohte das Joch seines Thrones ihn jetzt zu erdrücken? Nach allem, was geschehen war? Zog er los, um zu sterben?

Remoulado sah seinem Herrn fest in die Augen.

„Dann würde ich mir einen bequemen Ruhesitz suchen. Du fällst nicht in dieser Schlacht, mein König", antwortete Remoulado dann äußerlich ungerührt. „Du bist aus einem anderen Holz geschnitzt und wirst älter werden, als dir lieb ist. Hebe nur die Füße gut auf, wenn du deinen Weg jetzt gehst. Gib Acht vor großen Wurzeln und Stolpersteinen. Und lass dich von niemandem in größere Diskussionen verwickeln, denn du kannst nicht sprechen. Es wird schwer werden. Aber verliere jetzt nicht den

---

(8) Taron hatte es als Zeichen seiner Festsetzung bereits einmal getragen, nachdem er seiner Schutzhaft in der Grauener Burg entflohen war nach Schwarzeck, um seine Cousine Lin und Helene zu befreien.

Mut. Ihn zu verlieren ist für einen König nicht vorgesehen. Und finde, was du suchst." Er lächelte ihn zweifelnd an.

„Und wenn du in wenigen Tagen nicht zurück in Amt und Würden bist", setzte er nach. „Dann komme ich dich holen und schleife dich höchstpersönlich an deinem lahmen Bein zurück in die Heimat."

Der Leibwächter trat einen Schritt zurück, klackte die Fersen zusammen und legte die Hand an die Stirn. Er ließ Taron gehen.

Diesmal würde Taron unerkannt auf der anderen Seite des Tresens in der Armenspeisung stehen und um ein wenig Nahrung bitten. Seinen Leibwächter schickte er ein paar Häuserecken davor zurück. Der König hatte sich verabschiedet. Für wie lange, wusste er selbst noch nicht.

Nun war er hier. In der städtischen Suppenküche. Dankbar nahm Taron die ihm zugereichte Schüssel in der Armenspeisung entgegen und setzte sich unter die ärmlichen Gestalten. Tatsächlich hatte er an diesem Tag noch nichts gegessen, wie auch die Tage zuvor nur sehr spärlich. Niemand erkannte ihn so.

Er brauchte nicht lange zu warten. Amalia kam mit ihrem Blindenstock herein. Als sie sich setzte, sah er ihr eine Weile beim Essen zu. Wie ausgehungert sie wirkte und wie zerbrechlich. Leise rutschte er auf seiner Bank zu ihr hinüber und fasste sie unter dem Tisch vorsichtig am Arm.

Sie schrak zurück. Dreimal tippte er leicht gegen ihre Hand. *Ich- bin- es,* gab er zu verstehen. Sie konnte es deuten. Sachte drückte sie seinen Arm und aß seelenruhig zu Ende. Er folgte ihr nach, als sie wieder ging.

Kapitel 2

Die Räuber staunten nicht schlecht, als sie mit Taron in ihrem aktuellen Unterschlupf eintraf. Der König hatte die Augen auf dem Weg dahin diesmal nicht geschlossen und sie führte ihn auf direktem Weg zu Lir und seinen Genossen.

Ein kleines abgelegenes Häuschen am Fluss war diesmal der Aufenthaltsort ihrer Wahl.

Taron trat ein ohne zu Klopfen.

Die Räuber starrten ihn an. Es dauerte lange, bis zumindest Lir und Magda erkannten, wen sie mit in ihr Lager gebracht hatte.

Magda musste sich setzten, als Taron die Kapuze an seiner zerschlissenen Jacke zurückschlug.

„Um Himmels Willen!", entfuhr ihr und sie stierte ihn an.

Die Räuber begannen zu murren und umkreisten den unangekündigten Gast. Sie erkannten ihn zuerst nicht.

Lir scheuchte sie zur Seite und trat auf Taron zu.

„Setz dich, alter Freund!", wies er ihn an und stellte gespannt einen Stuhl für ihn bereit. Es wurde interessant.

„Es wurde Zeit, dass du kommst. Und ihr anderen: Alle raus hier. Wir brauchen ein paar Takte alleine mit unserem Gast."

Taron nahm Platz, legte die Hände in den Schoß und senkte den Kopf.

„So schlimm?", nahm Lir das einseitige Gespräch auf und versuchte Tarons Blick einzufangen.

Der König nickte. Dann fuhr er nach vorne und ergriff Lir am Hals.

Der Räuber räusperte sich laut. Er überlegte lange, bevor er anfing zu sprechen.

„Es ist alles getan, worum Ihr gebeten habt, mein Fürst." Er legte die Hand vor seine Brust und salutierte.

Taron sah ihn zweifelnd an.

Lir ließ mit einer Erklärung nicht lange auf sich warten.

„Wir wurden überrascht, mein Fürst", erklärte der Räuber. „Es konnte ja keiner ahnen, dass in dieses Haus noch weitere ungebetene Besucher eindringen wollten. Am selben Abend. Wir mussten uns zurückziehen, bevor man uns bemerkte. Es war weit nach Mitternacht, als wir noch einmal durch ein Fenster stiegen." Dann sah er den König an und schüttelte mit dem Kopf.

„Dass wir allerdings dies dort vorfinden würden, hat sogar uns entsetzt. Das ganze Haus, die ganze Einrichtung, alles lag in

Schutt und Asche. Und: Ihr wart nicht mehr da. Niemand war mehr dort, außer einer Schwadron sehr unangenehm wirkender Gardesoldaten, die das Haus seither bewachen wie einen Staatsschatz."

Taron zog die Augenbrauen nach oben. Er nahm das Getränk, das Lir ihm reichte, dankbar an.

Lir ließ sich in seinem Bericht nicht unterbrechen.

„Es war äußerst schwierig, an ihnen vorbei zu kommen, mein Lieber. Nach so einem Debakel."

Lir zeigte provokant auf den König. Der Räuber sah ihn forschend an.

„Wart Ihr es...", begann er zögerlich. „Wart Ihr es, der den Professor versucht hat zu schächten? Ihr pflegt Verhandlungen sonst eleganter zu führen. Man erzählt sich so einiges."

Taron winkte ärgerlich ab.

„Was für eine Sauerei war das überall", schob Lir nach. „Ihr solltet das Haus erst einmal bei Tageslicht sehen. Und überall lagen die gefällten Schergen im Haus. Tst, ts..." Er schüttelte mit dem Kopf. „Also, weißt du, Taron", grinste er dann. „Besser hätte ichs auch nicht machen können. Vielleicht hätte es nicht so aufgetragen, aber... Bin dann doch mehr für die diskreten Lösungen..."

Taron trommelte mit den Fingern auf die Tischplatte. Er hasste es, dass Lir mit seinem früheren Assassinentum so kokettierte. Er wurde ungeduldig. Demonstrativ nahm er seine aufgeknöpfte Jacke zur Seite. Auch heute steckte eine Batterie Klingen im Innenfutter. Er war nicht schutzlos aufgebrochen.

„Bewahre, Taron", lachte Lir unsicher und nahm beschwichtigend die Arme nach oben.

„Ich schwöre bei allem, was mir heilig ist. Die Männer im Haus habe ich noch nie zuvor gesehen. Sie kamen wohl eher deinetwegen. Und wegen dem Professor. Doch nun sieh hier!"

Lir stand auf, ging an eine Truhe und holte einen eingeschlagenen Gegenstand heraus. Er legte ihn vor Taron auf den Tisch.

Es war das Buch Ikárov aus dem Arbeitszimmer des Professors.

„Und ich schwöre dir“, sagte er dann, kniete vor dem König nieder und erhob seine Hand theatralisch zum Schwur. „Niemand von uns hat auch nur einen Blick hinein geworfen. Wir haben es versiegelt. Abgesehen davon, dass die meisten von uns ohnehin nicht lesen können.“

Taron schlug den Stoff zur Seite. Ripenschneiders Notizbuch lag vor ihm. Eine feste Banderole und ein angehängtes Schloss versperrten es fest.

Lir griff an seinen Hals und zog aus seinem Hemdausschnitt einen kleinen Schlüssel an einer Kette. Ihn ließ er leise rasslend in Tarons ausgestreckte Hand gleiten.

Taron nahm Buch und Schlüssel an sich.

Der Räuber hatte getan, wozu er beauftragt war. Doch wer waren die anderen?

Lir schien seine Gedanken zu erraten und zuckte mit den Schultern.

„Das, lieber König, kann ich Euch nicht beantworten.“ Er sah Taron an und zeigte auf das Buch.

„Ich habe keine Ahnung. Und niemand, den ich gefragt habe, scheint etwas zu wissen. Ich hoffe, damit ist ein Teil meiner Schuld an Euch gesühnt.“ Lir senkte den Kopf und erwartete Tarons Reaktion.

Der König ergriff das Kinn des Räubers und hielt es fest. Er sah ihm direkt ins Gesicht. Dann stellte er einen Beutel randvoll Münzen vor Lir ab.

Er wollte mit den Händen etwas zu dem Räuber sagen, doch bald fiel ihm ein, dass dieser ihn ohne jeden Übersetzer gar nicht verstehen konnte. Stattdessen machte er eine schreibende Handbewegung auf dem Tisch. Er bat den Räuber damit um etwas zum Notieren.

Lir verstand. Ein schmutziges Tintenfass, eine Feder und ein Fetzen Papier wurden herangeholt.

Taron schrieb mit ruhiger Hand.

Ich hoffe, Euer Sold ist angemessen.

Lir ließ die Münzen anerkennend durch seine Hände gleiten, als er sie zählte. Er zeigte sich zufrieden.

Dieser Auftrag ist vorläufig erfüllt.
Ich danke Euch!

Lir sah auf und steckte die Münzen zurück in den Beutel.

Dann wurde Taron ernst. Er legte die Feder noch nicht zur Seite. Sie hatten alle beide noch eine lange Rechnung miteinander offen. Taron hatte es trotz aller Ereignisse nicht vergessen.

Lir wusste das. Seit dem Attentat und der Gerichtsverhandlung hatte es für Taron keine Gelegenheit bisher gegeben, den Räuber zur Rechenschaft zu ziehen.

Ich bitte Euch Räuber um noch eine Sache: Findet für mich heraus, wer die Schergen waren. Und findet heraus, wer sie gesendet hat.

Dann hielt Taron kurz inne beim Schreiben. Er überlegte seine nächsten Worte genau.

Und bis ich in der Grauener Burg eintreffe empfehle ich Euch, meine Wege nicht mehr zu kreuzen. Wenn ich zurück bin, werdet Ihr Euch dort für Eure Haftstrafe melden. In diesem Fall, mein lieber Lir, bleibt Ihr am Leben.

Der König legte die Feder beiseite und sah Lir hoch erhobenen Hauptes ins Gesicht. Er nickte wie zur letzten Bestätigung.

Lir hatte verstanden.

„Wünscht Ihr kein Geleit?“, fragte er zweifelnd und sah den König von oben nach unten an. „Und wie habt Ihr vor dorthin zu gelangen, wenn ich Euch so ansehe? Es wird schwer werden. Und ohne jeden Ton... Wie willst du...“

Der Räuber ahnte, Taron hatte einen Alleingang vor in seinen Lumpen. Seine Behinderung schien ihm herzlich egal und er war zu allem entschlossen. Was war in dieser Nacht in Ripenschneiders Haus alles geschehen?

Zu Fuß

kommentierte Taron schließlich mit seiner Feder weiter.

Ich gehe zu Fuß. Und vorher halte ich Einkehr. Du hast also noch genügend Zeit, für Magda, für alle anderen und für Dich selbst mit meinem Sold alles Notwendige zu regeln. Bevor Du Dich auf den Weg machst.

Der Räuber begriff nicht viel von dem, was Taron schrieb. Aber was von ihm erwartet wurde, wusste er wohl. Er ließ eine Antwort offen.

„Obwohl Ihr mir so ein hartes Los zugedacht habt für meine Taten in der Vergangenheit“, grinste er dann. „Ich kann einen alten Freund nicht ohne Schuhwerk gehen lassen. Und das schwere Buch...“

Sagte es und verschwand im Nebenraum. Als er zurück kam, stellte er ein paar alte Stiefel vor Taron hin. Sie passten.

Und er brachte ihm eine löchrige Tasche für das Buch. Sein Abschiedsgeschenk für einen Herrscher.

Wenn es regnet vielleicht!

antwortete Taron nur knapp zu den Stiefeln und erhob sich.

Magda betrat den Raum, um nach ihnen zu sehen.

Der König war bereits im Aufbruch.

Lir hielt ihn zurück.

„Und was ist mit Mia?", fragte er unvermittelt.

Der König zuckte mit den Schultern. Sie war fort und wer wusste schon, wohin sie gegangen war. Er hatte nicht danach gefragt.

„Du hast sie mutwillig vergrault", begann Lir sich aufzuregen. „Wie kannst du..."

Taron schnitt ihm jedes weitere Wort ab.

„Was?", mischte sich nun auch Magda ein. „Habe ich etwa... Also bin ich schuld daran, dass..."

Taron schüttelte mit dem Kopf. Er zeigte in einer großen Geste auf seine Person. Er alleine hatte das verursacht.

Vielleicht ist es besser so, zeigte er den beiden bedauernd, ohne dass sie seine Zeichen verstehen konnten. Sie ahnten, was er mitgeteilt hatte. Er zog sich die Kapuze wieder auf, nahm Tasche und Stiefel und ging.

In der Tür blieb er stehen und drehte sich noch einmal um. Sein Finger zeigte warnend auf Lir. Der Räuber wusste Bescheid. Der König ließ keinen Zweifel daran, dass er ihn finden würde, sollte er seiner Bitte nicht nachkommen. Dann tippte Taron sich militärisch an die Stirn und war verschwunden.

Kapitel 3

Beinahe unsichtbar und seelenruhig war Taron aus der Stadt gegangen. Er hatte den Blick gesenkt gehalten und die Kapuze auf dem Kopf nicht abgenommen. Unbehelligt marschierte er an den Torwachen vorbei. Er sah so wenig nach sich selbst aus, dass niemand ihn erkannte.

Er blieb nicht stehen und drehte sich kein einziges Mal mehr um. Er lief und lief, soweit ihn seine Beine trugen an diesem Tag. Er hatte keine besondere Eile.

Beschwerte sich sein Bein, machte er eine kurze Rast. Er hatte ein erstes Ziel vor Augen. Er wollte nach Hiesig.

Am Abend begannen seine Füße wund zu werden und er kühlte seine Beine in einem nahe gelegenen Bachlauf. Er aß ein paar Kräuter und Beeren. Ein kleines Feuer erleuchtete einen einsamen Abend unter dem sternenklaren Firmament und nahe am Wegrand schlief er schließlich ein.

Der Mond schien heller als sonst in dieser Nacht, obwohl kein Vollmond mehr war. Taron schimmerte und gleißte unter dem fahlen Licht und im tiefen Schlaf der Erschöpfung.

Als er spät am nächsten Vormittag erwachte, war er bereits auf der Reise. Wagenräder knarrten und sein auf Stroh gebetteter Kopf wurde von einem Schlagloch aufgeschüttelt, als das Fuhrwerk darüber hoppelte. Vom Kutschbock her tönte missgelaunt ein Hiesisches Reiselied. Jemand pfiff dazu.

Müde schlug Taron die Augen auf. Sein Schlaf war ohnmachtartig gewesen in dieser Nacht und voller Nachholbedarf. Wie kam er hierher? Am Wegrand zwischen zwei niedrigen Büschen war er im weichen Gras eingeschlafen.

Taron streckte sich auf dem Stroh, in dem er lag. Er musste niesen. Um seinen rechten Arm lag lose eine Seilschlinge. Verwundert streifte er sie ab und hob den Kopf.

Durch die Wagengitter sah er den Wegrand an sich vorüber ruckeln.

Durch die Wagengitter?

Taron kam nicht dazu, weiter nachzudenken.

„Er ist wach!“, rief ein Junge, der mit einem Hund hinter dem Gefährt herlief. Er war kaum viel älter als Shelly.

„Wurde auch langsam Zeit“, bellte ein mürrisch dreinsehender Alter vom Kutschbock her. „Wir brauchen ohnehin eine Rast.“

Taron wurde aufmerksam. Man sprach Hiesisch miteinander.

Der Wagen wurde langsamer und neben einer Wiese kam er zum Stehen.

Der Alte ächzte sich vom Kutschbock herunter und kam mit einem jüngeren Mann um das Fuhrwerk zu ihm. Durch die Stäbe des Viehwagens sah er Taron abschätzend an.

„Strecke deine Hände zu uns heraus und gib uns das Seil“, schnarrte er und hieb mit einem Stock gegen die Stäbe. Seine Peitsche in der anderen Hand knallte.

„Nein doch, Vater!“, widersprach der andere und versuchte ihn zurückzuhalten, als der Alte erneut gegen die Stäbe schlagen wollte.

„Das wird nicht nötig sein, denke ich.“

„Genau das wird es!“, schimpfte der Alte und gab seinem Sohn eine Backpfeife.

Auch der Junge mit seinem Hund hatte sich neugierig hinzugesellt. Von dem Alten hielt er gebührenden Abstand.

„Du hast gesehen, was er in seiner Jacke bei sich trug!“ Der Alte zeigte mit seinem Stock auf Taron. „Wir haben genug schlechte Erfahrungen mit den Menschen gemacht in unserem Dasein als Viehhändler.“

Der König hatte Mühe richtig wach zu werden. Er wusste weder, was passiert war, noch wo genau er sich befand. Er fasste sich verwirrt an die Jacke. Tatsächlich. All seine Klingen waren entfernt. Die Fremden hatten sie an sich genommen.

„Wenn du nicht parierst, bleibst du dort drin und wir rasten ohne dich.“ Der Alte spuckte auf den Boden und wandte sich ab.

Er pfiff nach dem Jungen und machte sich mit ihm daran, ihre Sachen für eine Pause nebenan auf der Wiese zu entladen.

Der jüngere der beiden Männer blieb unschlüssig vor dem Wagen stehen. Er wehrte zuerst ab, als Taron genau das tat, was der Alte von ihm verlangt hatte.

„Nicht doch. Bewahre!“, flüsterte der Mann und schüttelte furchtsam mit dem Kopf, als Taron sich schließlich seelenruhig selbst ans Werk machte.

Der König nahm den Strick auf, der neben ihm im Stroh lag und wand ihn in geschickten Schlingen um seine zusammengehaltenen Handgelenke. Wenige Augenblicke später zog er einen stabilen Knoten mit den Zähnen fest und hob die Hände zur Demonstration in die Höhe.

Der Mann vor dem Käfig blickte ehrfürchtig. Hier war kein Laie am Werk.

Taron sah, es wäre ein Leichtes gewesen, aus dem Wagen zu gelangen, als er schließlich mit der Hilfe des Mannes aus dem Gefährt kletterte. Ein einfacher Holzstift hatte das Schloss an der Tür verriegelt gehalten. Er war leicht zu entfernen.

„Wir wollten nicht, dass die offene Tür die ganze Fahrt über klappert“, erklärte der Viehhändler entschuldigend. Er führte ihn zu den anderen und hieß ihn auf einem abgesägten Baumstumpf Platz zu nehmen.

„Du hast so tief geschlafen, als wir dich heute Nacht fanden am Wegrand. Wir wollten dich nicht wecken. Wir sind auf dem Rückweg nach Hiesig. Und du bist, wenn ich es richtig deute, auf der Wanderschaft genau in diese Richtung. Ich dachte, wir können dich nicht einfach am Wegrand zurücklassen. Es ist keine ungefährliche Gegend, die wir bereisen.“

Taron wischte sich schlaftrunken und umständlich mit den Fingern den Schlaf aus den Augen und sah seine unverhofften Gastgeber an.

Der Alte spuckte neben sich ins Gras und gab einen abschätzigen Laut von sich.

„Gesindel!“, rief er nur und starrte Taron durchdringend an.

„Er kann es nun mal nicht lassen“, fuhr er bärbeißig fort gegen seinen Sohn. „Er ist zu weichherzig. Genau wie bei dem Jungen, den wir aufgelesen haben. Ich hoffe, wir werden mit dir keinen Ärger haben, sonst setzte ich meinen Stock ein, klar?“

„Vater!“, ermahnte der Viehhändler jetzt. „Sei nicht so ungastlich.“

„Wir werden doch keinen Ärger haben mit dir?“, fauchte der Alte noch einmal drohend und kroch ganz nah an den vor ihm kauernden Fremden.

Taron schüttelte müde mit dem Kopf und wie zum Beweis hielt er noch einmal seine Hände nach oben.

„Keinen Ärger machen, verstanden?“, wiederholte der Alte noch einmal. „Ich beobachte dich genau“, schwadronierte er weiter. „Und wenn du mit uns fährst, dann musst du dir die

Reise mit unserem leeren Fuhrwerk und eine bequemen Nachtruhe im sauberen Stroh verdienen. Faulenzer können wir nicht gebrauchen."

„Es ist gut, Vater!", wiederholte der Viehhändler noch einmal beschwörend und versuchte den keifenden Alten zu beruhigen.

Der Alte schnaubte verächtlich und bellte etwas zu dem Jungen. Sie gingen zum Wagen, um Proviant zu holen.

Der Händler wandte sich einstweilen halblaut an Taron.

„Ihr antwortet nicht", stellte er fragend fest. „Aber Ihr versteht, was wir sprechen?", fragte er weiter.

Taron nickte und zeigte entschuldigend mit den Händen auf seine vernarbte Kehle. Dies erklärte genug für seine Gastgeber. Er konnte ihnen nicht antworten.

„Wohl auch nicht so viel Glück gehabt", schnarrte der Alte dazwischen. Er war zurück und stellte Taron einen Holzteller auf die Knie. Darauf war eine karge Wegzehrung von dem, was sie als Proviant dabei hatten. Ein Stück Brot und ein halber Apfel.

Taron begann vorsichtig zu essen.

Der Junge saß schmatzend auf einem Baumstumpf neben Taron und sah ihm aus großen runden Augen interessiert zu. Der Hund legte sich zu Tarons nackten Füßen.

„Warte gefälligst!", fuhr der Alte Taron an. Er mochte es nicht mehr ansehen, wie Taron sich mit seinem Essen mühte.

„Du machst keine Schwierigkeiten?", fragte er noch einmal beißend.

Der Tonfall erinnerte Taron an Edolf zu seinen besten Zeiten. Er sah demütig zu Boden und schüttelte mit dem Kopf. Er war geduldig, bis der Alte das Seil um seine Hände gelöst hatte.

Der Händler wartete, bis sein Vater zu dem kleinen Bachlauf ging, um Wasser zu holen. Der Junge begleitete ihn.

„Jetzt mal unter uns", murmelte der Händler verschwörerisch. „Also, habe ich mich doch nicht getäuscht. Ich ahnte bereits heute Nacht, wer Ihr seid, als ich Euch gesehen habe im Schein meiner Laterne. Aber ich wollte es nicht glauben", sprach er halblaut zu ihm. „Seid Ihr der, den ich vermute?"

Taron sah auf von seinem Essen und sah ihn lange an. Dann bestätigte er. Er hatte nichts mehr zu verlieren. Der Viehhändler war ein einfacher Mann, aber er schien alles andere als dumm zu sein. Taron hatte keinen Grund es zu leugnen.

„Ihr hattet keine Arbeiterhände, aber auch nicht die eines reinen Schreiberlings. Und Ihr zieht Euer Bein etwas nach. Eure fehlende Stimme, die Narben und nicht zuletzt das Bild zwischen Euren Schultern haben Euch verraten. Das Grauener Wappen prangt auf Eurem Rücken. Die Ringe, die Geldbörse. Nichts haben wir Euch genommen, was Euer ist. Außer Euren Klingen. Aber wir mussten sicher sein. Ihr glaubt nicht, was man alles erlebt. Ihr bekommt sie zurück, sobald wir wieder beim Wagen sind. Wenn Ihr wünscht, sind wir Eure bescheidene Kutsche nach Hiesig." Der Viehhändler deutete eine kleine Verbeugung an. „Man soll keine leeren Fahrten machen, mahnt mein Vater immer wieder. Und ihr saht so erschöpft aus dort am Wegrand, mein Herr. Und Ihr erwachtet noch nicht einmal, als wir Euch auf unseren Wagen gehoben haben. Eure Fußsohlen waren wund vom Gehen. Niemand von uns möchte wissen, warum Ihr so auf Reisen gegangen seid."

Und ganz leise fügte er hinzu: „Und lasst meinen Vater in dem Glauben, Ihr seid ein Wesen aus Schwarzeck. Es ist besser, wenn sonst niemand weiß, wer Ihr seid, solange Ihr auf der Flucht seid."

Der Mann nickte verschwörerisch.

Taron sah ihn erschrocken an.

„Ich habe auch das gelbe Band gesehen an Eurem Fuß, Euer Gnaden. Und ich habe gehört, wie man sich in Wassergrün darüber unterhalten hat auf dem Markt, bevor wir losfuhren. Die ganze Stadt ist aus dem Häuschen wegen Euch. Wisst Ihr, dass eine Belohnung auf Euch ausgesetzt ist? Alleine deshalb bewahrt Euer Geheimnis. Mein Vater wäre im Stande und würde umkehren."

Taron zog den Fuß zurück. Unter dem ausgefransten Hosenbein hatte die gelbe Schleife hervorgespitzt.

„Und ich wette, der schnöde Strick hier hätte Euch vor absolut gar nichts zurückgehalten, wenn Ihr das gewollt hättet, habe ich Recht?“ Der Händler nahm das Seil, das bis vor wenigen Augenblicken noch um Tarons Handgelenke gewunden war, und wickelte es auf.

Der König grinste verhalten und nickte. Er hatte die Scharade um ihres Sicherheitsbedürfnisses willen zugelassen.

Die Sonne brach durch die Wolken und schien Taron direkt in sein Gesicht. Er hielt sich die Hände vor die Augen und beobachtete den Händler genau. Dann stellte er den Teller auf seinen Knien zur Seite und zeigte unsicher auf sein Äußeres.

„Und?“, meckerte der Alte hinter ihm, der gerade vom Bach zurückgekommen war.

„Denkst du, das stört uns? Wir sind nicht abergläubisch. Wir fürchten die Undurchsichtigkeit der Menschen und ihre falsche Art mehr als alle Gespenster zusammen. Was stört uns so ein bisschen Hässlichkeit. Du bist aus Fleisch und Blut. Mehr brauche ich nicht zu wissen. Und wenn ich dich so ansehe und das hübsche Restveilchen in deinem Gesicht , bist du ebenso wenig gesegnet wie wir.“ Er zeigte auf Taron.

„Verzeih, dass wir vorsichtig sind“, sagte er gereizt und blickte auf Tarons vom Seil befreite Hände.

Der König brachte ein Lächeln zustande. Dankbar nahm er den Becher Wasser entgegen, den der Sohn des Alten ihm nun reichte.

„Wohin willst du also?“, fragte der alte Viehhändler nach einer Weile.

Taron überlegte, wie er sich ohne Zeichensprache ausdrücken sollte. Dann faltete er die Hände. Die beiden Viehhändler sahen sich fragend an.

„Na, beten will er!“, rief der quirlige Junge neben ihnen. „Er will in das Kloster.“

Taron nickte und wuschelte dem findigen Jungen durch die feuerroten Haare. Er hatte es erkannt.

„Dann ist er ja gut vorbereitet“, lachte der Alte und fuhr Taron dreist mit der flachen Hand über das kahle Haupt.

„Ich wette, es ist ein Frauenzimmer, das dir das Herz zerbrochen hat“, lachte er derb.

„Man sieht es in deinen Augen, dass du Kummer hast."

Taron biss still in seinen Apfel. Lange saßen sie ohne ein Wort beieinander.

Der Junge sammelte Feuerholz und brachte es zum Wagen.

„Und jetzt geh dich waschen", befahl der Alte vor dem Aufbruch. „Sauberkeit ist auch für uns das wichtigste Gut. Wenn wir schon sonst nicht viel haben. Nicht, dass du uns die Läuse einschleppst. So steigst du mir nicht mehr in meinen Wagen."

Er drückte Taron ein fast sauberes Tuch in die Hand und schickte ihn hinunter zum Bach. Der König tat, was man ihm befohlen hatte. Endlich einmal wieder jemand, der ihm etwas Vernünftiges antrug. Er stieg aus den Kleidern, wand sich das Tuch um die Hüften und ging hinunter zum Wasserlauf.

Der andere hatte ihm ungesehen von seinem Vater das Rasiermesser zugesteckt, das er bei Tarons Sachen in der Nacht gefunden hatte.

Wenig später stieg der König auf den Wagen und zog die Tür hinter sich zu. Die beiden Ringe, die Börse mit den Silbermünzen und Tarons kleine Reiseapotheke befand sich wieder in seiner Tasche. Auch das Buch war nicht angetastet, das Taron bei sich getragen hatte. Taron schlug die Kapuze über seinen Kopf, legte sich in den Wagen und sah den Wegrand an sich vorüberziehen, während er vor sich hinstarrte. Sie fuhren bis zum Abend, ohne dass irgendjemand den König erneut ansprach. Viele Stunden lang.

Nur der Junge schielte manchmal neugierig zu ihm hinein.

Taron hörte den Händler und den Alten vorne halblaut miteinander reden. Der Ton des Alten wurde manchmal schärfer, ohne dass Taron genau verstehen konnte, was er sprach.

Kapitel 4

So reiste Taron mit den Viehhändlern und er war das wohl Exotischste, das sie jemals transportiert hatten. Erst am Abend legten sie für die Nacht eine weitere größere Rast ein.

Taron schreckte in dem Wagen aus seinem unruhigen Dösen, als der Viehhändler die Tür scharrend aufzog.

„Was kannst du uns bieten für diese Reise?", hatte der Händler gefragt, als er ihm aus dem Wagen half. Der Alte fasste Taron am Arm.

Er befreite sich aus seinem Griff und setzte sich. Er zeigte auf sich selbst. Sich konnte er bieten und seine Begabung schrecklich zu sein. Er erhob die Hände und formte sie zu Klauen. Aus seinem Hals drang ein unheilvoller Ton. Seine Anatomie schimmerte sichtbar durch die Haut.

Der Junge hatte im Hintergrund zugesehen und mit dem Hund gespielt. Er sah Taron neugierig an. Dann lachte er lauthals heraus über Tarons Pantomime und kugelte sich vor Vergnügen auf dem Boden.

„Du bist so komisch", kicherte er und kam heran.

„Wir sollten ihn verkaufen!", keifte der Alte missgelaunt. „Genau wie den Jungen. Sind uns nur ein Klotz am Bein und fressen uns die Haare vom Kopf."

„Hör nicht auf ihn!", flüsterte der rothaarige Junge und gluckste. „So etwas sagt er jeden Abend."

Taron war zu perplex, um wütend zu werden. Im Gegenteil. Nach all den Tagen voller Gram entfuhr auch ihm ein spontanes Prusten.

Der Junge setzte sich neben ihn, funkelte ihn an und stützte seinen Ellbogen auf Tarons Bein.

„Hat man dir als Schlossgespenst vielleicht irgendwo gekündigt?", fragte selbst der Alte jetzt bärbeißig amüsiert.

„Nein!", sagte der Sohn des Händlers entschlossen und lenkte ab. „Niemand wird hier verkauft." Er wandte sich an Taron. „Wir verkaufen weder dich noch dein Gesicht und stellen dich auch nicht aus wie auf dem Jahrmarkt. So etwas ist mir zuwider. Zieh dir die Kapuze ins Gesicht, wenn Menschen unseren Weg kreuzen und halte dich im Schatten. Es ist besser so."

Taron sah die Händler seelenruhig an.

Doch!, beharrte er. *Genau das werdet Ihr tun!,* zeigte er entschlossen mit den Händen. Er deutete auf seine Person, machte eine Geste für fließendes Geld und faltete die Hände. Ein Kopfnicken bestätigte, was ganz ohne ein gesprochenes Wort jeder verstanden hatte.

„Wir sollen dich in Hiesig an das Kloster verkaufen?“, fragte der Händler aufgebracht.

Taron bestätigte.

„Ui!“, schrie der Junge dazwischen. „Guck doch mal!“ Er zupfte den Händler am Ärmel. „Er kann mit den Händen sprechen. Ich will das auch lernen!“ Und aufgeregt sprang er um die verhandelnde Gesellschaft. Entweder hatte er als einziger nicht verstanden, was Taron gerade verfügt hatte, oder es war ihm naiv einerlei.

„Komm, sag nochmal etwas“, rief er und stieß Taron an.

Ich meine das völlig ernst, bekräftigte Taron und übersetzte seine Zeichen mit einem erneuten Kopfnicken.

Ihr klagt ständig über schlechte Geschäfte und über Geldmangel, seit ich mit Euch fahre.

Die Händler sahen ihn zweifelnd an.

„Wir nehmen dich beim Wort, Unbekannter“, sagte der Alte unverblümt und streckte ihm die ausgestreckte Hand entgegen.

„Keine Tricks?“, fragte der Händler noch einmal skeptisch.

Keine Tricks.

Taron schlug ein.

Die beiden Händler wussten nicht, was sie sagen sollten. Noch nie hatte sich eine ihrer Waren von selbst zum Verkauf angeboten. Und einen Menschen hatten sie noch nie verkauft. Dann warfen sie sich bestätigende Blicke zu. In ihren Augen glitzerte der Profit.

„Nun, wenn das so ist, dann soll er später auch essen“, tönte der Viehhändler und bot Taron einen Platz an ihrem Nachtlager an.

Wieder ging der Alte zusammen mit dem Jungen los, um Feuerholz zu holen.

Taron half dem Jüngeren in der Zwischenzeit den Wagen zu entladen.

„Wozu sollte das Kloster Euch kaufen wollen?“, fragte der Händler nach einer Weile, während sie gemeinsam das Lager aufbauten.

„Den Jungen kann ich ja noch verstehen. Er ist jung und ein schlaues Kerlchen. Er wird gut arbeiten und vielleicht wird er sogar etwas lernen. Aber Ihr? Seit wann lässt ein König sich verkaufen?“ Er flüsterte bei diesen Worten.

Taron lächelte etwas bitter und stellte die Sachen ab, die der Händler ihm auf den Arm geladen hatte.

Glaubt mir, verehrter Gastgeber. Ich bin in meinem Leben bereits mehr als einmal verschachert worden.

Der König zeigte die Worte, ohne dass der Händler sie verstand. Einmal an den Grauener Thron, als er sein Zuhause verlassen musste für einen Umzug zu Edolf, einmal war sein fast lebloser Leib nach dem Attentat an Remoulado verkauft worden. Und der ehemalige Stadtwachenoberst, der jetzt aufgrund vieler absurder Umstände zu seinen engsten Vertrauten gehörte, hatte damals nicht wenig bezahlt für das Monster, das ihm an diesem Tag aufgedreht worden war. Und der letzte Handel um seine Person lag erst wenige Tage zurück. Hier hatte man ihn verraten für einen Putschversuch in Ripenschneiders Haus. Und er vermutete, auch hier waren Unsummen an die Schergen und ihre Hintermänner geflossen. In all den Stunden hier auf dem ratternden Wagen war ihm dies klar geworden.

Was, glaubt Ihr, habe ich noch zu verlieren?, antwortete er daher abgeklärt.

Er zeigte auf seine Gestalt, auf sein Gesicht, auf seine Narben und auf seine verstummte Kehle.

Der Händler glaubte zu verstehen.

„Und Ihr wisst sicher, was Ihr da tut?“, fragte er noch immer ungläubig.

Das tue ich!, gab Taron zur Antwort und setzte sich an das soeben fertig gerichtete Nachtlager. Eine Sorgenfalte huschte kurz über seine Stirn. Er hoffte sehr, die Dunkle tat in der Zwischenzeit alles, damit seine Tochter wohlbehalten die Burg erreichte. Er dachte an Shelly. Er dachte an sein Kind. Aber er war sich sicher. Auf Shelly von Schwarzeck konnte er sich verlassen. Es war ein kleiner Trost in diesen Tagen.

Der Händler schichtete ein paar große Steine in die Mitte für eine Feuerstelle. Als er sie abgelegt hatte, kam er auf den König zu.

„Nun. Wenn Ihr meine Ware seid und ich in Kürze reich durch Euch, müsst Ihr auch wissen, mit wem Ihr es zu tun habt. Thomas Steinbrecher ist mein Name. Und mein Vater ist Thomas Steinbrecher senior." Er reichte dem König die Hand.

Taron ab jetzt für dich, formte der König nun mit den Lippen. Er nahm den Handschlag an.

Der Händler verstand.

„Taron also!", sagte er laut und klopfte ihm auf die Schulter. „Du bist sehr pragmatisch, wie ich finde. Und viel weniger kapriziös, als man sich von dir berichtet. Ich möchte nicht fragen, warum du hier auf diesem unbequemen Weg bist und warum du so zu reisen gedenkst. So... völlig uneitel." Er zeigte auf des Königs ärmliche Gestalt.

„Hast du deine legendäre Prunksucht etwa im Schloss zurück gelassen, Taron?", wagte er es zu spotten. „Ist das vielleicht eine Pilgerwanderung, oder ähnliches?"

Der König zuckte mit den Schultern. Diese Fragen ließ er unbeantwortet. Seine Stimmlosigkeit half ihm dabei.

„TARON?", schmetterte der Alte über die Wiese. Er war eben mit dem Jungen zurückgekommen mit den Armen voller Feuerholz.

„Du heißt wie der König der Dämmerung? Ist das überhaupt erlaubt?"

Der Alte war von geradezu genialer Einfalt. Sogar sein Sohn musste darüber lachen.

„Ja, nicht wahr?", flunkerte er. „Das habe ich auch bereits gesagt. Seine Eltern scheinen einen etwas schrägen Humor gehabt zu haben. Sieh ihn doch mal an, den armen Teufel." Er schlug Taron gegen die langen Fransen an den Ärmeln. Gleichzeitig legte er für seinen Vater den Finger an den Mund. Wenn sie ein gutes Geschäft machen wollten, musste er sich, was

Namensgebung betraf, in der Öffentlichkeit ein wenig zurückhalten.

Der Alte nickte gewichtig. Er warf das Feuerholz auf einen Haufen, holte sich Jagdgerät und war wieder verschwunden.

Der Junge blieb beim Lager und setzte sich zu ihnen, während Thomas ein Feuer entfachte.

„Morgen sind wir an der Grenze“, bemerkte Thomas irgendwann und sah Taron an.

Der König wusste das. Morgen bereits würden sie in Hiesigs Gefilden sein.

Stumm saßen sie beieinander und warteten auf die Rückkehr des Alten.

Der Junge redete stetig vor sich hin, aber niemand störte sich daran.

Irgendwann stand Taron auf, nahm aus dem Reisegepäck der Steinbrechers einen Becher und holte sich von der nahe gelegenen Wiese ein paar Heuschrecken und Käfer.

Er hatte Ripenschneiders Warnung noch immer im Ohr.

Unterlasst es nicht, etwas dagegen zu tun.

Voller Begeisterung half ihm der Junge dabei. Die Verzückung verflog jedoch schnell, als Taron zurück beim Lager begann die Panzertiere zu essen. Er hatte sich absichtlich mit dem Rücken zu ihnen gesetzt, aber es half nichts. Ein deutliches Knuspern erfüllte das ansonsten stille Lager. Seine Durchsichtigkeit verblasste ein wenig. Taron hasste es, zu diesem Mittel greifen zu müssen, aber er hatte ansonsten nichts, das ihm helfen konnte.

Die beiden anderen sahen ihm angewidert zu und wussten nichts zu sagen.

Bis Taron sich herumdrehte und dem Jungen einen Käfer anbot.

„Igitt, nein!“, schrie er und schlug Taron den Käfer aus der Hand.

Taron lachte und stellte den leeren Becher zur Seite.

Und sogleich sahen die beiden Viehhändler, warum Taron dies getan hatte. Seit er mit ihnen fuhr, war er zum ersten Mal nicht mehr durchscheinend.

Neugierig rutschte der Junge zu ihm heran und fasste ihn an. Er konnte nicht glauben, was er sah.

„Du bist wohl gar kein richtiges Gespenst?“, schimpfte er dann. Er wirkte ernsthaft enttäuscht.

Taron wusste in diesem Fall aus tiefstem Herzen nicht, was er darauf antworten sollte. Er hatte selbst keine Ahnung, was er wirklich war. Aber zumindest war er irritiert. Jemand, der darüber unzufrieden war, wenn seine Knochen nicht durch seine Visage bleckten? Der Junge war sonderlich.

Taron machte eine entschuldigende Geste und sah in die Flammen des kleinen Feuerchens vor sich.

„Was heißt Gespenst in deiner Sprache?“, krähte der Junge dann und sah Taron gebieterisch ins Gesicht.

Taron beantwortete die Frage und zeigte ihm das entsprechende Zeichen in Gebärdensprache.

„Dann nenne ich dich so, Gespenst. Der Name Taron gefällt mir nicht besonders. Er klingt bedrohlicher, als du bist.“

Der König musste lachen über so viel Unverblümtheit. Wie viele weitere Spitznamen sollte er noch erhalten?

Der Junge übte die gezeigte Geste und Taron korrigierte seine Finger, wo es notwendig war.

Wie heißt du denn, kleiner Frechdachs?, fragte er dann und sah den Jungen amüsiert an. Er formte seinen Namen mit den Lippen und zeigte auf sich selbst. Dann machte er eine fragende Bewegung auf den Jungen.

„Ach, wie ich heiße?“, lachte der Junge. Er war dabei, in seinem Leben einen ersten Freund zu finden.

„Konrad!“, antwortete er und fasste sich gewichtig an die Brust. Er verstand nicht, warum Taron jetzt lachte.

„Was soll das? Ich finde, es ist ein guter Name.“ Er funkelte Taron an.

Der König machte eine beschwichtigende Geste. Der Junge konnte nicht ahnen, dass einer seiner engsten Freunde so hieß. Und er konnte nicht ahnen, was sie miteinander für eine Geschichte hatten.

Gespenst, Gespenst, Gespenst, neckte der Junge und fing ein ohrenbetäubendes Schauergeheule an.

„Nur einen Nachnamen habe ich nicht“, sagte der kleine Konrad dann kleinlaut. „Meine toten Eltern haben diesen für das Waisenhaus, aus dem ich komme, leider nicht hinterlassen. Auch wenn ich keinen Namen habe, sagten die Leute dort immer zu mir: Als Gespenster wären meine Eltern immer bei mir.“

Damit war Taron klar, warum Konrad sich so wenig vor ihm grauste.

„Wie auch immer", fuhr Thomas dazwischen. Ein hartes Los hast du jedenfalls, Taron", kommentierte er bedauernd und stocherte in dem Feuer herum. „Möchte nicht wissen, was du deshalb bereits für Scherereien hattest."

Taron ging darüber hinweg.

„Ein hartes Los? Papperlapapp. Er kann froh sein, dass er uns getroffen hat", schmetterte der Alte und zog Konrad an den Ohren, der noch immer gespenstisch heulend um Taron herum tanzte. Er hatte auf seiner Jagd einen Hasen für ihr Nachtmahl erlegt und war eben zurückgekehrt.

Er hatte Tarons Vorspeise nicht mitbekommen und sah verwundert drein, als er seiner Marktware ins Gesicht sah.

„Ich hoffe, diese schnöde Normalität geht wieder weg, bis wir in Hiesig sind", schnarrte er nur. „So bekommen wir für dich nur den halben Preis." Er legte Taron das erlegte Tier in den Schoß.

„Mein Sohn hat behauptet, du könntest kochen. Keine Ahnung, wie er darauf kommt, aber stimmt es?"

Taron nickte, nahm den Hasen und machte sich an seine Aufgabe. Was für eine seltsame Reise und wie erfrischend anders, wenn auch reichlich skurril, war die Sicht der Dinge von den Menschen, mit denen er hier unterwegs war.

So verging der Abend und Taron fühlte sich zusehens wohler in der erdigen Gesellschaft der beiden Viehhändler und ihres Mündels Konrad. Man saß um das Feuer und lauschte zufrieden schweigend den nächtlichen Geräuschen des nahegelegenen Waldes.

Ein paar Grillen zirpten, ein Käuzchen rief und über ihnen prangte ein wolkenfreies Sternenzelt.

„Wir sollten dich vielleicht als Leibeigenen bei uns behalten", tönte der Alte schließlich, als er den letzten abgezausten Kaninchenknochen schließlich über die Schulter hinter sich warf. „Es ist wirklich unglaublich, was du nur mit ein wenig Salz, Wein und ein paar Kräutern von der Wiese aus dem Hasentier in unserem alten Kessel über dem Feuer gemacht hast. Man könnte denken, du hast in einer herrschaftlichen Küche gedient."

Taron grinste. Da würde Thomas Steinbrecher senior mit Grauen in harte Verhandlungen treten müssen. Denn er war bereits Leibeigener. Er wischte den Gedanken beiseite. Er war zufrieden. Auch für ihn war das Hasengericht gemeinsam mit frisch gebackenem Fladenbrot nach den kargen Tagen zuvor zu einem echten Festmahl geworden.

„Nimm es mir nicht übel…", setzte der Händler dann nach und riss Taron aus seinen Gedanken. „Aber das Geld ist mir dennoch lieber."

Die Runde brach in schallendes Gelächter aus. Taron teilte das Lachen seiner Gastgeber auf seine eigene Art.

Erst spät löschten die Steinbrechers das Feuer und richteten ihr Lager für die Nacht. Man ging auseinander und zog sich zurück.

Taron stieg hinauf auf den Wagen und legte sich in das weiche Stroh. Der Alte hatte ihm zuvor noch eine alte Pferdedecke in die Hand gedrückt.

So lag er in der hereingebrochenen Nacht und wartete auf den Schlaf. Lange lauschte er in die stille Schwärze um sich herum. Ein leises Rascheln oder Knacken war von irgendwo zu vernehmen, sonst hörte man nichts. Ein entferntes Wetterleuchten und ganz leiser Widerhall von Donnergrollen untermalten die nächtliche Kulisse.

Irgendwann erfüllte Steinbrechergeschnarche die lauschige Ruhe und jemand stieg zu Taron in den Wagen. Es war der Junge.

„Sie schnarchen mir zu laut", flüsterte er und tastete sich vorsichtig an ihn heran. Seine Decke zog er durch das Stroh hinter sich her. „Außerdem fürchte ich mich oft in der Nacht. Es donnert. Ich möchte bei dir bleiben, Gespenst."

Taron hob müde seine Hand unter der Decke und ließ Konrad zu sich kommen.

Der Junge rollte sich neben ihm in seine Decke ein wie ein Hundewelpe.

„Neben einem Gespenst kann mich nichts mehr erschrecken", murmelte Konrad gedämpft. Irgendwann begann er leise zu weinen.

Taron stieß ihn fragend an.

„Wenn sie dich morgen verkaufen, Gespenst", begann Konrad schließlich schluchzend. „Dann sehen wir uns nie wieder!"

Der König legte einen Arm um den Jungen und hielt ihn fest.

„Ich wollte, du wärst mein Vater", flüsterte Konrad unvermittelt.

„Niemand würde mich mehr ärgern mit einem Gespenst als Vater, wette ich, und– du kannst nicht schimpfen. Nicht wie der alte böse Steinbrecher."

Taron knuffte den Jungen sanft in die Seite und grinste in die Dunkelheit. Schon wieder war da jemand, der seine Stimmlosigkeit für seinen Vorteil nutzen wollte. Der Bengel sollte sich ja nicht täuschen.

Der König legte sich müde auf die Seite. Damit hatte er nicht gerechnet. Lange lag er da und blickte aus halb geöffneten Augen in die Nacht. Er sehnte sich im Stillen Schorsch herbei. Was würde der kleine Nachtmahr nun alles berichten können. Aber er blieb auch in dieser Nacht verschwunden. Irgendwann schliefen sie ein.

Sie fuhren den ganzen nächsten Morgen und beinahe ohne eine einzige Rast. Als sie ihr Lager zum nächsten Mal aufschlugen, trafen sie auf eine ausgehungerte Kapelle Blechbläser. Beziehungsweise die ausgehungerte Kapelle Blechbläser traf auf sie.

Es war Jahrmarkt in Hiesig. Auch die Musiker waren auf dem Weg in die Stadt und bisher waren sie nicht vom Glück verfolgt.

Sie konnten sich, so ausgemergelt wie sie waren, kaum noch auf den Beinen halten.

Taron zerlegte gerade mit Thomas ein gejagtes Wild, als sie um die Biegung des Weges geschlurft kamen.

Der Alte hatte Taron zuvor losgeschickt, etwas Nützliches zu tun. Dass er mit einem Reh zurückkommen würde, hatte er nie im Leben gedacht.

„Oh jemine!“, hatte er gerufen, als Taron mit dem Tier über den Schultern zum Lager zurück gekommen war. „Was wird der König nur dazu sagen oder seine Garde, wenn sie uns dabei erwischen, dass wir gewildert haben.“

Taron hatte gegrinst und unschuldig mit den Schultern gezuckt. Sie hatten die Grenze seines Landes noch nicht überschritten. Der König würde gar nichts dazu sagen. Er würde stumm sein wie immer, und sich höchstens gleich die Finger schmutzig machen.

Er bedankte sich im Stillen bei dem Tier, das ihm vor die Armbrust gelaufen war und machte sich ans Werk.

Es würde ein Festmahl werden und die vier Musiker kamen gespannt an das Lager heran.

„Was könnt Ihr bezahlen?“, hatte der Alte sofort gewettert, als die Leute um etwas zu Essen und einen Platz an ihrem Feuer gebeten hatten.

„Nichts“, hatte einer der Musiker betrübt geantwortet und hilflos mit den Schultern gezuckt. „Wir haben von einem Bauern nur einen Bund Wurzelgemüse und ein paar Zwiebeln bekommen und ein Lied können wir euch spielen vielleicht. So bettelarm wie wir nach Wassergrün gezogen sind, so bettelarm kehren wir zurück. Wir können nur hoffen, es wird in Hiesig besser.“

Bei den Worten Wurzelgemüse und Zwiebeln sah Taron auf von seiner Arbeit und streckte die Hand danach aus. Das kam ihm wie gerufen.

So kam es, dass sie zum Essen eine große Runde wurden. Es wurde ein Festessen und alle, die daran beteiligt waren, konnten hoch zufrieden sein. Taron hatte sein Bestes getan, aus dem wenigen, das zur Verfügung war, einen Schmaus zu bereiten.

„Nur drei Zutaten darf man im Prinzip brauchen für ein gutes Essen“, hatte Ellis, die Köchin in der Burg, ihm früher immer gepredigt, als er gelernt hatte zu kochen. „Alles, was du mehr hast, ist Schwelgerei und Beiwerk.“ Das hatte er nie vergessen.

So hatte Taron in dem alten Kessel gezaubert wie ein Hexenmeister.

Die beiden Thomasse waren begeistert und auch die Musiker konnten ihr Glück kaum fassen.

„Taron heißt unser schweigsamer Koch, Leute“, witzelte der Alte. „Taron, wie der König. Ist das nicht ulkig? Hatte ebenso wenig Glück wie wir alle bisher.“

Der Alte zeigte auf Tarons nackten Hals.

Die Musiker scherten sich nicht darum. Ihnen war es egal, wer ihnen das Essen bereitet hatte. Und wenn es der Kaiser von China gewesen wäre. Wohlig streckten sie ihre Füße von sich. Seit Tagen war der Bauch der Blechbläser zum ersten Mal wieder gefüllt.

Die Stimmung wurde ausgelassener und selbst die Steinbrechers tauten ein wenig auf.

Der Junge war wie aufgezogen, als die Musikanten ihre Geschichten aus Wassergrün zum Besten gaben.

Nur Taron saß still bei ihnen. Er war nachdenklich, aber zufrieden. Zu ihren Gesprächen konnte er nichts beisteuern. Zum ersten Mal war er froh, dass er nichts zu sagen brauchte. Hier konnte er sein. Ganz ohne die Bürde Grauens. Manchmal flog bei den wilden Erzählungen der Musikanten ein Lächeln über sein Gesicht.

Schließlich stimmten die Musikanten ihre Lieder an. Laut und beschwingt ließen sie ihre verbeulten Instrumente schmettern, dass man sie weithin hören musste. Lebensfroh waren die Melodien und überschäumend, aber ein stets melancholischer Unterton begleitete sie unterschwellig.

Taron erhob sich nach dem Essen lächelnd und lief ein paar Schritte. Niemand hielt ihn zurück. Er ging außer Sichtweite und suchte erneut und gedankenverloren auf der Wiese nach ein paar Kerbtieren gegen seine Durchsichtigkeit. Er wollte seine Gedanken ordnen. Aber vor allem wollte er nicht allzu auffällig in Hiesigs Hauptstadt eintreffen.

Er hasste es, wenn der Chitinpanzer eines Käfers zwischen seinen Zähnen knackte. Aber er hatte nichts anderes, bis er in Hiesig ankam, und so zerknirschte er tapfer eine Hand voll Gekreuch. Vom Lager her schallte Musik und Grillen zirpten in der heißen Mittagssonne.

Was er nicht bemerkt hatte, war, dass Konrad ihm neugierig gefolgt war. Irgendwann, als Taron einen besonders dicken Käfer gegessen hatte, machte er sich bemerkbar.

„Ih, wäh!“, rief er aus tiefstem Herzen heraus, zupfte Taron an der Jacke und fixierte ihn neugierig.

„Was machst du da? Du verdirbst dir den guten Geschmack von vorhin.“

Taron war es unangenehm, dass der Junge ihn beobachtet hatte. Wie lange, wusste er nicht. Unentschlossen legte er den Finger an den Mund. Konrad sollte ihn nicht verraten. Die anderen waren nicht weit entfernt.

Der Junge zeigte vorwitzig auf Tarons andere Hand, in der er gerade eine Grille gefangen hielt.

Taron reichte sie ihm und kaum, dass er sich versah, hatte Konrad die Grille ergriffen und in sich hinein gestopft. Angestrengt kaute er darauf herum.

„Es gibt Schlimmeres“, lachte er schließlich und zeigte zurück zum Lager.

„Die Kochkünste von Steinbrecher senior zum Beispiel.“

Dann mussten sie beide lachen.

Während sie noch ein paar Schritte in den angrenzenden Wald liefen, sah Konrad, warum Taron zum Nachtisch Käfer gewählt hatte. Seine ohnehin zurückgedrängte Durchsichtigkeit verblasste vollends.

„Jetzt siehst du so langweilig aus wie alle anderen Menschen“, beschwerte sich Konrad unzufrieden, während er einen Tannenzapfen ins Gebüsch schleuderte. Dann stützte er provokant seine Fäuste in die Seiten.

Taron konnte es nicht glauben. Noch nie hatte er jemanden mit einer so verdrehten Einstellung getroffen. Er wuschelte Konrad verwirrt amüsiert durchs brandrote Haar.

Wie sehr er es gerade genoss, langweilig zu sein, ahnte der Junge noch nicht einmal im Traum. Schweigend gingen sie eine Weile nebeneinander her, bis Taron den Jungen zu einer Stelle mit Walderdbeeren lotste. Er pflückte die Früchte ab und reichte dem Jungen die Hälfte davon.

Wortlos und einvernehmlich kauten die beiden den eigentümlichen Insektengeschmack davon.

„Du willst dich also wirklich verkaufen lassen von den Steinbrechers?“, fragte Konrad dann in die Stille hinein.

Taron blieb stehen und nickte bestätigend. Er wusste schließlich, was er tat. Und dass er sich sicher war, sein alter Freund Jonathan würde in Hiesig zur Stelle sein, um ihn auszulösen, musste und konnte er ja niemandem verraten.

Zur Demonstration drehte Taron seine leeren Jackentaschen nach außen. Er besaß sonst nichts, außer sich selbst, um die Steinbrechers für ihre Hilfsbereitschaft zu entlohnen.

Der Junge nickte. Er wirkte nachdenklich, als sie zurück zum Lager kamen.

Kapitel 5

Die Musiker hatten mit ihrem Getöse eine Pause gemacht. Es war Zeit zum Aufbruch. Das Lager wurde in aller Eile zusammengeräumt. Und selbst, als sie irgendwann weiterzogen, spielten sie und marschierten wie ein Zug dem holpernden Wagen hinterher.

Der Junge lachte und lief mit ihnen zu Fuß. So ging es weiter, bis sie an Hiesigs Stadttore kamen. Selbst dort hörte die Kapelle nicht auf und sie zogen mit Schmettern und Getöse in die Stadt. Inkognito ging anders.

Taron machte sich auf der Ladefläche des Wagens so unsichtbar wie möglich. Er legte sich ruhig zwischen das Stroh und faltete die Hände über dem Bauch. Er hatte sich selbst eine Art Henkersmahlzeit bereitet zu ihrer Rast.

Zum ersten Mal wieder seit Jahren kam er nach Hiesig und bald würde er an eben jener Stelle stehen, an der er beinahe äußerst gründlich sein Leben verloren hätte. Es war Jahrmarkt und der Platz würde bunt sein und übervoll mit Menschen.

Die Händler hatten mit ihrem Wagen einen direkten Kurs zum Marktplatz eingeschlagen. Die Musiker folgten ihnen noch immer.

Durch das Getöse der Musik drangen Tarons Gedanken. Seine Füße waren beinahe verheilt und er war bereit, sich von Jonathan, dem Pater, auslösen zu lassen. Er war sich sicher, er würde dort sein. Wie jeden Markttag, seit er ihn vom Schafott geholt hatte. Und er war sich sicher, er würde ihn erkennen und erneut von diesem Platz aus mit sich nehmen ins Kloster. Wie es dann weiterging, hatte er bis jetzt keine Ahnung, aber ein paar Tage in der Friedlichkeit der Klostermauern hatte er bitter nötig.

Er hatte Remoulados Worte im Kopf. Danach hatte er wieder auf seinem Thron zu sitzen. Aber bis dahin hatte er einiges noch zu erledigen. So vieles ging ihm durch den Kopf, als sie in die Stadt einzogen.

Diese Einfahrt in die Stadt war das Gegenteil von Tarons einstiger Ankunft in Wassergrün. Unspektakulär und prunklos, wenn auch nicht gerade leise. Die Musiker verabschiedeten sich, bald nachdem sie dem Wagen durch das Stadttor mit einem überdrehten Lied gefolgt waren. Am Ende waren sie mit einem letzten gut gelaunten Gruß in der Menge verschwunden.

Die Leute hatten für einen Moment verwirrt zu der ärmlichen Gestalt auf dem Wagen geblickt. Für einen Augenblick. Dann gingen sie ihren Geschäften nach.

Taron hatte sich die Kapuze so weit möglich ins Gesicht gezogen. Kaum, dass sie in einer Seitengasse den Wagen abgestellt hatten, wurde er vom Wagen geholt.

Der Alte war aufgeregt. Noch nie hatte er so etwas wie einen Leibeigenen verkauft. Er nahm Taron die Kapuze vom Kopf und sah ihn kritisch an.

„Was hast du gemacht, mein Freund?“, meckerte er und fasste sein Kinn, um ihn eingehend zu betrachten.

„So bringst du vielleicht gerade noch ein paar Münzen. So... gewöhnlich!“, schnaubte er und spuckte auf den Boden.

Taron zuckte entschuldigend mit den Schultern und senkte den Blick.

„Also! Was willst du werden nun?“, fragte der Alte. „Ich muss das wissen, bevor wir auf den Markt gehen. Schreiberling, oder Knecht? Du kannst bestimmt schreiben, wie du aussiehst?“, herrschte er Taron an.

Der König nickte. Ja, schreiben konnte er wohl. Dennoch wählte er die zweite der genannten Möglichkeiten. Er zeigte dem Alten zwei Finger als Antwort.

„Ein Knecht also! Sehr gute Wahl. Dafür bekommen wir mehr als für einen verweichlichten Schreiberling.“ Der reine Profit glitzerte im Blick des Alten.

Er zog Taron die Jacke von den Schultern und krempelte ihm die Hemdsärmel nach oben bis über die Ellbogen. „Aber für einen Knecht bist du noch zu fein“, erklärte er sachlich. Dann drückte er Taron wie selbstverständlich eine satte Portion Straßenstaub in die Hand.

„Das nimmt uns sonst keiner ab und wir bleiben auf dir sitzen. Wenn du uns schon das Geschäft mit dem echten Schlossgespenst vermasselt hast. Man hätte dich sogar an den Palast verscherbeln können“, beschwerte er sich und schlug seufzend die Hände über dem Kopf zusammen, während Taron geduldig begann, den Schmutz auf sich zu verreiben.

Thomas Steinbrecher junior ging dazwischen.

„Das ist genug“, sagte er und schlug Taron den restlichen Staub aus den Händen. „Ich denke, du wirst genug mit ihm verdienen“, schalt er seinen Vater. „So viel, dass du für ein halbes Jahr nicht mehr zu arbeiten brauchst.“

Entschuldigend legte er eine Hand an Tarons Oberarm.

Der König winkte ab. Er nahm das nicht persönlich. Schließlich hatte er eine Reise zu bezahlen.

„Meinst du wirklich?“, fragte der Alte begeistert an seinen Sohn gerichtet. Dann wandte er sich an Taron.

„Du wirst dich jetzt ruhig verhalten, bis das Geschäft erledigt ist. Hast du verstanden?“

Taron nickte lachend. Was auch sonst sollte er tun? Er hatte nicht vor, einen potentiellen Käufer mit Eloquenz in die Flucht zu schlagen.

Dann war es so weit. Die kleine Reisegemeinschaft nahm einen letzten tiefen Atemzug, bevor sie miteinander auf den Marktplatz traten und in das Gewühle von aberdutzend Menschen tauchten. Der Markttag war in vollem Gange.

Der Alte hatte Taron am Ärmel genommen. Dieser folgte ihm mit gesenktem Kopf durch die Menschenmenge. Es ging an Marktständen vorbei Richtung Holzpodest.

Eine Hinrichtung schien heute nicht geplant. Also meldete der Viehändler einen Sonderverkauf an.

Der neue Oberst der Stadtwachen sah die Gesellschaft fragend an. Es war nicht unbedingt üblich, dass der ortsbekannte Viehhändler einen Leibeigenen zum Kauf anbieten wollte.

„Er ist mir eine Reise auf meinem Wagen hierher schuldig“, erklärte der alte Steinbrecher. „Und Verpflegung für mehrere Tage. Er hat es selbst angeboten.“

„Ist das so?“, forschte der Oberst ungläubig und tippte Taron mit dem Stiel seiner Hellebarde an. „Bist du einverstanden?“

Taron nickte bestätigend.

„Na, dann“, lachte der Oberst. „Hinauf mit Euch!“

Er stieg vor ihnen die kleine Treppe empor und verschaffte sich Gehör.

Ein Trommelwirbel von einem oben positionierten Wachmann zog indes die Aufmerksamkeit der gesamten Menge hin zu dem Podest.

Der Oberst winkte den Händler und seine Begleitung heran.

Taron hätte es nicht gedacht, aber als er die Stufen zu dem Holzkonstrukt hinaufstieg, lief ihm ein heftiger Schauer über den Rücken. Er betrat die klotzigen Holzbalken erneut. Barfuß und ärmlich wie eine Kirchenmaus. Seine Hände zitterten leicht. Es johlte in seinen Gedanken, als er neben Konrad von den Steinbrechers die Stufen hinauf geschoben wurde.

Taron hatte unerwartet seine eigenen gedämpften Schreie und das hämische Gelächter der Menge von damals im Ohr. Die Erinnerung an den Ort seines Verderbens war unvermittelt so plastisch, als wäre es gestern gewesen, dass Remoulado Gurkenflieger ihn hier hinrichten wollte.

Wie viel war seit damals passiert. Taron schluckte die Erinnerung hinunter. Heute war er frei, und die Umstände die ihn hierher führten, waren ganz anderer Art. Er war klar und besonnen und er würde aufmerksam verfolgen, was geschah.

Dennoch klopfte sein Herz, als er vor die Menge trat, bis hinauf in seine Schläfen.

„Die Steinbrechers haben heute kein Rindvieh für euch dabei", dröhnte der Oberst belustigt. „Sie haben ein besonderes Gut zu verkaufen, wie es scheint." Er gab Steinbrecher das Wort.

Die Aufmerksamkeit der Menge hatten sie nun.

Taron wagte einen Blick auf die vielen Gesichter, die sich nun vor dem Podest zusammenrotteten, und auf die vielen Köpfe, die sich auf dem Marktplatz nach ihnen umgedreht hatten. Seine Brille war tief in der Tasche seiner Jacke versteckt, die Konrad nun auf dem Arm trug und Taron war froh darum. Dort war sie gut aufgehoben. Er wollte die Menschen vor sich lieber nicht genauer erkennen.

Aber sein Blick schweifte über die verschwommenen Menschen. Er hielt Ausschau nach einer Mönchskutte und Jonathans vertrautem Gesicht. Er konnte ihn nirgends ausmachen. Taron wurde nervös.

Der Junge ergriff seine Hand und stellte sich neben ihn.

„Und ich komme mit ihm", erklärte Konrad überzeugt an den alten Steinbrecher gewendet. „Dann liege ich Euch auch endlich nicht mehr auf der Tasche und kräftig bin ich auch." Er krempelte ebenfalls seinen Ärmel nach oben und zeigte selbstsicher seine dünnen Ärmchen.

Taron verstand kaum, was um ihn herum geschah. Sein Blick glitt seitwärts zu dem Holzgestell neben ihnen, auf dem er einst angeflochten war, um zu sterben. Das Klopfen seines Herzens schien die Menge vor sich noch zu übertönen.

„Viel Erfolg", wünschte der Oberst und empfahl sich.

Irgendwo am anderen Ende des großen Platzes fing die Kapelle Blechbläser wieder an zu lärmen. Es war schrill, es war bunt und es war ausgelassen auf dem Marktplatz und die meisten der Leute, die eben noch auf das Podest gesehen hatten, wendeten sich wieder anderen Dingen zu. Man lachte und scherzte und es dauerte lange, bis der erste Interessent zu ihnen auf das Podest gestiegen kam.

Steinbrecher war bereits ungeduldig.

Taron war nicht sehr wohl zumute. Noch immer konnte er nirgends den Pater entdecken. Er war so überzeugt gewesen, er würde hier sein. Nach einer Weile war er sich sicher. Er war heute nicht gekommen. Warum war er nicht hier?, fragte sich Taron. Er sah hinunter auf den Jungen neben sich.

Konrad blieb felsenfest neben ihm stehen. Noch immer hatte er Tarons Jacke über dem Arm und er wich dem König nicht von der Seite.

„Ihr seid also zu verkaufen", tönte der Edelmann, der eben zu ihnen aufs Podest gestiegen war und sich neugierig näherte. An der Uniform erkannte Taron, es war jemand aus dem Palast. Er kannte ihn nicht, aber er vermutete, es war einer der Einkäufer. Kein hoher Dienstrang, wie er seiner einfachen Uniform entnehmen konnte.

„Wir bräuchten tatsächlich noch jemanden für die Schlossküche", sagte er nachdenklich und ging um Taron herum. „Für die große Verlobungsfeier", tönte er.

Verlobung?, dachte Taron. Welcher der noch übrigen Söhne des Hiesischen Köngishauses wollte sich verloben? Und mit wem? So viel war in Wassergrün passiert, dass ihm dies scheinbar entgangen war. Eine Einladung war sicherlich nach seinem Weggang eingetroffen.

„Läuse wird er ja wohl kaum haben so ganz ohne Haare auf dem Kopf", lachte der Fremde und fasste nach oben an Tarons kahlen Schädel. Er sah ihn abschätzend an.

„Von welchem Gefangenentransport habt ihr ihn nur ausgelöst?" Misstrauisch sah er Steinbrecher an.

„Das geht Euch nichts an. Wollt Ihr ihn, oder nicht?", keifte Steinbrecher unfreundlich zurück.

Zweifelnd bleib der Palastangestellte mit dem Blick an Tarons alten Vernarbungen hängen. Er besah sich seinen Hals.

„Sprechen kann er nicht", griff Steinbrecher ein. „Aber das ist ja nicht von Nachteil für jemanden, der einfach nur seine Arbeit machen soll, oder? Aber er ist kräftig und kann schwer arbeiten. Seht doch." Zur Demonstration hielt er einen von Tarons Armen in die Höhe.

„Aber ein gründliches Vollbad könnte er durchaus vertragen", murmelte der Hiesische Schlossangestellte und wischte sich hochnäsig die Hände ab, nachdem er Tarons Muskulatur befühlt hatte.

„Deine Zähne noch bitte, mein Bester", forderte er Taron schließlich auf und blickte darauf in ein makellos angestrengtes Grinsen. Der König ließ seine Zähne blitzen.

Taron war ganz und gar nicht nach Grinsen zumute, aber was blieb ihm übrig. Er hatte es angefangen. Noch immer hoffte er inständig, Jonathan würde endlich erscheinen. Aber seine Hoffnung war umsonst. Keine Spur von dem Pater an diesem Tag. Wo war er nur?

„Und einen Küchenjungen als Dreingabe. Das könnte nichts schaden, Steinbrecher", sprach der andere weiter. Er strich Konrad übers Haar.

Der Alte rieb sich bereits die Hände.

„Wieviel wollt Ihr für die beiden, Steinbrecher?", begann er die Verhandlungen.

„Wieviel bezahlt Ihr?", entgegnete dieser.

Der Einkäufer zeigte dem Viehhändler ein paar Münzen hin.

Steinbrecher verzog das Gesicht. Der Palastangestellte war ein Geizkragen. Er wollte die beiden nicht verschachern.

Tarons Hände wurden schwitzig. Er sah zu Boden und verfolgte gebannt, was passierte. An Hiesigs Palast als Hilfsbursche verscherbelt zu werden hatte nun wirklich nicht zu seinem Plan gehört. Er dachte an das letzte Mal, an dem er die Mauern des Palastes von Innen gesehen hatte.

Gemeinsam mit Remoulado und nur durch seine Hilfe war er damals aus dem dortigen Verlies entwischt. Seither hatte sich viel geändert. Der hiesische Herrscher hatte sich bei ihm entschuldigt, denn niemand anderes als Lir hatte seinen Sohn getötet. Taron war von jedem Verdacht freigesprochen und rehabilitiert. Dennoch war er nicht gerade erpicht darauf, derart unstandesgemäß dort vorstellig zu werden.

Gerade wollte Steinbrecher in die Diskussion mit dem Einkäufer einsteigen, da rauschte mit Begleitung eine Dame auf das Podest. Mit ausladenden scharlachroten Röcken und einem üppigen Federhut. Mit ihrem zusammengefalteten Sonnenschirm piekte sie gegen den Einkäufer.

„Nichts da!", unterbrach sie jeden Ansatz eines Verkaufsgesprächs.

„Was machst du hier um Himmels Willen", raunte sie Taron zu, als sie an ihm vorbei zu den Steinbrechers ging. Ihre Begleiter hielten sich im Hintergrund. Sie trugen viele Pakete und Taschen in ihren Armen.

Madame Hortensie von Fielgout war an diesem Tag unterwegs, um Geld auszugeben, als ihr auf dem Holzpodest zu ihrem eigenen Unglauben ihr alter Bekannter Taron Ikárov ins Auge gestochen war. Sie hatte ihn sofort erkannt. Sie ließ sich nach außen nichts anmerken.

„Mit diesen mickrigen paar Münzen wollt Ihr den ehrenwerten Händler abspeisen?", fuhr sie den Einkäufer an und drängte ihn mit ihrem Reifrock zur Seite.

„Für dieses Prachtexemplar von einem Leibeigenen? Einen Mann fürs Grobe brauche ich für mein Etablisment. Einen Rausschmeißer. Und ich glaube ich habe ihn soeben gefunden. Und wie sollte es der Zufall besser treffen", tönte sie scheinheilig. „Wenn er auch noch stumm ist, wie Ihr soeben behauptet habt, ist er absolut diskret und vollkommen für meine Zwecke. Ich bin bereit einen angemessenen Preis zu bezahlen."

Sie setzte ihr charmantestes Lächeln auf und hakte den alten Steinbrecher ein.

„Was meint Ihr?" In ihrer Tasche ließ sie ein gut gefülltes Portemonnaie klimpern. Und ebenso klimperte sie mit ihren Wimpern.

„Den Jungen könnt Ihr von mir aus haben als Küchengesellen. Für ihn habe ich keine Verwendung!" Provokant lächelte sie den Einkäufer von der Seite an.

Der kleine Konrad griff erneut nach Tarons Hand.

Der König zog den Jungen zu sich heran und legte den Arm um ihn.

Hortensie lachte.

Und niemand hatte durch Hortensies Auftritt bemerkt, dass noch jemand auf das Podest gestiegen war.

„Niemand wird so viel bezahlen, wie ich das tun werde", mischte sich eine durchdringende Stimme in die Auseinandersetzung ein.

Ein Mann war von ihnen unbemerkt die Stufen heraufgestiegen und hatte sich zu ihnen gesellt. Er ging auf die Viehhändler zu, an den potentiellen Käufern vorbei, und streckte ihnen selbstbewusst die Hand entgegen.

„Klein, mein Name", stellte er sich vor. „Nicodemus Klein. Der ortsansässige Töpfer, wie Ihr wisst. Durch meine Tochter bin ich in den letzten Jahren ein wohlhabender Mann geworden", erzählte er weiter. „Nun. Wir haben fast nichts von dem ausgegeben, was man uns regelmäßig geschickt hat, und eigentlich wollte ich hier auf dem Markt ein oder zwei Schweine kaufen. Aber das hier..." Er stupste Taron an. „Das hier scheint mir als Investition doch viel mehr wert zu sein." Damit ließ er einen großen Beutel Silbermünzen in die Hand des Alten fallen. Er lächelte Taron kopfschüttelnd ins verschmutzte Gesicht.

Steinbrecher zählte die Münzen gierig.

„Eine ganze Herde Schweine hättet Ihr bekommen für diesen Preis, Klein“, schnappte er ungläubig, nachdem die letzte Münze zurück in den Beutel gefallen war.

„Nun“, räusperte sich Nicodemus. „In diesem Fall nehme ich den Bengel gleich mit.“

„Ich bin alt und brauche Hilfe in der Werkstatt“, sagte der Töpfer abgeklärt, ohne noch einmal auf die Münzen einzugehen.

Taron hielt den Atem an.

„In diesem Fall macht Ihr ein schlechtes Geschäft“, mischte sich der Palasteinkäufer ein. „Ihr bezahlt viel zu viel für einen einfachen, noch dazu halbinvaliden Knecht und einen Laufburschen. Ich ziehe mich zurück.“ Sagte es und war schneller zurück in der Menge untergetaucht, als sie begreifen konnten.

Erst als er verschwunden war, wagte Taron es, durchzuschnaufen.

„Gilt es nun?“, ging Nicodemus nun auf den alten Viehhändler ein und streckte ihm die Hand entgegen. „Thomas!“, beschwor er den Viehhändler. Man kannte sich.

Steinbrecher sah auf Hortensie, die soeben Mias Vater in dem Kontrahenten erkannt hatte. Lachend machte sie vor ihm einen Knicks und hob die Hände. Damit war sie aus den Verhandlungen ausgeschieden. Die Händler hatten den besten aller Käufer gefunden, und wie auch immer der König in diesem Aufzug hierher gekommen war, sie musste sich keine Sorgen mehr machen.

Mit einer anstößigen Kusshand verabschiedete sie sich aus der Runde und auch sie verschwand mit ihren Lakeien in der wogenden Jahrmarktsmenge.

„Ich will dich sehen. Morgen zum Tee, Herr König“, hatte sie noch leise Taron zugezischt, als sie an ihm vorbeigerauscht war.

Der kleine Konrad war zusammengezuckt. Er klammerte sich noch immer an Taron fest.

„Es gilt!“, sagte der Viehhändler indes und ein Handschlag besiegelte es. Ein ansehnlicher Batzen Bares hatte den Besitzer gewechselt.

„Dann kommt schon“, knurrte Nicodemus ohne Umschweife. „Es wird nicht getrödelt. Wir sind hier oben genug beglotzt worden.“ Er nahm Konrad an der einen Hand und mit der anderen zog er Taron am Kragen hinter sich her.

Die Steinbrechers blieben zurück und waren reich.

Der Oberst der Stadtwachen kassierte seinen Teil und der Jahrmarkt ging weiter, als ob nichts geschehen wäre.

Kapitel 7

Schnell brachte Nicodemus seine beiden Neuerwerbungen von dem Marktplatz und von dem Trubel fort. Als es ruhiger wurde in den Seitenstraßen, ließ er sie los. Die Leute strömten an ihnen vorbei Richtung Marktplatz.

Sie gingen zügig und ohne eine weitere Unterbrechung, bis sie im Haus des Töpfers angekommen waren.

Erleichtet ließ Taron sich auf einen Stuhl fallen, der ihm von Nicodemus angeboten wurde. Konrad sah sich neugierig um in dem kleinen Häuschen.

„Als ob du nicht bereits genug haben solltet von Hiesigs Marktplatz, mein Junge“, sagte Nicodemus dann und ließ sich gegenüber ächzend auf einem Stuhl nieder.

Taron sah sich um. Seit seinem letzten Besuch in diesem Haus hatte sich nicht viel verändert. Mit dem Unterschied, dass sie alleine hier waren. Beim letzten Mal, als er dieses Haus betreten hatte, hatten ihn viele Augenpaare angestarrt.

„Du siehst richtig“, erklärte der Töpfer und schenkte Taron und Konrad einen Becher Wasser ein.

„Außer mir ist niemand hier. Die Kinder sind nach der Schule alle unterwegs.“ Nicodemus zog eine Dose Schnupftabak hervor. „Sie gehen in die höhere Schule. So, wie Mia es immer wollte.“ Er reichte die Dose hinüber zu Taron, der dankend ablehnte. Der Töpfer nahm eine Prise und stützte sich auf den Tisch vor sich.

„Stellt Euch vor! Sogar ich kann im Prinzip dank Euch mittlerweile Lesen und Schreiben.“

Taron grinste anerkennend.

Aufmerksam musterte Nicodemus seine Gäste.

Fragend beäugte Taron ihn zurück. Er sah sich um.

„Wenn Ihr wissen möchtet, wo die Madame des Hauses geblieben ist…“, sagte er bitter. Taron zuckte mit den Schultern und nickte.

„Sie ist mit einem Sack voller Münzen über alle Berge. Ein Großteil des Geldes war noch von damals, als Euch die Palastwache geholt hat. Ich hatte es wieder aus der Zisterne gefischt. Dann die regelmäßigen Zahlungen aus Grauen…“ Der Töpfer schnaubte. „Hier sollte trotz allem alles bleiben, wie es ist, für meinen Teil. Ich habe nicht um das Geld gebeten. Außer, dass wir nicht mehr zu hungern brauchten und die Kinder in die Schule gehen konnten, hat sich also nicht viel verändert. Fast alles davon habe ich auf die Seite gelegt. Für die Kinder. Nun. Sie konnte nicht damit umgehen. Nicht wie Mias Mutter selig das vermocht hätte. Das Luder mochte weder Mia jemals, noch mochte sie Euch! Aber Euer Geld hat sie gern an sich gerafft.“

Geräuschvoll schnäuzte er sich in sein Taschentuch.

Taron sah den Töpfer überrascht an.

„Das hat Euch Mia nicht erzählt, wie? Nun. Ich denke, Ihr habt schließlich auch Wichtigeres im Kopf jeden Tag. Sie sagt, Ihr hättet eine beinahe fanatische Liaison mit Eurem Schreibtisch. Es tut mir übrigens leid, was damals passiert ist“, lenkte der Töpfer dann ganz schnell vom Thema ab und scheuchte Konrad von einem Regal mit Töpferware.

„Ich meine, als wir Euch der Wache überlassen haben. Auch hier hat mich die Verflossene gedrängt. Des Mammons wegen. Und ich war dumm und der Lohn dafür war schmutzig. Aber das kann keine Entschuldigung sein. Ich weiß das. Also war ich Euch heute verpflichtet“, sagte er nüchtern und räusperte sich.

Taron nahm sich einen Schluck Wasser aus dem Krug auf dem Tisch. Bedächtig goss er es in einen Tonbecher, der daneben stand. Er trank, stellte ihn zurück auf den Tisch und faltete die Hände. Er war nachdenklich.

Danke, formte er schließlich schlicht mit den Lippen.

Der Töpfer konnte es lesen.

„Keine Ursache. Ihr seid also tatsächlich stumm, wie?", fragte Nicodemus überflüssigerweise. „Wenn ich an die flammende Diskussion mit Euch denke, als Mia Euch damals begleiten wollte..." Der Töpfer schüttelte mit dem Kopf.

„Es tut mir ehrlich leid für Euch, Herr König!", sagte er dann und blickte Taron an. „Dass jemand es verstanden hat, Euch den Mund so gründlich zu verschließen..."

Taron seufzte und sah Nicodemus reglos in die Augen. Er wollte nicht darauf eingehen.

„Du heißt wirklich Taron König?", unterbrach Konrad sie und lachte, während er auf einem Schaukelstuhl herumturnte.

Nicodemus fuhr herum und sah verwirrt zwischen Konrad und Taron hin und her.

Taron indes legte inständig den Finger vor den Mund.

Der Junge wusste es nicht und so sollte es vorläufig bleiben.

„Gewissermaßen", lenkte Nicodemus daher ab. „Geh doch mal in den Hinterhof und sieh dich um, Junge." Er erhob sich und zeigte Konrad die Hintertür. „Die Katze hat Junge. Sie werden dir gefallen."

Konrad rannte nach draußen.

„Stumm, also tatsächlich...", wiederholte Nicodemus und setzte sich wieder zu Taron. Er war bestürzt.

„Mia hat mir erst vor Kurzem davon erzählt."

Taron sah auf.

„Ja, sie war hier", sprach Nicodemus weiter. „Und sie hat angekündigt, dass vermutlich auch Ihr irgendwann in die Stadt kommen werdet, Hoheit."

Dem König fielen beinahe die Augen aus dem Kopf vor Überraschung. Damit hatte er nie im Leben gerechnet.

„Nur, dass Ihr so hier einzutreffen gedenkt, das konnte sie nicht voraussehen. Als Marktgut auf dem Wagen eines Viehhändlers." Nicodemus lachte und zeigte auf Tarons Gestalt. „Ihr seid doch immer wieder für Überraschungen gut."

Der König machte eine ironische Verbeugung. Dann zeigte er Nicodemus eine forschende Handbewegung.

„Sie ist nicht mehr hier“, beantwortete der Töpfer Tarons unausgesprochene Frage. „Macht Euch keine Hoffnungen. Und ich darf Euch unter keinen Umständen verraten, wohin sie gegangen ist.“

Taron nickte und senkte geknickt das Haupt. Was hatte er anderes erwartet.

„Aber, aber“, versuchte Nicodemus ihn aufzubauen und erhob sich. Er lächelte.

„Was macht Eure Tochter?“, fragte er dann ablenkend. „Mia erzählt, Shelly ist Euch wie aus dem Gesicht geschnitten. Sie ist frech und sie wächst unglaublich schnell.“

Taron blitzte ein kurzes Lächeln übers Gesicht. Dann zuckte mit den Schultern. Er wusste zum ersten Mal nicht, seit die Dunkle sie zu ihm gebracht hatte, wie es seiner Tochter ging. Aus seiner Kehle drang unvermittelt ein unterdrückt kummervoller Laut. Der König hatte die Hand vor den Mund gelegt und ging nach draußen.

Nicodemus folgte ihm.

Eine Weile sahen die beiden zu, wie Konrad mit den Kätzchen spielte. Dann legte er Taron die Hand auf die Schulter.

„Ist schon gut, Blaublütler! Ich wollte Euch nicht zu nahe treten. Ich bin mir sicher, es ist alles in Ordnung.“

Konrad drehte sich lachend zu ihnen um und hob ein schwarzweißes Kätzchen hoch, das sich soeben im wilden Spiel in seinen Ärmel verbissen hatte.

„Ich werde nicht weiter fragen“, stellte der Töpfer fest. „Es geht mich im Grunde nichts an und ich denke, es ist besser, wenn ich nicht zu viel weiß.“

Taron ging mit Nicodemus zurück ins Haus.

„Ich nehme an, Ihr wollt so schnell wie möglich zu Jonathan ins Kloster?“, fragte der Töpfer.

Der König machte eine abwägende Kopfbewegung. Er wusste noch nicht einmal das.

„Dann seid unser Gast, bis Ihr Euch entschieden habt. Wenigstens für heute Nacht. Aber reinigen müsst Ihr Euch“, stellte Nicodemus fest und tippte auf einen Schmutzstreifen auf

Tarons Arm. „So könnt Ihr nicht bleiben. Ich werde ein wenig warmes Wasser machen. Ansonsten kennt Ihr Euch aus hier. Ich beeile mich", verabschiedete sich Nicodemus und ging nach nebenan zum Ofen. „Die Kinder werden Augen machen, wenn sie nach Hause kommen", stellte Nicodemus fest. „Sie sind so neugierig nach allem, was Mia berichtet hat."

Taron lächelte schief und strich sich über das unrasierte Gesicht.

„Und falls Ihr Euch fragt, warum der Pater nicht auf dem Marktplatz war..." sprach Nicodemus nach einer Weile weiter und brachte eine große Schüssel mit heißem Wasser, Waschutensilien und ein paar Tücher. Er setzte sich und sah, während er redete, ungeniert zu, wie Taron sich vor dem kleinen Spiegel in der Zimmerecke herrichtete.

Der König hatte ihm den Rücken zugekehrt, aber er verfolgte aufmerksam, was der Töpfer zu erzählen hatte.

„So ein irrwitziger Einfall von Euch das auf dem Marktplatz...", tadelte Nicodemus. „Was wäre gewesen, hätte Euch der Palastangestellte heute ausgelöst..."

Taron zuckte erneut und ungerührt mit den Schultern, während er sich wusch.

„Naja. Jedenfalls...", erzählte der Töpfer weiter. „Der Pater war bei Lindgard de la Mer oben im Palast, falls es Euch interessiert, Durchlaucht."

Mehr als verblüfft drehte sich Taron nach ihm um. Sein Gesicht war voller Rasierschaum. Etwas davon tropfte auf den Boden.

„Na, die Verlobung! Ihr habt doch sicher davon gehört."

Taron verneinte und drehte sich mit dem Rasiermesser in der Hand wieder dem Spiegel zu.

Nicodemus begann für ihn ein paar Kleidungsstücke aus der Truhe zu suchen.

„Sie werden zu kurz sein", brummelte er nachdenklich. „Aber bis ins Kloster wird es wohl taugen."

Angespannt spülte Taron das Rasiermesser in der Schüssel. Lin war hier? Hier in Hiesig? Sie hatten sich wirklich lange nicht mehr geschrieben. Aber woher hatte Mia davon gewusst? Er hatte eindeutig zu viel gearbeitet in der letzten Zeit.

„Sie wird den Jüngsten der hiesischen Königsfamilie ehelichen, wie es aussieht", berichtete Nicodemus weiter und reichte Taron ein Handtuch.

„Mia ist gleich zu ihr geeilt, als ich davon erzählte."

Als Taron sich getrocknet hatte, hob er die Hand mit dem Handtuch darin, um Nicodemus zu stoppen. Er wollte keine weiteren Neuigkeiten mehr hören.

„Ihr habt recht, mein Junge", entschuldigte er sich für seine Geschwätzigkeit. „Alles andere soll Euch der Pater am besten selbst berichten. Jonathan wird erfreut sein Euch zu sehen."

Auch darauf ging Taron nicht ein. Er kleidete sich an und reichte Nicodemus die Hand.

Taron ab jetzt, in Ordnung?, sprach er langsam ohne jeden Ton und schloss bestätigend die Augen für einen Moment.

„Taron also ab heute", wiederholte Nicodemus. „Natürlich, mein Junge. Absolut angemessen für einen Leibeigenen."

Mias Vater lachte ihm ins Gesicht.

„Nicodemus bitte ab jetzt, auch für meinen Teil! Es freut mich, Euch endlich ein wenig besser kennen zu lernen." Ein erneuter Handschlag an diesem Tag besiegelte das Ganze und Taron gab sein Lachen dankbar zurück.

„Wenn du aber erlaubst, werde ich jetzt im Spezialitätengeschäft ein paar Weinbergschnecken für dich holen. Ich hoffe, ich bekomme noch etwas."

Tarons Außenhülle war stark verblasst und Mia schien den Töpfer über die eine oder andere Beschaffenheit seiner Wenigkeit aufgeklärt zu haben. Dennoch schüttelte der König dankend mit dem Kopf. Hier in Hiesig würde er vorläufig keine Hilfsmittel mehr brauchen.

Doch Nicodemus bestand darauf.

Taron legte den Kopf etwas schief und überlegte. Dann hob er den Finger und bat den Töpfer mit einer eindeutigen Geste um etwas zu Schreiben.

Er erhielt Feder und Papier. Taron lächelte ihn aufmunternd an. Wenn er heute hier schon zu Gast war und der Töpfer einen horrenden Betrag seiner eigenen Zuwendungen für ihn ausgegeben hatte, wollte er seinem Stand als Leibeigener gerecht werden und etwas tun. Er wollte für die Familie kochen.

Der Töpfer verstand.

„Bloß nichts Gewöhnliches!“, hatte Nicodemus gemeckert, als Taron die ersten Zutaten auf das Papier geschrieben hatte.

„Etwas Vornehmes aus der Grauener Schlossküche!“, hatte er gefordert. „Man erzählt sich einiges von Euch“, stellte der Töpfer provokant fest. „Und nachdem Ihr jetzt mir gehört...“, witzelte er ironisch, „wollen wir doch auch etwas von Euren legendären Kochkünsten sehen.“ Er klatschte begeistert in die Hände.

Taron überlegte, und als Nicodemus schließlich aus der Haustür trat, hatte er eine Einkaufsliste in der Hand. Sie war recht übersichtlich.

Nicodemus blickte Taron zweifelnd an.

Es kommt nicht darauf an, wie viele und teure Zutaten man verwendet, sondern wie man das, was man hat, verarbeitet und kombiniert.

Der Töpfer konnte mit Tarons Zeichensprache absolut gar nichts anfangen, aber Tarons Blick und ein bestätigendes Kopfnicken gaben ihm zu verstehen, dass sein Gast sich in dem was er aufgeschrieben hatte, absolut sicher war.

Taron steckte zwei seiner Finger in den Mund und pfiff nach Konrad.

Sofort kam dieser angesaust und Taron bat ihn mit einem einzigen Händezeig, Nicodemus bei seinem Einkauf zu begleiten.

Der König hatte ein wahrhaft königliches Menu gewählt, das es in diesem Haus zuvor noch nicht einmal annähernd gegeben hatte. Noch nicht einmal an Feiertagen. Er hatte sich die russische Küche ausgesucht. Nichts Grauisches wollte er zubereiten und nichts hiesisches, das der Töpfer bereits kannte. Er hatte seine Ziele hoch gesteckt und er würde seinen Gastgeber nicht enttäuschen.

Taron würde den restlichen Tag bis zum Abend in der Küche verbringen.

Mit einer Schürze und einem Kochlöffel bewaffnet stand Taron in der kleinen Küche des Töpfers. Er hatte sich ein einfaches Tuch am Hinterkopf zusammengebunden, schnippelte, schälte, werkelte und ließ sich von der nach und nach eintreffenden Familie bestaunen.

Mit einem König in der Küche hatte wohl keiner von ihnen gerechnet.

Konrad schloss einstweilen Kontakte mit den Kindern des Töpfers und ward in der Küche nicht mehr gesehen.

Niemand störte Taron und er war froh, so still und besonnen und ohne Unterbrechung an einem Abendessen arbeiten zu können. So viel ging ihm durch den Kopf, während er in sich gekehrt und ohne sich ablenken zu lassen arbeitete.

Wie es jetzt genau weitergehen sollte, hatte er keine Ahnung. Das einzige, was er wusste und wovon er etwas verstand, war das Abendessen vor sich auf dem Herd.

Es hatte nicht lange gedauert und in das Haus war Normalität eingekehrt. Der Pragmatismus war in der Familie Klein sehr tief verwurzelt.

Und so kam es, dass Taron zum Nachtmahl seine Speisen wie selbstverständlich auftrug. Er war kein Gast, er war Teil dieser Hausgemeinschaft und ebenso unkompliziert saß Konrad unter ihnen.

Und Taron genoss den Umstand, dass man bis auf die Zufriedenheit mit seinem Essen von ihm kaum Notiz nahm.

Nur Nicodemus sah ihn manchmal vom anderen Ende des großen Holztisches forschend an. Wieder war der König in seinem Haus. Und wie anders war er seit damals.

Ärmlicher, als die Familie Klein je war, war er hierher gekommen, der Sprache beraubt und geschoren wie ein Sträfling. Und obwohl äußerlich nichts Königliches an ihm war, strahlte sein

Gast ohne jedes Schmuckstück wie ein ferner Stern. Zwei Ringe hätte er an jedem Finger tragen können, wenn er nur gewollt hätte. Er war auffällig aufrecht, wie man ihm das beigebracht hatte. Der König konnte nicht aus seiner Haut. Und mit gebrochenem Herzen hatte er sich bei der Familie erkenntlich gezeigt. Auf seine eigene Weise und mit diesem mehr als fürstlichen Essen. Er hatte sie über mehrere Gänge hinweg bedient und sich schließlich als letzter zu ihnen an den Tisch gesetzt. Er aß spärlich.

Taron senkte den Blick, als er bemerkte, dass er gemustert wurde.

Es war beinahe Mitternacht, als Nicodemus seinem Gast schließlich eine Pfeife anbot. Taron hatte zuvor darauf bestanden, die Spuren seines Festmahls ganz alleine zu beseitigen. Er hatte sich nicht helfen lassen.

Die Kinder waren längst zu Bett gegangen. Und Konrad hatten sie ohne zu fragen mit sich genommen ins obere Stockwerk.

Müde streifte sich Taron das Tuch vom Kopf und band seine Schürze los. Gerade eben hatte er in der Küche den letzten Teller zurück in den Schrank gestellt und sich die Hände gewaschen.

Dankbar nahm er Nicodemus eine fertig gestopfte Pfeife ab. Schweigend saßen sie zusammen.

„Bleibt über Nacht, wenn Ihr wollt“, brach der Töpfer irgendwann die Stille, während er mit dem Rauch aus seiner Tabakpfeife kleine Wölkchen blies. „Ich stelle mein Lager gern zur Verfügung, Hoheit.“

Taron lächelte ihn müde an und hob mahnend den Finger.

„Ja, Taron“, korrigierte sich Nicodemus schnell. „Ich vergaß. Bleib, wenn du willst, und entscheide morgen, wohin dein Weg dich weiter führen soll.“

Taron nickte und steckte sein Rauchwerk an. Nachdenklich nahm er einen Zug.

Dann zeigte er entschlossen auf die Ofenbank am anderen Ende des Raums. Dort würde er die Nacht verbringen, nicht eines anderen Schlafstatt beanspruchen.

„Wie du meinst", bestätigte Nicodemus kopfschüttelnd.

„Wirst du morgen ins Kloster gehen?", fragte er dann dennoch neugierig.

Taron überlegte eine Weile. Dann nickte er mit dem Kopf.

„Und der Junge?", wollte der Töpfer wissen. „Er kann hier bleiben, wenn er möchte."

Der König zuckte mit den Schultern und grinste. Man musste sehen, wie Konrad sich entschied. Bisher schien er wild entschlossen, einem völlig fremden Menschen zu folgen, und hatte sich von diesem Plan bisher durch nichts und niemanden abbringen lassen.

Taron lächelte gedankenversunken. Ja. Man würde sehen.

Nicodemus sah ihn erneut lange an.

„Lass dir wenigstens den Bart wieder stehen um Himmels Willen", raunte er schließlich. „Wie ich aus sicherer Quelle weiß, bist du in ein paar Tagen hier zu einer Verlobungsfeier geladen. Das wirst du doch wohl nicht ausschlagen?"

Nun war es Taron, der den Töpfer mit einem langen Blick bedachte.

„Es gibt nichts, das du zu büßen hast. Keinen Grund für diese alberne Tracht. Und gegen deine Herkunft kannst du nun mal nichts tun, Blaublütler!"

Taron gab einen unwilligen Laut von sich.

„Warum strafst du dich so?", fuhr der Töpfer fort. Seine Stimme wurde ernst.

„Alle hast du sie gerettet an diesem unseligen Abend im Haus dieses Professors. Es war ihrer aller Glück, dass du bist, wer du bist. Glaube mir. Mia weiß das jetzt."

Der König verschränkte die Arme und ignorierte die Worte des Töpfers. Warum war sie dann fortgegangen?

„Was glaubt Ihr wohl? Ihr habt sie bis ins Mark erschreckt", polterte Nicodemus nun los und verfiel wieder in die förmlich höfische Anrede. „Dazu Eure merkwürdigen Gepflogenheiten seit dem Tag darauf... Ich bitte euch. Die Sache mit dem ..." Nicodemus unterbrach sich.

Blut?, ergänzte Taron mit den Lippen.

Der Töpfer konnte es lesen.

„Ja, genau", fuhr er fort. „Die Sache mit dem Blut."

Taron ließ die folgende Ansprache von Nicodemus über sich ergehen wie versteinert. Dann wickelte er seelenruhig sein Handgelenk aus. Ein paar alte Einschnitte kamen darunter hervor.

Der Töpfer hielt inne.

„Dass es dein eigenes war, mein Junge. Das wusste sie nicht. Das war wohl gerade die interessanteste Antwort des heutigen Tages."

Nicodemus sah zu, wie Taron die Binde wieder um seinen Arm schlang.

„Und das funktioniert?" Der Töpfer sah den König fragend an.

Sein Gegenüber antwortete mit einer zweifelnd abwägenden Geste.

Taron wirkte mäßig überzeugt.

„Na, mir kann es egal sein", schnaubte der Töpfer. „Aber hier lässt du das schön bleiben. Vollmond ist noch lange hin und so ein wenig Durchsichtigkeit stört uns nicht im Geringsten. Wir sind vorgewarnt. Mia hat es uns erzählt. Solange du dich in meinem Haus ordentlich zu benehmen weißt, darfst du so durchscheinend sein, wie du willst." Jetzt war er es, der die Arme verschränkte.

Das Thema war alles andere als komisch. Aber der Töpfer entzauberte es durch blanken Pragmatismus.

Taron musste lachen.

Nicodemus stimmte ein.

„Sie ist ebenso ein Heißsporn wie Ihr, Ikarov!", sagte er abschließend. „Ihr wisst das genau."

Damit war dieses Thema beendet, und als die Pfeife zu Ende geraucht war, zog Nicodemus sich zurück und Taron begab sich zu seinem Platz auf der Ofenbank.

Die Nacht kam und mit ihr der kleine Schorsch. Es war still im Haus und der Nachtmahr hatte lange vor dem Fenster gewartet, bis Taron endlich aufhörte sich herumzuwälzen auf seiner Schlafstätte. Der König hatte lange gebraucht, um einzuschlafen.

Der Gnom hatte Taron unbemerkt längst begleitet, doch erst jetzt ging er zu ihm, um ihm ein paar Träume zu bescheren, die er sich lange zurecht gelegt hatte.

Vermeintlich alleine hatte Taron die Stadt ein paar Tage später schließlich wieder hinter sich gelassen. Auf ganz ähnliche Weise, wie er aus Wassergrün losgezogen war. Ärmlich, mit wenig Gepäck und diesmal immerhin mit Lirs Stiefeln an den Füßen hatte er sich auf den kürzesten Weg zurück nach Grauen gemacht. Zurück zu seinem Schloss und weit weg von Wassergrün, das so viel Verderben über sie alle gebracht hatte. Es wurde Zeit, dass er nach Hause zurückkehrte. Höchste Zeit.

Ein paar Tage Freiheit hatte Remoulado ihm zugestanden. Taron war sicher, sein Leibwächter hatte sich mit einer ganzen Garnison bereits auf den Weg gemacht, um ihn dorthin zu holen, wo er hingehörte. Rem würde ihm persönlich die Leviten lesen, ihm einen steifen Anzug verpassen und ihn zurück auf seinen Thronsessel pflanzen.

Um darüber nachzudenken, war jetzt keine Zeit. Vor einigen Kilometern hatte der kleine Konrad sich aus seiner Deckung gelöst und ihm präsentiert, dass er gewillt war mit ihm zu gehen. Durch niemanden, schon gar nicht durch Taron, hatte er sich davon abbringen lassen.

Der Junge war Taron auf dem Weg durch das Moor gefolgt. Er war nicht im Kloster geblieben und nicht bei Nicodemus, wie es der Plan war. Denn es war Tarons Plan, dass er dort blieb, nicht seiner. Konrad verfolgte seine eigenen Ziele. Er war dem König nachgeschlichen, seit sein neu erwählter Kamerad das

Kloster verlassen hatte. Er hatte ihn eingeholt und er hatte ihn in seinen trüben Gedanken gestört.

Wild gestikulierend und mit blitzenden Augen hatte Taron versucht den Jungen davon zu überzeugen, dass er umkehren sollte. Der König hasste die Klammer in seinem Hals und seine Stummheit leidenschaftlich, während er das tat. Und er legte den ganzen Zorn und die aufgestaute Wut der letzten Tage aus seinem Aufenthalt in Hiesig in diese wortlose Auseinandersetzung.

Konrad jedoch ließ den König toben. Er ließ sich nicht so einfach verscheuchen. Er lief mal vor, mal hinter ihm, stets außer Reichweite und überließ den Mann, dem er folgte seiner äußerst schlechten Laune.

Der Junge kannte Taron anders. Vielleicht deshalb brachte er seine Wut in keinster Weise mit sich in Verbindung. Auf die wiederholte Frage, was dem Mann, den er begleitete, so die Stimmung vermiest hatte, bekam er keine Antwort. Nicht einmal in Gesten.

Der Mann, den er beschlossen hatte zu begleiten, war seit ihrem Ausflug in das Kloster sehr merkwürdig. Noch viel merkwürdiger als sonst. Von dem Besuch durch die Hiesische Stadtwache im Haus des Töpfers hatte Konrad in der Nacht zuvor nichts mitbekommen.

Und auch von dem kleinen Nachtmahr, der bei dem König war, hatte er nichts bemerkt. Als Konrad in die Küche kam zu dem schlafenden Taron, um sich auf leisen Sohlen etwas zu Trinken zu holen, hatte er nur für einen Moment einen Schatten von dem König gleiten sehen. Er hatte es für das Flackern des Herdfeuers gehalten.

Ab dem Morgen nach dem schönen Abendessen im Haus des Töpfers hatte Taron mürrisch gewirkt und gehetzt. Schon ins Kloster hatte er den Jungen darauf nicht mitnehmen wollen und es war Nicodemus zu verdanken, dass er es trotzdem tat, und einer unerschütterlichen Entschlossenheit durch Konrad per se.

Der Junge konnte sich das selbst nicht richtig erklären. Aber er war fest entschlossen und allzu neugierig, was ihn bei dem seltsamen Stummen mit seiner durchscheinenden Art noch alles erwarten würde. Spannend war es allemal, was plötzlich um ihn herum passierte. Fernab von dem tristen Alltag als Stallbursche bei einem alternden Viehhändler und seinem Sohn.

Im Kloster jedenfalls hatte man den Mann, dem er folgte, herzlichst empfangen. Er wurde begrüßt wie ein alter und lange vermisster Freund. Er war viel mehr, als er vorgab, dieser Taron. In diesem Punkt war sich Konrad nach den letzten Tagen mehr als sicher.

Während sein Begleiter mit einem Pater namens Jonathan in einer Schreibstube verschwand, durfte er im Kloster zum ersten Mal einen Hauch von Schule schnuppern. Man hatte ihn in die Klosterschule eingeladen. Konrad fand viel mehr, man hatte ihn dort abgeladen.

Der Junge fand die erste Stunde im Klassenraum unter den anderen Kindern durchaus interessant. Aber wo sein Begleiter abgeblieben war, interessierte ihn wesentlich brennender.

Es dauerte nicht lange, da witschte er in einer Pause davon.

Er strich durch das Kloster, bis er seinen Begleiter nach langem Suchen ausfindig gemacht hatte. Er hatte durch jedes Schlüsselloch gesehen, an jeder Tür gelauscht, um ihn aufzustöbern, und endlich hatte er Taron mit dem Pater hinter einer der Türen entdeckt.

Konrad spähte durch einen Türspalt. Sein Begleiter hatte tiefe Falten auf der Stirn, als er sich mit dem Geistlichen unterhielt. Man schien ernste Dinge zu diskutieren. Taron sprach mit den Händen. Der Pater antwortete nur halblaut.

Gerade, als Konrad leise die Tür zu dem Zimmer bewegen wollte, um den Spalt unbemerkt ein wenig weiter zu öffnen, wurde er am Kragen gepackt und ein alter Mönch mit einem lichten silbernen Haarkranz sah ihn tadelnd von oben herunter an.

Taron hatte die Augen verdreht, als der Junge von dem Mönch namens Viktor zu den beiden in den Raum geschoben wurde. Dieser Viktor hatte sich zu Konrads Erstaunen tief vor Taron verneigt, worauf dieser eine unwirsche Handbewegung gemacht hatte. Die beiden Männer hatten sich danach lange angesehen.

Mehr hatte Konrad nicht mitbekommen. Jonathan hatte ihn freundlich, aber bestimmt aus dem Raum geschoben und zurück in die Klosterschule gebracht.

Zwei Tage waren danach vergangen, ohne dass Konrad seinen Begleiter wieder zu Gesicht bekommen hatte. Weder in einem der Räume, in die er heimlich seine Nase steckte, noch beim Essen sah er ihn. Nicht in den Gärten, in keiner der Schreibstuben und nicht in der Bibliothek. Sein Begleiter schien wie vom Erdboden verschwunden. Die freundlichen Mönche hüllten sich lächelnd in Schweigen.

Als Konrad seinen Begleiter vom Fenster aus schließlich das nächste Mal gesehen hatte, verließ dieser gerade mit dem Pater das Kloster. Ohne ihn und das Gesicht bis zu den Augen durch einen seltsamen Stehkragen verhüllt. In einem piekfeinen dunklen Anzug stakte Taron durch den abendlichen Innenhof. Hölzern wie ein Brett wirkte er mit seinem militärisch korrekten Gang. Das einzige, das sich außer seinen Beinen bewegte, fand Konrad, war die einzelne Feder auf seinem Hut. Die Kopfbedeckung hielt eine ebenso starre Perücke auf seinem kahlen Kopf und keines der künstlichen Haare in der Frisur wagte es, aus der Reihe zu tanzen.

In diesem Moment fiel es dem Jungen wie Schuppen von den Augen, dass Taron König kein gewöhnlicher Landstreicher war, der zufällig und wegen größenwahnsinniger Eltern den Vornamen eines Herrschers bekommen hatte. Ihm fielen Geschichten ein. Er *war* ein Herrscher. Die Viehhändler und mit ihnen zusammen Konrad hatten Taron Ikárov aufgegriffen. Den Fürsten der Dämmerung. Der Herr von Spuk und Schatten, war mit ihnen gereist. An seine Fersen hatte sich Konrad so blindlings geheftet. Deshalb war er so durchscheinend und deshalb sprach er nicht. Konrad schlug sich vor die Stirn, dass ihm dies alles entgangen war. Aber der Junge hatte noch nie etwas mit diesen Dingen zu tun gehabt, noch nie etwas mit feinen Leuten. Und es schien ihm so fernab alles Möglichen, dass er nie darauf gekommen wäre, dass er dem König höchstpersönlich wie eine Klette am Rockzipfel hing.

Viktor hatte ihn unten am Tor zurückgehalten, als er Taron an diesem Abend nachlaufen wollte.

Nicht so jedoch am nächsten Morgen, als der Mönch ihm eine Tasche Proviant über die Schulter hängte und ihm aufmunternd auf die Schulter klopfte.

Konrad hatte nicht mitbekommen, wie Taron spät in der Nacht zuvor ins Kloster zurückgekehrt war.

Heute schien der König wie verwandelt. Er war wieder so, wie Konrad ihn auf dem Weg mit den Viehhändlern kennengelernt hatte. All der Tand des Vorabends war verschwunden. Er wirkte müde und angestrengt, aber der König schien fest gewillt, seinen Weg zu Fuß fortzusetzen.

Konrad hatte keine Gelegenheit, irgendwelche Fragen zu stellen.

„Pass gut auf ihn auf, mein Junge", sagte der Pater schlicht zu Konrad und lächelte. „Hörst du? Du bist die einzige Leibwache, die er gerade hat. Und die einzige Begleitung, die er zu dulden scheint. Und dass ihr euch ja nicht von der Garde ins Grauener Schloss bringen lasst. Sie suchen bereits nach ihm."

Konrad nickte. Er verstand nicht einmal ansatzweise, was die Worte des Paters genau bedeuteten. Aber ein leiser wohliger Schauder ergriff ihn plötzlich. Es roch nach Abenteuer.

Dies waren die letzten geflüsterten Worte des Paters an Konrad gewesen, während Taron neben ihnen den Mönch mit dem lichten Haarkranz zum Abschied kurz in die Arme schloss.

Dieser fasste Taron am Arm, schob ihn wohlwollend von sich und musterte ihn zum Abschied ein letztes Mal. Ein feines ironisches Kopfschütteln später ließ er ihn los.

„Ebenso, wie ich endlich einen Sohn gewonnen habe, hast du einen hinzubekommen, wie es scheint, auf deinem abstrusen Weg hierher, mein König", lachte der Alte und wuschelte dem verwirrten Konrad neben ihnen durch die Haare. Er verstand rein gar nichts. Vater, Sohn? Wer und wie? Konrad kam nicht dazu, darüber nachzudenken.

Ein letztes bestätigendes Nicken des Königs beendete den Besuch an diesem Ort.

Irgendwann hatte Taron es aufgegeben. Er ließ den Jungen plappern und lief im kühlen Oktobernebel über die gebleichten Holzplanken des schmalen Moorstegs. Stunde um Stunde, wie es schien. Hatte am Vortag in Hiesig noch so freundlich die Sonne geschienen, auf ihrem Weg nach Grauen schien sie sich jetzt verabschiedet zu haben. Der Himmel war grau und schwer und die Luft war dunstig. Es war kühl. Dünne Nebelschwaden hingen über den Moortümpeln und das Laub der wenigen niedrigen Gehölze hatte bereits begonnen sich herbstlich einzufärben. Wo man hinsah, waren Meere aus Heidekraut, Farnen und dürren Wiesen. Wollgras leuchtete mit seinen einzelnen schneeweißen Fruchtständen daraus hervor. Skurrile Moose und Flechten auf totem Holz ragten aus dem Morast wie gespenstische Arme. Ein gelegentliches hölzernes Knacken, leises Matschen und Blubbern waren die einzigen Geräusche, die hier neben Konrads überschnappender Stimme und Tarons Schritten in den schweren Stiefeln zu hören waren.

Das Moor erschien abgesehen von ihnen beiden wie ausgestorben. Taron und sein Begleiter schienen ganz allein in dieser unwirklichen Gegend. Kein Vogel war zu sehen, kein Tier weit und breit. Einmal flog eine gelangweilte Krähe über sie hinweg. Ihr Krächzen riss Taron kurz aus seinen Gedanken.

Hiesig, die Stadt und das Kloster hatten sie längst hinter sich gelassen und Konrad hatte nicht mehr aufhören können, den stummen König mit all dem zu löchern, was er seit dem Besuch im Kloster zu begreifen versuchte. Nach ein paar Stunden hatte er es aufgegeben und der Junge trottete ebenso missmutig vor sich hin wie sein Begleiter.

Der König hatte erstaunliche Geduld mit ihm bewiesen. Ab und zu huschte ein Lächeln über sein Gesicht und er machte ein paar sparsame Fingerzeige. Er konnte Konrad keine Antworten auf all seine Fragen geben. Zumindest keine, die er verstand.

Der Junge konnte keine Gebärdensprache und die wenigen Gesten, die ihm der König auf der Fahrt mit dem Viehwagen beigebracht hatte, reichten längst nicht aus für eine Unterhaltung.

Konrad begann sich zu fragen, ob es eine gute Idee gewesen war, den Viehhändler zu verlassen und sein Leben bei ihm für dies hier einzutauschen.

Taron hatte die Kapuze inzwischen tief in sein Gesicht gezogen und reagierte auf Konrad nur dann, wenn er musste. Zu gerne hätte der Junge gewusst, welche Gedanken der Mann, der plötzlich ein König war, in seinem Kopf so schwer bewegte.

Taron hatte angefangen langsamer zu werden, fiel dem Jungen auf. Und noch ein wenig später hatte er begonnen zu hinken. Es musste bereits nach Mittag sein und Taron hatte bisher keine Rast eingelegt.

Dem Jungen machte es nichts aus. Er war es gewohnt von seinem Alltag mit dem Viehhändler, weite Strecken zu Fuß zu gehen. Aber ihm knurrte langsam der Magen.

Die Wolken über ihnen wurden dunkler. Ein leichter Wind ließ Konrad frösteln und bauschte den Mantel des Mannes, der neben ihm über die Holzplanken ging.

Als sie auf dem schier endlosen Steg in einem großen Bogen um einen dichten Bestand bleicher Bäume gekommen waren, erschien ein verwittertes Häuschen vor ihnen. Windschief und mitten in dieser Einöde lag es am Rand des kleinen Birkenhains. Ein Gaststubenschild quietschte sachte im Wind und aus dem steinernen Schornstein stieg Rauch auf.

Konrads Herz machte einen Sprung. Und synchron damit sprang auch der Junge in die Höhe.

„Eine Rast“, jubelte er. „Eine Rast!“ Konrad stieß den verdutzten König zur Seite und ehe Taron etwas unternehmen konnte, rannte er die wenigen Stufen hinauf zum Eingang.

Taron seufze stumm und ließ Konrad laufen. Der Junge war noch nicht oben angekommen, da öffnete sich die Tür und die Hexe trat heraus.

Konrad versuchte noch anzuhalten, aber in seinem Ungestüm lief er direkt in sie hinein. Aus großen Augen sah Konrad sie an. Woher wollte er eigentlich wissen, dass es eine Hexe war, fragte er sich selbst, als er sich aus ihren Röcken befreite. Sie sah gar nicht so aus, wie er sich eine Hexe nach den alten Geschichten und Erzählungen immer ausgemalt hatte.

Der Junge trat einen Schritt zurück und sah sie von unten herauf staunend an. Sie war nicht übermäßig hässlich, hatte keine Hakennase und keine behaarten Warzen im Gesicht. Ihr krauses Haar war beinahe ordentlich am Hinterkopf zu einem Knoten gesteckt.

Ihre braune Kleidung war in die Jahre gekommen und sah irgendwie staubig aus. Dennoch war alles an ihr rechtschaffen und die Kleidung an wenigen Stellen sauber geflickt. Die Farbe ihres Kleides passte perfekt zu den braunen Holztönen ihres alten Häuschens. Beinahe schien sie in der Kulisse ihres Hauses zu verschwinden.

Auch Taron zuckte einen Moment zusammen, als sie plötzlich da stand und Konrad ungebremst in sie hineinrannte. Aber der König war nicht überrascht sie zu sehen, das bemerkte Konrad deutlich. Der König kannte dieses Haus hier im Moor und er kannte diesen Weg. Kein einziges Mal hatte er bisher an einer der zahlreichen Abzweigungen gezögert. Und – er kannte diese merkwürdige Frau.

Konrad war sich plötzlich sicher, sein Begleiter wäre möglichst leise vorbeigelaufen, wenn er nicht so dreist nach vorne geprescht wäre.

Schillernd bernsteinfarbene Augen unter dichten Augenbrauen sahen die beiden prüfend an.

Der König schrie aus Leibeskräften. Aber es half nichts. Eben hatte er sich noch mit Konrad gestritten und war unwillig von dem Holzsteg hinunter zu einem Moortümpel gestiegen. Sie waren noch nicht lange gegangen, seit sie Trines Haus verlassen hatten.

Konrad hatte sich entschuldigt. Zu ungeschickt war er gewesen. Er hatte es sich nach dem Besuch bei Trine nicht nehmen lassen, Tarons Tasche zu tragen. Er dachte, dass er die Stimmung des Königs dadurch ein wenig aufhellen konnte.

Gedankenverloren hatte er auf ihrem weiteren Weg durch den Sumpf mit einer Hand in der Tasche mit Tarons Siegelring gespielt. Hatte ihn an seine viel zu kleinen Finger an- und wieder abgesteckt, ihn in seiner Hand gedreht und ihn sorglos tief zurück in die Tasche gestopft. Als er Taron irgendwann den langen Schal reichen wollte, passierte es. Er hatte den Ring versehentlich gemeinsam mit dem Stoff aus der Tasche gezogen. Das Schmuckstück hatte sich in dem Stoff verfangen und mit einem leisen Klimpern hüpfte es über den Steg davon. Der Ring landete in hohem Bogen und abseits des Pfades in einem flachen Gewässer.

Taron hatte den Ring noch aus der Tasche fallen sehen, aber er konnte es nicht verhindern. Der Ring glitzerte in dem flachen Wasser auf weichem morastigem Grund. Es würde nicht lange dauern, bis er einsank.

Taron dachte nicht nach. Er brachte ein wütendes Schnauben zustande und schnellte dem Ring hinterher vom Steg.

Konrad sprang im letzten Moment zur Seite. Hilflos hielt er Tarons Schal in der Hand. So begann das Unglück.

Der König stand auf einem festen Stück Torf und fischte in dem Tümpel nach seinem Ring. Um ihn zu erreichen, musste er schließlich einen Schritt in das flache Wasser waten. Er griff den Ring, spülte ihn ab und steckte ihn an seinen Finger. Dort sollte er nicht mehr verloren gehen. Er bleib einen Moment auf der Stelle stehen und ließ den Stein des Rings zur Seite schnappen. Mit dem Zipfel seines Hemdes trocknete er das Siegel darunter.

Konrad auf seinem Steg begann unterdes zu schreien.

Was Taron nicht bemerkt hatte, war, dass er sank, und als er den Ring wieder geschlossen hatte und zu Konrad aufsah, der neben ihm lärmte, steckte er bereits bis zu den Knien im Sumpf.

Zuerst lachte er und schickte sich an, die langen Beine aus dem Morast zu ziehen. Doch seine Füße schienen durch die Stiefel in Schraubzwingen zu stecken und es war, als würde der König, wie durch zwei übermächtige Klauen gepackt, hinabgezogen werden.

Konrad stand mit dem Schal in der Hand wie versteinert auf dem Steg und sah zu.

Taron atmete tief und erinnerte sich im Stillen, was Edolf ihm zum Thema Moore früher eingebläut hatte. Er versuchte sich möglichst wenig zu bewegen und sah sich um nach einer Wurzel, oder einem Ast, an dem er sich halten konnte. Doch alles

Gehölz um ihn herum und auch der Steg waren zu weit entfernt, als dass er etwas erreichen konnte.

Als er Konrad das nächste Mal in die geweiteten Augen sah, war er bereits bis zur Hüfte in dem Moorloch versunken und der Sog zog ihn unbarmherzig tiefer.

Der Junge schien aus seiner Erstarrung zu erwachen. Er warf Taron hilflos eines der Schalenden zu. Dass er zu schwach war, Tarons Einsinken in dem Gewässer zu bremsen musste er bald darauf schmerzlich feststellen.

Konrad versuchte nicht in Panik zu geraten. Er probierte ein Ende des Schals an den Holzplanken zu befestigen, aber es ging nicht. Diese Versuche kosteten die beiden sehr viel Zeit.

Taron winkte schließlich ab. Bis zur Brust war er bereits in der braunen Suppe verschwunden. Er hatte es nicht für möglich gehalten, dass das Moor unter der Oberfläche so eisig war. Er bekam kaum Luft vor Kälte. Er schlotterte, als er vollgesogen von dem brackigen Morast schließlich mit schlammigen Händen den Schal unter seinen Schultern festband und das andere Ende möglichst weit von sich warf.

Konrad verstand warum. Nicht um sich noch zu retten. Wenn er untergegangen war, sollte man so lange wie möglich die schmale Stoffbahn sehen können. Sie sollte die Stelle markieren, an der er versunken war.

Dann breitete Taron die Arme möglichst weit aus und versuchte sich ganz still zu verhalten. Ein deutliches Gluckern und Schmatzen begleitete seinen zügigen Untergang.

Konrad versuchte noch immer verzweifelt in der Nähe einen Ast zu finden, den er Taron zureichen konnte, aber alles Bemühen war vergebens. Er heulte.

Als Taron mittlerweile bis zu den Schultern in dem Morast untergegangen war und der Sog ihn immer stärker und schneller nach unten zerrte, gebot Taron seinem Begleiter in seinen hektischen Bemühungen Einhalt. Er zeigte in die Richtung, aus der sie gekommen waren. Er konnte es nicht mehr verhindern, dass nun selbst die Panik in ihm empor stieg, denn der Ausgang dieser Sache war nun allzu offensichtlich. Er dachte an Grauen.

Und vor allem aber dachte er an Shelly. Er nahm einen tiefen Atemzug. Etwas schien in seinem Hals zu klicken und im nächsten Moment schrie er aus Leibeskräften.

Dunkel und mächtig rollte die Stimme des Königs plötzlich über das Moor. Die unsichtbare Klammer in seinem Hals war geborsten.

„L- auf, ´unge!“, war das Einzige, das Konrad verwaschen verstehen konnte. Der König hatte verlernt, seine Stimme zu benutzen, und seine Worte klangen wie ein gutturaler Donnerhall. „L- auf!“

Die Schreie des Königs schienen dem Jungen Flügel zu verleihen. Konrad zögerte keinen Augenblick. Er verstand sofort. Er rannte so schnell er konnte zurück zum Gasthaus. Er wollte Hilfe suchen. Er holte die Hexe.

Als sie atemlos und endlich zu der besagten Stelle kamen, war von Taron Ikárov nichts mehr zu sehen.

Die Hilfeschreie des Königs hatten Konrad auf dem Weg zurück zum Haus lange begleitet. Markerschütternd waren sie über das Moor geschallt. Umso stiller war es dafür jetzt.

Konrad hatte mitten auf dem Weg die Tasche zurückgelassen. Sie wies ihnen von Weitem bereits den richtigen Platz.

Trine ließ ihren Blick über den unbewegten Morast gleiten. Das Ende von Tarons Schal trieb noch an der Wasseroberfläche. Ein paar winzige Luftblasen stiegen auf, wo Taron versunken war.

Konrad schrie auf und heulte. Er war zu spät gekommen. Der Junge setzte sich auf den Steg, ließ die Beine hinunter baumeln und weinte bitterlich.

„Papperlapapp!“, rief die Hexe knapp und strich Konrad auf ihrem Abstieg hinunter vom Steg übers Haar. „Aber trödeln dürfen wir jetzt nicht.“

Sie stieg aufgeregt von den Planken.

„Wie ist es möglich, dass seine Majestät Ikárov höchstselbst in seinem eigenen Moor versinkt?“, murmelte sie, während sie ihre

Röcke festzurrte und an den Rand des Tümpels stapfte. „Für so einen Torfkopf habe ich ihn niemals gehalten!“

„Er ist kein Torfkopf“, beschwerte sich Konrad schluchzend vom Ufer her und schnäuzte sich geräuschvoll die Nase. „Das wisst Ihr genau. Ich war es“, sagte er und heulte weiter. „Ich ganz allein. Ich habe ihn umgebracht. Wegen einem dummen Ring, von dem ich nicht die Finger lassen konnte.“ Er hieb mit seiner kleinen Faust auf die Planken des Stegs und raufte sich die Haare.

„Ruhe jetzt!“, schimpfte Trine, stemmte sich breitbeinig an den Rand des Tümpels und zog entschlossen an dem Schalende.

Konrad wischte sich die Augen und sah zu, wie Trine Zentimeter um Zentimeter den Schal aus dem Sumpf holte. Mit einer für ihre Gestalt schier unglaublichen Körperkraft drückte sie sich gegen den schlammigen Boden und hievte Taron nach und nach wieder an die glitschige Oberfläche.

Sie kniete sich neben ihn, sobald sein Kopf über der Wasseroberfläche erschien und sie ihn am Kragen zu packen bekam. Sie hielt ihn fest und schaufelte Wasser in sein Gesicht. Wenig zimperlich griff sie ihm dann in Mund und Nase, entfernte den Morast und spülte mit dem brackigen Sumpfwasser.

„Jetzt schnell!“, rief sie, zog Tarons schlaffen Körper aus dem Morast und schleppte ihn Richtung Steg. Aus seinen Kleidern rann Wasser und Schmutz. Seine Stiefel waren in dem nassen Grab zurückgeblieben.

Behender, als man der Hexe zugetraut hätte, kletterte sie mit ihm zurück auf den Pfad. Sie wälzte ihn auf die Holzbohlen, drehte ihn auf die Seite und begann sofort, das Wasser aus ihm herauszudrücken. Mehrfach schlug sie dabei mit der flachen Hand auf seinen Rücken.

Taron spuckte mechanisch einen Schwall nach dem anderen. Dennoch atmete er nicht.

Konrad schrie.

Die Hexe schob den Jungen zur Seite, drehte den leblosen blassen Körper auf den Rücken und riss das Hemd des Königs auf. Mit voller Wucht gab sie ihm eine Backpfeife, hämmerte mit ihren Fäusten rhythmisch auf seine Brust, zwickte ihn von unten in die Nase und drehte ihn wieder seitwärts.

Dies wiederholte sie mehrmals hintereinander. Und abermals sickerte das brackige Wasser aus ihm heraus.

„Lass meinen Papa zufrieden!“, schrie Konrad entsetzt und riss die Hexe am Ärmel. „Du machst ihn kaputt.“ Er verstand nicht, was sie tat.

Sie schob ihn zur Seite.

„Dein Papa ist das also? So, so“, murmelte die Hexe hektisch bemüht. „Na, wer weiß das schon so genau.“ Sie kicherte leise, während sie sich weiter an dem König zu schaffen machte.

„Atme gefälligst!“, schrie sie Taron an, als sie schließlich ihre Lippen über seinen Mund stülpte und mit aller Macht neue Luft in ihn hineinpresste.

Dies alles geschah in nur wenigen Augenblicken, aber Konrad, der verzweifelt daneben stand, kam es vor wie eine Ewigkeit.

Und es war wie ein Wunder, als der König gurgelnd und hustend endlich wieder den ersten Atemzug nahm.

Die Hexe bedeutete Konrad still zu sein, legte angespannt ihr Ohr auf seine Brust und den Finger unter seine Nase. Sie kontrollierte das regelmäßige Schlagen seines Herzens und den seichten Strom seiner Atmung, bevor sie einen nassen Rockzipfel ergriff und damit sein Gesicht abrieb. Schließlich entknotete sie den Schal um seine Brust.

Dann nahm sie den Umhang von den Schultern, den sie zuvor in aller Eile übergeworfen hatte, und schlug den König darin ein.

„Nimm die Tasche mit, mein Junge!“, befahl sie knapp, als sie Taron auflud und Richtung Gasthaus schlurfte. Der König hing auf ihren Armen wie eine ertrunkene Spinne.

Konrad folgte der Hexe mit dem triefenden König zurück zum Haus.

Der restliche Tag daraufhin wurde lang. Die Hexe hatte alle Hände voll zu tun und Konrad half ihr dabei, so gut er konnte. Und so eifrig und verbissen er es irgendwie vermochte.

Die Hexe hatte Taron aus den nassen Sachen befreit, ihn gesäubert, abgetrocknet und schließlich in ihren altertümlichen rosa Bademantel gehüllt. Sie sprach wenig dabei und sie war so konzentriert in dem, was sie tat, dass Konrad es nicht wagte sie dabei auch nur einmal von sich aus anzusprechen. Behutsam hatte sie Taron auf ihr Lager gebettet.

Der König atmete ruhig und gleichmäßig. Ein gelegentliches Husten unterbrach die beinahe sakrale Stille im Haus von Zeit zu Zeit. Die Augen schlug er nicht auf.

Das Feuer im Ofen prasselte bereits eine ganze Weile, ehe Tarons Haut wieder ein wenig Farbe bekam.

Konrad saß lange an seinem Lager, wachte über jeden seiner Atemzüge und hielt seine eiskalte Hand. Die Zeit wurde ihm schrecklich lang.

Die Hexe lächelte Konrad an und strubbelte dem Jungen durchs Haar. Mit einer Schale Tee in der Hand scheuchte sie ihn zur Seite und setzte sich schweigend neben den König. Mehrmals benetzte sie seine Lippen mit dem lauwarmen Gebräu und packte seine Arme unter die hegend gebreitete Decke. Sie seufzte.

Konrad sah sie erschrocken an.

„Keine Sorge, mein Junge. Er schläft nur." Sie reichte dem Jungen die restliche Schale mit Tee. „Er hat die Metamorphose hinter sich."

Konrad verstand kein Wort und zog Tarons Hand wieder unter der Decke hervor.

Die Hexe strich dem König mit dem Rand ihres Ärmels über das starre Gesicht.

„Was meinst du, warum er das getan hat?", murmelte sie und fuhr nachdenklich über seinen geschorenen Kopf.

„Keine Ahnung", gab Konrad zurück und legte den Hals schief, um Taron im milden Schein der Nachttischlampe zu betrachten. „Mein Papa ist wunderlich."

Die Hexe lachte schallend heraus und zog ihren Ärmel zurück.

„Das stimmt, mein Junge", kicherte sie. „Endlich mal ein wahres Wort. Wunderlich und... momentan völlig unangemessen. So kann er nicht an den Hof zurückzukehren."

Konrad machte große Augen.

„Dann stimmt es also?", fragte er schüchtern.

„Dass hier vor uns Taron Ikárov aufgebettet liegt, geschoren und scheinbar ordentlich von Sinnen? Wie es einem Herrscher in Grauen gebührt und ganz in alter Tradition?" Sie lachte und lachte. „Dann stimmt es wohl."

Der Junge wusste nicht, was er sagen sollte. Er ließ die Hand dieses plötzlich für ihn erschreckend realen Königs los und rutschte beiseite.

„Ach, Unsinn!“, wetterte die Hexe gütig.

„Wir kriegen das schon wieder hin mit ihm. Weißt du, ich kenne diesen Burschen hier schon lange. Bestimmt war er nur ein paar Jahre älter als du, als ich ihn kennen lernte unten in der Dorfschule.“

Spöttisch kniff sie Taron in die Wange. Sein Mund blieb dabei ein wenig offen stehen.

„Die *Hässliche Trine* hat er mich genannt. Gleich am ersten Tag. Das bin ich für ihn sicherlich bis heute und weiß Gott, wir haben uns gestritten. Nicht wahr, mein Bester?“

Sie schloss Tarons Mund und zog mit den Fingern ein breites Grinsen in seine Mundwinkel.

„Nein, wir kriegen das schon wieder hin“, wiederholte sie sich und nickte.

„Aber bis es soweit ist, können wir doch eigentlich noch ein wenig mit ihm spielen.“ Ihre Augen blitzten. „Die Warterei ist so eintönig. Findest du nicht?“

Ehe Konrad sich versah, hatte Trine eine Schnur um Tarons Handgelenke gewunden und bewegte seine Arme wie eine Marionette. Sie amüsierte sich königlich, während sie Taron mit ihrem Mund eine gewichtig verdrehte Rede halten ließ.

„Weißt du noch, wie du mich immer geärgert hast mit deinen Freunden?“ zischte sie schließlich zynisch in Tarons Richtung und ließ seine Hände sinken. „Weißt du es?“

„Hör auf damit!“, schimpfte Konrad und nahm ihr die Schnur aus der Hand.

„Man darf keine bösen Spiele treiben mit Lebewesen, die schwächer sind als man selbst, hat mir der alte Viehhändler beigebracht.“

Trine hörte auf, schadenfroh zu meckern und legte die Hände in den Schoß.

„Du hast Recht, mein Junge. Verzeih. Aber wenn ich dir erzähle, wie er mit seinen Freunden zu diesem weisen Ausspruch stand…“

„Das ist jetzt egal, oder? Es ist einerlei, was früher war. Du hast ihn aus dem Moor gezogen, du hast ihn versorgt und es ist unser König offensichtlich, der hier liegt.“

Konrad wuchs weit über sein geringes Alter hinaus, stellte sich warnend vor das Lager und löste behutsam die Schnur von Tarons Gelenken.

Trine lachte erneut. Über die Abstrusität der ganzen Situation und über den zu Tode entschlossenen Jungen vor sich.

„Dass ihr beiden aber auch ausgerechnet hier gelandet seid“, japste sie. „Einen riesigen Bogen um mein Haus hat unser König sonst gemacht, weißt du? Einmal tat er das nicht auf seinem Weg durch das Moor vor vielen Jahren. Und er bat um Herberge in einer düsteren Nacht. Bis er wusste, dass ich es war, die dort wohnte. Nie wieder hat er danach, abgesehen von Eurer Stippvisite vorhin, einen Fuß über diese Schwelle gesetzt. Er denkt noch heute, ich habe ihn behext, weißt du? Dabei war es nur ein wenig Wein, seine eigene ziellose Gier und die Magie einer einzigen Nacht...“

„Schluss mit den alten Geschichten“, echauffierte sich Konrad. „Für diese Art von Erzählung bin ich außerdem viel zu klein.“ Er stemmte die Hände in die Hüften.

Trine bog sich vor Vergnügen.

„Ach, komm schon“, witzelte sie. „So ein klein wenig Vergeltung sollte mir doch vergönnt sein. Nur ein bisschen Genugtuung für die gute alte Hässliche Trine.“

„Ich weiß nicht viel von diesem Herrn Ikárov“, räumte Konrad nun ein und zeigte auf den reglosen König. „In der Welt, aus der ich komme, war nie Platz für so etwas. Es war dir ja sofort klar, dass das nicht mein Vater ist, oder?“

Trine wippte grinsend mit dem Kopf.

„Aber eines weiß ich genau, Trine“ sagte er weiter. „Er hatte es eilig durch das Moor zu kommen. Sehr eilig. Er möchte nach Hause.“

„Du hast Recht. Du hast Recht, mein Junge. Verzeih“, sagte Trine plötzlich ernst und sah dem Herrscher ins Gesicht.

„Weißt du, was ich nicht verstehe?“, fragte Konrad dann und zog Trine am Ärmel.

Die Hexe zog eine Augenbraue nach oben und sah ihn aufmerksam an.

„Du bist überhaupt nicht hässlich, warum also hat er dich so genannt?"

Trine lächelte geheimnisvoll und sog pfeifend ein wenig Luft durch ihre Zahnlücke.

„Ich weiß... Aber als einziges Kind des örtlichen Schweinebauern hat man kein leichtes Los. Direkt vom Stallmisten musste ich oft in die Schule gehen. Und soll ich dir etwas sagen? Ich hab ihm längst verziehen und spätestens, wenn er wieder zu sich kommt, wird er vielleicht auch eine andere Meinung über die gute alte Trine haben. Meinst du nicht?"

Konrad zuckte mit den Schultern und schlürfte etwas von dem Tee. Er hatte keine Ahnung, wie es jetzt weiter gehen sollte.

„Wann wird er wieder aufwachen?", wollte Konrad wissen und rüttelte Taron sanft am Arm.

Der König reagierte nicht darauf. „Das wird er doch, oder?" Der Junge blickte Trine ängstlich an. „Aufwachen, meine ich."

„Das weiß ich ehrlich gesagt auch nicht so genau", seufzte sie dann ernst. „Im Hellsehen bin ich äußerst mangelhaft. Ich besitze andere Talente. Also, sieh gut zu. So kann er jedenfalls nicht zurückkehren. Tot oder lebendig."

Die Hexe tippte auf sein kahles Haupt und murmelte in sich hinein.

„Willst du mal sehen, wie er normalerweise aussieht?"

Konrad nickte noch eifrig mit dem Kopf, als sich bereits Strähne um Strähne über Tarons Schultern zu wellen begann. Dunkle grau melierte Strähnen umrahmten sein Gesicht auf dem hellen Kopfkissen. Sie wallten weiter.

Trine war einen Moment unaufmerksam. Tarons Haartracht floss bereits über die Bettkanten Richtung Boden, als sie es bemerkte.

„Stop!", rief sie dann. „Das war wohl zu viel." Sie fuchtelte und murmelte etwas, bis des Königs gewohnte Haartracht wieder auf seinem Kopf zu sehen war.

„Im Zopf sieht das nachher wieder ordentlich aus", kicherte sie.

„Doch nun zu diesem nackten Gesicht."

Konrad kam aus dem Staunen nicht mehr heraus. Die Hexe probierte in Tarons Zügen in rasender Geschwindigkeit nun so manche Barttracht. Dreitagebart, Koteletten, Backenbart, Kinnbart, Ziegenbart, Knebelbart, Musketierbart, Zwirbelbart, Oberlippenbart, Mongolenbart und Vollbart. Einen üppigen Rauschebart ließ sie schließlich hinunterkräuseln bis über seine Brust. Man konnte sagen, die Hexe tobte sich aus.

Der Junge kam nicht umhin, hin und wieder gemeinsam mit der Hexe einen ungestümen Lachanfall zu bekommen. Irgendwann jedoch gebot Konrad der Hexe Einhalt.

„Du sollst nicht mit ihm spielen! Und wie sieht er denn nun wirklich für gewöhnlich aus, wenn nicht so wie ich ihn kennen gelernt habe?"

Die Hexe stand auf und lüftete beinahe beleidigt an der Wand neben der Bettstatt ein lange verhängtes Bildnis. Sie zog das staubige Tuch darüber zur Seite.

Taron Ikárov sah milde und majestätisch von dem Gemälde auf sie herunter. In vollem Amt und Würden. Hermelinmantel und Insignien glänzten mit ihm um die Wette, wie es sich für einen echten König gehörte.

„Bitteschön, Spielverderber!", maulte Trine und zeigte Konrad in einer großen Geste das goldgerahmte Abbild ihres hohen Besuchs. „Da hast du ihn."

Konrad pfiff beeindruckt durch die Zähne und sah zweifelnd hin und her. Zwischen dem Bild und dem reglosen Menschen vor sich, dem er durch das Moor gefolgt war. Seine Ratlosigkeit ließ die Hexe erneut leise kichern.

„Dann mach ihn wieder genau so, wie er gehört", sagte er entschlossen und wurde ungewöhnlich ernst. „Bitte!", fügte er noch hinzu.

„Ist ja in Ordnung", grinste die Hexe und ließ den üppigen Rauschebart bedauernd weichen.

Schließlich lag der König vor ihnen. Noch immer ohne Bewusstsein, aber fast ohne jeden Makel.

Die Hexe saß ein paar Augenblicke andächtig an seinem Bett, stierte ihn an und rang sich dabei die Hände.

„Sieh nur!“, rief sie verzückt und blickte zufrieden auf ihr Werk. „Lass ihn uns gemeinsam in aller Ruhe noch ein wenig bewundern“, murmelte sie und grinste verschmitzt in sich hinein. „Wann gibt es schon diese Gelegenheit... so anmutig und hilflos, wie er hier liegt.“ Sie seufzte und streckte ihre knorrigen Hände nach ihm aus.

„Schluss jetzt!“, befahl Konrad, schlug der Hexe entschieden auf die Finger und riss sie heraus aus ihren Gedanken.

„Und was ist damit?“, fragte der Junge schnell und lenkte ab. Er strich Taron über die breiten Narben an Hals und Handgelenken. „Warum machst du das nicht weg? Komm schon. Für ihn.“

Trine strich Taron wortlos eine Strähne aus dem Gesicht und erhob sich. Sie ging hinüber zu der gespannten Wäscheleine und prüfte die getrocknete Kleidung, die sie gewaschen hatte.

Konrad sah ihr dabei zu.

„Das kann ich nicht einfach so tun“, sagte sie in sich gekehrt.

Konrad wollte aufbegehren, aber Trine machte eine besänftigende Handbewegung.

„Ich weiß nicht, ob er wollen würde, dass man ihm seine Vergangenheit nimmt“, antwortete sie dann schlicht.

Konrad starrte einen Moment auf die bösen Male. Dann nickte er. Eine Vergangenheit, von der er nichts wusste. Seine Erfahrung mit dem König beschränkte sich auf nur wenige Tage. Fernab von allem Herrschertum.

„Ist ja gut“, murmelte sie, als sie seinen Blick auffing. „Wir können ihn danach fragen, wenn er aufgewacht ist.“ Sie lächelte.

Im spärlichen Licht eines weichenden Tages wurde sie von der Lampe hinter sich angestrahlt. Die hässliche Trine wirkte plötzlich in ihrem windschiefen Haus vor der quer gespannten Wäscheleine gleißend schön und gütig. Wie ein erdiger verkorkster Engel, dachte Konrad bei sich und senkte den Kopf.

„Ich werde diese Lumpen sogar für Euch bügeln“, lachte sie, als sie die Kleidung des Königs von der Leine nahm. Prüfend warf sie einen Blick auf das verschlissene Hemd. „Und stopfen an der einen oder anderen Stelle werde ich sie auch.“

Konrad nickte zufrieden und breitete noch eine Decke über seinen schlafenden neuen Herrn Papa.

Als letztes zog Trine das gelbe Band von der Wäscheleine.

„Dies jedoch...“, flüsterte sie ehrfurchtsvoll. „Das trägt er sofort und die gelbe Farbe ist wieder weithin sichtbar. Das Band war vom Morast völlig verdorben. Wie der ganze Rest von ihm.“

Sie trat an das Bett und wand Taron feinsäuberlich das gelbe Band um seinen Fuß und holte ihr Nähkästchen hervor. Mit ein paar flinken verdeckten Nadelstichen fixierte sie den Knoten in der Schleife. Das Band hielt fest an seinem Bein. Die Schleife würde sicher halten.

Konrad sah sie fragend an.

„Dieses dünne Stück Stoff ist eine große Sache, mein junger Freund. Uralte Traditionen, du verstehst. Dinge, von denen wir kleinen Leute nicht viel wissen“, erklärte sie dann knapp.

Konrad verstand gar nichts. Er hatte das Band um Tarons Fuß längst bemerkt auf ihrem gemeinsamen Weg hierher. Er hatte es für eine Marotte gehalten.

„Er hat Mist gebaut“, erklärte die Hexe plump. „Sonst müsste er das nicht tragen. Und es ist eine Frage der Zeit, bis sie kommen, um ihn dafür zur Rechenschaft zu ziehen.“

Der Junge schnappte nach Luft und wollte etwas sagen.

„Er hat sich Grauen widersetzt, bedeutet es, mein Junge. Das darf auch ein König nicht“, schnitt Trine ihm den noch nicht begonnenen Satz wieder ab.

„Nicht einmal ein König.“

Sie tätschelte Taron das Bein.

„Dein Papa hier steht mit dem Band unter strengem Arrest, und was wir hier liegen haben, ist ein waschechter Deserteur.“

Sie zog die Decke über Tarons Fuß und verbarg das Band darunter.

„Und wir verraten niemandem, dass wir ihm geholfen haben. Man sagt, mit seiner Garde ist alles andere als gut Kirschen essen“, flüsterte Trine und legte verschwörerisch den Finger an den Mund.

Konrad sprang auf und wich erschrocken vor dem König zurück.

„Ja“, pflichtete sie ihm bei. „Respekt. Das müssen wir haben.“

Der Junge sah sie verwirrt an. Von Respekt sprach sie nach all den Spielchen, die sie mit dem König vor Kurzem noch getrieben hatte?

„Er würde schon wissen, wie es gemeint ist und warum ich mir das herausgenommen habe“, grinste sie, als hätte sie seine Gedanken erraten. „Auge um Auge. Zahn um Zahn.“ Sie zeigte spöttisch auf ihre Zahnlücke.

„War *er* das etwa?“, fragte Konrad ungläubig.

„Das nicht“, wehrte sie ab. „Aber er hatte nicht unwesentlich damit zu tun... Wegen ihm und seinem vermaledeiten Busenfreund Vincent bin ich einmal zu spät nach Hause gekommen... Doch jetzt lassen wir ihn und die alten Zeiten endlich ruhen. Ihm müssen ja schon die Ohren klingeln in seinem hübschen Kopf, wenn wir uns die ganze Zeit über ihn unterhalten.“ Sie sah Taron zweifelnd an. „Falls er da drin jetzt überhaupt etwas mitbekommt. Ich hoffe sehr, er war nicht zu lange vom Morast verschluckt. Wir wissen bisher noch nicht, was das Moor ihm alles genommen hat.“

Auf ihrer Stirn zeigte sich eine Sorgenfalte. Sie kehrte ihm den Rücken und machte sich daran, die Kleidung auszubessern.

„Er wäre nicht glücklich darüber, wenn er wüsste, dass er in meinem Haus ist, weißt du?“, plapperte sie wie nebensächlich vor sich hin, während sie begann das morsche Hemd zu stopfen.

Konrad hatte sich zu ihr an den Tisch gesetzt und sah ihr schweigend zu.

„Aber er hat mein Haus für unantastbar erklärt, als sie mich eine Hexe nannten“, sagte sie stolz, ohne auf Konrad direkt einzugehen. „Achte auf das Grauener Siegel über meiner Tür, wenn du nach draußen gehst.“

Konrad sprang auf und sah sich die schiefe Eingangstür von außen an. Ein kühler Luftzug wehte herein. Tatsächlich. Ein wettergegerbter Holzschnitt des Grauener Siegels prangte auf dem Balken über der Tür. Konrad war das bei ihrer Ankunft vor Aufregung und Sorge um Taron bisher überhaupt nicht aufgefallen.

„Mach die Türe wieder zu“, wetterte Trine und wandte sich wieder ihrer Näharbeit zu.

„Aber du *bist* eine Hexe…“, warf Konrad ein und sah zu, wie sie mit ihren groben Fingern die diffizile Handarbeit ausführte.

„Ich weiß“, lachte sie. „Ich weiß!“

„Was ist eine Metamorphose?“, fragte Konrad, nachdem sie eine Weile schweigend nebeneinander am Tisch gesessen hatten.

„Ein kleines Mirakel, mein kleiner neugieriger Freund“, antwortete Trine ausweichend und lächelte.

Konrad verstand erneut kein Wort.

Trine jedoch legte das Nähzeug zur Seite, griff sich die Lampe, die sie sich an den Tisch geholt hatte, und ging hinüber zu Taron.

Der Junge folgte ihr.

„Das meine ich“, erklärte Trine, zog den Vorhang von Tarons Liege zur Seite und leuchtete ihm mit der Lampe ins Gesicht. „Wir wissen noch nicht, was das Moor ihm genommen hat. Aber ich weiß genau, was es ihm gab. Na, was ist? Siehst du es?“

Konrad starrte den König an und schüttelte mit dem Kopf. Er sah gar nichts außer einem bleichen Gesicht, das auf dem Kissen lag.

„Ja, genau“, jubelte Trine. „Da ist nichts. Nur sein Gesicht. Wie bei allen anderen Leuten. Und man muss sehen, was zu Vollmond passiert. Das kann ich jetzt noch nicht sagen. Niemand weiß das.“

Jetzt verstand Konrad.

„Der Fluch hält ein Leben lang, mein Kleiner“, erklärte sie eher sich selbst als dem Jungen. „Wie Pech mit Honig klebt er fest, egal, was man versucht. Eine wirklich harte Nuss. Aber er hält nicht länger, verstehst du? Und schon gar kein zweites.“ Sie grinste, stellte die Lampe zur Seite und strich Taron freundschaftlich übers Gesicht.

„Schon gar kein zweites. Wie ich es dir gesagt habe vor so langer Zeit, mein Gebieter. Wie hast du dich davor gegraust, diesen Weg zu gehen. Und wie hast du mich gescholten, dir überhaupt diesen Vorschlag gemacht zu haben, dir diese Antwort gegeben zu haben auf all deine Fragen. Und was soll ich sagen... Man nennt es Schicksal, dass du nun heute ganz allein ins Moor gestiegen bist. Und schwupps... du bist befreit. Und vielleicht noch von viel mehr", sagte sie geheimnisvoll. „Das werden wir sehen, wenn du erst erwacht bist."

Konrad wusste nicht, was er sagen sollte. Er verstand noch nicht einmal die Hälfte von dem, was die Hexe zu Taron sprach. Er wusste nur, etwas Großes war geschehen.

Stunde um Stunde verging. Im Haus war es still und nichts veränderte sich. Taron lag auf seinem Lager, wie man ihn hingebettet hatte. Irgendwann hatte Trine ihn aus dem Bademantel geschält und ihm die trockenen Sachen angezogen.

Konrad sah mit Verwunderung, dass alle drei Katzentiere sich hier in Trines Zuhause auf dem Lager um den König drapiert hatten.

„Sie wachen über ihn", sagte Trine schlicht, als sie Taron vorsichtig das Haar kämmte. „Kein Nachtmahr wird es wagen, ihn heute zu belästigen."

Und tatsächlich wagte es kein Nachtmahr. Insbesondere einer nicht, den Taron persönlich nur allzu gut kannte mittlerweile. Schorsch war Tarons Spur durch das Moor bis zu Trines Haus gefolgt. Seit Stunden saß er bereits draußen auf dem Fenstersims und spähte neugierig durch das Fenster. In seinem kleinen Kopf arbeitete es unentwegt. Er konnte es nicht wagen, nach innen zu gehen, obwohl er nichts in der Welt lieber getan hätte.

Taron lebte. Das war das Wichtigste. Und er wurde gut behandelt. Davon hatte er sich überzeugt, als er beharrlich grimmig durch das Fenster gesehen hatte.

Der Nachtmahr konnte nicht selbst etwas für Taron tun. Aber er konnte etwas anderes. Entschlossen hüpfte er vom Fenstersims und machte sich eilig auf den Weg. Zum Grauener Schloss und hin zu Tarons Leibwächter. Remoulado zu Wassergrün würde wissen, was zu tun war.

Während Trine und der Junge irgendwann nach einem üppigen Abendessen zusammensaßen und würfelten, um sich die Zeit zu vertreiben, schlug Taron endlich die Augen auf.

Trine eilte zu ihm, lachte und schlug die Decken über ihm zur Seite. Sie verscheuchte die Katzentiere, die sich um ihn gelagert hatten.

Der König hatte sich auf die Ellbogen aufgestützt und sah sie verdattert an.

„Oh, `e“, sprach der König wie selbstverständlich. „Ha- be ich Ko- opfsch- mer- zen.“ Er nuschelte und holperte dabei nicht wenig. Er schwang die Beine aus dem Bett und torkelte ungelenk durch die Wohnstube.

Trine ließ ihn gewähren.

„I- ich muss auf die To- il- ette“, brummte er dann schlicht und wandte sich fragend der Hexe zu. „Imm- erno- ch draußen hi- nter dem H- haus?“

Die Hexe hielt einen weiteren Lachanfall zurück.

Und schon war Taron durch die Hintertür verschwunden.

„Völlige Matschbirne“, lachte die Hexe, machte eine entsprechende Geste und stieß Konrad an. „Hab ich dir doch gesagt. Es ist köstlich. Da schweigt er jahrelang seine Stimmbänder ranzig und das erste das er danach sagt ist: Ich muss auf die Toilette…“ Trine äffte hochgestochen Tarons kratzig urtümlichen Tonfall nach und amüsierte sich königlich.

„Du lallst übrigens nicht unerheblich. Fast wie beim letzten Mal, als du in meinem Haus zu Gast warst“, rief sie ihm hinterher. „Und ich habe keine T- o- i- l- e- t- t- e, Schatz! Das ist ein stinknormal stinkiges Plumpsklo dort draußen, Eure Herrlichkeit!“

Sie bekam keine Antwort. Konrad sah die Hexe vorwurfvoll an. Er hatte fasziniert und zum ersten Mal richtig Tarons Stimme gelauscht. Abgesehen von seinen gellenden Schreien im Moor. Er wusste nicht, was es im Moment zu lachen gab nach allem, was geschehen war.

Doch Trine schien trotz allem hoch zufrieden. Sie beschwichtigte Konrad und tätschelte ihm auf seinem Platz sachte die Schulter.

„Keine Sorge", sagte sie dann halbwegs ernst, noch immer unterbrochen von gelegentlichem Glucksen. „Miss der ganzen Sache jetzt nur nicht zu viel Bedeutung bei", erklärte sie dann. „Es war ein kleiner Zwischenfall dort draußen im Moor, in Ordnung? Sonst gar nichts." Sie sah ihn durchdringend an. „Eine kleine Unachtsamkeit von diesem Tollpatsch, der sich unser König nennt. Es wird wahrscheinlich ein bisschen dauern, bis er wieder ganz klar ist. So richtig orientiert in Zeit und Raum."

Konrad nickte und zuckte hilflos mit den Schultern. Er würde tun, was die Hexe sagte. Etwas Sinnvolleres fiel ihm auch nicht ein im Augenblick. Dann nahm er den Würfelbecher auf und spielte weiter.

Trine machte Tarons Bett und setzte sich wieder zu dem Jungen an den Küchentisch. Es war langsam höchste Zeit geworden, dass der König erwachte. Insgeheim hatte sie sich bereits wüste Gedanken gemacht.

Es dauerte nicht lange, da kam Taron wieder hereingestakt, setzte sich schwerfällig zu ihnen und starrte dumpf vor sich auf die Tischplatte.

Trine erhob sich kurz und legte ihm eine Decke über die Schultern. Dann machte sie sich an ihrem Herd zu schaffen und stellte vor Taron schließlich eine dampfende Tasse ab.

„Komm. Trink deinen Tee, mein Guter!", sagte sie nur und wandte sich wieder Konrad zu, als ob nichts gewesen wäre. Sie sah sich zähneknirschend Konrads unverschämt gutes Spielergebnis an und nahm die Würfel.

„Nur nicht zu viel Aufmerksamkeit für den König jetzt, Junge", murmelte sie Konrad leise zu und ergriff den Würfelbecher, um ihn erneut zu schütteln. Die Hexe war in ihrem Spiel erheblich im Rückstand.

Taron nahm ungeschickt die Tasse vor sich in beide Hände und schlürfte fraglos etwas von der dampfenden Flüssigkeit darin. Dann stellte er sie zurück auf die Tischplatte und lümmelte sich ungewohnt leger in seine aufgestützten Arme. Er schwieg und sah den anderen beiden lange beim Spielen zu.

Als die Augen des Jungen immer kleiner wurden von den Mühen und Anstrengungen des Tages, schickte die Hexe ihn schlafen. In aller Eile hatte sie für Konrad ein kleines Nachtlager gerichtet.

Sie hingegen blieb mit Taron in der Wohnstube zurück. Seit dem Nachmittag hatte auf dem Herd für den König eine kräftige Suppe vor sich hingesimmert. Sie räumte das Würfelspiel beiseite und brachte Taron eine Schale davon.

„Gute frische Knochensuppe“, bestätigte Trine, als sie seinen fragenden Blick aufgefangen hatte. „Es bringt dich wieder zu Kräften nach deinem unglücklichen Moorbad.“

Sie steckte einen Löffel in die Schüssel und schob sie Taron vor die Nase.

Er griff ungelenk nach dem Löffel und stocherte mit dem Stiel tumb in der Suppe herum.

Trine seufzte, drehte ihm den Löffel in der Hand und tauchte ihn in die Schüssel.

Langsam begann der König zu essen.

„Eine Rosskur war das fürwahr und nichts für Weichlinge“, begann sie, nachdem Taron nicht daran dachte, ein Gespräch zu beginnen.

Trine hatte bisher keine Ahnung, wie der König seinen Untergang im Moor tatsächlich verkraftet hatte.

Der König löffelte angestrengt und kleckerreich seine Suppe. Erst nach einer Weile sah er auf.

„Ka- nn ich die Hau- Haus- auf- gaben von dir ab- schreiben, Tri- ne? Ko- mm schon. Nur a- aus- nahms- weise. Der A- alte hat mich ge- stern doch tat- säch- lich wie- der in den Ke- eller ge- gesperrt“, kam danach stockend aus seinem Mund. Er sprach möglichst langsam und bedacht. Als könne er selbst nicht glauben, was er hörte.

Trine legte prüfend den Kopf zur Seite.

„Wie alt denkst du, dass du bist?“, fragte sie zweifelnd und sah zu, wie sich ein feines Glitzern in Tarons Blick drängte.

„Du ha- st Re- recht“, räumte Taron schließlich ein, nachdem er verwirrt mit einer seiner nagelneuen Locken gespielt hatte. „Die- se Z- zei- ten sind la- nge her und wir sind a- alt ge- wor- den.“

Er schob die leere Suppenschüssel von sich und begann erneut vor sich hinzustieren.

„W- wie ko- mme ich in d- dein Ha- us, wie laa- nge b- bin ich hier und wa- s ha- st du mit m- mir ge- ma- cht?“

Die Hexe nahm die Schüssel vom Tisch und wandte sich dem Abwasch zu.

„Es war nicht einfach, seit heute Nachmittag, und auf deine dritte Frage zurückzukommen: Waschen, legen, trocknen.“ Ihre Antworten waren ebenso knapp, wie seine stockenden Fragen.

Sie kam zurück und setzte sich wieder zu ihm. Dann saßen sie schweigend beieinander. Keiner von beiden wusste, was er sagen sollte. Sie waren auf Situationen wie diese nicht vorbereitet.

Die Hexe spielte mit ihren Fingern.

„Bist du müde?“, fragte sie schließlich.

„Nein“, war seine knappe Antwort darauf. „E- ein wenig viellei- cht“, korrigierte er sich.

„Wie heißt du?“, begann sie Hexe nun geschäftig.

„Ta- ron A- na- tol I- ikárov“

„Gute Antwort“, lobte die Hexe zufrieden. Das war immerhin etwas. So schlimm konnte es also nicht sein.

„Welcher Tag ist heute?“, fragte sie weiter.

„T- Tag?“, entgegnete Taron verwirrt. „E- es ist n- nicht Tag, e- es ist sch- on be- ein- ahe N- acht, we- nn ich a- a- us die- sem w- inz- igen F- en- ster do- rt drü- ben sch- schaue.“

„Monat?“

Taron kniff die Augen zusammen und griff sich ratlos an den Kopf.

Dies war Antwort genug für die Hexe. Das Moor hatte vieles gegeben, es hatte aber vielleicht auch viel genommen. Die Zeit würde es zeigen. Und man musste Geduld haben. Es war mehr als eine Rosskur, was dem König geschehen war.

„Welchen Beruf hast du, Taron Ikárov?“, beharrte die Hexe und prüfte seine Erinnerung weiter.

„Do- Dorf- trot- tel w- wahr- sche- einlich, so un- wi- wissend wie ich hi- er s- sitze.“ Er rieb sich die pochende Stirn.

„Sch- üler, Le- hr- ling... ne- ein. Kn- knecht. I- ich bin Knecht, o- der?“

„Nun, ja. Das kann man gelten lassen“, lachte die Hexe. „Geht schon in die richtige Richtung.“

Trine stemmte die Hände in die Hüften.

„Taron, mein Hübscher“, fing sie nun an. „Das Moor war Gnade und Unglück zugleich für dich. Aber beende es, einen glauben lassen zu wollen, du bist unzurechnungsfähig.“ Ihr Blick wurde streng. „Ich kenne dich lange genug, um zu wissen, wann du flunkerst.“

Taron nahm bitter grinsend einen Schluck von seinem Getränk.

„Also. Was ist dein Beruf, mein Lieber?“

„Kö- nig“, rief Taron darauf hin genervt und fast stolperfrei. Er raufte sich die Haare. „Kö- nig b- bin ich wohl, dä- mm- ert mir, m- meine Lie- be.“ Sein Blick wurde verzweifelt.

„A- aber ich ha- be kei- nen bla- ssen Schi- mm- er, w- wie...?“

„Wie du hierher gekommen bist?“

Taron nickte.

Die Hexe wirkte amüsiert.

„Hast du ein Glück, dass dein Sohn dich hierher begleitet hat und dir morgen wenn er ausgeschlafen hat alles berichten kann.“

Der König blickte entgeistert auf Konrad. Seine Gehirnwindungen barsten schier vor Anstrengung.

„Das ist genug für heute. Ihr lebt, Ihr atmet, Ihr sprecht und Ihr habt, wie es aussieht, Edolfs Fluch gebrochen. Ihr seid neu geboren gewissermaßen. Das sollte genügen an Wundern für einen Tag." Die Hexe lächelte und drückte des Königs Hand. „Heute wird die Welt dennoch nicht mehr verändert."

Taron war von all dem verstört. Er verstand gerade nichts von all dem, was sie redete. Aber er nickte. Man legte sich zur Ruhe.

Sturm zog auf in dieser Nacht. In ganz Grauen und auch über dem Moor tobte sich der erste Herbststurm aus. Der Wind heulte über die magere Landschaft und an dem kleinen schiefen Gasthaus zerrte es merklich. Der Luftzug johlte um das Haus und die Zweige der niedrigen Gehölze hinter dem Gebäude kratzten mit dutzend kleinen Krallen gegen die Hinterwand.

Der Junge und auch die Hexe erwachten ein paar Mal, als der Sturm wie ein Trupp ungebetener Gäste gegen das Haus polterte.

Taron hingegen bekam von all dem nichts mit nach dem letzten unwirklichen Tag. Er schlief. Aber er ruhte unruhig auf seinem Lager. Er wälzte sich hin und her, brammelte, murmelte und schimpfte im Schlaf und mehr als einmal riss er die anderen beiden aus der Ruhe, da er offensichtlich mehrfach in dieser kurzen Nacht erneut im Moor versank.

Trine war schließlich aufgestanden und hatte dem in ihrem Haus so wüst schlummernden König die Hand auf die Stirn gelegt, bis er sich wieder beruhigte.

Der Wind brauste am nächsten Morgen nicht weniger wütend um das Haus. Die Hexe hatte bereits längst den Ofen angeschürt und sich in der Küche zu schaffen gemacht. Sie hatte vor aufzutafeln. Sie wusste, ihr Besuch konnte nicht mehr allzu lange bleiben. Der König musste zurück und sie wollte die Gelegenheit nutzen.

Sie rührte und schnibbelte, werkelte, mischte, drapierte, garnierte und polierte Geschirr. Und dies alles an mehreren Stellen gleichzeitig in der Küche, wie es schien. Sie hatte einen Ruf in ihrem Gasthaus zu verteidigen und sie hatte einen König zu bewirten. Fürstlich sollte es also werden dieses Frühstück für die am Vortag so unfreiwillig hereingeschneiten Gäste.

Konrad war aus seinem Bett geglitten und hatte sich müde und verschlafen zu ihr gesellt. Er saß am Herd, ließ die Füße baumeln und schlürfte eine Tasse Kakao.

Die Hexe plapperte freundlich auf ihn ein. Plötzlich fiel scheppernd und mit einem Höllenlärm eine große Silberplatte zu Boden. Trine hatte sie nach dem Polieren nachlässig abgestellt.

Die Katzen im Haus stoben entsetzt in alle Richtungen davon.

Auch Konrad erschrak sehr. Etwas von dem Kakao schwappte über seine Hand.

Und noch erschrockener war er, als Taron davon aus dem Schlaf fuhr. Der König hatte sich instinktiv ein Messer irgendwo in der Nähe seiner Schlafstatt gegriffen und stand mit weit aufgerissenen Augen in der Küchentür. Sein Haar stand wüst vom Schlaf in alle Richtungen davon. Er starrte die beiden entgeistert an. In seinen Augen funkelte es gefährlich.

Trine wischte sich die Hände an der Schürze und eilte zu ihm hinüber. Die Hexe sah genau, dass er für einen Augenblick keine Ahnung hatte, wo er sich befand. Sie machte eine besänftigende Geste und wand ihrem Gast das Messer aus der Faust.

„Guten Morgen, Durchlaucht“, sagte sie dann fröhlich. „Noch einmal herzlich willkommen im Alten Torfkopf. Welche Ehre, Euch zu Gast zu haben.“ Sie machte einen ungelenken Knicks. „Entschuldigt den ungebührlichen Krach. Ich war ungeschickt. Schließlich bin ich völlig aus dem Häuschen über Euren seltenen Besuch in meinem bescheidenen Haus.“

Konrad hatte sich von seinem Schreck erholt. Er kicherte.

Taron sah ohne die Klinge in seiner Verwirrtheit urkomisch aus.

T- O- R- F- K- O- P- F, buchstabierte Taron mit den Händen und legte seinen fragendsten Blick auf. Ihm brummte der Schädel.

„Oh, je", seufzte Trine und sah Konrad mitleidig an. „Das Moor ist schon ein verbiesterter Feind. Das wird ein hartes Stück Arbeit."

Sie schob Taron aus der Küche und bugsierte ihn an den großen Tisch im Gastraum.

Konrad folgte ihnen zweifelnd.

Die Hexe brachte den beiden Besuchern eine große Waschschüssel und Tücher. Sie stellte alles mitten vor Taron auf den Tisch.

„Und wascht Euch das Moor gründlich aus den Ohren, Majestät", lachte sie und wandte sich wieder ihren Vorbereitungen in der Küche zu. Von Zeit zu Zeit linste sie erheitert durch die Küchentür.

Bevor sie den Tisch in eine königliche Frühstückstafel verwandelte, brachte sie dem fragend dreinblickenden Taron sein Hemd zurück. Er hatte sich halb bekleidet an den Tisch gesetzt und unschlüssig vor sich hin gestiert.

„Frisch gebügelt, Euer Durchlaucht", strahlte sie und reichte es ihm.

Sie zog einen Kamm aus ihrer Schürzentasche und bändigte sein störrisches Haar mit einer Schleife zu einem ansehnlichen Haarstrang.

Taron ließ es geschehen.

„Ihr sollt ordentlich aussehen, wenn sie Euch holen kommen."

Man sah Mahlwerke in seinem irritierten Kopf beschäftigt. Langsam und prüfend drehte sich der König zu ihr um.

„Ihr seht das ganz richtig", bestätigte sie leicht schnippisch. „Ihr seid hier. Bei mir. Der Hässlichen Trine. Und wir können uns beide seit der Schulzeit auf den Tod nicht ausstehen. Schön, dass Ihr Euch an etwas erinnert offensichtlich." Sie klatschte begeistert in die Hände und sah spöttisch auf ihn herab.

„Und es gibt Umstände, die ändern plötzlich alles", grinste sie dann schlicht und nahm seine zum Protest erhobenen Hände herunter. „Ihr seid mir unzweifelhaft seit gestern zu ewigem

Dank und Wohlwollen verpflichtet!“ Sie grinste heimtückisch. „Die Hässliche Trine. Stets zu Euren Diensten! Aber jetzt wird erst mal gefrühstückt, mein Lieber“, würgte sie jede unausgesprochene Frage ab, versteckte den Kamm wieder in ihrer Schürze und tafelte auf. Ein letztes gemeinsames Mahl, dachte Trine und sah den König über den Tisch hinweg neugierig an. Wie würde es weitergehen?

Der König verfolgte dies alles stillschweigend und beinahe versteinert. Nur sein Blick schweifte unstet im Raum umher. Damit blieb er abwechselnd an Trine und an Konrad hängen.

Der Junge aß kleinlaut sein Frühstück und wagte es nicht, die beiden zu stören und den König anzusprechen. Sein Begleiter hatte seit seinem Erwachen eine sehr dunkle Aura angenommen, die er nicht verstand. Auch er fragte sich, wie es jetzt weitergehen konnte.

Taron begann sich zu erinnern. Und – er begann zu essen.

Die Hexe hatte es an dieser Tafel für ihre Gäste wirklich an nichts fehlen lassen. Sie schenkte ihm eine große Tasse Tee ein.

Wer wird mich holen kommen, Trine?, fragte er dann nach einer Weile erneut in Zeichensprache, bevor er die Tasse zum Mund führte.

Die Hexe konnte keine Gesten, aber sie ahnte, was der König von ihr wissen wollte.

„Dein Fuß, Hoheit“, sagte sie schlicht. „Wirf einen Blick auf deinen Fuß. Kennst du vielleicht noch deine Hofordnung?“

Taron rückte mit seinem Stuhl ein Stück zur Seite und sah hinunter auf seinen Knöchel. Das gelbe Band lag frisch gewaschen und gebügelt um seine Fessel.

„In Wassergrün ist einiges geschehen, erzählt man sich, mein Bester“, lächelte Trine hintergründig und nickte dem König zu. „Und bevor du weiter fragst: Das Einzige, das du jetzt zu wissen brauchst ist, dass du nach Hause musst. Schnellstens. Dort wolltest du längst schon sein. Und wenn dir das mit dem Sumpf nicht dazwischen gekommen wäre, hättest du freiwillig keinen Tag vergeudet und mit Sicherheit niemals einen Fuß in dieses Haus gesetzt.“

Taron senkte den Kopf und lächelte verhalten. Er wusste nicht viel im Augenblick. Aber das stimmte wohl.

„Keine Angst, mein Fürst", räumte Trine dann ein. „Obwohl wir uns nicht ausstehen können, weiß ich, was die Worte Verpflichtung und Loyalität bedeuten. Von mir wird niemand jemals erfahren, dass Ihr im Moor versunken seid und ich Euch herausgezogen habe wie einen schlaffen Hering."

Taron sah auf und stellte seine Tasse beiseite.

„Absicht war es natürlich von Euch und eines der waghalsigsten und entschlossensten Manöver, die ich jemals miterleben konnte... Niemand hätte Euch das zugetraut", lachte die Hexe. „Niemand sonst hätte es gewagt." Trine setzte sich neben Taron und nahm seine Hand.

„Und auch wenn dies nicht ganz der Wahrheit entspricht", flüsterte sie dann. „So seid Ihr nun von einigem befreit."

Wieder sah die Hexe in verständnislose Augen.

„Der Fluch, Taron. Euer Onkel hat ihn Euch beschert. Ihr erinnert Euch?"

Taron kniff die Augen zusammen und versuchte seinen schwerfälligen Gehirnwindungen Beine zu machen.

„Die Fledderiszidose, mein lieber Gast. Ihr seid sie los. Tretet vor den Spiegel dort drüben nach dem Essen und seht selbst. Das Tageslicht scheint herein in meine Hütte und Eure Außenhülle ist so undurchsichtig wie jeder andere Körper auch. Ist das nicht famos?"

Taron sprang auf und stellte sich vor das Spiegelglas. Prüfend besah er sich von allen Seiten. Die Hexe hatte recht. Träumte er?

„Ich weiß natürlich nicht...", hakte die Hexe ein. „Wie umfassend diese Fluchbeseitigung war. Wartet den nächsten Vollmond ab und seht, ob Ihr vollständig genesen seid. Es ist ein Mirakel, dass dies geschah, und so einmalig wie wenig sonst."

Taron fasste sich ins Gesicht und setzte sich verblüfft wieder zu ihnen.

Trine griff erneut nach seiner Hand. Er ließ es sich gefallen.

„Und Eure Stimme, mein Lieber... Ich schätze, Ihr habt das seit gestern einfach wieder vergessen. Eure Stimme ist ebenfalls wieder bei Euch." Sie zwickte Taron kräftig in den Unterarm.

„Au!", schimpfte er laut. „D- das t- ut weh!" Erneut sah er die anderen beiden an, als hätte er ein Gespenst gesehen und riss die Hand an den Mund.

„Ja, ja", trällerte Trine und tat Taron ein Stück Kuchen auf. „Zaumzeug und Kandaren, dachten sie, hätten sie Euch angelegt. Meine lieben Herren Morbinianer."

Taron fasste sich ungläubig an den Hals und begann abgehackt die Verse der Grauischen Nationalhymne zu rezitieren. Er sprach. Laut und einigermaßen deutlich.

„Es war alles nur ein Trick, mein Lieber."

Taron bohrte mit der Kuchengabel nachdenklich in seinem Gebäck herum.

„Denkt Ihr, der alte Ripenschneider hätte es gewagt, in Eurem Hals herum zu schnitzen? Nein!", lachte Trine, griff unkonventionell ihr Stück Kuchen vom Teller und biss hinein. Zwischen Bröseln hindurch flötete sie weiter.

„Manipuliert hat er Euch, Taron Ikárov. Und das gründlich!"

Der König legte seine Gabel beiseite und fasste Trine am Arm. Sie musste ihn endlich aufklären. Was wusste sie über Ripenschneider?

Die Hexe sah ihn einen Moment nachdenklich an. Dann fasste sie seine Hand ein weiteres Mal und drehte sie mit der Handfläche nach oben. Mit ihrem spitzen Finger fuhr sie die Linien darin nach.

„Heiraten werdet Ihr bald, mein König."

Taron zog die Hand zur Seite. Er funkelte sie argwöhnisch an. Warum wechselte die Hexe so abrupt das Thema? Und was redete sie da überhaupt? Er war pikiert.

„Ihr müsst und es werden Euch keine weiteren Ausflüchte mehr bleiben", beharrte sie.

Ungeduldig verschränkte er die Arme.

„Ri- pen- schnei- der, Tri- ne", beharrte Taron beim ursprünglichen Thema. „W- w- as sa- gst du da?"

„Also, hör mal!", begann sie und gewährte ihm eine Antwort. „Ich wäre keine anständige Hexe, wenn ich nicht manches von dem zu erzählen wüsste, wovon andere nicht die geringste Ahnung haben."

Taron sah sie flehend an.

„Er hat Euren Verstand blockiert, mein Lieber. Als er zur Ablenkung mit ein paar seiner Gerätschaften in Eurem Hals herumgestochert hat. Ganz einfach und so wirksam, dass nur ein anständiger Schock Euch daraus befreien konnte. Auch hier ist er ein Meister seines Fachs. Nur so viel. Mehr wage ich nicht zu berichten..."

Dann hämmerte es gegen die Tür.

„Oh, Eure Eskorte ist hier, wie es aussieht, mein König", lachte Trine und erhob sich. „Das wurde ja Zeit."

Sie ging gemächlich zur Tür, an der das Klopfen immer massiver wurde. Gleich würde man die Tür eintreten, wenn sie nicht öffnete.

Konrad war erschrocken aufgesprungen und hatte sich schutzsuchend hinter Taron versteckt.

„Wir setzen unser Gespräch irgendwann einmal fort", raunte die Hexe dem König zu, als sie den Türknauf bereits in der Hand hielt. Dann legte sie den Finger vor den Mund.

„Und einen guten Rat gebe ich dir noch, Taron. Und ich sehe es jetzt überhaupt nicht mehr ein dich förmlich anzusprechen. Überlege dir gut, wann du sie wissen lässt, dass du sprechen kannst! Wähle einen guten Moment, wenn du deine Stimme wieder benutzt." Sie sah Taron eindringlich in die Augen.

Schon rumpelte es an die Tür. Man warf sich von Außen dagegen.

„Und du Junge..." sie zeigte auf Konrad, der ängstlich seine Arme um Taron geschlungen hatte. „Du teilst dieses Geheimnis mit deinem Herrn Papa!"

Sie drehte sich noch einmal um zu Taron.

„Und vergesst nicht mich zur Hochzeit einzuladen!"

Sie grinste. Dann öffnete sie die Tür.

Kapitel 8

Eine Abordnung der Palastwache kam scheppernd und in voller Montur in das kleine Haus gerumpelt und baute sich vor Trine auf. Das Gebäude erzitterte unter ihren Schritten und mit ihm der kleine Konrad, der sich fester und fester um Taron klammerte.

Remoulado drängte sich von hinten durch seine Leute und blieb unangemessen nahe vor der Hexe stehen.

„Zu freundlich, dass Ihr irgendwann doch noch geöffnet habt für unseren bescheidenen Besuch“, schnarrte er und stemmte die Hände in die Hüften. Er wirkte wenig entspannt an diesem Morgen.

„Taron Ikárov wird gesucht, meine Werteste“, pfiff er militärisch die Hexe an. Er ließ sie nicht zu Wort kommen. „Unser König war auf dem Weg durch das Moor, hat man mir berichtet in Hiesig.“

Die Hexe machte sich so breit wie sie konnte und rückte vor Remoulado keinen Millimeter zur Seite. Eine leichte Knoblauchfahne wehte ihr von dem wichtigtuerischen Hauptmann entgegen.

Plötzlich wurde die Hexe von hinten sanft zur Seite geschoben.

Hier ist der, den ihr sucht, zeigte Taron vor dem Gesicht des Hauptmanns mit den Fingern und strich der Hexe neben sich besänftigend über den Rücken.

Trine funkelte den Oberst böse an.

Konrad im Hintergrund hatte sich unter dem Tisch versteckt.

Was fällt Euch ein und wer seid Ihr, diesem Haus, in dem mir Gastfreundschaft gewährt wird, so rüde zu begegnen?, schimpfte nun Taron zackig mit den Händen. Er erwachte aus seiner Starre. Er musterte den Eindringling kritisch von oben bis unten und blieb am Ende an Remoulados Schultertressen hängen. Man sah ihm an, er sortierte im Geiste mühevoll die Grauener Embleme.

Herr Oberst?

Sein Blick wurde streng und gebieterisch, aber Remoulado und auch die gesamte Gardeabteilung erkannten mit Schrecken, dass der König nicht die geringste Ahnung hatte, wen er genau vor sich hatte. Der König kannte seinen ersten Leibwächter nicht mehr.

Remoulado schnappte nach Luft und fuhr herum zu der Hexe. Er packte sie am Arm.

„Was hast du mit ihm gemacht, Zauberin?"

Trine lachte nur und zog sich aus seinem Griff.

Taron trat einen Schritt drohend nach vorne.

„Nett Eure Bekanntschaft zu machen, Remoulado zu Wassergrün", sagte die Hexe mit allem Selbstbewusstsein, das sie aufbieten konnte. „Ich habe Grauen einen großen Dienst erwiesen. Sonst nichts. Das könnt Ihr mir glauben."

Remoulado schäumte vor Wut. Er dachte, die Hexe würde ihn veralbern. Schon hob er die Hand.

Taron ging dazwischen, befreite die Hexe aus Remoulados Griff und zog den Oberst vor die Tür. Er zeigte eindringlich auf Grauens Siegel, das dort prangte und das der Oberst bis jetzt völlig übersehen hatte.

Remoulado legte die Hand an die Stirn und senkte geknickt seinen Kopf.

„Verzeih, Taron! Du hast natürlich Recht..."

Taron taxierte ihn unerfreut. Sein Blick wurde streng.

„Verzeiht!", korrigierte sich Remoulado schnell. Der König, der ihn nicht mehr erkannte bestand auf Förmlichkeiten, wie es schien. Er wurde ernst und besann sich auf das Amt, das ihm zugedacht war.

„Ihr habt natürlich Recht, mein König. Aber wir haben uns alle solche Sorgen gemacht. Ganz Wassergrün, was sag ich, ganz Grauen ist in Aufruhr wegen Euch. Zum Glück haben wir Euch hier endlich gefunden." Er räusperte sich gewichtig.

„Und deswegen bin ich hier, um dich, also Euch mit dem gelben Band am Bein...", er zeigte militärisch darauf, „wieder dorthin zu bringen, wo Ihr hingehört. Und ich möchte Euch nun bitten, uns ohne größeres Theater zu folgen. Wir haben wenig Zeit."

Remoulado wurde unsicher. Er sah Taron an, dass etwas geschehen war. Etwas, das er nicht einordnen konnte. Etwas, wovon er keine Ahnung hatte.

Taron blieb wie angewurzelt auf seinem Platz und verschränkte kritisch die Arme.

„Bitte!", versuchte es der Leibwächter nun etwas gemäßigter. „Macht uns jetzt keine Probleme. Ihr habt keine Ahnung, was los ist in Wassergrün. Und Eure Tochter verzehrt sich nach Euch!", sagte er dann schnell.

In Tarons Kopf schien es hörbar zu klicken. Er sah den Oberst fragend an und seine Gesichtszüge wurden weich. Eine Erinnerung quoll in seinem Inneren hervor.

„Ja, mein König", fuhr Remoulado hektisch fort. „Shelly! Sie weint sich die Augen nach Euch aus."

Taron legte den Kopf zur Seite. Er wiegte ihn ein paar Mal hin und her, als würde er unter Schmerzen versuchen seinem Gedächtnis auf die Sprünge zu helfen.

„Langsam!", mahnte die Hexe im Hintergrund dann eindringlich und trat neben Taron. „Ganz langsam, mein Herr Oberst."

Erschrocken sah Remoulado die Hexe an. Was in aller Herren Namen war in den wenigen Tagen geschehen, da er Taron hatte losziehen lassen? Er sah seinen König an. Er sah seinen Freund an. Und er sah die Hexe, die entschlossen neben ihm stand.

Dann trat Taron einen Schritt nach vorne und lieferte sich aus. Sofort wurde er von den Wachen umrundet.

Nun endlich meldete sich Konrad zurück. Er sprang unter dem Tisch hervor, unter dem er sich versteckt hatte, und stellte sich mit einer gezückten Kehrichtschaufel vor Remoulado auf.

„Ihr nehmt meinen Vater nur mit, vornehme Herren, wenn es für ihn zum Besten ist." Er nickte und zeigte angriffslustig mit der Schaufel in die erstaunte Runde.

Taron nickte ihm zu und hakte ein in Konrads Formulierung.

Und Ihr nehmt ihn nur mit Euch zurück, wenn der Junge ihn begleitet!

Remoulado schnappte nach Luft. Was war das nun wieder für eine Absonderlichkeit, mit der er nicht gerechnet hatte? Er sah zwischen Taron und dem Jungen hin und her. Er konnte es nicht einordnen. Vater?

Und Ihr nehmt ihn nur mit Euch zurück, werte Herren, wenn auch die Hexe mit ihm kommt.

Taron drehte sich um zu Trine und sah sie flehend an. Er senkte sein Haupt vor ihr. Sie verstand auch ohne Gesten, was er meinte.

Allen Anwesenden im Raum klappte nacheinander die Kinnlade herunter. Einschließlich Trine.

Doch Taron ließ sich nicht beirren.

Seid nun mein Gast, verehrte Dame. Ich wäre Euch dankbar, wenn Ihr bei mir seid. Solange ich Euch dringend brauche.

„Was hat er gesagt?", wetterte Trine nervös und puffte Remoulado an. Sie konnte die Zeichensprache von Taron nicht verstehen.

Unter der Garde entstand ein unschlüssiges Raunen.

Remoulado übersetzte schließlich, was Taron der Hexe angetragen hatte.

Trine hob nachdenklich eines ihrer Katzentiere auf den Arm und betrachtete den König lange.

„Na, gut", antwortete sie schließlich und zuckte mit den Schultern. „Ich komme nach, wenn ich hier alles geregelt habe."

Sie plärrte Taron ihre Antwort ins Ohr.

Der König hielt sich schützend die Hand davor und wehrte sie ab. Er war nur vorgeblich immernoch stumm, nicht auch noch taub geworden. Dann nickte er lächelnd.

Gut, meine Liebe. Sobald du hier alles geregelt hast.

Remoulado stapfte mit seiner Garde bereits auffordernd Richtung Ausgang.

Ganz entgegen seiner üblichen Gewohnheiten riss Taron die Hexe an sich und umarmte sie zum Abschied innig.

Remoulado ruckte überrascht herum.

Der Hexe entfleuchte ein erschrockenes Keuchen.

„Hi- lf mir, Tri- ne", flüsterte Taron dann ganz leise in ihr Ohr, fast ohne den Mund zu bewegen, während er sie festhielt.

„I- ich we- iß ge- ra- de so w- we- nig. I- ch da- rf m- mi- ch ni- cht vor der Z- zeit ver- plap- pern." Er drückte ihr einen Kuss auf die Wange.

Die Hexe schob den König prustend und mit roten Bäckchen von sich, nickte unmerklich und sah ihm tief in die Augen. Mit den Händen machte sie nebenher ein kleines verborgenes Fingerspiel.

„Wird's bald!", meckerte der Oberst jetzt militärisch vom Eingang her. Die Garde hatte eine Gasse für den König gebildet.

Dann streckte der König die Hand nach Konrad aus.

Der Junge legte die kleine Schaufel beiseite und ergriff sie.

Taron nickte Trine noch einmal zu und umrundet von den Wachen verließen sie das kleine Haus.

Barfuß und in Lumpen war Taron aus Wassergrün losgezogen. Mit nackten Füßen und in ausgebesserten Lumpen kehrte er durch das Moor zurück zum Grauener Schloss. Ein Schloss, das der König lange nicht mehr gesehen hatte. Kein Pferd, keine Kutsche brachten ihn zurück. Man ließ ihn langsam gehen.

Kapitel 9

Die Grauener Burg war über die langen Jahre der Abwesenheit ihres Königs zu neuer Blüte erwacht. Liebevoll und mit abervielen Händen waren die Gebäude nach dem großen Brand von Grund auf renoviert worden.

So sorgfältig Shelly von Schwarzeck den Regierungssitz nach der Schlacht mit den Dunklen mit ihrem Brandpfeil zerstört hatte, so detailverliebt war alles nun wieder hergerichtet.

Als sie den langen Moorpfad hinter sich gebracht und den mühsamen Weg zurück zur Burg geschafft hatten, waren sie schließlich aus dem Wald getreten.

Der Leibwächter hatte Taron vor der letzten Biegung die Augen verbunden.

Taron ließ es ungern zu und nur unter Protest, aber Remoulado und seine Begleiter hatten darauf bestanden, den König mit dem neu erstandenen Palast zu überraschen.

Gemeinsam mit einem Gardesoldaten hatte der Leibwächter seinen Herrn so hinaus auf den Hügel geführt, von dem einst die Dunklen auf das Schloss vor ihrem Angriff heruntergesehen hatten. Genau an der Stelle, an der Taron vor Jahren Gumpert, den Heerführer der Dunklen besiegt hatte und wo nun ein Gedenkstein stand, ließ er ihn die Augen öffnen. Grauens altehrwürdige Mauern lagen endlich wieder vor ihm. Der König war zurück.

Taron hatte die Hand über die Augen gehalten, als Remoulado ihm die Binde abgenommen hatte. Im Gegenlicht konnte er im ersten Moment überhaupt nichts sehen. Oder war es nicht das Licht, sondern das Schloss selbst, das den Herrscher so zu blenden gedachte?

Remoulado und der Soldat hatten Taron zu beiden Seiten losgelassen und ließen ihn staunen.

„Na, was sagst du?", fragte der Leibwächter grinsend und sah zu, wie Taron die Hand an den Mund legte und sich schließlich fassungslos auf dem Gedenkstein niederließ. Der König musste sich setzen. Dann sah er den Leibwächter kritisch an.

„Na, was sagt Ihr, Durchlaucht?", verbesserte sich Remoulado darauf schnell und lachte breit. Er konnte nicht umhin, Taron weiterhin grinsend anzublicken.

Der König sah auf sein mächtiges Schloss. Vor der massiven Bergwand lag es immer noch, aber der alte Kasten war kaum wiederzuerkennen. Grauen hatte dem König während seiner Abwesenheit ein echtes Märchenschloss gebaut. Wie Zuckerbäckerware glänzten die erneuerten Gebäude zu ihm herüber, filigranes Zierwerk schnörkelte sich ihnen entgegen.

Alles war wundervoll. Verzierte Türme und Giebel, Arabesken wohin man blickte. Im reichen Stuck der Außenmauern und als Wasserspeier auf den Dächern tummelte sich allerlei Steingetier und Fabelzeug.

Farbige Mosaike leuchteten ihnen aus den ehemals geborstenen Fenstern entgegen. Dachschindeln waren in schwarz und grau in neue elegante Muster gelegt. Wo die Explosion im Laboratorium ein großes klaffendes Loch in die Außenmauer

gerissen hatte, befand jetzt ein verwinkelter Erker. Auf dem Dachfirst des Haupthauses wehte eine prächtige Fahne.

Der Gärtner Kuno Modrich und seine Helferschaft hatten das Gemäuer außenherum mit einem Blumenmeer verziert. Formvollendeter Buchs gab den Außenanlagen einen grünen Prachtanstrich.

Grauens Burg. Der graue, lieblose Klotz von einst war nicht mehr wiederzuerkennen.

Taron blickte auf die Gebäude, die er von früher kannte. Aber er verstand es kaum. Man hatte trotz allem Prunk versessen darauf geachtet, dass im Schatten des Berges der düstere Nimbus des Hauses Ikárov nicht verloren ging. Diesen Spagat hatten die Baumeister und alle Helfer auf das Trefflichste zustande gebracht.

Remoulado zu Wassergrün ließ Taron ausreichend Zeit, das, was er sah, zu begreifen. Jegliche Hässlichkeit war von den Mauern gewichen und sie strahlten trotz ihrer schattigen Imposanz eine herrschaftliche Wärme aus, die ihresgleichen suchte.

„Denkt noch nicht einmal daran, über den ganzen Schnickschnack zu schimpfen“, lachte Remoulado, der dabei zusah, wie Tarons Mund langsam wieder zuging.

„Ihr habt uns schließlich freie Hand gelassen und es ist uns tatsächlich gelungen, den Pragmatismus Eures Haushofmeisters und den überschäumenden Feingeist Konrads von Schwarzeck auf einen Nenner zu bringen in diesem Meisterwerk.“

Taron sah Remoulado kurz in die Augen. Dann blickte er an sich herunter.

Der Leibwächter verstand. So wie er war, zerlumpt und überhaupt nicht repräsentativ sollte sich der König nun in diesen Schmuckbau begeben? Remoulado nickte und forderte mit einer Geste seinen Herrn auf, sich von dem Stein zu erheben. Er nahm seinen langen Gardemantel ab und legte ihn Taron über die Schultern.

Neben ihnen schwenkte einer der Soldaten eine gelbe Fahne.

Taron seufze stumm und reihte sich zwischen seiner Garde ein.

Das Grauener Tor wurde ratternd für sie geöffnet und Fanfaren erschallten über die ganze Ebene vor dem Schloss. Der König war nach Hause gekehrt.

Kapitel 9

Als Taron durch den reich geschmückten Eingang geschritten war, erwartete ihn der gesamte aufgereihte Hofstaat. Diesmal war der König äußerlich nicht verletzt, als er heimkehrte. Man war glücklich, dass er wohlbehalten nach Hause gekommen war und lachte ihm freundlich und jubelnd entgegen.

Keiner seiner Generäle zückte eine Waffe, um ihn offiziell in Arrest zu nehmen.

Er hatte den Moloch Wassergrün und mit ihm alle Bewohner des Stadtschlosses hinter sich gelassen. Anatol und seine Familie waren nicht hierher gereist.

Dafür war Shelly von Schwarzeck erscheinen. Sie hatte Tarons Tochter aus ihrer sicheren Obhut hierher gebracht. Und sie konnte und wollte das Kind nicht halten.

Seine Tochter war die Erste, die sich nach dem Eintreten des Königs bewegte. Sie riss sich los von der riesigen Hand ihrer Patentante und schrie so laut vor Freude, dass den Umstehenden die Ohren anfingen zu klingen. Sie stürzte ihrem Vater entgegen und klammerte sich überglücklich an seine Beine.

Der König nahm sie hoch und lockerte ihre Ärmchen um seinen Hals, bevor sie ihn zerdrückte. Er bekam einen dicken Schmatz auf seine unrasierte Wange.

So einen Empfang hatte Taron nicht erwartet. Er sah in ehrlich wohlwollende Gesichter.

Dennoch war er verwirrt. Sein Gehirn war noch allzu langsam und bemühte sich um ein Erkennen bei jedem Einzelnen von ihnen. Fast wirkte er auf die Umstehenden ein bisschen scheu.

Er lächelte vorsichtig und hob mühevoll mit der kleinen Shelly auf den Armen die Hand zum Gruß. Seine blanken Füße und die zerfransten Hosenbeine lugten unter dem Gardemantel hervor.

Taron stand unvermummt und mitten im Tageslicht vor ihnen und jeder sah, es war etwas mit ihm geschehen. Etwas war anders. Man sah in das Gesicht des Königs und kein bisschen Transparenz war auszumachen, die Einblick in sein Innenleben gewährt hätte. Er sah gealtert aus und feine Linien zierten seine Stirn und Augenpartie. Dunkle Ränder von zu wenig Erholung und Schlaf beschatteten seinen Blick.

Der König wirkte angespannt. Als käme er von einer kräftezehrenden Kur zurück. Aber er lächelte. Endlich war er zuhause.

Schon schritt Vincent auf ihn zu. Sein Verwalter und Haushofmeister reichte ihm freudig die Hand, während Remoulado die kleine Shelly von dem König pflückte.

Taron gab Vincents Händedruck zurück, bevor der Verwalter es wagte, seinen Herrn kurz in die Arme zu schließen. Der König ließ es sich gefallen.

Dann kam das Unausweichliche. Vincent führte den König an seinen Generälen vorbei. Mit seinem Stock zeigte er dabei stetig auf das gelbe Band an des Königs Fuß.

Die Generäle nickten und ganz im Gegensatz zum letzten Mal zogen sie vor ihm ihren Hut und legten geschlossen die Hand an ihre Brust.

Taron nickte ihnen zu und ließ sich von Vincent an ihnen vorbei über den eigenst ausgerollten Teppich führen.

Ibô400, Tarons erster General trat auf den König zu und hielt ihm einen umgedrehten Hut entgegen. Der König sollte all seine Wertsachen abgeben, bevor er das Schloss betrat. Dies folgte als Nächstes in der Liturgie. Er kannte das bereits.

Taron drehte seine leeren Taschen nach außen und zuckte mit den Schultern. Dann machte er sich daran, seinen Siegelring abzunehmen.

Der General hielt ihn zurück. Der König sollte Grauens wichtigste Insignie an der Hand behalten.

„Sonst nichts?“, fragte Ibô seinen Herrn obligatorisch und schüttelte den Hut vor Tarons Gesicht. „Wertgegenstände bitte ...“

Doch, antworte der König mit einer Geste und drehte sich um. Er winkte den kleinen Konrad herbei, der sich ungewohnt eingeschüchtert näherte.

Taron legte ihm die Hände auf die Schultern.

Dies ist das Wertvollste, das ich von meinem Weg abseits der erlaubten Pfade mitgebracht habe. Dies ist Konrad Ikárov. Und er gehört von heute an zur königlichen Familie.

Der König nickte zur letzten Bestätigung und ließ den Umstehenden ausreichend Zeit zu staunen, nachdem Remoulados Übersetzung für all diejenigen erschallt war, die Tarons Zeichensprache noch nicht so gut beherrschten.

Einen Augenblick herrschte absolute Stille über dem Schlosshof. Dann erhoben sich Jubelschreie.

Ellis, die Köchin und erste Kammerfrau, war herbeigeeilt und zog den kleinen Konrad begeistert mit sich fort.

Der Junge war völlig überwältigt von Tarons Worten. Er wusste nicht, was er sagen sollte. Vor Freude begann er zu weinen und begrub sein Gesicht tief in Ellis` Schürze.

Taron sah ihm nach. Sein eingefrorenes Lächeln wurde ein wenig weicher. Dann wandte er sich wieder Ibô zu und streckte ihm bereit für den folgenden Arrest die Hände entgegen.

Aber der General reagierte ganz anders, als Taron es vermutet hatte.

Er drehte Tarons Handflächen nach oben und gab nun zwei Pagen in der zweiten Reihe einen Wink. Sie traten vor und stellten sich mit großen Samtkissen an seiner Seite auf.

Und ehe Taron es sich versah, wurden ihm Grauens Insignien in die Hände gelegt.

Zuletzt setzte Ibô die schwere Krone auf sein Haupt. Dann kniete der General sich nieder zu Tarons Füßen, löste dort schweigend das gelbe Band und bettete es auf eines der leeren Kissen.

Die Anwesenden rasten vor Applaus. Dann senkten auch sie das Haupt vor ihrem König und verneigten sich vor ihm.

„Lange und ausführlich hat uns der werte Professor Ripenschneider berichtet, was in seinem Haus in Wassergrün passiert ist“, schmetterte Ibô dann weithin über den Innenhof.

„Das erneute Attentat ist unverzeihlich und egal, wer dafür verantwortlich ist und wem genau es galt. Wir hoffen sehr, Ihr zieht ihn zur Rechenschaft."

Taron legte die Stirn in Falten.

Die ebenfalls anwesenden Ratsmitglieder nickten ihm bekräftigend zu. Sie waren ernst.

„Man hat lange beraten, wie mit Eurem wiederholten Verstoß gegen die Statuten zu verfahren ist", sprach Ibô weiter und deutete hinüber auf den versammelten Rat und auf die Generäle.

Dann zog er sich mit einem Kopfnicken zurück und übergab Vincent das Wort, der auf seinen Einsatz bereits gewartet hatte.

„Ja. Man hat in einer noch nie dagewesenen Besetzung lange beraten, wie man so einen eigenwilligen König zu bändigen vermag", begann er.

„Und nach dem, was der hochverehrte Professor zu berichten wusste", fuhr er mit seiner Ansprache fort. „... ist man aber hier zu dem Schluss gekommen, dass ein erneuter Strafarrest und das Gelbe Band dieses Mal nicht die geeignete Maßnahme ist für Eure waghalsige Desertation wider alle Vernunft", fuhr Vincent fort und klopfte dem König freundschaftlich auf die Schulter.

„Und ich finde es äußerst erquicklich, dass Ihr uns mit den Insignien in der Hand und ohne Eure Stimme noch nicht einmal widersprechen könnt." Er grinste und mit ihm der gesamte Hofstaat. Dann wurde er wieder ernst. „Aber was immer Ihr in den letzten Tagen getan habt. Wo auch immer Ihr genau gewesen seid und wen immer Ihr getroffen habt: Wir hoffen sehr, dass Euch diese Inkognitounternehmung zum Erfolg gereichte."

Taron reagierte nicht darauf. Hochverehrter Professor? Sein Blick streifte unsicher an den Umstehenden vorbei zu Ripenschneider und seiner Familie. Sie waren tatsächlich hier in seinem Schloss. Der Professor sah noch sehr mitgenommen aus. Ausgemergelt und blass stand er ihm von seiner Familie umsäumt gegenüber. Aber er hatte den feigen Anschlag überlebt, wie es schien, und ganz, wie Taron es zuvor verfügt hatte für diesen Fall, befand er sich mit seiner Familie fortan in Grauens Obhut.

Und zu Tarons großer Überraschung hatte der Gelehrte ebenfalls seinen Hut vor ihm gezogen, sein Haupt gesenkt und er machte, schwer auf einen Stock gestützt, vor dem König eine tiefe Verbeugung. Nicht wie beim letzten Mal zum Feiertagsumzug, als Taron in Wassergrün mit seinem Gefolge am Haus des Professors vorbeigezogen war.

Ihre Blicke trafen sich. Ein winzig kleines ironisches Flackern in diesem Augenkontakt war Taron nicht entgangen.

Der König bedachte ihn mit einem kleinen, höflich unterkühlten Nicken. Mehr brachte er nicht zustande vor Verwunderung und vor Mühe, die schwere Krone dabei auf seinem Haupt zu balancieren.

„Lang lebe der König!", skandierte Ripenschneider darauf und man meinte, er würde in der Verbeugung bis zum Boden heruntersinken.

„Lang lebe der König!", erschallte es von den anderen im Chor wie ein Echo.

Taron legte die Insignien zurück und einstudiert huldvoll grüßte er in die versammelte Menge.

Die beiden Pagen postierten sich mit den Insignien direkt hinter ihn und folgten ihm nach. Der König wurde über den breiten Prachtteppich in sein Haus geführt.

Man hatte dem König nach dem Eintreten keine Zeit zum Umsehen gelassen. Auch das Innere des Hauses war nicht mehr wiederzuerkennen. Alle hatten ihr Bestes getan und die Einrichtung stand der Pracht der Außenmauern in nichts nach.

Die alten staubigen dunkelgrünen Teppichbahnen waren verschwunden und neuen gewichen. Man hatte ein herrschaftliches Bordeauxrot gewählt. Die langen schweren Samtvorhänge, welche die riesigen Fenster gesäumt hatten waren ebenfalls gewichen und hatten einer leichteren Variante Platz gemacht.

Überall gegenwärtig war immernoch das viele Pflanzenwerk. Aber alles war neu arrangiert. Alles wirkte gebändigt und leicht.

Nicht, als wollte es das Schloss von Innen samt seinen Bewohnern erdrücken.

Taron wurde ohne große Umschweife zu dem neuen großen Speisesaal geleitet. Der gesamte Hofstaat folgte ihm. Man ließ ihm keine Zeit, richtig Atem zu holen oder sich zum Essen umzuziehen.

Vincent nahm ihn lediglich kurz vor dem Eintreten in den Saal zur Seite. Während die anderen an ihnen vorbei in den Saal strömten, hatte Taron in einem kleinen Nebenraum von Vincent in aller Eile schlicht ein neues sauberes Hemd erhalten, Schuhe und Strümpfe und eine Gelegenheit seine Hände zu waschen.

Ellis kam mit Konrad am Ende vorbei, um ihn abzuholen. Auch Remoulado und Shelly. Die Kleine riss sich von dem Oberst los, packte ihren Vater an der Hand und führte ihn an seinen Platz am Kopf der gewaltigen Festtafel. Es war bereits angerichtet. Musik spielte auf. Man hatte beschlossen, mit dem König ein Fest zu feiern.

Kapitel 10

Fast immer saß Taron nach diesem Tag an seinem Schreibtisch. Man hätte denken können, er bewohnte ihn. Noch nicht einmal zu den Mahlzeiten erschien der König, sondern ließ sich ein Tablett direkt an seinen überhäuften Arbeitsplatz bringen. Nur wenige Male erhob er sich davon und es kam vor, dass er sogar daran schlief.

Vincent oder Remoulado hatten dem über den Papieren zusammengekauerten König dann eine Decke über die Schultern gelegt. Man hatte ihn in Ruhe gelassen.

Die Einzigen, für die er sich neben offiziellen Terminen und Papierkram liebevoll Zeit nahm, waren seine Tochter und sein frisch gebackener Ziehsohn Konrad, der sich begeistert und jeden Tag besser in dem riesigen Schloss zu bewegen lernte.

Der König hatte vieles gewonnen. Die Fledderiszidose schien bis auf ein paar winzige Restspuren zurückgewichen. Außer zu

Vollmond war er nicht mehr durchscheinend. Sein Fluch war gebrochen und er hatte seine Stimme zurück, auch wenn er vorläufig niemanden davon wissen ließ. Genau, wie es ihm die Hexe geraten hatte.

Vieles war aber auch im Moor zurückgeblieben. Remoulado war seither für ihn ein Fremder und mit ihm schien auch das Attentat aus seinem Kopf verschwunden. Nachdenklich blickte der König manchmal auf seine breiten Narben, wenn er in den Spiegel sah. Aber er fragte nie danach.

Mia schien er ebenfalls gänzlich vergessen zu haben. Er erkundigte sich nicht nach ihr, er erwähnte sie in keinem Kommentar.

Der König hatte auch sonst noch oft mit seinem Gedächtnis zu kämpfen, seit er im Moor versunken war, und der gesamte Hofstaat einschließlich seines Leibarztes Njorbert von Schnapp hatten aufgeschrien, als sie von Konrad die Geschichte von Tarons Untergang vernommen hatten. Aber sie konnten ihm nicht helfen.

Das Einzige, das er nicht vergessen zu haben schien, waren seine Geschäfte und seine Pflichten. Der König funktionierte wie ein Uhrwerk.

Etikette, Empfänge, Audienzen, Verhandlungen und die regelmäßigen Ratssitzungen erledigte er, als hätte er dies alles aufgesogen wie ein fetter Schwamm.

Das gelbe Band an seinem Fuß war gewichen. Er persönlich hatte es sich nach seiner Rückkehr zum Entsetzen aller von geschickten Händen in kunstvollen Linien tief in die Haut um seinen Knöchel gravieren lassen. Ein Band zwischen ihm und Grauen, das er von nun an nie wieder ablegen sollte.

Die Brille saß auf seiner Nase, er war eingezwängt in seine steifen Anzüge und seine Schreibfeder legte er kaum aus der Hand. Kühl und distanziert verbrachte er seine Tage.

Taron sprach kein einziges Wort. Und auch seine Hände deuteten nicht eine einzige überflüssige Silbe. Er tat seinen Mund in Gesellschaft anderer nur auf, um zu essen und um dann und wann huldvoll in die Runde zu lächeln. Oder um Besuchern,

Boten und seinen Ratskollegen die Zähne zu zeigen wenn es nötig war. Die Hexe hatte ihm dabei geholfen. Kein Laut kam aus Versehen über seine Lippen. Nicht einmal, als ihm in der Bibliothek ein schwerer Wälzer auf den Fuß gefallen war, weil Schorsch übermütig von einem Regal aus auf die aufgeschlagenen Seiten in seinen Händen gehopst war.

Er war für einen Herrscher noch immer jung an Jahren. Aber sein Haar war seit dem Moor noch grauer geworden als zuvor bereits. Breite, fast schlohweiße Strähnen zogen sich hindurch. Er ließ es nicht mehr schneiden. Und entgegen aller früheren Eitelkeit trug er es oft ungebändigt, wirr und abstehend, wie einst sein Onkel Edolf. Auch sein Bart am Kinn wurde lang und länger und die kleine Shelly machte sich oft einen Spaß daraus, ihm kleine Zöpfe hinein zu drehen.

Der König war ernst und zurückgezogen, wie ihn bisher niemand kannte. Er wirkte einsam trotz des Trubels im Schloss, der ihn jeden Tag umgab.

Ellis, der Köchin und Haushälterin hier im Schloss, die Taron bereits seit seinen Kindertagen kannte, traten oft heimlich die Tränen der Verzweiflung in die Augen. Und oft erhielten sie und Remoulado an Taron vorbei lange Briefe von Mia.

Der König lebte, um zu arbeiten. Sonst nichts. Und er lachte nur, wenn Shelly oder Konrad ihm ein Schmunzeln abringen konnten. Die beiden gaben sich dabei gemeinschaftlich alle Mühe und sie vertrugen sich auf Anhieb prächtig. Einer verstand es besser als der andere, im Schloss für helle Aufregung zu sorgen und dem Herrn Papa den letzten Nerv zu rauben. Es war, als hätte der kleine Konrad schon immer dazu gehört.

Wenn die Nacht kam, lag der König oft unruhig in seinem so neu und frisch renovierten Haus, in seinem Gemach und in seinem großen kalten Bett. Endlich konnte er wieder in seinem eigenen Bett schlafen. Frieden fand er dort zwischen seinen Kissen jedoch selten.

Auch hier war von dem großen Brand, der in der Burg gewütet hatte, nichts mehr zu sehen. Noch nicht einmal mehr irgendwelche Schmauchspuren an den großen klobigen Bettpfosten. Auch hier gab es neue Vorhänge. Man hatte den sonst so kahlen Raum mit ein paar Bildern dekoriert. Dies war der einzige Raum im ganzen Gebäude, in dem kaum etwas verändert worden war. Dennoch wirkte der König verloren in seinem eigenen Haus.

In einer Nacht wie dieser gab sich der Nachtmahr Schorsch die Ehre. Endlich durfte er wieder schalten und walten, wie es ihm beliebte. In der gesamten Burg und auch in Tarons Räumen war er nach der für ihn recht unerquicklichen Zeit in Wassergrün frei zu tun, was immer ihm beliebte.

So hatte der Nachtmahr auch heute durch einen Spalt der geschlossenen Stoffbahnen an Tarons Bett gelugt, um nach dem

König zu sehen. Er war neben ihm auf das Kissen gehopst und schüttelte seinen kleinen runden Kopf. Ein leiser tadelnder Laut entfuhr ihm, als er ihn betrachtete.

Der König war an diesem Abend ins Bett gefallen, wie er war. Gerade noch Jacke und Schuhe hatte er abgestreift. Er musste so müde gewesen sein, dass er es noch nicht einmal geschafft hatte, sich zuzudecken.

Schorsch zerrte pflichtbewusst und unter Auferbietung aller seiner Körperkräfte eine wärmende Decke heran und breitete sie liebevoll über den heimgekehrten König.

Sie waren zuhause. Endlich alle wieder zuhause. Zumindest fast alle.

Der Nachtmahr hörte eine Weile dabei zu, wie Taron leise vor sich hinschnaufte. Der Wein, den der König getrunken hatte, ließ ihn irgendwann schnarchen. Schorsch grinste.

Er hatte natürlich durch das Fenster in Trines Haus sehr wohl mitbekommen, was mit Taron nach dem Unfall im Moor geschehen war. Aber er würde es niemandem verraten und dafür sorgen, dass keiner Tarons zurückgekehrte Stimme bemerkte. Bis sich der König selbst dazu entschied.

Er rieb sich die Händchen, strich einmal übermütig über eine von Tarons Locken und setzte sich auf seine Brust. Nun würde er zuerst einmal wieder dafür sorgen, dass er sich erinnerte. So konnte es nicht weiter gehen.

Kapitel 11

Mitten hinein in Lins Verlobungsfeier führte der Nachtmahr den König diese Nacht in seinen Träumen. Nach Hiesig und zurück in eine Ballnacht, die so viele Tage bereits hinter ihnen lag.

Der König war spät dort eingetroffen und zur Überraschung aller war er nach seinem Verschwinden in Wassergrün wie ein Gespenst und ohne vorherige Ankündigung auf dem Fest erschienen. Die Einladung war nach den Ereignissen in Ripenschneiders Haus versendet worden. Und bevor dem König das gelbe Band an den Fuß gelegt worden war.

Niemand hatte mit Taron an diesem Abend hier in Hiesig gerechnet und er wurde auf seine ausdrückliche Bitte hin von Jonathan zu Lins Verlobungsball begleitet. Gemeinsam hatten sie sich vom Kloster aus auf den Weg gemacht.

Im Saal hatte es beinahe einen Aufruhr gegeben, als er angemeldet wurde und das übervoll mit Gästen bevölkerte Festparkett betrat. Auffällig und unübersehbar lag neben einem weiteren Stoffstreifen das gelbe Band um seinen Stiefel gewickelt.

Das Raunen im Saal war unüberhörbar. Als die Wachen sich darauf mit gesenkter Waffe genähert hatten, war Jonathan nach vorne getreten. Der König stand unter seinem Schutz und nichts und niemand würde es wagen, ihn an diesem Abend festzunehmen.

Taron trug für alle sichtbar auch die Farbe des Ordens an seinem Bein.

Der hiesische König rief seine Wachen zurück und ließ seinen ehemaligen Erzfeind gewähren. Seiner zukünftigen Schwiegertochter zu Ehren und ihrer Familie, die anwesend war. Alle waren sie hier. Der gesamte Zweig dieser Familie war angereist.

Lin war noch schöner geworden über die Jahre. Sie war Taron sofort um den Hals gefallen. Dem König gab es einen kleinen Stich, als er sie und den hiesischen Bräutigam begrüßte, den sie sich nun erwählt hatte.

Ihre Mutter Margreth sah es mit zurückgehaltener Pikiertheit, dass die beiden sich noch immer sehr nahe standen. Sie reichte Taron frostig ihre Rechte zum Handkuss. Zwischen den beiden hatte sich nach ihrem letzten großen und ungeklärten Disput bisher nichts mehr geändert.

Beinahe schüchtern begrüßte Taron nun auch seine Schwester Camilla. Auch sie war hierher gekommen. Sie hatten sich sehr lange nicht mehr gesehen. Sie bemühte sich redlich, aber eine gewisse Reserviertheit konnte auch sie nicht verhindern.

Freundlich, väterlich und ungekünstelt herzlich hingegen hatte ihn danach sein Großonkel William begrüßt. Seit Jahren hatten auch sie sich nicht mehr persönlich gesprochen.

Neben ihnen stand noch eine junge Dame, die Taron heute kaum mehr wiedererkannte. Seine Großcousine Maja. Das kleine siebenjährige Mädchen von einst war zu einer jungen Dame herangereift. Und so unbedarft sie damals in Williams Haus einen Narren an Taron gefressen hatte, so zurückhaltend und scheu begegnete sie ihm jetzt.

Taron sah, dass sie erschrak über ihn und die Vermummung, die er trug. Sie reichte ihm nur kurz und schwammig die Hand.

Der König der Dämmerung sah wahrlich düster aus an diesem Abend. Hut, Perücke, Handschuhe, eine starre förmliche Livree und die Blende an seinem Kragen verdeckten bis auf seine Augen alles an ihm. Er versuchte zu lächeln.

Maja konnte es hinter der Verhüllung nicht sehen.

Innerlich freute sich Taron dennoch, ihr zu begegnen. Ebenso hübsch wie ihre Schwester Lin würde sie einmal zu einer echten Schönheit heranwachsen.

Ob sein Töchterchen Shelly ihr einmal ähneln würde? Taron dachte unvermittelt an sein Kind, als er in Majas große blaue Augen sah. Nicht länger als irgend notwendig wollte er mehr getrennt von ihr bleiben. Er wollte hier seine Pflicht erfüllen und am nächsten Tag auf dem schnellsten Weg nach Hause gehen.

Taron wischte den Gedanken für den Moment beiseite. Er grüßte Maja, so respektvoll und vorsichtig, wie er konnte.

Ihr erschreckter Blick entspannte sich dabei nicht. Sie wich sogar ein wenig vor ihm zurück.

Er beschwor verborgen vor allen anderen einen kleinen Regenbogen in das Wasserglas, an dem sie sich gerade so verkrampft festhielt.

Jetzt erkannte sie ihn wieder und sie sah ein amüsiertes Augenzwinkern über der dichten Stoffblende in seinem Gesicht. Sie kicherte leise, hielt eine Hand auf ihr Glas und lief, um es zu verstecken.

So war dieser Teil der Familie seit ewigen Zeiten an dem Fest zum ersten Mal wieder beisammen.

Taron war bestürzt, als er dann ganz unverhofft auch Mia zwischen den Gästen ausmachte. Sie befand sich zu seinem

Erschrecken ebenfalls unter der anwesenden Hofgesellschaft. Niemand hatte ihn vorgewarnt. Seit seinem Eintreffen hatte sie sich im Hintergrund gehalten und Taron hatte sie zwischen all den anderen Leuten nicht gleich bemerkt.

Lin jedoch führte ihre Freundin aus früheren Tagen nach vorne.

Taron war froh, dass er nichts zu ihr zu sagen brauchte, als Lin die beiden kurz gegenüberstellte. Er beließ es bei einem einem flüchtigen Handkuss und er wagte es nicht, ihr in die Augen zu sehen.

Lin hatte Mia für das Fest wahrlich verschwenderisch ausgestattet. Sie war schön wie ein Diamant. Sie trug ein prächtiges blaues Ballkleid. Mit weiten Reifröcken und einem Korsett für eine atemberaubende Figur. Und was hatte es erst aus ihrem Dekolletee gemacht?

Taron bemühte sich, sie nicht schamlos anzustarren. Er fragte sich, wie Lin ihre Freundin dazu hatte bewegen können, das zu tragen. Und seit wann trug Mia Schminke im Gesicht? Ein glitzerndes Diadem funkelte in einer großartigen Hochsteckfrisur. Man hatte ihre Locken auf das Vortrefflichste gebändigt. Vor ihm stand eine Königin und sie strahlte mehr als jede andere an diesem Abend. Sie strahlte mehr als Lin.

Für Taron war sie die schönste Frau im ganzen Saal und zum ersten Mal wurden seine Knie durch ihre Anwesenheit weich wie Butter.

Jonathan griff unbemerkt von den anderen seinen Arm, als er für einen kurzen Augenblick ein wenig in sich zusammensackte.

Taron hatte es den Atem verschlagen. Und er erschrak, als er es bemerkte. Er fuhr zusammen, als er sah, dass Mia es ebenfalls bemerkt hatte. Sie kannte ihren Wahlbruder einfach zu gut. Ein einziges Funkeln in seinen umschatteten Augen hatte genügt und sie hatte es gesehen.

Ein kleines bitteres Lächeln flog zu ihm hinüber, bevor sie sich abwandte. Hin zu ihrem Vater.

Nicodemus Klein war in Anzug und Krawatte offensichtlich ebenfalls zu diesem herrschaftlichen Fest geladen.

Taron dachte daran, wie negativ sich der Töpfer früher über die feine Gesellschaft und Blaublüter im Allgemeinen geäußert hatte. So änderten sich die Zeiten.

Er beschloss sich an diesem Abend über rein gar nichts mehr zu wundern.

Mia drehte sich weg von ihm. Und hin zu dem adeligen Jungspund, den man hier in Hiesig offensichtlich zu ihrem Tischnachbarn und Ballbegleiter erkoren hatte. Bei einem gelackten Jüngling hakte sie sich ein und ließ sich von ihm galant zu ihrem Platz am großen Festbankett führen.

Taron brodelte hinter seiner Fassade. Er ließ erst einige Leute vorbeilaufen, bevor er selbst hinter Mia und ihrem Begleiter mit Jonathan zur Tafel ging. Der Pater hatte ihn zuvor aufmunternd in die Seite gestupst.

Taron war erleichtert, an der Tafel ein ganzes Stück weit weg von Mia zu sitzen. Und er war froh darüber, hinter seiner Blende verborgen zu sein. Ohne sie, ohne Perücke und Handschuhe hätte er im Gegensatz zu ihr ein wahrlich jämmerliches Bild hier auf dem Fest abgegeben. Ein bedauernswertes Bild von einem König. Er schämte sich und er hielt seinen Blick gesenkt und konzentriert auf das Gedeck vor sich.

Die wenigsten Leute hier konnten seine Gebärdensprache. Also musste er sich auch mit niemandem unterhalten. Er würde das Pflichtprogramm absolvieren und sich dann mit Jonathan zurück in den Schutz der Klostermauern begeben.

Der Abend machte bereits jetzt einen völlig verkorksten Eindruck.

Und noch schwieriger wurde er, als er bemerkte, dass William und Margareth direkt gegenüber am Tisch plaziert waren.

Seine Großtante starrte ihn kritisch an.

Taron hatte nichts anderes erwartet. Er wich ihren bohrenden Blicken aus, während Fürst Günter von Hiesig und William als Lins Vater ihre Ansprachen hielten. Beide hatten sie in ihrer

Rede in Lins Namen den Fürsten der Dämmerung als Ehrengast an dieser Tafel begrüßt.

Taron auf seinem Platz dachte kurz daran, wie viel Scherereien und Kopfzerbrechen er seinem Großonkel William bereitet hatte. Und wie erbittert Günter von Hiesig nach dem Tod seines Sohnes ihm nach dem Leben getrachtet hatte. Dies alles war lange her.

„Ich frage mich“, begann Margareth halblaut, nachdem die Tischreden geendet hatten. „Wie möchte unser lieber Großneffe wohl sein Mahl einnehmen? Hinter all dem Stoff.“ Sie lachte zänkisch und William neben ihr bat sie um Zurückhaltung.

Jonathan bedeutete Taron unter dem Tisch indes, ruhig zu bleiben. Der Pater versuchte ein seichtes ablenkendes Tischgespräch und freute sich auf das noch nicht servierte Festmahl.

„Nein, wirklich“, flötete sie dennoch übertieben. „Ich mache mir nur meine Gedanken. Mit so einem Brett vor dem Gesicht kann man doch nicht dinieren.“

„Mutter!“, mischte sich nun Lin neben ihr ein, die mit ihrem Zukünftigen nur einen Platz weiter saß.

Der Pater verstand sie vorläufig zu besänftigen. Er erhob sich und sprach den Segen für das zukünftige Brautpaar und bedankte sich herzlichst für die Einladung.

Margreth grinste zynisch, während der Pater sprach. Sie wusste, was sie ihrer Tochter und auch William für diesen Abend versprochen hatte. Indes hatte sie einem Pagen hinter sich etwas zugeraunt.

„Nein, das ist doch selbstverständlich, liebe Tochter“, entgegnete sie dann, als auch Jonathan seine Ansprache beendet hatte. „Ich möchte nur, dass sich an deinem Ehrentag alle Gäste so wohl wie möglich fühlen. Dein armer Großcousin hätte bestimmt so gerne eine hübsche Tischrede für dich gehalten, aber leider ist dies ja nicht möglich, so stumm wie er ist. Durch Umstände, die wir wieder einmal alle nicht richtig verstehen. Diese schlimmen Behinderungen, die er seit seiner Krönung davongetragen hat...“ Sie schüttelte gekünstelt ihren überschminkten Kopf. „Und dann noch dieser schreckliche Fluch... Man bewahre uns vor diesem Anblick und ich bin ihm im Grunde dankbar für seinen Aufzug hier." Dann machte sie eine unerwartete Kehrtwende. „Ihm gebührt wahrlich aller Respekt, dass er dies alles auf sich genommen hat, um seiner Pflicht zu folgen für den Grauener Thron. Einer ist immer das Lamm in dieser Familie. Das sollten wir anerkennen. Und seit er die Krone trägt, waren unsere Landstriche noch nie so sicher. Das wissen wir alle sehr genau. Da soll er doch wenigstens an dem Festessen seine Freude haben, bevor er von seinen Generälen zurück nach Grauen und in den sicheren Arrest geschickt wird. Wie gut, dass seine werte Frau Mama Rosalie Ikárov dies nicht mehr alles erleben muss."

Taron schnappte nach Luft. Selbst die leise Musik im Hintergrund hatte aufgehört zu spielen und jeder an dieser Tafel starrte ihn an.

Jonathan legte beschwörend seine Hand auf Tarons Schulter. Der Blick des Königs glühte gefährlich. Aber er hatte sich im Griff.

„Wie auch immer", riss Margreth an dieser Stelle ihr Reden noch einmal herum. „Wir sind mehr als beeindruckt, dass Ihr trotz allem, was in Wassergrün passiert ist, und ohne irgendwelche Mühen zu scheuen, und aller Gefahr für Euch selbst zum Trotz höchstselbst hierher nach Hiesig gekommen seid. Zu Ehren meiner Tochter und ihrem Verlobten. Entgegen allen mititärischen Regeln und unter drohender Gefangennahme. Das rechne ich Euch sehr hoch an, mein lieber Großneffe. Auch wenn wir bisher keine engen Freunde geworden sind."

Die Festgesellschaft erhob darauf tatsächlich die Gläser auf ihn.

Unangenehm berührt, so im Mittelpunkt zu stehen, erwiderte er. Schließlich tippte auch er mit der Gabel an sein Glas und erhob sich.

Er nickte Lin höflich zu, brachte verborgen hinter seiner Verblendung ein Lächeln zustande und begann mit den Händen nun seine vorbereitete Rede und Glückwünsche. Wer sagte, dass er keine Rede vorbereitet hatte. Nur weil er nicht sprechen konnte.

Es war mäuschenstill im Raum und die wenigsten verstanden auch nur einen Handzeig von Tarons folgenden Gesten.

Da räusperte sich Mia entfernt an ihrem Platz. Sie seufzte leise und fasste sich ein Herz. Auch sie erhob sich.

„Wenn du erlaubst, liebe Lin, werde ich zu deinem Ehrentag die schönen Worte von unserem Herrn Ikárov für alle hier im Raum übersetzen."

Lin klatschte erfreut in die Hände und Taron warf Mia ein dankbares Nicken zu. Er hatte nicht erwartet, dass sie hier an diesem Abend so selbstlos für ihn einspringen würde. Nach allem, was geschehen war.

Margreth indes verschränkte die Arme und stutzte, welch schöne Worte der König der Dämmerung für ihre Tochter und ihr zukünftiges Glück längst vorbereitet hatte.

Ich danke für die Einladung und bleibe gerne an dieser Tafel zu Gast. Bis die Grauener Garde mich von hier fort holt, war sein Abschluss und Mia übersetzte es ohne mit der Wimper zu zucken.

Taron verneigte sich vor Lin und ihrem Zukünftigen. Und er verneigte sich vor Mia, bevor er sich ohne einen direkten Blickkontakt wieder zurück auf seinen Platz setzte. Es fiel ihm schwer genug.

„Niemand wird Euch hier wegholen", hatte Günter von Hiesig darauf hin lachend versichert. „Seid zu Gast an dieser Tafel und fühlt Euch unter unserem persönlichen Schutz. Niemand wird es wagen, diesen Abend zu stören durch eine unangenehme Verhaftung."

Seine Worte in Remoulados Gehörgang, dachte Taron nur und nickte höflich.

Schorsch kroch hinauf zu Tarons Kopf. Wie viel an Erinnerung vertrug der König noch? Taron schlief tief. Er machte weiter.

Es war Blut, das man dem König dann servierte. Kaum hatte man den Glaspokal mit der scharlachroten Flüssigkeit vor ihm abgestellt, kam erneut die emsig plappernde Festgesellschaft zum Schweigen.

Ebenso verstummte Jonathan, dem man eben einen Becher Wein nachgeschenkt hatte. Margreth ihnen gegenüber prostete Taron aufmunternd zu. Nur sie allein war hierfür verantwortlich.

Taron drehte sich irritiert nach dem Pagen um, der ihm das Glas serviert hatte.

„Keine Sorge“, raunte dieser leise und knapp zu dem König. „Eine Empfehlung des Hauses. Niemand musste dafür sein Leben lassen. Nur eine zarte Henne, die zu diesem Fest ohnehin in das Ragout gewandert ist.“

Der König schluckte schwer und nahm den Glaspokal in seine vornehm behandschute Hand. Er bemühte sich das Glas so zu umfassen, dass die Umsitzenden seinen Inhalt möglichst nicht zu sehen bekamen. Aber es war zu spät. Längst hatte man bemerkt, was in dem Glas gereicht worden war.

„Auf Lindgard de la Mer und ihre Verlobung hier in Hiesig“, rief Magreth aus und erhob erneut das Glas auf ihre Tochter.

„Auf Lindgard de la Mer“, antwortete die Gesellschaft und jeder erhob sein Getränk. Auch Taron.

Die Leute machten allesamt große Augen und es passierte genau das, worauf sie bereits den ganzen Abend fröstelnd gewartet hatten. Die grausigen Geschichten um den König der Dämmerung erwachten zu neuem Leben. Echt, in Farbe und vor allen Anwesenden.

Der König schob sein Visier zur Seite. Einen kurzen Moment sah man des Königs schrecklich durchscheinende Visage. Dann leerte er ohne ein weiteres Zögern seinen Pokal bis auf den Grund.

Es gab schier einen Aufschrei, der durch die Reihen der Festgäste ging.

Selbst Jonathan neben ihm verschluckte sich beinah und sah zur Seite. Er konnte ihn dabei nicht ansehen.

Tarons Getränk wirkte augenblicklich. Er war kein bisschen mehr durchscheinend und bereit für das folgende Diner. Er musste nur sehr darauf achten, dass ihm nicht auf der Stelle übel wurde, und bestellte etwas Starkes hinterdrein. Taron hatte bisher niemals mehr als einen kleinen Schluck von dem grausig hilfreichen Lebenssaft getrunken. In den meisten Fällen davon sein eigenes. Er hatte niemandem schaden wollen. Sehr langsam hatte er stets daran genippt und nie einen ganzen Pokal davon zu sich genommen.

Viele Blicke waren auf Taron gerichtet, als er den leeren Pokal demonstrativ zur Seite stellte. So hatte man den König lange nicht gesehen und es war eine echte Überraschung für alle, als man ihm ins Gesicht sah.

Ein stolzes Ebenmaß umgab ihn auch an diesem Abend. Aber obwohl sein Gesicht nun nichts mehr von der abschreckenden Durchsichtigkeit hatte, wirkte es ausgesprochen düster und grob. Das schöne Antlitz war ausgemergelt und müde. Seine Haut war bleich wie Porzellan. Die Ereignisse in Wassergrün und seine entbehrungsreiche Reise hierher standen ihm ins Gesicht geschrieben. Seine Barttracht, die dunklen akkuraten Kanten, die sonst so trefflich sein Antlitz umrahmten, fehlten gänzlich. Und man ahnte mit leiser Bestürzung, warum der König zu diesem Anlass entgegen seiner sonstigen Gewohnheit falsche Haare trug. Und welche Überwindung es ihn gekostet haben musste, der Einladung Folge zu leisten, sich ihnen so zu zeigen.

Lange sah Taron danach seine Großtante Margreth an. Sie hielt seinem Blick nachdenklich stand und wandte sich dann ihrer Vorspeise zu. Als ob nichts gewesen wäre.

Taron absolvierte das Essen, ohne ein weiteres Mal seine Miene zu verziehen. Sollte ihn doch anstarren, wer auch immer das wollte. Formvollendet in der Etikette arbeitete sich der König mit Jonathan an seiner Seite durch das Diner.

Er war sehr froh darüber, dass es Margreth damit hatte bewenden lassen und dass sie ihm nicht noch zur Abscheu aller eine Schüssel Krabbelkäfer auftragen ließ.

So konnte Taron das Festmahl tatsächlich halbwegs ungetrübt genießen.

Die Geduld von Lins Gästen wollte Taron an diesem Abend nicht über die Maßen strapazieren. Alleine der Höflichkeit gegenüber der zukünftigen Prinzessin von Hiesig war es geschuldet, dass nicht ein Großteil der Festgesellschaft nach dem Zurückschieben der Stoffblende und dem Einnehmen der Medizin kreischend den Saal verlassen hatte.

Daher wollte er sich nach dem Essen verabschieden und der Gesellschaft mit seiner Anwesenheit nicht länger Unbehagen bereiten. Er wollte mit Jonathan so schnell wie möglich ins Kloster zurückkehren.

Nur Jonathan und seinem Vater Viktor war es schließlich zu verdanken, dass er diesem Fest überhaupt beiwohnte. Auch wenn es für die Festgesellschaft ganz danach aussah, als wäre er deswegen hierher nach Hiesig gekommen. Dem war nicht so.

Taron hatte nach dem schlimmen Abend in Wassergrün dringend das Gespräch mit dem Geistlichen gesucht. Und den Rat seines Vaters. Der Einladung zu folgen während seiner Anwesenheit in Hiesig hatte er usprünglich nicht geplant.

Die beiden hatten ihn beschworen, sich auf dem Fest zu zeigen. Es war die einzige Chance vielleicht für lange, seine Familie um William wieder zu sehen. Lin wieder zu treffen und seine Schwester Camilla.

Jonathan hatte ihn offiziell in die Obhut und den Schutz seines Klosters gestellt und über dem gelben Band an Tarons Fuß die Farben seines Ordens platziert. Dem wagte sich bisher niemand entgegenzustellen.

Dass Taron neben seiner Familie jedoch auf dem Fest auch Mia antreffen würde, dass sie überhaupt in der Stadt war, damit hatte er nicht gerechnet. Nicodemus hatte ihm kein Wort verraten. Wie lange war sie bereits in Hiesigs Fürstenhaus zu Gast und wer hatte ihr diesen schnöseligen Begleiter auserkoren für diesen Abend?

Taron stockte in seinen Gedanken. Wollte man hier gar etwas anbahnen? Er versuchte diesen Gedanken beiseite zu schieben. Er hörte schier Edolf in seinem Inneren wettern: Du hast sie gehen lassen! Sie ist im Gegensatz zu dir frei zu tun, was immer sie möchte, und– sie ist nicht standesgemäß!

Der König schüttelte diese Gedanken ab und im Gegensatz zu der restlichen Festgesellschaft folgte er nach dem Essen Lin und ihrem Verlobten nicht mit hinüber in den Ballsaal. Er wollte sich bereits verabschieden, da trat William mit Margreth auf ihn zu. Neben ihnen stand Camilla mit ihrem Mann Matheo. Seinen Schwager hatte er wesentlich öfter gesehen in den letzten Jahren als seine eigene Schwester.

Als niemand etwas sagte, brach William schließlich das eingetretene Schweigen.

„Taron, mein Lieber“, begann er und klopfte ihm freundlich auf die Schulter. „Wie schön dich hier zu sehen. Auch wenn er nur kurz ist, so bedeutet uns dein Besuch doch sehr viel.“

Taron wusste nicht, wie er reagieren sollte. Er bedankte sich mit einer Geste und wollte Lebewohl sagen.

„Bleibt noch eine Weile!“, lenkte daraufhin Margreth förmlich ein. „Für wenigstens einen Tanz mit Eurer biestigen alten Großtante. Ich habe Euch etwas zu sagen. Bitte, bleibt!“, beschwor sie ihn noch einmal, als er zurückschreckte. „Und für einen Walzer mit Eurer Schwester. Das seid Ihr Camilla schuldig.“

William nickte ihm bestätigend zu.

Taron sah in die unsicher lächelnden Augen seiner Schwester. Er gab ihr einen galanten Handkuss, bevor er sie unter Williams wohlwollendem Blick aufs Parkett führte.

Der kleine Nachtmahr hüpfte erschrocken von Taron herunter. Der König begann unruhig zu werden im Schlaf. Er wälzte sich herum und wischte den Gnom zur Seite.

Schorsch wartete ein paar Augenblicke und strich Taron besänftigend mit seiner Pfote über den Nasenrücken, bis er wieder ruhiger wurde. Dann machte er weiter.

Tarons Abend auf dem Fest war, ohne dass er das wollte, noch sehr lang geworden und voller Überraschungen.

Zum ersten Mal seit Langem sprach seine Schwester Camilla mit ihm. Obwohl Matheos Herrschaftssitz nicht weit von Grauen lag, hatten sie sich all die Zeit nicht mehr gesehen. Sie hatte lange darüber gesprochen, wie leid es ihr tat, dass ihr Bruder für Grauens Thron so viele Opfer hatte bringen müssen. Sie habe viel nachgedacht in den letzten Jahren. Viele Gespräche und die Erzählungen von ihrem Mann Matheo hatten scheinbar einiges bewirkt. Sie bewundere zutiefst, dass Taron diesem Thron zuliebe Grauens Bürde auf sich genommen habe. Einerlei wie schrecklich die Geschichten waren, die sich dadurch um ihn rankten.

Sie bedauerte, dass er ihr nicht antworten konnte. Sie redete mehrere Tänze lang. Sie zeigte sich sehr viel milder als bei ihren letzten Treffen und es schien ihr sehr daran zu liegen, den Kontakt zu ihm wieder herzustellen. Sie wollte Nähe schaffen. Lange referierte sie darüber, wie dankbar sie ihm war, dass nicht nur er aus der Gefangenschaft bei den Dunklen in Schwarzeck zurückgekommen war, sondern auch Matheo.

Seinen Schwager hatte Taron mit viel Mühe und Geduld vor Jahren für den Rat zum Diplomaten geformt. Mit ihm hatte er oft in Verbindung gestanden. Und auch jetzt noch.

Camilla jedoch blieb in den letzten Jahren zurückgezogen und hatte eine erneute Kontaktaufnahme mit ihm bisher stets vermieden. Sie entschuldigte sich dafür aufrichtig und schmiegte sich ungewohnt vertraut in seine Arme.

Sie entschuldigte sich. Auch dafür, dass sie Shelly bisher keine gute Tante hatte sein können. Dies wollte sie ändern. Alles sollte bald nachgeholt werden. Sie wollte Tarons Tochter endlich kennen lernen.

Taron führte sie sicher durch den Ballsaal und lauschte ihren Ausführungen gespannt. Etwas, das er nicht mehr zu hoffen gewagt hatte, nahm nun seinen Lauf. Er lächelte sie an.

Auch er wollte sich entschuldigen bei ihr. Er hatte auf sie und auf ihr Verhältnis zueinander keine Rücksicht nehmen können, als er sein Amt angetreten hatte. Für alles andere hatten Edolf und der Grauener Thron zielsicher von allein gesorgt.

Er sah ihr in die Augen, und als der nächste Tanz zu Ende war, fiel sie ihm um den Hals. Er drückte sie kurz an sich und nickte.

Sie verstand.

Auch der reine Höflichkeitstanz, zu dem Taron nach einer kurzen Pause seine Tante Margreth aufs Parkett führte, hielt viele Wunder für ihn bereit. Beinahe furchtsam war er nach einem verwirrt erfreuten Handkuss für Camilla auf Margreth zugegangen.

Der Tanz verlief steif und im Gegensatz zu dem mit Camilla vor ihr hatte Taron das Gefühl, er tanze unter den Augen von William mit einem lauernden Insekt. Ein unsichtbarer Schauer nach dem anderen jagte über seine vordergründig entspannte Fassade.

Seine Großtante fixierte ihn genau und ihr stahlgrauer Blick bohrte sich in seinen.

So sehr ihn die völlig überraschende Wende mit seiner Schwester gefreut hatte, so sehr sehnte Taron das Ende dieses Kampfes herbei. Nichts anderes war dieser Tanz.

Und im Gegensatz zu Camilla sagte Magreth kein Sterbenswörtchen währenddessen. Aber sie studierte ihren Großneffen genau. Keine Geste, kein Blick, kein Gedanke schien ihr verborgen zu bleiben.

Der Pater Jonathan hatte all die Zeit über am Rand des Saals auf ihn gewartet.

Taron sah, auch für ihn war diese Art der Veranstaltung nach dem Essen nicht besonders erquicklich. Aber der Pater wartete höflich und seicht plaudernd überbrückte er die Zeit.

Endlich war das Lied zu Ende und die Musiker machten eine kurze Pause.

Taron wollte sich verabschieden und das Fest nun endlich verlassen.

Doch Margreth hielt ihn am Arm zurück.

„Danke, mein Junge", sagte sie dann, nachdem sie ihn in eine Fensternische gezogen hatte.

Von einem vorbeilaufenden Pagen hatte sie dabei zwei Gläser Wein vom Tablett geschnappt und drückte eines davon ihrem Großneffen in die Hand.

Taron wusste nicht, wie er reagieren sollte. Er starrte sie an und versuchte ein kühles Lächeln.

Sie wurde ungewöhnlich vertraulich.

„Dass du meine Tochter Lindgard bei den Dunklen gerettet hast, das werde ich nie vergessen. Ohne Rücksicht auf dich selbst." Und zum ersten Mal, seit er als Kind Williams Hof für seinen unfreiwilligen Umzug zu Edolf verlassen musste, lächelte sie ihn an. Sie tippte mit ihrem samtenen Stöckelschuh an seinen Stiefel mit dem gelben Band daran.

„Wie lächerlich das ist", fuhr sie fort.

Taron stockte. Wollte Margreth etwa schon wieder vom Fleck weg einen Streit anzetteln?

„Wie lächerlich von ihnen zu denken, sie könnten dich damit aufhalten zu tun, was du dir in den Kopf gesetzt hast."

Zu seinem Erschrecken erhob sie ihr Glas, um mit ihm anzustoßen. Wollte sie jetzt etwa auch noch eine Konversation?

Taron stieß flüchtig mit ihr an und nahm einen großen Schluck aus dem Weinglas. Danach öffnete er den Mund.

„Ich weiß, mein Bester", sagte sie dann. „Du möchtest gehen", begann sie. „Doch lass mich dir noch eines sagen: Den Dank eben meine ich ehrlich. Und ich bin froh, dass Lin und der König der Dämmerung in seiner ganzen morbiden Existenz niemals zusammengekommen sind. Aber ich bin auch froh darum...", sagte sie dann und nahm zu seinem Entsetzen seine Hand. „Ich bin so froh darum, dass wir heute diese Feier überhaupt für sie geben können."

Sie neigte ihr Haupt.

Taron zog sich aus ihrem Griff.

Margreth kicherte leise und hatte wohl verstanden, was Tarons stummer Blick zu bedeuten hatte.

„Hier", sagte sie dann, stellte ihr Glas zur Seite und nahm ein kleines Büchlein aus ihrerm Täschchen. „Dieser Schatz hier ist dein, Fürst der Dämmerung."

Der König sah sie überrascht an, als Margreth ihm das Büchlein in die Hand gedrückt hatte.

„Es ist Helenes Tagebuch", erklärte sie schlicht. „Sie hat es zurückgelassen, als sie unseren Hof verlassen hat. Ihr Nachlass für dich. Und für deine Tochter, wenn die Zeit reif dafür geworden ist." Dann flüsterte sie ihm ins Ohr: „Es stehen auch ein paar lange Kapitel darin über dich. Und über die Nacht, in der du die kleine Shelly mit ihr gezeugt hast."

Taron presste das Büchlein an sich. Dieses unvorhergesehene Geschenk nahm ihm nun fast den Atem.

„Für dich. Und für Shelly. Beide sollt ihr etwas von ihrer Mutter besitzen."

Dem König schossen unbeabsichtigt die Tränen in die Augen. Er beherrschte sich schnell wieder.

Margreth sah Taron milde an. Sie wurde übergangslos erneut so förmlich wie bisher an diesem Abend.

„Passt gut auf Shelly auf", sagte sie zum Abschied. „Hört Ihr? Und passt gut auf Euch auf. Bleibt am Leben!"

Bevor sie sich abwandte, stellte Taron sein Glas ebenfalls zur Seite und zeigte auf sein Gesicht. Er hatte bisher nicht verstanden, warum Margreth dies beim Diner für ihn getan hatte. Trotz allem Entsetzen, das sie bei den Gästen kurzfristig durch das Blut in dem bestellten Pokal ausgelöst hatte.

„Das war mein Dank an Euch", erklärte sie. „Ein lieber alter Bekannter hat mir von der Sache mit dem Blut erzählt, müsst Ihr wissen. Und Mia hat es mir bestätigt vor einigen Tagen."

Der Abend wurde immer unwirklicher. Hatte Magreth etwas mit Professor Ripenschneider zu tun? Kannten sie sich etwa? Bevor er darüber nachdenken konnte, sprach sie weiter.

„Wir beide", sagte Margreth. „Wir werden sicher keine Freunde mehr in diesem Leben. Und ich werde meine Schuld an Euch nicht mehr begleichen können. Ich hoffe, Ihr könnt mir eines Tages verzeihen. Auch ich bin nur ein Mensch, Taron. Und ich bin nur eine Mutter."

Sie lächelte ihn hintergründig an.

„Warum ich beschlossen habe, heute Abend Frieden mit Euch zu schließen? Für uns alle schätze ich. Und weil ich es William versprochen habe. Ich wünsche Euch in allem viel Glück, lieber Großneffe!"

William kam neugierig hinzu.

Augenblicklich verstummte Margreth und lachte ihrem Mann aufgesetzt entgegen.

„Stell dir vor, Liebster", sagte sie. „Wir haben uns endlich ausgesprochen!"

Taron ließ das Büchlein in seiner Rocktasche verschwinden und ergriff sein Glas. Er leerte es augenblicklich ohne Luft zu holen.

William strahlte die beiden an.

„Ist das wirklich wahr?" Er sah Taron fragend an.

Taron nickte kurz. Er wollte, dass diese wirre Unterhaltung zu Ende war. Er zwang sich seinem Onkel gegenüber zu einem Lächeln.

„Dass ich das noch erleben darf!", freute sich William und strahlte seiner Frau ins Gesicht.

Taron legte die Hand militärisch an die Stirn und verabschiedete sich mit dieser kurzen Geste endgültig von dem Fest. Er war schon viel zu lange hier.

Als William protestieren wollte, zeigte er bedauernd auf das Band um seinen Fuß.

Sein Großonkel nickte. Es wurde Zeit.

Unbemerkt hatte Jonathan sich jetzt der kleinen Runde genähert. Er sah, dass Taron seine Unterstützung brauchte. Unspektakulär und von den meisten im Saal unbemerkt machten sie sich daran zu gehen.

Ein letzter Blick von Taron wanderte nervös durch den Raum. Er blieb an Lin und ihrem Verlobten hängen. Ein kleiner Stich war es erneut, der ihn zum Abschied im Inneren traf. Er dachte an Magreths Worte. Aber er gönnte ihr das Glück, das sie verdient hatte.

Noch mehr jedoch traf es ihn, als er Mia neben ihr stehen sah. Sie amüsierte sich prächtig, wie es schien und hing ausgelassen am Arm ihres makellosen Begleiters. Für Taron war ihr Lachen der blanke Hohn. Einen Blick für ihn hatte sie seit der Tischrede den ganzen Abend nicht mehr übrig gehabt. Noch nicht einmal heimlich hatte sie zu ihm hinübergesehen. Und auch jetzt beachtete sie ihn ebenso wenig, wie die Zeit zuvor.

Dann erkannte er es. Sie tat dies noch nicht einmal aus Rachsucht oder Boshaftigkeit ihm gegenüber, und um ihm etwas heimzuzahlen. Sie wirkte in allem völlig natürlich, frei und unbefangen von ihrer beider Vergangenheit. Im Gegensatz zu ihm. Sie schien ihn wirklich nicht wahrzunehmen. Ihr Band zueinander wirkte getrennt.

Sie bemerkte es nicht, als er das Fest schließlich verließ.

Kapitel 12

In der Dunkelheit seines Zimmers fuhr Taron aus dem Schlaf. Die Träume waren zu eindringlich für ihn gewesen. Als ob er heute Nacht tatsächlich in Hiesig auf dem Fest gewesen wäre. Er hatte jede Bewegung gespürt, jedes gesprochene Wort überdeutlich gehört und jeden Blick klar gesehen.

Schorsch war bei dem ersten großen Zucken von Taron zur Seite gehüpft und hatte sich hinter seinem Bett in Sicherheit gebracht.

Wenig später hörte er, wie Taron seufzend wieder zurück in die Kissen sank und weiterschlief.

Ein Kapitel würde der Nachtmahr diese Nacht noch wagen und Taron noch eine weitere Erinnerung schenken.

Nach dem Fest hatte sich Taron mit Jonathan so zügig wie möglich und zu Fuß auf den Rückweg ins Kloster gemacht.

Der Pater hatte auf der Feier aus der Ferne miterlebt, wie viel für Taron an diesem Abend geschehen war. Aber er wagte es nicht, ihn anzusprechen. Seine Aufmerksamkeit war voll darauf gelenkt, den König unter seinem Schutz sicher zurück in die Klostermauern zu geleiten.

Schweigend liefen sie durch die menschenleeren und dürftig beleuchteten Straßen.

Und obwohl niemand ihnen folgte, schien es auch der König eilig zu haben, zum Kloster zurückzukehren. So vieles schien ihn nach dem Fest zu bewegen.

Ein paar Straßenzüge vor dem Kloster jedoch blieb der König an einer Kreuzung plötzlich wie angewurzelt stehen.

Der Pater versuchte Taron zur Eile anzuhalten. Sie mussten zurück. Hier draußen war Taron alles andere als sicher. Noch dazu mit dem gelben Band an seinem Fuß.

Doch der König hielt ihn zurück. Er dachte daran, wie er das Fest gerade verlassen hatte. Er konnte es nicht abschütteln. SIE hatte ihn schier geblendet an diesem Abend. So viele verschiedene widerstrebende Regungen zerrten gerade an ihm. Er war tief gekränkt und die Glut der Eifersucht brannte ihm tief in der Magengegend. Es nagte an ihm und das Feuer vor seinem inneren Auge brannte. Die Gedanken an sie und die Verzweiflung über sein eigenes Los waren ihm nach dem Fest erbarmungslos gefolgt.

Der Pater sah Taron im trüben Licht einer alten funzeligen Straßenlaterne kritisch an.

Der König wandte sich in eine andere Wegrichtung.

„Ich bitte Euch!“, entgegnete Jonathan nun ungläubig. Er blickte Taron forschend an.

Der König bohrte die Hände in seine Taschen und wandte sich zum Gehen. Sein grimmig trotziger Entschluss stand fest. Dieser Abend hatte seine Pläne für die Nacht grundlegend über den Haufen geworfen.

„Was habt Ihr vor?“, versuchte Jonathan Tarons Unrast zu durchbrechen.

Der König beugte sich hinab, nahm Jonathans schützendes Band vom Bein und überreichte es ihm.

„Was wollt Ihr tun, Taron?“, fragte Jonathan noch einmal beschwörend.

Taron senkte den Blick. Er wollte den Pater nicht belügen.

„Seid nicht dumm, König“, ermahnte ihn der Pater. Er hatte Tarons fiebriges Begehren sehr wohl verstanden.

Ich werde morgen früh zurück sein, formte Taron darauf schnell mit den Händen. Er konnte nicht klar denken im Augenblick und er wollte es auch nicht. Etwas, das er nicht in seiner Gewalt hatte, steuerte ihn und seinen Körper wie automatisch in eine andere Richtung.

Ich werde zur Beichte kommen!, waren seine letzten Zeichen an den Pater, die dieser nicht restlos verstand. Dann ging er.

Jonathan kehrte resigniert alleine zurück ins Kloster. Er hatte geahnt, was Taron ihm mitgeteilt hatte. Und er hatte ihn ziehen lassen müssen.

Es war eine lange Nacht, die der König darauf bei Hortensie und ihren Damen verbrachte. „Ich wusste, dass Ihr kommt“, hatte Frau von Fielgout hocherfreut gerufen, als Taron an ihre Tür geklopft hatte. „Ihr braucht ein Bad, mein Lieber. Und zwar mit mir!“

Entsetzt war Taron nach dieser Nacht aus dem Schlaf geschreckt. Er setzte sich schlaftrunken auf und sah sich um. Hatte etwa seine Tochter neben ihm geschlafen, während er all diese wilden Träume durchlebt hatte? Bis eben hatte er sich mit Hortensie und ihren Damen in den Kissen gewälzt. Seine Schlafstatt war zerwühlt, wie lange nicht mehr.

Er atmete auf. Shelly war nicht da. Heute hatte sie sich nicht zu ihm geschlichen und schlief vermutlich friedlich und selig in ihrem kleinen Zimmer den Schlaf eines zufriedenen Kindes.

Auf seinem Nachttisch saß Schorsch und zog einen imaginären Hut. Seine Vorstellung war für heute beendet. Er schob dem König ein Glas Wasser in die ausgestreckte Hand.

„Ja“, krähte er stolz. „Mein Beitrag zu deiner Reorientierung.“

Taron fuhr sich durch die zerzausten Haare und trank einen Schluck Wasser. Er sah den Nachtmahr noch immer irritiert an.

„Jawohl“, schwadronierte Schorsch weiter und ließ den König nicht richtig zu sich kommen. „Du hast alles genau so geträumt, wie es geschehen ist vor deinem Unglück im Moor. Dachte, es könnte hilfreich sein, das alles zu wissen. Doch bevor es zu wüst wurde in Hortensies Haus habe ich den Traum lieber abgebrochen.“

Der kleine Nachtmahr machte ein pikiertes Gesicht und streckte das kleine Näschen in die Höhe. Er schüttelte sich.

„Du brauchst mich gar nicht erst so anzusehen, Gebieter. Es war alles echt. So wahr ich hier stehe. Und du hast nicht eben sehr leise geträumt. Und ziemlich tief geatmet.“

Taron schwang die Beine aus dem Bett und hielt sich den Kopf.

Was für eine Nacht war das und was für ein Morgen. Er ließ sich von Schorsch seine Brille reichen und schlurfte ohne jeden Kommentar ins Badezimmer. Voller wirrer Gedanken und der Ahnung einer Erinnerung.

Am Morgen nach dem Besuch bei Hortensie war er ins Kloster zurückgekehrt. Er hatte sich dem Pater anvertraut, danach das vor Jahren im Klosterkeller begonnene Schachspiel mit ihm beendet, hatte seinem Vater Lebewohl gesagt und war mit Konrad losgezogen. Richtung Moor. Richtung Heimat.

Nun war er hier. Zurück in einer Zuckerbäckerversion seines Hauses, und erwartete mit nach wie vor deutlichen Gedächtnislücken, was die Zukunft ihm bescheren würde.

Kapitel 13

Und das, was während dieser Tage zurück in Grauen auf der Tagesordnung stand, war nicht unbedingt immer ein Vergnügen. Jeder wollte etwas. Neben dem üblichen Hofprotokoll waren Audienzen abzuhalten, Matheo wollte ihn besuchen im Auftrag des Rates, der in Kürze wieder tagen würde und so vieles mehr. Und das ohne vollständiges Gedächtnis.

Vincent und Remoulado zu Wassergrün waren stetig an seiner Seite und versuchten hilfreich zu sein.

Dem König wurde das zu viel. Kaum hatte er sich angezogen, ging er mürrisch nach draußen. Nicht in die Küche, wo ihn die tägliche Etikette bereits unerbittlich erwartete. Er ging zu Kuno und seiner Frau. Er wusste nicht warum, aber er hatte plötzlich das dringende Bedürfnis, das Gärtnerhäuschen zu besuchen. Noch nie hatte er Gelegenheit gehabt im Alltag, dieses Haus in Ruhe von innen zu betrachten.

Hocherfreut und gern luden die Modrichs den verwirrten König in ihr kleines Häuschen zum Frühstück. Sie bemerkten, er war nicht gut aufgelegt. Keiner der beiden verriet ihn bei seinem Hofstaat. Und niemand kam auf die Idee, hier nach ihm zu fragen.

Auch Schorsch verriet ihn nicht. Er hatte sehr wohl mitbekommen, wohin Taron gegangen war nach seiner unruhigen Nacht.

Die Frau des Gärtners zauberte in Windeseile ein Sonntagsfrühstück für den seltenen Gast, der so unverhofft, offensichtlich zerstreut und eingezwängt in einen allzu unbequemen Dienstanzug an ihrem Esstisch saß und missmutig die Stirn in die Hände stützte.

Dankbar ließ Taron die Modrichs um sich herumwuseln. Niemand sprach ihn an, niemand machte ihm Vorschriften und niemand erinnerte ihn an irgendwelche Termine. Als alles fertig war, setzten sie sich zu ihm.

Es wurde einfach nur gefrühstückt. Die Modrichs waren herrlich unkompliziert und Madame Modrich schenkte Taron wie selbstverständlich eine große Tasse heißen Kaffee ein.

Taron brachte ein Lächeln zustande und nahm ihr das Gefäß aus der Hand. Es wurde ihm ein Morgenmahl hingestellt, wie er es lange nicht mehr genießen konnte und ohne dass Sigur ihm währenddessen gleich den Tagesplan verlas.

Die Mordrichs sprachen über ihre Vorhaben an diesem Tag, über ihre Arbeit im Garten, die anstand, und reichten Taron ab und an etwas zu. Sonst stellten sie keine Fragen. Sie ließen ihn essen. So saßen sie eine ganze Weile.

Taron räusperte sich irgendwann leise. Die Modrichs sahen ihn an.

Entschuldigt meine ungebührliche Frage, zeigte er dann mit den Fingern.

Die Modrichs waren nicht perfekt in der Gebärdensprache. Sie hatten sich bereits während seiner Abwesenheit in Wassergrün sehr bemüht, die neue Sprache ihres Herrn zu erlernen. Wie alle hier. Aber sie taten sich schwer mit Fremdsprachen. Sie verstanden vieles noch nicht.

Erlaubt Ihr es, wenn ich Euch ganz bescheiden um einen Schlafplatz bitte in Eurem Haus, wenn es mir dort drüben zu bunt wird? Ich halte es in dem Kasten einfach nicht mehr aus.

Er zeigte aus dem Fenster auf das mächtige Schloss, raufte sich zur Demonstration die Haare und machte in zwei einfachen Gesten deutlich, was er sich von ihnen wünschte. Er legte die Handflächen zusammen an sein Ohr. Dann tippte er mit dem Finger bittend auf den Tisch dieses Hauses und sah die beiden an wie ein verzagter Welpe.

Sie verstanden.

Kuno lachte und getraute sich, seinem Gast auf die tressenschwere Uniformschulter zu klopfen, und nickte ihm zu. Er machte eine einladende Geste und zeigte die Treppe hinauf ins oberste Stockwerk. Dort würde heute Abend ein kleines Gästezimmer für ihn gerichtet sein.

Taron lächelte dankbar und schnaufte tief. Zum ersten Mal hatte er wieder das Gefühl richtig Luft zu bekommen, und seine mittlerweile beinahe chronisch verhagelte Laune verflog für einen Moment.

Frau Modrich legte ihm ein weiteres Stück Kuchen nach. Und zum ersten Mal seit langem konnte er wieder richtig essen.

Die Mordichs unterhielten sich weiter, als ob nichts gewesen wäre. Als sei es ein ganz normaler Tagesanbruch.

Und dann tat der König etwas, womit die beiden niemals gerechnet hatten. Er legte sein Besteck zur Seite, beugte sich zu ihnen hinüber und nahm sie nacheinander dankbar in den Arm.

Kuno wand sich frei, als es draußen an der Tür klopfte. Noch bevor Taron das Frühstück beendet hatte, stand Remoulado mit strengem Blick vor der Tür des gemütlichen kleinen Häuschens.

„Papa“, rief Shelly, die mit ihm gekommen war, und rannte an den Modrichs vorbei fröhlich zu ihrem Vater. Er nahm sie auf seinen Schoß und aß weiter.

Als der König auf Remoulado nicht reagierte, klackte dieser militärisch die Hacken zusammen.

Taron zuckte für einen Moment zusammen.

Wie spät ist es?, fragte er dann, als er sein Kuchenstück beendet hatte.

Shelly spielte kichernd mit seiner Gabel und den Kuchenbröseln auf dem Teller.

„In einer Stunde…“, begann Remoulado.

In einer Stunde sitze ich an meinem Schreibtisch, antwortete Taron und kitzelte dabei seine Tochter.

Sie lachte.

Dann blickte der König ungewohnt griesgrämig zu Remoulado, der noch immer demonstrativ wartend in der Tür stand.

„Jawohl!“, antwortete der Leibwächter nur. Er erkannte, dass Taron nicht gewillt war an diesem Morgen im Schloss zu speisen und dass er das Haus der Modrichs nicht verlassen würde, bis er in Ruhe hier sein Frühstück beendet hatte. Er ging, um den Rest seiner Mannschaft, allen voran Vincent und Ellis, zu berichten, welche neuen Eigenarten ihr König nun schon wieder an den Tag zu legen pflegte.

Bevor er die Tür schloss, sah er fragend nach Shelly. Eine innige Umarmung für ihren Vater war ihm Antwort genug. Auch sie würde jetzt nicht mit ihm ins Schloss zurückkehren.

Kapitel 14

Heiraten sollte er. Nach allen Geschäften des heutigen Vormittags war dies das unerquicklichste aller Themen. Taron hatte sich am Schreibtisch hinter seinen Papieren verschanzt und zornte vor sich hin. Die Audienz und alle anderen Termine hatte er hinter sich gebracht, wie es erwartet wurde. Auch Matheo war wieder abgereist. Nun erwartete er einen letzten Termin vor dem Mittagessen.

Taron hielt ein Schreiben des Rates in Händen, das Matheo ihm zugestellt hatte. Das Gelbe Band sollte zukünftig ein Ring an seinem Finger sein, insistierte man darin. Dachte man so den König zu bändigen?

Auch Anatol aus Wassergrün, selbst Jonathan und sein Vater hatten sich eindeutig zu dieser Sache geäußert. Sie schienen sich verschworen zu haben. Alle miteinander.

Als dann noch ein Schreiben aus Hiesig eingetroffen war, hatte es dem Fass den Boden ausgeschlagen. Taron war dieses Themas mehr als überdrüssig.

Eine Dame aus Hiesig sollte er ehelichen? Ausgerechnet? Eine Frau von dem Ort, an dem er beinahe sein Leben ließ? Man hatte ihm nur wenig Zeit gelassen, seine Entscheidung zu überdenken.

Eher würde er Shelly von Schwarzeck das Jawort geben, als irgendeiner neureichen Schnepfe aus Hiesig, die er nicht kannte.

Maria von Irdenklein. Wer war sie? Niemals hatte Taron einen solchen Namen gehört. Und er kannte sich aus in der feinen Gesellschaft. Woher sollte die Dame plötzlich gekommen sein? Eine Neureiche sicher, die sich ihren Titel einiges hatte kosten lassen. Vielleicht ließ ihn sein Gedächtnis aber auch hier im Stich. Er lehnte es ab, sich die Mühe zu machen, in Ahnentafeln und Stammbäumen nachzusehen. So wichtig war die Sache nicht. Niemand schien sich bemüßigt zu sehen, ihm hierzu eine erschöpfende Auskunft zu geben.

Selbst Hortensie hatte sich gesträubt, ihm in dieser Sache behilflich zu sein. Frau von Fielgout hatte geruht, ihm auf seine Anfrage keine Antwort zu schicken.

Ein Porträt von der Dame hatte Taron konsequent abgelehnt. Ihn interessierte nicht, wie eine Maria aussah, die man ihn drängte zu heiraten. Maria, Stefanie, Ursel... Es war ihm einerlei.

Dennoch konnte sich Taron auf die Schreibarbeit an seinem Arbeitsplatz nicht konzentrieren. Wieder und wieder ging ihm dieser Name durch den Kopf. Er konnte ihn mit nichts, aber auch gar nichts verbinden und sogar Günter von Hiesig persönlich wollte der Dame die Mitgift stellen? Der König fühlte sich wie in einem schlechten Traum von Schorsch gefangen.

Aber selbst der Nachtmahr schien sich gegen ihn verschworen zu haben. Schorsch distanzierte sich eisern davon, damit etwas zu tun zu haben. Aber er half ihm diesmal auch nicht weiter.

Wer auch immer sie war, beschloss Taron. Es kümmerte ihn nicht. Ihn interessierte weder sie, noch irgend eine andere. Er hatte nach der Ballnacht in Hiesig beschlossen allein zu bleiben. Mit seiner Tochter Shelly und seinem Ziehsohn Konrad, der ihm Tag für Tag mehr ans Herz gewachsen war.

Wer würde hier auch bleiben wollen. Bei ihm. Bei dem König der Dämmerung und seiner verkorksten Existenz, wie seine Großtante Margreth es so treffend und kompakt bezeichnet hatte.

Taron hatte die Schreibfeder zur Seite gelegt und schloss die Augen. Er war langsam zu alt für solche Abenteuer. Er war zu alt und hatte zu viel erlebt, um sich an jemanden zu binden.

Wer sollte ihn auch haben wollen? Er bezeichnete sich ja selbst bereits als schrullig.

Der erschreckende Fluch schien seit dem Moor verschwunden, aber er war gezeichnet. Von dem Attentat, von seinem Amt und von vielen schlaflosen Nächten. Er war lahm auf einem Bein und er war über und über vernarbt. Er sah nicht gut und er war stumm. Und obwohl das Moor ihm seine Stimme auf wundersame Weise wiedergegeben hatte, wagte er sie nicht zu benutzen. Er dachte stets an die Worte der Hexe und er war sich noch nicht sicher, ob und wann er gewillt war, sie wieder zu gebrauchen. Er hatte sich zu sehr daran gewöhnt zu schweigen.

Sein Haar wurde weiß und die Familie Ikárov war auf diesem Thron noch nie vom Glück gesegnet. Wer würde einwilligen wollen, hier an diesem Ort mit ihm zu bleiben?

Er war eitel und verschroben und dieses Mädchen von angeblich wenigen zwanzig Jahren sollte ihn heiraten? Wozu? Und was hatte man ihr dafür versprochen? Wollte man sie gar zwingen? Taron war überfragt.

Er nahm die Brille ab und massierte seine Nasenwurzel. Fragen über Fragen.

Auf der anderen Seite. Was sollte es, eine weitere glücklose Seele bei sich aufzunehmen. Was sollte ihn noch eine Person mehr hier in diesen Hallen stören? Platz genug war ohne Frage vorhanden. Es war ihm egal. Solange sie ihm nicht in die Quere kam. Ohne den Schutz des Fluchs, so schätzte er, würde er ohnehin nicht mehr allzu lange leben. Und für den Fall, dass sich die Kinder mit ihr gut verstanden: Sie brauchten jemand, wenn es soweit war.

Seit seiner Rückkehr auf die Burg hatte man peinlich darauf geachtet, dass die Nachricht von dem gebrochenen Fluch nicht zu schnell öffentlich wurde. Zu seiner Sicherheit hatte man die Mär um den Fürsten der Dämmerung und seine grausigen Arzneiverordnungen aufrecht erhalten. So wunderte es auch niemanden, dass Taron den angekündigten Besuch aus Hiesig ein paar Tage später in seiner alten Tracht absolvieren wollte. Die verschiebbare Stoffblende an dem überhohen Kragen ging bis hinauf zu seiner Nasenwurzel.

Er trug einen düsteren Anzug und bald würde er den Hut neben sich auf seinen Kopf setzen. Dunkle Handschuhe verdeckten seine Finger. An seiner Hand steckte der Siegelring.

Er schob das Visier vor sein Gesicht, zerrte an der Blende in seinem Kragen und zweckentfremdete voller ungewohnt kindischer Niedertracht das mühsam durchdachte Kleidungsstück. Er zog die Blende so weit nach oben, dass sie bis hinauf zum Haaransatz sein Gesicht vollständig verdeckte. Er tastete nach dem Hut auf dem Schreibtisch, schloss die Augen und machte sich bereit für die angekündigte Aufwartung. An nichts außer seinem Ring sollte man ihn heute erkennen. Nichts von ihm sollte der von ihm ungebetene Besuch zu sehen bekommen. Sein Gesicht war eine glatte Fläche Stoff. Für die wenigen Minuten, die dieser Aufmarsch dauern würde.

In wenigen Augenblicken musste es so weit sein und er war sich sicher, Vincent und Remoulado und der ganze oberkluge Rest seines Hofstaates würden ihn dafür zum Teufel wünschen. Er hatte mehrfach darauf hingewiesen, dass ihm dies alles zuwider war. Und dass er eine potentielle Heiratskandidatin vor einer künstlich herbeigeführten Vernunftshochzeit noch nicht einmal sehen wollte. Er hatte um ihre Einladung nicht gebeten und er wurde nicht nur unleidlich, wie bisher beinahe jeden Moment nach seiner Rückkehr. Er wurde widerborstig und setzte sich störrisch und gegen jede Sitte auf seine eigene Weise durch. Man hatte nicht auf ihn hören wollen und hatte ihn zu diesem Zusammentreffen gedrängt.

Hier in seinem Schreibzimmer würde er den Besuch empfangen. An eben jenem Ort, an dem er seine letzten Jahre zubringen würde. Er machte sich noch nicht einmal die Mühe, den Audienzraum aufzusuchen.

Taron grinste diabolisch. Seine wenigen Fragen an den nahenden Besuch hatte er in Sonntagsschrift zuvor einzeln auf Papier geschrieben. Wenn diese die unerwünschte Besucherin nicht vergraulen sollten, was dann. Seine Hand ruhte nun entspannt auf den zurechtgelegten Seiten. Eine schulmeisterlich pedantische Abfrage für eine potentielle Braut, die man ihm unterjubeln wollte. Grauener Geschichte, Stammbäume, Kulturelles. Alles in gestochenem Hochgrauisch verfasst.

Schon klopfte es an der Tür. Vincent und Remoulado kündigten die Besucherin an.

Taron saß herrschaftlich aufrecht in seinem Stuhl und verfolgte bitter schmunzelnd das weitere Geschehen. Er war gespannt, was nun passieren würde.

„Mademoisselle Maria von Irdenklein zu Hiesig", schmetterte Remoulado, als er die Tür öffnete. Als er sah, wie der König gedachte die Heiratskandidatin zu empfangen, schnappte er nach Luft.

Taron konnte es deutlich hören. Aber er hörte auch ein paar zierliche Absatzschuhe, die leichtfüßig durch den Raum auf ihn zugingen. Der Stoff eines Kleides raschelte unbeeindruckt vor seinem Schreibtisch mit seiner Besitzerin in einen förmlichen Hofknicks.

Ein überrascht pikierter Ausruf blieb aus.

Taron begrüßte die Besucherin mit einem stummen Nicken und bot ihr nach einer unhöflich langen Wartezeit mit einer Geste den Stuhl vor seinem Schreibtisch. Er erhob sich militärisch und streckte die Hand aus nach ihrer Rechten.

Eine schmale Hand legte sich in seine.

Er deutete über den Schreibtisch einen teilnahmslosen Handkuss an. Dann setzte man sich.

„Aber, Eure Majestät", begann Vincent nun, bevor irgend jemand anders etwas sagen konnte. Er hatte die Dame herein begleitet.

Damit hatte Taron gerechnet. Man hörte den Zorn in Vincents Stimme über diese Unverfrorenheit deutlich.

Der König ließ sich nicht beeindrucken. Zielsicher griff er in eine kleine Schublade neben sich und holte ein Schreiben von Njorbert heraus, seinem Leibarzt.

Erst am Morgen hatte dieser Taron besucht und ihm mit diesem Schreiben empfohlen seine Sehkraft ein wenig zu schonen. Er reichte es in die Richtung, aus der Vincents Stimme gekommen war.

Das Papier entfaltete sich. Knirschend ruderte Vincent daraufhin zurück.

„Verzeihung, meine Dame“, sagte er dann schlicht zu der Besucherin. „Sein Leibarzt hat ihm tatsächlich empfohlen, das grelle Tageslicht zu meiden und seine Augen künftig nicht so sehr zu beanspruchen. Er hat zu viel hier am Schreibtisch gearbeitet, bei schlechtem Licht gelesen und unzählige Briefe verfasst. Ich schätze, der König hat soeben mit der Schonerei begonnen.“

Taron wiederholte ungerührt das Ganze in seinen Worten mit den Händen und nickte.

Remoulado, der als Übersetzer heute zu diesem Termin ebenfalls bei ihm war, übertrug nun, was der König dem hiesischen Fräulein zu sagen hatte.

Leider bin ich ausgerechnet heute zu dieser Maßnahme gezwungen, erklärte Taron schadenfroh. *Die Kopfschmerzen werden sonst nie wieder besser. Verzeiht!*

Das ironisches Grinsen hinter seiner Fassade sah man nicht.

„Wie schade, Hoheit“, erklang nun eine helle Damenstimme etwas spitz. „Ich hätte Euch so gerne ins Gesicht gesehen. Man erzählt sich ja so vieles über Euch. Und es wäre mir eine Freude gewesen, mit Euch in Gesten diese Unterhaltung zu führen. Extra für diesen Tag habe ich jahrelang geübt. Ich beherrsche die Sprache mit den Händen besser, als Ihr denkt. Aber so…“

Auf den Mund gefallen war sie jedenfalls nicht, dachte Taron bei sich. Er war erstaunt über ihr beinahe akzentfreies Grauisch. Und über ihr Selbstbewusstsein. Sein Aufzug schien die Dame vor ihm nicht im Geringsten nervös zu machen.

Als niemand etwas Weiteres sagte, blieb er reglos in seinem Stuhl sitzen und wartete. In der dunklen Kleidung und überheblich auf seinen Platz drapiert sah er aus wie die Spinne in seinem eigenen Wappen. Zusammengefaltet, dürr und gefährlich.

Er tastete nach dem bereitgelegten Papier. Er wollte wissen, was sie wohl erst zu seinen Fragen und zu seinem vorbereiteten Bedingungskatalog sagen würde.

Es entstand eine peinliche Stille.

„Das ist er also?“, hörte Taron die Dame schließlich vor sich flüstern, nachdem nichts passierte.

Sie hatte Remoulado neben sich angesprochen, denn der Leibwächter räusperte sich bestätigend.

„Äh, ja“, antwortete er unsicher. „Unter all dem Zeug da... ist wohl unser Herrscher.“

„Und was kann er so?“, flüsterte sie weiter. Es musste ihr doch klar sein, dass man in diesem Raum gerade eine Stecknadel fallen hören konnte. War ihr die Ungebührlichkeit nicht bewusst?

Taron hob das Kinn und blieb abwartend sitzen. Das Papier lag in seinen Händen.

„Wie, was kann er?“, flüsterte man zurück. Nun war es Vincent, der ihr antwortete.

„Na, ja“, zischte sie den beiden nun zu. „Man hat mich ja auf einiges vorbereitet. Aber das... Er kann nicht sprechen, nicht richtig laufen, sagt man, und in Umgangsformen ist er allem Anschein nach auch nicht unbedingt ausgereift. Ich kann ihn mir noch nicht einmal ansehen. Ihn soll ich heiraten? Also, ich weiß nicht. Bei aller Liebe zu meinem Vaterland. Und jetzt mal im Ernst. Ich finde das, was mir da gerade gegenüber sitzt, ziemlich erschreckend ...“

Taron freute sich hinter seiner Blende diebisch.

„Eine kleine Kostprobe nur von seinem Repertoire“, mischte Remoulado sich nun flüsternd ein.

„Aber was kann er denn?“, beharrte die Dame und stellte die Frage erneut.

Vincent begann leise aufzuzählen: „Lesen, Schreiben, rechnen... regieren... Er ist ein sehr guter Stratege, müsst Ihr wissen. Und eine Koryphähe in Sachen Grauener Geschichte und Kräuterkunde. Und er ist schlicht und einfach stinkend reich, verehrtes Fräulein. Also, überlegt es Euch. Und wenn ihr ihm nicht allzu sehr in die Parade fahrt, könnt Ihr hier ein angenehmes Leben haben, schätze ich...“

Was erlaubten sie sich alle miteinander? Taron unterbrach das halblaut konspirative Gespräch und hob die Hand.

Hallo, ich sitze direkt vor Euch und kann Euch zumindest sehr gut hören …

Dann tippte er mit dem Finger auf das Papier vor sich.

„Nun gebt das schon her", sagte die Dame ungeduldig und nahm ihm das Forderungspamphlet aus der Hand.

„Ich studiere das bei Gelegenheit, wenn es Euch recht ist", sagte sie dann. Man hörte, wie sie die Seiten faltete und irgendwo in eine Tasche stopfte.

„Es war doch recht amüsant, Euch kennen zu lernen", sprach sie weiter. „Herzlichen Dank. Aber dieser erste Eindruck reicht mir völlig."

Sie erhob sich von dem Stuhl vor Taron und hielt dem König die Hand entgegen.

Remoulado zuckte hilflos mit den Schultern und Vincent verdrehte die Augen über dieses gründlich und provokant vermasselte Kennenlernen.

Der Leibwächter eilte Taron zur Hilfe und legte erneut die Hand der Dame in seine. Die weitere spröde Farce eines angedeuteten Kusses beendete dieses Trauerspiel.

Taron legte die Hände ineinander und saß hoch erhobenen Hauptes und wie angewurzelt auf seinem Stuhl.

Die Dame wandte sich zum Gehen und war drauf und dran das Arbeitszimmer zu verlassen.

Vincent und Remoulado warfen sich hektische Blicke zu.

„Die Gastfreundschaft ist in Grauen eines der höchsten Güter", begann Vincent als Verwalter nun hochgestochen. „Ebenso wie in Hiesig."

Die Dame stockte in der Bewegung. Sie wollte eben nach draußen rauschen.

„Ich denke, es ist nicht zu vermessen, wenn wir Euch nach der weiten Reise hierher zumindest auf ein gemeinsames Mittagessen einladen in diesen Mauern."

Remoulado hatte sich zu Taron hinuntergebeugt, der noch immer ruhig auf seinem Platz saß.

„Nicht wahr, Gebieter? Das wolltet Ihr doch gerade sagen. Ich dachte, ich nehme die Übersetzung aufgrund der pikanten Situation einfach vorweg."

Taron erhob sich. Nach kurzem Zögern nickte er. Was sollte er hierauf auch anderes erwidern. Die Dame in der Dorfgaststätte speisen zu lassen kam ihm nun plötzlich selbst zu schäbig vor. Sie hatte ihm schließlich nichts getan.

Vincent nutzte die Gunst des Augenblicks und mischte sich ein.

„Ja, werte Dame. Also herzlich willkommen und seid unser Gast." Er zwinkerte den anderen beiden verborgen vor Taron zu.

„Und nachdem unser leidgeprüfter König heute unbedingt seine Augen schonen muss, schlage ich vor, dass man gemeinsam nach unten in den Speisesaal geht."

Dieser störrische König sollte sie alle zusammen kennen lernen. Das hatte er sich nun selbst eingebrockt, dachte Vincent schadenfroh.

Die Besucherin blieb stehen und machte es ein paar Momente spannend. Dann willigte sie ein.

Taron hielt zähneknirschend seinen Arm bereit. Er würde seine Rolle zu Ende spielen müssen. Vorbei war sein Vorhaben von ein paar endlichen Minuten konsequenter Unhöflichkeit.

Die Dame hakte sich bei ihm ein. Wie er war ließ er sich von ihr nach unten führen, was sie auch ohne Aufhebens und Allüre tat. Als wäre es selbstverständlich.

Remoulado und Vincent schritten grinsend voraus.

Erbsengemüse, Kartoffeln und Kurzgebratenes mit Sauce. Danach Kuchen und Obst. Das war das Gemeinste, was man einem protestierenden König beim Schonen seiner Sehraft servieren konnte. Das angerichtete Essen auf den flachen Tellern mit Messer und Gabel drohte zum Debakel zu werden für den König.

Der Hofstaat hatte für dieses Essen den vornehmen Speisesaal gewählt. Wie immer, wenn Gäste im Haus waren. Die gemütliche Küche wartete auf den König heute vergeblich.

Die Kinder hatten bereits bei Ellis gegessen. Man wollte dem Herrscher in Ruhe Gelegenheit geben, sich seinem Besuch zu widmen.

Am Tisch angekommen wurde Taron von Vincent nach der Platzierung des Gastes zu seinem Stuhl geführt. Als er saß, seufzte der König und legte seinen Hut ab. Danach die Handschuhe. Den Ring steckte er zurück an seinen Finger. Die Augen jedoch ließ er demonstrativ geschlossen. Schließlich schob er das Visier an seinem Hemd zur Seite, versenkte es zurück in seinen Kragen und legte die Hände erwartungsvoll auf den Tisch.

„Ein Dank an die Grauener Gastfreundschaft", lachte die fremde Dame amüsiert. „So bekomme ich heute doch noch etwas von Euch zu sehen."

Zweifelnd betrachtete sie seinen zauseligen Bart und das abstehende störrische Haar, das nun zum Vorschein gekommen war.

Irritiert und verborgen vor Taron sah sie Vincent an und Remoulado. Die Bilder in der Galerie hatten ihr einen anderen König versprochen.

Sie erntete ein resigniertes Schulterzucken, bevor sich die beiden verabschiedeten, um sie alleine zu lassen.

Das Essen wurde aufgetragen und Taron hörte ein erstauntes Seufzen, als Ellis mit den Schüsseln in der Hand an den Tisch heran kam. Geräuschvoll tat sie dem König die Hauptspeise auf.

„Bist du von allen guten Geistern verlassen, Taron?", zischte sie ihm ins Ohr und schaufelte ihm eine extra Portion Erbsen auf den Teller.

Taron tastete ungerührt nach seinem Besteck. Er würde das Essen hinter sich bringen in der Hoffnung, die Dame danach eventuell erfolgreich vertrieben zu haben. Vorsichtig und in der sicheren Erwartung eines in Kürze verschmutzten Anzugs breitete er die Serviette über seine Beine. Er hörte am Klappern des Bestecks, dass die Dame mit dem Essen bereits begonnen hatte, und griff ebenfalls unschlüssig nach Messer und Gabel.

„Ach, Papperlapapp", hörte er schließlich von der Dame neben sich. „Gebt Eurem König doch bitte einen Löffel", rief sie. „Und eine Schale."

Ellis eilte, die fehlenden Geschirrteile zu holen.

Taron ließ das Besteck sinken und hörte, wie ihm der Teller vor der Nase weggezogen wurde.

„Es ist bestimmt nicht leicht, ein König zu sein. Noch dazu ein Tag und Nacht beschäftigter", plapperte die Dame weiter. „Ich habe schon gehört, dass Ihr viel investiert für Euer Land", sagte sie in astreinem Hochgrauisch. Ohne zu zögern hatte sie sich Tarons Teller herangeholt, schnitt das Fleisch in kleine Stückchen und zermatschte Kartoffeln und Erbsen zu einem homogenen Brei.

Taron hörte deutliche Quetschgeräusche neben sich.

Als Ellis zurück war, schabte sie das Ganze kurzerhand in die herbeigebrachte Schale und reichte dem König einen Löffel in seine Hand. Als sei es das Normalste der Welt als Gast an einer königlichen Tafel.

„Guten Appetit und vielen Dank für Eure freundliche Einladung", flötete die Dame unbekümmert und aß.

Unvermittelt hatte Taron eine Erinnerung. Quetschgeräusche von zerdrückten Kartoffeln, eine Binde vor den Augen, ein Gauklerlager. Doch weiter kam Taron gedanklich nicht.

Nachdenklich und über die Maßen erstaunt von seinem äußerst pragmatischen Besuch begann auch er zu essen.

Das gemeinsame Mahl verlief schweigend und ohne weitere Störung von außen. Zum Abschluss wurde Taron ungefragt ein vorbereiteter Obstteller hingestellt.

„Dann wollen wir doch mal sehen, was Ihr hier habt", brach die Dame schließlich die eiserne Stille.

Sie zog Tarons Fragenkatalog aus der Tasche und faltete die Papiere auseinander.

Grauens Geschichte, Geografie, Topografie, Gebräuche, Feiertage, Flora und Fauna. Selbst Stammbaum und Familiengeschichte ratterte die Dame zu Tarons Erstaunen herunter. Sie blätterte die Fragen weiter ohne Luft zu holen.

Er hörte ihr zu, bis sie zu Ende war. Sie hatte wohl einen guten Lehrmeister gehabt.

Schließlich hatte sie die letzte seiner Fragen zur Seite gelegt.

„Euren Forderungskatalog allerdings", begann sie dann schnippisch. „Ihn werde ich mit mir nehmen. Und ihn in Ruhe studieren. Danach lasse ich Euch meinen zukommen."

Taron meinte die Dame grinsen zu hören.

Er nickte, erhob sich und ließ sich von Vincent, der eben hereingekommen war, aus dem Raum führen.

Bevor sie die Tür erreichten, hielt der König inne, drehte sich noch einmal mit geschlossenen Augen zu ihr um und schob das Visier zurück vor sein Gesicht. Dann wandte er sich an Vincent.

Lasst ihr ein paar Stunden heute Nachmittag mit den Kindern, deutete er mit den Händen. *Wenn sie keinen Einspruch einlegen, werde ich darüber nachdenken.*

Kapitel 14

Dass die kleine Shelly beim Anblick der Besucherin in wahre Freudentränen ausbrach und so laut quietschte, dass es das ganze Stockwerk hören konnte, bekam Taron nicht mehr mit. Er hatte sich nach dem Essen zurückgezogen, um Njorberts Empfehlung einzuhalten. Er schonte sich und seine Augen für den Rest des Tages auf seine ganz eigene Weise.

Ohne sich ansprechen zu lassen war er aus dem Haus gegangen und hatte früher als erwartet an der Tür der Modrichs geklopft.

Die Frau des Gärtners hatte ihm geöffnet.

Niemand erschrak hier mehr über einen bis zu den Augen vermummten König.

Kuno war bei seiner Arbeit im Garten und niemand hatte mit einem Besuch des Königs zu dieser Tageszeit gerechnet.

Bittend hatte Taron die Gärtnersfrau angesehen und dann manierlich das vorgelegte Visier an seinem Hemd zurückgeschoben.

Sie lächelte und führte ihn ohne weitere Fragen und mit einem kleinen Kopfschütteln nach oben in die für ihn bereits vorbereitete Schlafkammer.

„Wenn Ihr irgendetwas braucht, Hoheit. Dann klopft einfach drei mal an den Balken neben Eurem Lager", sagte sie knapp.

Dankbar nickte der König und legte seine schwere Jacke ab. Endlich.

Leise schloss sie die Tür hinter sich und wendete sich summend wieder ihrer Hausarbeit zu. Sie stellte keine Fragen.

In der kleinen angenehm kargen Kammer war ein sauberes Bett für Taron vorbereitet worden. Gegenüber an der Wand standen ein Tischchen und ein Stuhl. Eine Waschschüssel auf dem Tisch vor einem kleinen Wandspiegel und ein Trinkgefäß nebst einem frischen Krug Wasser und ein paar Handtüchern daneben waren das Einzige, das diesen Raum ansonsten zierte. Die weiß getünchten Wände leuchteten ihm in dem hellen kleinen Raum völlig unbebildert entgegen. Daneben ging ein einziges kleines Fenster hinaus in den Gemüsegarten der Modrichs. Über dem Fußteil des Bettes lagen Nachthemd und Morgenmantel bereit. Ein kleiner Stapel bequeme Kleidung fand sich auf einem niedrigen Hocker daneben. Sonst gab es nichts in diesem Raum.

Herrlich, dachte Taron im Stillen und begann sich umzukleiden. Er legte die steife Uniform ab und schlüpfte wohlig in die bereitgelegte Kleidung. Er musste schmunzeln bei dem Gedanken, wie Ellis die Sachen während des Vormittags vermutlich kopfschüttelnd und schimpfend zu den Modrichs gebracht hatte.

Die Brille, die er heute noch so wenig gebraucht hatte, ließ er auf dem kleinen Tischchen zurück.

Aus seiner Rocktasche zog er eine kleine Phiole heraus, die er seit dem Morgen bei sich getragen hatte. Er schenkte sich aus dem Krug einen Schluck Wasser in das Trinkgefäß, gab Njorbertes Verordnung hinein und trank ohne weiter darüber nachzudenken. Er hatte seinen Leibarzt darum gebeten. Und er bediente sich solcher Mittel seit langem wieder zum ersten Mal. Aber zu viel war in seinem Kopf, zu schlecht sein Schlaf in der Nacht. Und er musste Ruhe finden.

Er kroch unter die kühlen Decken und streckte sich lang aus auf seinem Lager. In der kleinen kargen Enklave, die man ihm auf seinen Wunsch so trefflich bereitet hatte. Hier konnte er Abstand nehmen zu all den unsteten, verwirrenden und überquellenden Eindrücken an seinem eigenen Hof. Der Besuch aus Hiesig hatte, ohne dass er das wollte, ganz seltsame Saiten in ihm gerührt. Er musste seine Gedanken ordnen. Er musste sich wieder erinnern. Und er wusste so wenig, seit er auf dem Lager der Hexe wieder erwacht war.

Entspannt legte er sich zurück. Er musste sich keine Sorgen machen, hier an seinem eigenen Hof eine so unbedarfte Auszeit zu nehmen. Er war sicher, selbst dieses Gärtnerhäuschen wurde, seit er hierher gekommen war, von außen auf das strengste bewacht. Seit er nach Grauen zurückgekehrt war, ließ ihn niemand mehr ungesichert.

Vor allem nicht Remoulado. Auch ihn kannte er aus Hiesig, wie er mittlerweile gesagt bekommen hatte. Wie ihr Kennenlernen war, darüber behielt man eisernes Stillschweigen.

Eine plötzliche vollständige Erinnerung, so hatte Njorbert alle bedeutungsschwer vorgewarnt, könnte womöglich einen Schock auslösen bei dem König. Er musste ihnen jedes Detail, an das er sich nicht irgendwann von selbst erinnerte, mühevoll und einzeln aus der Nase ziehen. Über manches schwieg man beharrlich.

Er musste bereits einmal einem Attentat zum Opfer gefallen sein, wenn er an die Narben dachte, die heute über und über seinen Körper zierten. Umso sorgfältiger hatte man ihn jetzt nach seiner Rückkehr im Auge.

Lückenhaft erinnerte er sich an den letzten Angriff in Ripenschneiders Haus.

Der Professor war hier in Grauen mit seiner Familie eingetroffen. Man sagte, Ripenschneider ging es den Umständen entsprechend gut. Er bewohnte mit Frau und Tochter ein Anwesen außerhalb der Burg. Er stand unter Arrest.

Taron war auch hier noch nicht weiter gekommen und es hatte noch keine Gelegenheit seither gegeben, mit dem Professor zu sprechen. Zu viel Zeit hatte es ihn gekostet, das Versäumte seit seinem Aufbruch in Wassergrün wieder aufzuarbeiten und die Unruhe zu besänftigen, die sich seither über das Land gelegt hatte.

Er schloss die Augen. Von all dem wollte er im Augenblick nichts mehr wissen. Die Wirkung des Mittels ließ nicht lange auf sich warten. Leise hörte er betriebsame Geräusche aus dem Haus. Es störte ihn nicht. Man konnte vernehmen, dass Madame Modrich versuchte betont leise ihre Arbeit zu verrichten. Wieder musste Taron darüber lächeln.

Nun lag er hier in dieser ärmlichen Kammer. Alleine und ohne das stetige und kopfschmerzerzeugende Geschnatter seines Hofstaats. Manchmal konnte er ein wenig von dem verstehen, was Edolf ihm in seiner Jugend immer so garstig und auf seine spezielle Weise gepredigt hatte: Einfachheit und Reduziertheit ist der einzige Weg, als Herrscher alle seine Sinne beisammen zu halten. Taron lachte mit geschlossenen Augen in sich hinein, wenn er daran dachte, wie gut seinem Onkel dies trotz aller unsinniger Sparsamkeit und allem Geiz geglückt war. Nämlich gar nicht. Sein Onkel selig war ein verrückter alter Mann gewesen.

So hing Taron seinen Gedanken nach. Ob Schorsch ihn tagsüber besuchen würde, wenn er bemerkte, dass er sich zu Ruhe gelegt hatte? Zu viele Lücken quälten ihn noch in seinem Kopf. Ob er ihn weiter erinnern würde? Taron wusste es nicht und über all diesen Gedanken schlief er ein.

Und er erwachte erst wieder, als es an seine Tür klopfte. Leise zuerst, doch als Taron auf das Geräusch nicht reagierte, klopfte es kräftiger.

Müde und unwillig räkelte Taron sich nach einem tiefen traumlosen Schlaf in den Kissen. Er konnte nicht fragen, wer in die Kammer Einlass verlangte. Er wartete und drehte sich schlaftrunken auf die Seite.

„Mein Herr“, kam eine Stimme von jenseits der Tür. „Ich störe nur ungern. Ich bin nur hier, um mich zu verabschieden.“

Taron setzte sich auf und strich sich gähnend die Frisur gerade.

Es war die Stimme der Dame aus Hiesig.

„Darf ich eintreten?“

Schon drückte sich der Türdrücker nach unten.

Schnell schloss Taron die Augen und lehnte sich aufrecht zurück in seine Kissen. Er blieb dabei. Er wollte sie nicht sehen.

Nachdem keine direkte Gegenwehr kam, trat sie ein.

Im Hintergrund beobachtete Vincent und Remoulado genau, was im Inneren des Raumes vor sich ging. Sie zogen sich zurück, als sie sahen, ihr Herr war zwar nicht erfreut über einen weiteren Besuch, aber er versagte ihn nicht.

Vorsichtig trat die Dame näher. Dann sah sie, dass der König kaum zur Besinnung kam. Er hatte bis vor wenigen Augenblicken tief und fest geschlafen. Sie sah die leere Phiole auf dem Tischchen.

„Ich dachte nicht, dass Ihr... Also, mitten am Tag...“, begann sie. „Verzeiht mein unangebrachtes Eindringen“, begann sie zögerlich. „Ihr habt das Kaffeetrinken verpasst“, sagte die Dame dann weiter. „Ellis ist sehr ärgerlich. Aber sie schickt Euch dennoch diesen kleinen Gruß hier aus dem Garten.“

Taron reagierte nicht. Er war sich nicht sicher, ob er wollte, dass eine fremde Dame ihn so zu sehen bekam. So frisch aus der Ruhe gerissen und so– leger. Warum hatte man die Dame überhaupt hierher gelassen? Dies hier war alles andere als ein offizieller Audienzraum. Taron bemühte sich noch immer richtig zu erwachen. Warum ließen Remoulado und Vincent einen weiteren Besuch zu? Ohne Voranmeldung.

Er zeigte blind auf den Morgenmantel am Ende seines Bettes.

Die Dame reichte das Kleidungsstück wortlos zu ihm hinüber und wartete ab, bis er die rote Brokatrobe im Bett sitzend um sich festgezurrt hatte.

Müde und angestrengt lehnte er sich gegen das Kopfteil seines Bettes.

„Ich ahnte nicht, dass ich Euch hier so vorfinden würde. Euer Leibwächter und Euer Verwalter sagten, es wäre in Ordnung. Ich dachte, es ist unhöflich, einfach so zu gehen und mich nicht noch einmal für die Einladung zu bedanken. Verzeiht!"

Taron vernahm, dass sie im Begriff war zu gehen.

Unbeholfen und unsicher steckte sie ihm ein Schreiben zu.

„Lest es, wenn Ihr Euch nicht mehr schonen müsst. Es war mir wichtig, Euch persönlich meine Antwort zu überreichen. Damit lebt wohl!"

Der König erhob die Hand. Endlich schaffte er es, ein wenig mehr aus seinem bleischweren Schlaf von eben auszubrechen. Er deutete auf den Hocker neben seinem Bett und bot ihr an Platz zu nehmen.

Verzeiht mir!, zeigte er ihr dann mit den Händen. *Es ist nur so…* Unangenehm berührt zog er den Mantel um sich fester. *Es ging mir schon mal besser. Ich habe nicht mehr mit Besuch gerechnet heute. Schon gar nicht hier. Nun habt Ihr alle Schattierungen dessen gesehen, auf was man drängt Euch einzulassen. Also, überlegt Eure Entscheidung gut.*" Dann lenkte er ab. *Und was möchte meine liebe Ellis von mir?,* fragte er.

Die Dame hatte verstanden.

„Dies hier!", gab sie zurück und klapperte leise mit der kleinen Schale, die sie gerade zur Seite gestellt hatte. „Sie sagt, Ihr müsst essen."

Taron konnte mit dem Gesagten nichts anfangen und zuckte mit den Schultern.

„Hier, mein König“, sagte sie nur, nahm die Gabel und tippte zaghaft mit einer aufgespießten Beere aus der Schale an seine Lippen.

Er ließ sich eine zierliche Frucht zwischen die Zähne stecken.

Sie stellte ihm die Schale auf die Brust, gab ihm die kleine Dessertgabel in die Hand und erhob sich.

„Lest alsbald meine Nachricht für Euch. Dann werden wir sehen.“

Taron legte die Gabel zurück in die Schale und griff nach dem Brief, den sie ihm in den Ärmel geschoben hatte.

Sie erhob sich.

„Ihr habt schöne Zähne, Herr!“, flüsterte sie keck, bevor sie endgültig ihren Besuch beendete. „Und Ihr habt zwei reizende Kinder. Und abstoßend durchsichtig scheint Ihr sehr überraschenderweise auch nicht zu sein. Was die Leute nur immer erzählen.“

Die Tür klappte hinter ihr ins Schloss.

Taron war wieder allein. Halbwach, mit einem Brief, einer Schale Beeren und einem Kosmos an Erinnerungen, der ihn wegen einer einzigen Frucht gerade überflutete. Eine Nacht in Hiesigs Wäldern war zurück in seiner Erinnerung.

„Ich würde ihn da drin an Eurer Stelle jetzt nicht alleine lassen, die Herren“, hörte er noch von draußen, während er das Gefäß zur Seite stellte und sich ächzend in die Kissen lehnte.

Kapitel 15

Njorberts Gemisch bewahrte ihn davor die Nerven zu verlieren über das, was eine kurze Geste der Dame aus Hiesig so heftig in ihm entfacht hatte. So vieles war mit einer einzigen Frucht in ihm wieder lebendig geworden. Njorberts Empfehlung für eine äußerst behutsame Rückerinnerung war dahin. Die durch das Moor so gnädig gelöschte Erinnerung an Shelly von Schwarzeck und ihre Schergen war zurück.

Taron hielt sich die Stirn. Wie viel war seit damals geschehen. Und wieviel hatte sich seit damals geändert.

Er konnte nicht beurteilen, ob es Absicht war, was die Dame getan hatte. Aber wie sollte es? Das Geheimnis um die Wirkung einer Schale Beeren kannte sonst niemand. Taron teilte es seit seiner Zeit im Klosterkeller nur mit einer einzigen Person. Einer Person, die er nicht mehr kannte.

Der Keller des Klosters, in dem er so lange auf Heilung gewartet hatte, und eine Schale Erdbeeren, die ihm damals die Zusammenhänge in sein Gedächtnis zurückgerufen hatten, schwebten als gestückelt wilder und undurchsichtiger Gedankenbrei in seinem Kopf. Inmitten dieser Erinnerung gab es ein Mädchen ohne Gesicht.

Schließlich spreizte sich auch die Erinnerung, wo er Remoulados Gesicht zum ersten Mal gesehen hatte, in ihm unvermittelt auf wie ein zu groß geratener Sonnenschirm.

Lange hatte er in seiner Kammer danach gebraucht, um die Eindrücke in seinem Kopf wieder zu bändigen.

Vincent war zu ihm geeilt und auch Remoulado war um ihn bemüht. Den Leibwächter hatte Taron grob von sich geschoben. Am Ende hatte er sie beide fort geschickt.

Man rief nach Njorbert und man schickte nach der Hexe. Niemand wusste, was in des Königs Gehirn gerade genau passierte. Er machte dazu keine einzige Geste. Man sah nur ein paar weit geöffnete, verdutzt dreinblickende Augen.

Schließlich war es Ellis, die sich zu Taron in die Kammer wagte. Mit einer Winzigkeit zu essen und zwei Büchern auf ihrem Tablett. Sie hatte an seinem Bett gesessen und ihm vorgelesen. Wie früher manchmal in Kindertagen, wenn Edolf seine Unterweisung allzu hart gestaltet hatte. Sie hatte dabei zugesehen, wie der König nach einer weiteren Verordnung von Njorbert langsam wegdämmerte.

Erst als sie ganz sicher war, dass der König tief und fest schlummerte, war sie zu den anderen ins Schloss zurückgekehrt. Die Bücher hatte sie im Zimmer zurückgelassen.

Taron schlief überraschend gut in dieser Nacht. Im Schutz des kleinen Zimmerchens und Njorberts Verordnung war äußerst gütig zu ihm.

Irgendjemand hatte die Katze zu ihm gelassen. Das Tier hatte sich zu seinen Füßen am Bettende zusammengerollt.

Der Nachtmahr hatte absolutes Verbot, seinen Herrn in dieser Nacht zu besuchen. Er hielt sich daran.

Die Wachposten vor Türen und Fenstern gaben sich größte Mühe, lautlos zu sein, um weder den König noch die Modrichs in ihrer Privatsphäre zu stören.

Irgendjemand hatte das Kochbuch aufgeschlagen. Es lag mit dem Band Erzählungen, aus dem Ellis vorgelesen hatte, auf dem kleinen Tischchen vor dem Spiegel in Tarons Schlafkammer.

Das alte Kochbuch, das Taron einst auf seiner abenteuerlichen Reise zurück auf seinen Thron so treu begleitet hatte, lag geöffnet auf dem Möbel. Seite 27 war aufgeschlagen. Lange hatte der König das Buch *Tasse und Gaumen* nicht einmal berührt. Eingestaubt hatte es seit Jahren in der Bibliothek gestanden. Heute hatte Ellis das Buch zu dem König gebracht. Er hatte es nicht bemerkt.

Bis er mitten in der Nacht von einem Geräusch im Zimmer erwachte. Er hörte schlurfende Schritte im Zimmer. Müde schlug er die Augen auf und starrte vor sich in die Dunkelheit. Ein Schatten schien sich aus er Finsternis heraus zu nähern.

Taron hielt die Luft an, ballte die Faust und glitt langsam aus seinem Bett. Auf Zehenspitzen schlich er sich lautlos durch das Zimmer.

Doch sobald er aufgestanden war, schien der Schatten vor ihm verschwunden. Bis er in der Fläche des kleinen Spiegels gegenüber etwas aufblitzen sah.

Vorsichtig und plötzlich hellwach ging er darauf zu. Er sah das geöffnete Kochbuch davor liegen. Der König stützte sich auf das Tischchen und sah hinein in die Fläche des kleinen Spiegels. Ein Schrei des Entsetzens formte sich in seinem Hals. Bei dem Anblick im Spiegel blieb dem König die Luft weg. Sein Hals wurde eng und kein Ton kam über seine Lippen.

Was er sah im blassen Mondlicht war die Silhouette von aufgefächertem und wildem grauen Haar, eine Nase ganz ähnlich seiner, kalte graue Augen und ein imposanter Zwirbelbart.

Taron kniff die Augen zusammen und ließ sich auf den Stuhl neben sich sinken. Er krallte sich an der Tischplatte fest und wagte es nicht noch einmal, in den Spiegel zu sehen.

War es das, zu dem er gerade wurde? War es das, was er vielleicht schon war?

Er griff nach dem Wasser, das vor ihm stand. Hatte Njorbert seine Verordnung so stark bemessen, dass er jetzt halluzinierte?

Wie erholsam war die Ruhe in dieser kleinen Kammer für ihn gewesen. Warum spielte man ihm nun diesen derben Streich?

Taron lehnte sich über die Tischplatte und wartete ein paar Atemzüge. Dann trank er einen Schluck von dem Wasser und wusch sein Gesicht. Er musste wieder klar werden.

Dann war alles ruhig. Niemand war in diesem Zimmer, außer Taron selbst. Keine Schritte, keine Schatten und kein fremdes Gesicht mehr im Spiegel. Vielleicht hatte er schlichtweg nur übel geträumt nach diesem Tag voller Merkwürdigkeiten.

Der Morgen war nicht mehr fern. Dennoch hielt Njorberts Medizin ihn leicht benebelt. Er verwarf den Gedanken bereits aufzustehen und sich an den Schreibtisch zu begeben. Er wollte noch eine Weile ruhen. Die Hausgemeinschaft würde ihn früh genug aus den Federn holen.

Was für ein Tag war das gestern gewesen und was für eine Nacht war ihm jetzt gefolgt. Der König lächelte über seine eigene Schreckhaftigkeit und erhob sich von dem Stuhl, um sich wieder hinzulegen. Er wollte nur noch unter seine Decken kriechen. Ihm war kalt geworden in seinem Nachthemd.

Er rieb sich die Augen, gähnte und wollte zu seinem Bett zurückschlurfen. Da hörte er im Zimmer ein kleines fieses Kichern.

Taron sah auf. Und vor ihm mitten in dem kleinen Zimmer stand niemand anders als sein längst verblichener Onkel und sein Vorgänger in der Thronfolge. Vor ihm stand Edolf Ikárov.

Sofort und ohne dass er es bewusst steuern konnte, ging Taron in seinem Nachthemd vor Edolf auf die Knie. Er neigte das Haupt, legte die Hände vor sich flach auf den Boden und wartete erstarrt auf das, was kommen würde.

Wie beim letzten Mal, als er Edolf lebend gesehen hatte. Die Strafe seines Onkels war damals erbarmungslos über ihn gekommen. Wegen einer einzigen versäumten Hausaufgabe und einer kleinen Ungezogenheit nach einem Tag, den Taron lieber mit seinen Freunden im Dorf verbracht hatte.

Edolf war seinerzeit außer sich vor Rage und hatte erst von ihm abgelassen, als Ellis dazwischen gegangen war. Es war das erste Mal, von einer gelegentlichen Backpfeife abgesehen, dass Edolf ihn geschlagen hatte.

Taron hatte seine Schelte heute noch im Ohr. Am Kragen hatte er ihn danach in den Keller geschleift und ihn bis zum nächsten Tag dort in der Dunkelheit schmoren lassen. Er war unerbittlich und ausnahmslos niemandem aus dem Schloss hatte er gestattet sich dem Keller auch nur zu nähern.

Am nächsten Tag war Edolf abgereist. Ohne ein Wort des Abschieds. Kaum hatte sein Onkel das Haus verlassen, war Taron aus dem Schloss geflohen, in der festen Absicht, nie wieder zurückzukehren. Er war ziellos durch die Gegend vagabundiert, bis er als Knecht eine Anstellung bei dem alten Bauern Karl gefunden hatte.

Er war frech und undiszipliniert gewesen an diesem denkwürdigen Tag auf dem Schloss. Ohne Zweifel. Ein echter Teufelsbraten, wie Edolf ihn ohnehin oft nannte. Er hatte seine Lektionen und seine Aufgaben schleifen lassen und hatte zu guter Letzt noch aus lauter Übermut einen brachialen Feuerwerkskörper in Edolfs Lieblingsorchidee gezündet. Dennoch hatte es nicht erklärt, warum Edolf sich an diesem Tag derartig vergessen konnte. Damals hatte Taron ihn angefleht, heute blieb er stumm wie ein Fisch.

Edolf Ikárov stand vor ihm im Zimmer. Durchsichtig und schimmernd im milden Mondlicht, das von draußen durch das kleine Fenster schien. Und er hielt Taron wortlos seine Rechte hin.

Taron fasste mit Grausen den nebelartig wabernden Schatten und deutete einen kurzen Handkuss an. Er wagte es nicht aufzusehen.

Jetzt war es um ihn geschehen, dachte er auf dem kühlen Holzboden der kleinen Kammer kauernd. Anders konnte es nicht sein. Er wurde verrückt. Verrückt wie sein Onkel. Nun wusste er, wie sich das anfühlte. Und er konnte sich ein stummes Lachen nicht verkneifen.

Taron spürte eine kalte Hand, die sich für einen Moment auf sein Haupt legte.

„Das ist er also“, hörte er eine leise schneidende Stimme wie von fern. „Taron Ikárov. Der Fürst der Dämmerung. Das einzige, vor dem er kniet, ist der Altar einer Kirche, das Grab seiner lieben Mutter und sein guter alter verdrehter Onkel. Es hat sich nicht viel geändert.“ Ein kleines spöttisches Lachen durchschnitt die Stille des Raumes wie eine frisch geschärfte Rasierklinge.

„Was hast du schon von mir zu befürchten?“, sagte er dann. „Aber es ehrt mich, dass du mir offensichtlich selbst nach all den Jahren noch so viel Respekt entgegenbringst. „Steh schon auf, mein Junge!“

Der Schatten half Taron auf die Füße.

Dann standen sich die beiden gegenüber und sahen sich an. Bestimmt mehrere Minuten lang.

Edolf strich gütig mit der Hand an Tarons unrasierter Wange vorbei. Dann ließ er von ihm ab und setzte sich auf dem Hocker nieder.

Taron hingegen war wie paralysiert. Er lachte noch immer in sich hinein in der festen Überzeugung, dass er Njorberts Schlafmittel nicht vertrug. Sein Onkel hatte nie etwas gütig gestreift und schon gar nicht ihn. Taron sah sich nach Schorsch um. Hatte der Nachtmahr sich wider Erwarten doch hierher geschlichen und vollbrachte gerade an ihm sein Meisterstück? Der kleine Gnom war jedoch nirgends zu sehen.

Edolf zupfte seinen Neffen am Ärmel. Wagte er es etwa selbst wenn er bespukt wurde noch unaufmerksam zu sein? Mit einer ungeduldigen Geste bedeutete er ihm, sich zu ihm zu setzen.

Taron schüttelte grinsend den Kopf, warf sich den Morgenmantel über und tat zögerlich, was ihm angeraten war. Mit halber Aufmerksamkeit schielte er aus dem Fenster. Auch hier war Schorsch nicht auszumachen. Er setzte sich auf sein Bett und schlug die wärmende Decke über seine ausgekühlten Füße.

Unter ungekämmt wüsten Haarbüscheln hervor sah er Edolf darauf lange an. Die Erscheinung beliebte nicht zu verschwinden.

Sein Onkel räusperte sich.

„Wunderst du dich etwa, dass ich meinen Kopf noch trage, Junge?", begann er nüchtern.

Taron zuckte mit den Schultern. Ihn wunderte so vieles im Augenblick. Besonders dieses abstruse Zusammentreffen. Aber jetzt, wo er es ansprach ...

„Hier", sagte Edolf schlicht und zog eine Art Schal von seinem Hals. Man sah deutlich eine Schnittstelle rund um seine Kehle.

„Ich dachte mir, ich setze ihn lieber auf. Ich hatte die Vermutung, du würdest ohnehin ziemlich erschrecken, mein Lieber, wenn ich dich heute nach so langer Zeit besuche. Heimsuche. Im wahrsten Sinn des Wortes."

Edolf versuchte ein merkwürdiges Lächeln. Seine Gesichtszüge und sein verkniffenes Wesen hatten diese Mimik zu Lebzeiten nur selten zugelassen.

Müde und noch immer ungläubig rieb sich Taron die Augen. Er kniff sie fest zusammen. Als er sie wieder öffnete, saß Edolf noch immer auf seinem Platz. Ein eisiger Hauch streifte seine Hand, als er nach Edolf zu greifen versuchte. Dann blies er sich resigniert eine störrische Strähne aus dem Gesicht und verschränkte die Arme. Er würde also abwarten müssen, wie dieser Spuk nun weiter ging.

„So haben wir beide eine unverwechselbare Zier um unsre Gurgel, nicht wahr?“ Edolf lächelte zartbitter. Fast wirkte er ein wenig bedauernd. Und gedachte er etwa mit süffisanten Floskeln das Eis zwischen ihnen zu brechen?

So war das also, wenn man gerade verrückt wurde, dachte Taron nun bei sich und starrte Edolf weiter an. Egal wie lange er in die Richtung sah, die Gestalt seines Onkels löste sich nicht auf. Er saß hier bei ihm und versuchte ihm gerade aus welchem Grund auch immer mitten in der Nacht ein Gespräch aufzuhängen.

„Ich möchte dir nicht lange deine Ruhe rauben“, versicherte Edolf, der Tarons Reaktion wohl verstanden hatte.

Der König begann in der Verschränkung mit den Fingern gereizt auf seinen Oberarm zu trommeln.

„Hör mir bitte einfach ein paar Takte zu“, begann sein Onkel darauf sanfter und klarer, als Taron je etwas von ihm vernommen hatte.

Er hatte von Edolf früher niemals eine Lektion zu Standardsituationen aus dem Themenkreis Spuk und Erscheinungen erhalten. Daher wusste er nicht, welche Gesetzmäßigkeiten es hier gab, oder wie sich Geister in der Regel benahmen, wenn sie einem erschienen. Er hatte noch nicht einmal über die mögliche Existenz nachgedacht. Geister gab es für ihn bisher schlichtweg nicht. Gleich, welch wilde Geschichten es zum Beispiel von den Dunklen zu diesem Thema gab. Von ihm behauptete man schließlich auch, er sei ein Gespenst. Nur weil er zeitweise ein wenig durchsichtig war.

„Hör mir bitte zu“, wiederholte Edolf noch einmal, als er bemerkte, dass Taron daran war mit den Gedanken abzuschweifen.

Jetzt schauderte es Taron wirklich. Sein Onkel hatte niemals das Wort *bitte* in den Mund genommen. Ihn grauste.

Edolf ließ ihn nicht weiterdenken.

„Wie schade, dass du damals unter diesen Umständen fortgegangen bist“, setzte sein Onkel den unwillkommenen Monolog nun fort.

„Es war ein Geschenk von Ellis, weißt du?"

Taron sah auf. Wovon sprach er? Er hielt sich die Stirn. Ein leises Prusten kam über seine Lippen. Er konnte nicht glauben, was sich hier gerade abspielte.

Sein Onkel war sehr ernst geworden und ließ sich von Tarons Reaktion nicht beeindrucken.

„So lange hat sie darauf gespart, verstehst du? Ich wollte es verbieten, aber sie hat sich nicht davon abbringen lassen, mir dieses unverschämt teure Gewächs heimlich zu bestellen. Ich hatte damals so viel um die Ohren. Die Dunklen haben mir meinen letzten Nerv geraubt und dann warst du da. Unbeugsam und störrisch, wie ein Grauisches Maultier."

Edolf raufte sich die Frisur und seufzte pikiert. Als seien seine letzten Kapitel hier in der Grauener Burg erst vor kurzem geschehen.

„Die Orchidee war nicht mehr zu retten, mein Bester."

Sein dürrer durchscheinender Finger zeigte auf Taron, als wollte er ihn durchbohren.

„Und endlich einmal willst du mir, wie es scheint, mit keiner Silbe widersprechen."

Taron hörte nur halb, was sein Onkel ihm zu sagen versuchte. Er für seinen Teil zeigte auf das aufgeschlagene Buch.

„Das?", fragte Edolf belustigt. „Ist nur ab und zu eine Übergangsbehausung. Wie für dich auch. Ich wohne drüben in dem großen Kasten, der sich Herrschaftssitz nennt. Ebenso wie du. Sagen wir so. Ich bin dir bisher stets lieber aus dem Weg gegangen."

Taron schnappte nach Luft.

„Ich wohne im Schloss beinahe überall…", erklärte Edolf. „In Ritzen und Fugen, auf dem Dachboden, im Keller, im Ofenabzug, in einem Wandvorhang." Sein Onkel kicherte leise.

„Du hast es also all die Zeit nicht bemerkt? Ein Meister bist du darin, die Augen zu verschließen, mein Junge!" Edolf klatschte in die Hände zu einem spöttischen Applaus.

„Deine reizende kleine Freundin hat es bemerkt, kaum hatte sie dieses Anwesen betreten."

Sein Onkel rückte unangenehm nahe an Taron heran.

„Für nichts anderes, Taron Anatol Ikárov, habe ich mich entschlossen, heute zu dir zu sprechen."

Tarons Kopf fuhr herum. Noch nie hatte ihn jemand bei seinem zweiten Vornamen genannt. Nun hatte Edolf seine Aufmerksamkeit.

„Beide waren wir bei den Dunklen", säuselte die Erscheinung abschweifend. „Weit unten in ihrem Labyrinth und in der Halle der Geister. Und nun sieh mich an, was aus mir geworden ist, nachdem sie mich zweigeteilt haben. Das..." Er wedelte mit seinen sphärischen Armen.

„Ich warne dich davor, einen Weg wie den meinen zu wählen. Genau deshalb bin ich heute hier. Sei nicht so dumm, wie ich es war. Lebe, liebe und sieh zu, dass du den Fluch erneuerst. Dummkopf. Und hab Acht vor den Morbidianern! Hab Acht vor Wassergrün."

Die Worte hallten merkwürdig nach in dem kleinen Zimmer, in dessen Akustik ein Echo nach den Gesetzen der Logik im Prinzip ausgeschlossen war.

Mit diesen Worten war Edolf rückstandslos verschwunden. Und er blieb es auch.

Das Mondlicht schien milde ins Zimmer und machte die Stille um Taron nun beinahe unerträglich.

Der König blieb einen Moment erstarrt, wie er war. Dann sprang er auf und knallte das Kochbuch zu auf dem kleinen Tischchen gegenüber.

Die Wachen sahen einen erschreckten König vor sich, als er wenig später ungläubig und noch sichtlich benommen durch Njorberts Medizin die Tür zu seiner Kammer aufriss, um nach draußen zu sehen. Sie waren der Meinung, er habe schlecht geträumt.

Und er hatte bis weit in den nächsten Morgen hinein geschlafen. Genau so lange, bis der kleine Konrad neben Taron einen Knallfrosch zündete. Er hatte ihn im Laboratorium geklaut, als er mit Vincent einen Kontrollgang durchs Haus gemacht hatte.

Taron hatte in der wenigen freien Zeit, die er sich nahm, und in einsamen Stunden in seinem neuen Laboratorium bereits begonnen das Feuerwerk für das Winterfest zu bauen.

Vincent hatte nicht bemerkt, dass Konrad bei ihrem Rundgang in eine der vorbereiteten Kisten gegriffen hatte.

Laut und knatternd zerplatzte der Feuerwerkskörper jetzt neben Tarons Schlafstatt.

Konrad war in den Keller geschlichen, um den Knaller heimlich auszuprobieren. Hier unten würde ihn niemand stören. Hier würde es niemand hören und keiner konnte ihn deswegen schimpfen.

Konrad hatte freudig kichernd die kurze Lunte angesteckt. Und er erschrak nicht wenig, als der Knallfrosch dann kurz nach dem Anzünden in dem düsteren Kellerraum explodierte. Nicht nur wegen dem Knallfrosch.

Neben ihm flog plötzlich die große Kartoffelkiste auf und eine weiß vermummte Gestalt schnellte mit einem lauten Schrei daraus hervor.

Konrad rannte um sein Leben und als er Vincent kreischend um Hilfe gerufen hatte, waren sie zusammen in den Keller gestiegen.

Remoulado und Konrad von Schwarzeck waren indes zusammen auf dem gesamten Schlossgelände unterwegs. Sie waren dabei, nach dem König zu suchen. Er war in der Nacht an den Wachen vorbei aus dem Haus der Modrichs verschwunden und niemand wusste bisher, wohin.

Vincent und der kleine Konrad waren es schließlich, die den König unten im Keller fanden.

Taron hatte in der großen Kartoffelkiste gelegen. Mit seiner Bettdecke als Unterlage und so fest in sein Laken eingerollt, dass er sich selbst nicht daraus befreien konnte.

Vincent hatte das Laken schließlich mit einem Schürhaken an der sich windenden Gestalt zur Seite gezogen, als Tarons verschlafen erschrecktes Gesicht zu Tage kam.

Konrad hatte ihn mit seinem Knallfrosch geweckt und der König war vor Schreck ziemlich unsanft mit dem Kopf gegen den locker aufgelegten Kistendeckel gekracht.

„Papa?", brachte Konrad nur verwundert heraus, als er zusah, wie Vincent ihm half sich aus dem Betttuch zu befreien.

„Was machst du denn hier?"

Taron sah sie beide an, als habe er ein Gespenst gesehen. Er streifte das Laken mit Vincents Hilfe endlich von sich und stand im Nachthemd vor ihnen.

Normalerweise hätte er bereits längst geschniegelt und gebügelt an seinem Schreibtisch gesessen.

Er hatte in dieser Nacht den Rest von Njorberts Verordnung zu sich genommen und keine Ahnung, wie er in den Burgkeller gekommen war.

Taron rieb sich die verspannten Gliedmaßen und zuckte mit den Schultern.

Schlafwandel?, zeigte er dem noch immer verblüfften Vincent und stieg die Treppen ansonsten kommentarlos hinauf in sein Ankleidezimmer. So wild hatte er seit Jahren nicht mehr geträumt. Aus seinem Ärmel zog er indes einen kleinen Zettel, der ihn gepikt hatte.

Taron blieb auf den Stufen stehen und faltete ihn auseinander. Als er die Schrift erkannte, musste er sich setzen.

Es war Edolfs harte eckige Schreibweise.

SCHLAFE NIEMALS SO TIEF,

DASS DU SO ETWAS NICHT MEHR MITBEKOMMST!

Etwas anderes stand nicht auf dem schmutzigen kleinen Stück Papier. Er knüllte es zusammen und ging nach oben.

Den ganzen darauf folgenden Vormittag fiel es Taron unendlich schwer, sich an seinem Schreibtisch zu konzentrieren. Er kämpfte gegen die Müdigkeit durch die Restwirkung von Njorberts Mittel, er kämpfte mit der Rede für die nächste Ratssitzung, die er vorbereiten musste, er rang mit den Nachrichten, die er erhalten hatte, und er kämpfte mit der Angst den Verstand zu verlieren.

Aber der kleine Zettel in seiner Westentasche war real. Es war Edolfs Schrift. Daran bestand für Taron kein Zweifel. Mehr und mehr machte sich der Gedanke in ihm breit, dass es nicht Njorberts großzügig eingenommenes Mittel war, das ihm heute Nacht diesen Besuch beschert hatte.

Ausgerechnet der Keller und ausgerechnet die gute alte Kartoffelkiste. Wie Taron diesmal dort hineingekommen war, wusste er nicht. Sein Onkel, der ihm dies alles hätte erklären können, beliebte verschwunden zu bleiben.

Manchmal meinte Taron an diesem Tag ein leises Lachen aus den Mauern zu vernehmen.

Er zwang sich zur Ruhe und über seine Aufgaben.

Heute war er froh um seine Stummheit und dass er niemandem etwas erklären musste. Nach dem gestrigen Tag fragte auch niemand danach, wie er in den Keller gekommen war. Mitten in der Nacht.

Nur Vincent, der ihm in Ellis` Auftrag irgendwann ein Tablett mit Frühstück an den übervollen Schreibtisch gebracht hatte, konnte sich einen stichelnd misstrauischen Kommentar nicht verkneifen.

„Euer Ziehsohn beliebte heute Morgen von einem laut schreienden Gespenst zu berichten, Euer Gnaden. Scheinbar spukt es tatsächlich hier in Grauen."

Skeptisch sah er seinen König an.

Taron sah von seiner Unterschriftenmappe auf, die er neben seinen anderen Aufgaben gerade zwischengeschoben hatte, und rückte seine Brille zurecht. Er hob die Hände zu einem unschuldigen Dementi. Er zuckte mit den Schultern, griff sich die Tasse vom Tablett und starrte weiter in seine Unterlagen.

Vincent räusperte sich.

„Gibt es etwas, das ich wissen sollte über die letzte Nacht?", fragte er. „Njorbert behauptet, der gestrige Besuch habe Euch sehr aus dem Gleichgewicht gebracht. Er möchte später noch einmal nach Euch sehen."

Taron lächelte das Gespräch zur Seite und nickte Vincent freundlich an. Auch seinem Freund gegenüber würde er jetzt nicht deutlicher werden. Auch wenn er ihn demonstrativ förmlich siezte.

Alles in Ordnung mit dem Jungen?, fragte er dann lächelnd, als er die Schreibfeder zur Seite gelegt hatte.

„Remoulado und Konrad haben ihn mit auf die Burgmauer genommen. Er stellt schon wieder nur Blödsinn an."

Das lob ich mir, zeigte Taron knapp mit den Fingern. *Wie es scheint, habe ich einen würdigen Nachfolger.* Er wandte sich grinsend und kopfschüttelnd wieder seiner Arbeit zu.

Vincent räusperte sich erneut, als Taron nicht mehr auf ihn reagierte.

Der König sah auf. Er wollte alleine sein. Dennoch blieb er freundlich. Er lehnte sich zurück und sah Vincent fragend in die Augen.

„Wir haben die Hexe holen lassen", erklärte Vincent leise. „Wir– wir haben uns Sorgen gemacht nach gestern."

Taron verschränkte die Arme. Er überlegte einen Moment.

Wie schön. Dann soll sie unser Gast sein heute Mittag, entgegnete er lächelnd und beugte sich demonstrativ über seine Arbeit. Das Gespräch war für ihn beendet.

„Wie Ihr wünscht", entgegnete Vincent förmlich.

Der König arbeitete weiter und war geistig längst wieder weit entfernt.

„Das ist ein gutes Stichwort", erklärte Vincent zum Abschied, bevor er ging. „Bis dahin ist nicht mehr viel Zeit. Man erwartet... Wir alle...", korrigierte er sich schnell. „Alle erwarten Euch pünktlich zum Mittagessen. Wir dinieren im Speisesaal. Wie immer, wenn Besuch im Haus ist."

Taron machte knapp eine bestätigende Geste. Er blickte nicht noch einmal auf.

Störrisches Grauener Maultier, hallte in seinem Geist stetig nach, als Vincent gegangen war. Was sollte er auch anderes sein hier in diesem Land, auf diesem Thron und in diesem Haus?, fragte er sich. Lächelnd nahm sich Taron etwas von dem sparsam bemessenen Gebäck auf dem kleinen Tablett neben sich. Das winzige Frühstück, das man ihm heute zugestand, verwies ihn unmissverständlich an das in Kürze anstehende Mittagsmahl. Und darauf, dass er das Frühstück im innersten Kreis der Schlossbewohner sträflich versäumt hatte.

Alle hatten sie viel zu tun in diesem Haus. Jeder an seinem Platz. Daher wurde auf die gemeinsamen Mahlzeiten umso mehr Wert gelegt.

Und man wusste in diesem Haus auf verschiedenste Art miteinander zu kommunizieren. In diesem Fall war es Ellis, die ihn mit ein paar spärlichen einfachsten Keksen darauf verwies, ja nicht zu spät zu kommen.

Tarons Gedanken schweiften ab. Dummkopf hatte Edolf ihn also noch genannt in dieser Nacht. Er hatte von dem Mädchen gesprochen. Kümmerliche Erinnerungsfetzen mischten sich karg immer wieder in seine eisern und dienstlich zusammengehaltenen Gedankenstränge.

Wo war sie geblieben? Irgendjemand fehlte in seinem Haus, seit er hierher zurückgekehrt war. Das spürte er, seit er das Tor passiert hatte. Diese Ahnung quälte ihn jeden Tag mehr. Aber er kam nicht darauf. Niemand sprach mit ihm darüber. Und niemanden hatte er bisher von sich aus danach gefragt.

Müde nahm er einen Schluck Kaffee aus seiner Tasse und aß ein wenig von dem bereitgestellten Backwerk. Endlich hatte er seit heute Nacht das Gefühl, wieder klarer denken zu können.

Sein Blick fiel auf den Brief der Anwärterin. Maria von Irdenklein zu Hiesig. Er hatte ihn gelesen. Er hatte ihn einmal gelesen und neu versiegelt. Nachdenklich griff er danach und versenkte das Schreiben in einer abschließbaren Schublade seines Schreibtisches.

Keck war sie gewesen in ihrer Antwort auf seine Forderungen und äußerst selbstbewusst für so ein junges Ding.

Sie überlege noch, hatte sie ihm mitgeteilt, ob sie eine Ehe mit ihm eingehen wolle. Trotz aller Vorzüge und Annehmlichkeiten, die man neben einem kometenhaften gesellschaftlichen Aufstieg dadurch vielleicht hatte. An Grauen, an diesem Thron und an seinem Herrscher seien jedoch ein paar Eigenheiten, die man nicht so einfach zu handhaben wusste. Daher erlaube sie sich für ihren Teil ein paar Bedingungen an ihn zu stellen.

Die strenge und absolute Hofetikette und das gezwungene Tamtam aus Wassergrün wolle sie im Grauener Schloss nicht etabliert wissen. Sie hoffe sehr, mit diesem Wunsch komme sie ihm entgegen und an dem, was man ihr über das Hofleben hier berichtet hätte, habe sich nichts geändert.

Gemeinsame Mahlzeiten hatte auch sie gefordert. Als Mindestmaß eines zeitlichen Rahmens hier auch für sie im Schloss. Und niemals, wirklich niemals wolle sie ihn zu diesen Gelegenheiten dabei beobachten müssen, wie er Blut zu sich nahm. Die Gerüchte hierzu würden sich überschlagen, schrieb sie weiter.

Daneben hatte sie sämtlicher von ihm geforderte Förmlichkeit gründlich widersprochen. Sie werde zu ihm gehen, wenn ihr der Sinn danach stand, hatte sie angekündigt. Eine vorherige Anmeldung über Vincent hatte sie voller Überzeugung abgelehnt. Sie sei kein Bittsteller und bekleide kein Hofamt.

Er könne damit rechnen, dass sie auf Pomp und Überkandideltheiten nur sehr wenig Wert lege. Zur Gesundung seines Verhältnisses dazu forderte sie für ihn einen Tag in der Woche gewöhnlichste Garderobe.

Moment, überlegte Taron. Dies erinnerte an Edolf. Und dies hatte es in seinem Haus schon einmal gegeben. Weiter kam er in seinen Überlegungen nicht. Eine undurchdringbare Barriere spannte sich sicher vor jede weitere Erinnerung.

Er solle getrost damit rechnen, dass sie sich einmischen werde, hatte sie weiter geschrieben. Daran ließ sie keinen Zweifel. Sie sei unbequem und er solle von der Vorstellung Abstand nehmen, sie werde ein Frauchen.

Loyalität, seinem Amt und Arbeitspensum angemessen, hatte sie dagegen in allem uneingeschränkt zugestanden.

Seine obskuren Attitüden fremden Menschen gegenüber. Darüber wolle sie hinwegsehen. Und dass sie einen durch Thron und Kämpfe derart beschädigten Herren ehelichen solle, störe sie im Übrigen ebenfalls nicht besonders. Nicht das Hinken, nicht die Vernarbungen und nicht, dass er mit den Händen sprach. Auch nicht eine seltsame Krankheit namens Fledderiszidose und seine Durchsichtigkeit, auch wenn sich davon bei ihrem Besuch merkwürdigerweise nicht die geringste Spur mehr gezeigt habe.

Was sie allerdings störe, sei, dass ihr ein völlig falsches Bild vorgegaukelt wurde in Hiesig von ihm. Am Fürstenhof in der Galerie hänge ein durchaus ansehnliches Porträt von Seiner Gnaden Ikárov. Der König, der sie dann für ein erstes Kennenlernen so unkonventionell empfangen hatte, sehe dagegen gerade eher aus wie ein Waldschrat. Von seiner vielgerühmten Wohlgestalt habe sie bei ihrem Besuch außer feinem Zwirn rein gar nichts bemerkt. Er solle das vor einer potentiellen Einigung zügig in Ordnung bringen.

Dennoch solle er vor allem gefälligst schleunigst wieder für seine Sicherheit sorgen, hatte sie abschließend kryptisch und ohne weitere Erläuterung gefordert. Dann werde sie eine Entscheidung wohlwollend prüfen.

Und für den Fall, dass sie hier Einzug halten solle, schrieb sie zuletzt, wünsche sie als ehrbare Dame aus Hiesig, dass er fortan mit Grazien wie Hortensie von Fielgout nur noch brieflich zu verkehren habe.

Taron staunte. Die Mademoiselle hatte gute Informanten. Dennoch musste er grinsen bei ihren Ambitionen. Er lachte in sich hinein, als er an die ungebührlichen Zeilen dachte, die er eben in seiner Schublade versenkt hatte. Wer auch immer sie war, der Brief gefiel ihm sehr.

Dann wandte er sich kompromisslos seiner Arbeit zu und ließ sich durch nichts und niemanden ablenken, während alle anderen einen geruhsamen Samstag Vormittag verbrachten. Er sah nicht aus dem Fenster, er stand nicht einmal auf. Als seien seine Beine unter dem Schreibtisch festgeheftet. Er vertiefte sich in seine Unterlagen und arbeitete sie ab. Ohne Rücksicht auf Verluste und bis hin zur Schmerzgrenze strapazierte er seinen Verstand. Disziplin und Contenance, Edolfs Lieblingsworte, waren durch ihn inkarniert.

Stolz erschien Taron schließlich unten im Speisesaal. Pünktlich wie ein Uhrwerk und herrschaftlich den vorangegangenen Morgen weglächelnd. Mit keiner Geste ging er darauf ein, wie man ihn im Keller gefunden hatte.

Gut gelaunt wuschelte er dem kleinen Konrad durchs Haar, als er am Tisch vorbei zu seinem Platz ging. Kaum hatte er sich auf seinem Stuhl niedergelassen, saß Shelly auf seinem Schoß.

„Konrad hat erzählt, du hast im Keller geschlafen", rief sie und zerquetschte vor Wiedersehensfreude beinahe seinen überfeinert bekrawatteten Hals.

„Ich habe gar nicht gut geschlafen", gestand Taron schlicht in die Runde, als er die Hände wieder frei bekam mit der aufgeregt auf ihm herumturnenden Shelly auf den Beinen.

Mit einem freundlichen Kopfnicken begrüßte er Njorbert und Trine, die heute als Gäste die gemeinsame Mahlzeit mit ihnen teilten.

Njorbert grüßte förmlich zurück. Er hatte mit dem König noch zu sprechen nach der letzten Nacht.

Trine grinste den König neckisch an. Sie hatten sich bereits seit einer Weile nicht mehr gesehen. So lange war es schon wieder her, dass sie nach ihrem Besuch in ihr Häuschen im Moor zurückgekehrt war. Eine halbe Ewigkeit.

Njorbert sah Trine kritisch an, die an dieser feinen Tafel unruhig auf ihrem Stuhl herumrutschte. Er verstand nicht, warum man die Hexe hierher geholt hatte. Aber es traf sich gut. Auch mit ihr hatte er an diesem Tag einige ernste Takte zu sprechen.

Remoulado, Vincent und Konrad von Schwarzeck beobachteten gespannt und schweigend die nonverbalen Vorgänge an diesem Tisch.

Zu einer unangenehmen Stille konnte es nicht kommen, denn schon trug Ellis das Essen auf.

Shelly krabbelte von Tarons Schoß und setzte sich artig auf den Stuhl neben ihm. Neben ihr spielte der kleine Konrad mit seinem Besteck.

„Du wirst heiraten", rief Shelly dann unvermittelt dazwischen und zupfte ihren Vater begeistert am Ärmel.

„Und zwar M...." Konrad hielt ihr den Mund zu und zwickte sie grob in die Seite.

Shelly verstummte sofort.

„Ellis hat gesagt, eine Märchenbraut", plapperte sie dann weiter. „Und es gibt Torte und Kuchen, soviel wir essen können. Juhuuu!" Sie streckte ihre kleinen Ärmchen in die Luft. Ihre Wangen glühten vor Aufregung.

„Ja, juhu!", pflichtete Vincent der Kleinen bei und erhob sein Glas.

Die anderen taten es ihr gleich und jeder sah den König erwartungsvoll an.

J- u- h- u, buchstabierte Taron zynisch ebenfalls mit den Fingern und lächelte die Tischgesellschaft süßsauer an.

Wir werden sehen!

Ein strafender Blick traf ihn von allen sechs Plätzen aus.

Wie Ihr meint!, korrigierte sich Taron spöttisch und erhob sein Glas mit ihnen.

Als er getrunken hatte, legte er mit einer lässigen Handbewegung die langen Bänder seiner Krawatte über die Schulter, bevor sie vor ihm in die Suppe fielen, und begann zu essen.

Die beiden Besuche ließ der König pflichtbewusst über sich ergehen, bevor er sich wieder seiner Arbeit zuwandte. Sie hatten sich exklusiv für ihn hierher begeben, obwohl ihr letztes Gastspiel auf dieser Burg alles andere als weit zurück lag.

Von Edolf erzählte er keinem von beiden. Weder Njorbert noch Trine. Das musste er mit seinem Onkel ausmachen. Und das, was er nach ein paar einfachen Beeren in seinem Kopf erlebt hatte, mit sich selbst.

Er empfing Njorbert erneut und antwortete folgsam auf seine Fragen. Und er berichtete äußerst reduziert davon, was am Vortag mit ihm geschehen war. Eine neue Verordnung, um zur Ruhe zu kommen, jedoch lehnte er ab. Er versicherte, er komme zurecht.

Der Leibarzt machte sich seine Notizen. Er versprach, sich zur Verfügung zu halten, falls seine Unterstützung doch noch benötigt würde. Er würde im Dorf Quartier beziehen, bis man ihn wieder entließ.

Die Hexe hatte Taron im Anschluss ganz privat im neuen Wintergarten des Schlosses begrüßt. Ohne Zeugen, ohne Übersetzer und als reinen Freundschaftsbesuch. Er ließ Tee servieren und Gebäck und man führte wohlgesonnen ein wenig tiefgreifendes Gespräch. Die Unterhaltung verlief recht einseitig. Taron war sehr höflich und ließ die Hexe reden. Er lächelte und bewegte den Kopf an den richtigen Stellen.

Man bemerkte deutlich, dass Trine sich abseits ihres verwitterten Moorhäuschens, in seiner Welt und mitten in Grauens Imposanz nicht besonders wohl fühlte. Sie plauderte darüber hinweg und Taron versuchte sie diesen Umstand durch eine angenehme und aufmerksame Präsenz vergessen zu lassen.

Sie sprach ihn nicht darauf an, was sie von den anderen über den vergangenen Tag erzählt bekommen hatte, als man sie so hektisch hierher gebeten hatte. Aber es fiel ihm auf, dass sie ihn trotz ihres oberflächlichen Geplauders sehr genau beobachtete.

Warum man die Hexe nach dem letzten Tag hierher geholt hatte, verstand er nicht. Aber er genoss ihren Besuch. Er schätzte ihre Anwesenheit und dass sie die Routine und das tägliche Gleichmaß hier alleine durch ihre erdige, leicht schnodderige Art wie eine mächtige Zauberin zu durchbrechen wusste. Mittlerweile kamen sie verhältnismäßig gut miteinander aus. Aber was sollte sie dazu beitragen, wenn die Erinnerung ihn wieder beseelte? Stückhaft, unvollständig und ohne jede Logik. Die Hexe hatte ihn glücklicherweise aus dem Moor gerettet. Sie hatten eine jahrelange Feindschaft begraben. Weiter nichts. Doch das tat hier nichts zur Sache. Dies dachte zumindest Taron.

Njorbert war hier insgeheim anderer Meinung und sobald die Hexe sich von dem Besuch verabschiedete, fing er sie unten in der Halle ab. Er hatte gewartet. Die beiden beäugten sich misstrauisch.

„Nur eines sage ich, Verehrteste", begann Njorbert seine wenigen Worte, die er an die Hexe zu richten hatte. „Seid gelobt dafür, dass Ihr ihn gerettet habt. Niemand wird Euch das je vergessen."

Die Hexe grinste ihn selbstbewusst an.

„Auch wenn unser Herr mit seinem Gedächtnisverlust noch schwer zu kämpfen hat", redete Njorbert weiter.

„Wisst Ihr, was mich wundert?", begann er dann nach einer kurzen Atempause und sein Tonfall wurde schneidend.

„Trotz allem Respekt vor Eurer selbstlosen Tat", knirschte er nun.

„Noch nie. Noch niemals zuvor habe ich einen Fall wie den seinen erlebt."

Die Hexe sah ihn erschrocken und verwundert an.

„Worauf wollt Ihr hinaus, verehrter Herr Quacksalber", antwortete sie frech.

„Ein partieller Gedächtnisverlust in allen Ehren", begann er und kam ganz nah an die Hexe heran. „Das kann nach so einem Unglück schon einmal vorkommen. Die Zeit unter Wasser... die Zeit im Sumpf..."

„Na, und?", fuhr die Hexe schnippisch dazwischen.

Der Heiler ließ sich nicht aus der Ruhe bringen.

„Ich habe den König jetzt über viele Jahre studiert", erklärte er lächelnd. „Langsam, ganz langsam sollte man seiner Erinnerung wieder auf die Sprünge helfen. Von manchem würde ich ihm allerdings lieber wünschen, es solle ihm barmherzig auch für die Zukunft verschlossen bleiben."

Die Hexe pflichtete ihm bei und zuckte mit den Schultern. Sie hatte ihren Mantel übergeworfen, um zu gehen. Was hielt sie der Heiler jetzt auf mit diesem Palaver?

„Was ich damit sagen möchte, meine Dame." Er räusperte sich vorwurfsvoll. „Eine teilweise Erinnerung ist durchaus nicht untypisch. Aber eine bruchstückhafte oder gänzlich fehlende Erinnerung hauptsächlich auf bestimmte Personen bezogen halte ich ohne entsprechend missgünstiges Nachhelfen für ziemlich ausgeschlossen." Jetzt war es heraus.

Die Hexe sah ihn böse an.

„Ihr wisst schon, was ich meine, Verehrteste. Also, korrigiert das schnell. Gegen Eure eigene Eitelkeit und für Euren König. Wenn Euch irgendetwas an ihm liegen sollte und gerade dann, Trine. Muss ich noch deutlicher werden?"

Damit war alles gesagt.

Vincent und Remoulado waren herangekommen und bemerkten, dass sich ein handfester Streit anbahnte.

„Unterschiedlicher Meinung?", fragte Vincent nur und begleitete Trine nach draußen.

„Kann sein!", entgegnete Trine hochnäsig. „Doch das lasst unsere Sorge sein."

„Gibt es etwas, das wir wissen sollten?", forschte er nun und sah den beiden streng in die Augen.

„Ein fachlicher Diskurs", erklärte Njorbert knapp. „Nichts weiter. Ich bin mir sicher, Trine wird mir beipflichten, wenn sie auf ihrem Rückweg darüber nachgedacht hat. Und ich bin mir sicher, sie wird alles Notwendige veranlassen."

Sie wollten gehen. Njorbert machte sich auf den Weg in seine Unterkunft, Trine sich auf den Weg zurück in ihr klappriges Wirtshaus.

„Findet Ihr das ehrenhaft?", raunte Njorbert ihr noch zum Abschied zu. „Ihn hier orientierungslos umherwandeln zu lassen? Wie einen Fremden in seinem eigenen Haus und ohne Ruhe. Verstockter als ein gefrorener Fisch und mehr ein Gespenst als jemals zuvor."

Dann griff er Trine verborgen vor den anderen am Handgelenk.

„Nur weil Ihr ihn nicht haben könnt?"

Trine riss sich los.

„Mir macht Ihr nichts vor", zischte Njorbert ihr zu. „Ich habe Euch beim Essen genau beobachtet. Findet Ihr das gerecht, Schweinetrine? Er ist zu Tode unglücklich und ich bin mir sicher, dass er in diesem Zustand nicht immer zu schätzen weiß, dass Ihr ihn dem Moor wieder entrissen habt. So hölzern und abwesend, wie er sich hier bewegt. Für diesen Kummer habe selbst ich keine Medizin."

Die Hexe bremste ihren entschlossenen Schritt zum Tor.

„Lasst mich bloß in Ruhe", drohte sie dem Heiler dann gefährlich. Er hatte ins Schwarze getroffen.

Von all dem bekam Taron nichts mehr mit. Längst hatte er sich wieder an seinen Schreibtisch befohlen, um zu arbeiten. Um zu arbeiten wie eine Maschine. Aber es war, wie es der Heiler gesagt hatte. Der König fand keine Ruhe.

Und als Trine das Burgtor lange verlassen hatte, erschien Taron oben auf dem Balkon vor seinem Arbeitszimmer. Er sah ratlos auf Remoulado und Vincent hinunter, die eben zurückgekehrt waren aus dem Dorf, wohin sie Njorbert begleitet hatten. Mit wenigen Gesten bat er sie zurück ins Haus.

Er hatte etwas versäumt, das er lieber heute als morgen mit der Hexe noch besprechen wollte.

Remoulado machte sich auf, sie zurückzuholen.

Und nach dem Auftritt des Heilers bei der Verabschiedung war Trine äußerst schwer dazu zu bewegen, noch eimal zum Schloss zurückzukehren. Sie war beleidigt und wollte zurück in ihren Sumpf. Sie wollte zurück zu ihrem Haus und zu ihren Tieren.

Nicht weit weg vom Anfang des langen Holzstegs hatte Remoulado sie schließlich eingeholt.

Widerstrebend war sie mit ihm gekommen und nur weil Taron es war, der sie darum gebeten hatte. Was war es, das er plötzlich noch mit ihr zu besprechen hatte? Hatte der König bei ihrem Empfang im Wintergarten etwas vergessen? Ungewöhnlich, dachte sie. Die Hexe glaubte das nicht. Der Mut hatte ihm gefehlt, sonst nichts. Und sie war gespannt, was er nun beschlossen hatte ihr anzutragen, das man nicht auch schriftlich zwischen Moor und Burg hätte diskutieren können.

Der König empfing sie an diesem Tag noch einmal. Ganz informell und in seinem Arbeitszimmer. Alle anderen hatte er zu ihrem Leidwesen schließlich fortgeschickt. Alleine wollte er mit der Hexe sprechen und unter vier Augen. Ohne Zeugen, und ohne Gebärdendolmetscher. Er hatte Remoulado und Vincent sogar eine Wache vor den Türen untersagt.

Missmutig und ratlos waren sie seinem Befehl gefolgt und hatten sich widerstrebend von dem Arbeitszimmer entfernt.

Die Hexe legte ihren Mantel ab und warf ihn herausfordernd über eines der Sitzmöbel vor Tarons Schreibtisch. Sie selbst setzte sich unaufgefordert vor ihn auf die Kante seines Arbeitsplatzes und mitten auf seine Papiere.

„Was wünschst du denn noch?“, fragte sie und lehnte sich stichelnd zu ihm hinüber. „Hm? Ich hatte mich auf mein Häuschen und auf eine große Tasse Tee gefreut.“

Taron wich vor ihrer unangemessenen Nähe in seinen Stuhl zurück und zeigte auf ein Tablett auf dem Nebentisch. Darauf dampfte auf einem Stövchen eine Kanne Tee.

„Nein, danke“, winkte Trine ab und nahm ihm die Schreibfeder aus der Hand und die Brille von der Nase. „Jetzt nicht. Das hab ich nur gesagt, um mein Missfallen zu unterstreichen. Also?“

Sie rückte sich mit ihren speckigen Röcken und ihrer zerschlissenen Bluse auf dem Schreibtisch zurecht. Die Papiere unter ihr raschelten und knitterten. Vorsichtig legte sie Tarons Sehhilfe zur Seite und sah ihn aufmerksam an.

Er verschränkte die Arme und atmete tief ein, als suche er nach den richtigen Worten. Dann zeigte er etwas mit seinen Händen.

„Ich kann das nicht und ich habe auch keine Lust, es zu lernen." Die Hexe drückte seine Hände sanft hinunter auf den Schreibtisch.

Sein Blick wurde mürrisch. Er wollte nach seiner Schreibfeder greifen.

„Pa, pa, pa!", rief Trine und nahm sie ihm erneut aus der Hand. Sie sah ihm tief in die Augen.

Dann schloss sie die Hände um seinen Hals.

„Du sagst mir jetzt in einem ordentlich intonierten Hochgrauisch, was du von mir möchtest, oder ich gehe wieder, verstanden?" Sie murmelte etwas, das ähnlich klang wie das, was sie zum Abschied im Moor auf ihn gesprochen hatte.

„Ver- stan- den!", flüsterte Taron darauf holpernd. Seine Hand ging ungläubig an seinen Hals und vor seinen Mund.

„Ich bin eine mächtige Hexe und ich beherrsche sogar das einflussreichste Wesen hier im Land...", lachte sie und rutschte elastisch wie eine Schlange von seinem Schreibtisch auf den Stuhl davor.

Taron war schneller bei ihr, als sie begriff, und ein blitzend geschliffener Brieföffner saß warnend an ihrer Kehle.

Heuchlerisch hob sie die Hand und gebot ihm Einhalt.

„Ist ja schon gut. Es war ein schlechter Scherz, in Ordnung?" Sie kicherte. „Niemand beherrscht Euch, außer Eure eigenen Unarten und Marotten. Ist klar, Durchlaucht. Das braucht Ihr nicht zu demonstrieren. Aber ich bin äußerst erfreut festzustellen, dass Ihr noch aus der Reserve zu locken seid. Und dass Ihr nicht zum reinen Schreibtischkrieger verkommt in diesem pikfeinen Kasten." Sie zeigte theatralisch um sich. „Denn genau den Eindruck vermittelt Ihr mit Verlaub, Euer Gnaden."

Er nahm die Klinge beiseite und nun war er es, der sich provokant vor sie auf die Schreibtischkante setzte. Das Papier hinter sich schob er zur Seite. Dann zeigte er misstrauisch auf die Türen und hinüber zum Fenster.

„Was?", wollte Trine wissen, aber schon hatte sie verstanden. Sie glitt aus ihrem Stuhl und schlich hinüber zu den Türen. Sie öffnete einen kleinen Spalt und sah hinaus. Dann prüfte sie das

Fenster. Niemand war in der Nähe, der sie hören konnte. So wie Taron es gewünscht hatte. Sie kam zu ihm zurück und setzte sich wieder in den Stuhl vor ihm. Als er nichts sagte, legte sie augenrollend und seufzend den Kopf in seinen Schoß und umarmte seine Mitte.

„Ach, Ton!", fing sie an und nuschelte in den Stoff seiner Jacke hinein. „Ich habe nicht den ganzen lieben langen Tag Zeit, dir deine Wünsche einzeln von deinen trotzig schweigenden Lippen abzulesen."

Sie blickte auf, stützte sich lachend auf seine Beine und ließ sich in den Stuhl zurückfallen.

„Versuch es doch mal wieder. Hat doch schon einmal wunderbar geklappt. Sprich!"

Taron räusperte sich, strich seine Kleidung glatt und verschränkte nachdenklich die Arme.

„Sich- er- heit", begann er unsicher und so leise, dass die Hexe ihn gerade noch verstehen konnte.

Jetzt hatte er ihre Aufmerksamkeit. Sie verschränkte ebenfalls sie Arme und wartete, worauf er hinauswollte. Aber sie ahnte es bereits.

Er sagte ihr nichts über Edolf, nichts über den Brief derer von Hiesig. Nur dieses eine Wort.

„Lass mich raten", begann sie und legte nachdenklich den Finger an den Mund. Dann erhob sie sich und goss ihnen Tee in zwei bereitgestellte Tassen. Eine davon gab sie Taron, bevor sie sich wieder setzte.

Er nahm einen Schluck und sah sie erwartungsvoll an.

„Es war ein Traum, ohne den Fluch zu leben, hab ich recht? Seit Edolf dir das beschert hat, hast du dich danach gesehnt. Jahrelang hast du ignoriert, was ich dir zu dem Thema gesagt habe und dann versinkst du Tolpatsch in meinem Moor und bist zufällig auf einen Schlag all das los, wogegen du immer gekämpft hast", fasste Trine ihre Sicht der Dinge zusammen.

Taron seufzte. Er musste überhaupt nichts sagen, denn sie hatte es erfasst.

Er stellte die Tasse zur Seite und legte bittend die Hand auf Trines Schulter.

„Und nun bist du dir nicht sicher, ob diese Befreiung wirklich eine gute Sache war."

Taron nickte und setzte sich nachdenklich in den Stuhl neben sie. Er sah ernstlich ratlos aus. Edolf und zuletzt eine einzige Andeutung im Brief der Dame aus Hiesig hatten ihn ins Zweifeln gebracht.

Edolfs Abschiedsgeschenk am Tag seiner Beisetzung und Tarons Krönung vor so langer Zeit war furchtbar in seinen Auswirkungen. Zumindest für Tarons Umwelt. Aber der Fluch hatte ihn immer geschützt und ohne ihn hätte er ebenso wie sein Onkel längst das Zeitliche gesegnet. Aber Edolf musste in der Ausführung irgendetwas übersehen haben. Denn nicht umsonst hatte sich Taron am Ende mit immer extremeren Mitteln dagegen wehren müssen zu verblassen. Aber der Fluch hatte ihn geschützt und damit alle, für die er verantwortlich war.

„Shelly ist wirklich ein Zuckerstückchen", fuhr die Hexe weiter fort, als könne sie seine Gedanken lesen. „Und auch der kleine Fratz, mit dem du durchs Moor gekommen bist. Eine neue Frau vielleicht bald an Eurer Seite..." Trine rümpfte die Nase bei den letzten Worten.

„Ja, viel- lei- cht", knüpfte Taron leise daran an. „U- und mit i- ihr ni- chts Ge- ring- eres a- als der ge- sam- te T- Thron zu Hie- sig."

Trine riss ungläubig die Augen auf.

„Du be- hältst es für d- dich, m- mei- ne Lie- be, bis ei- eine E- E- Ent- schei- dung ge- fall- en ist", ermahnte sie der König unterkühlt.

Trine wusste, es war keine Bitte, die er damit formuliert hatte.

„Gü- Günter von Hie- sig m- möch- te s- ich zur Ru- he setzen. S- Sein ers- ter S- ohn ist tot, s- sein zwei- ter w- wird in Kü- ürze b- bei Will- iam ein- hei- raten u- und dort ein- mal mit Lin zus- amm- en die K- Krone ü- ber- neh- men. D- das all- es als Mit- gift f- für ein Fräu- lein aus Hie-sig, d- das i- ch noch nie ge- seh- en habe." Taron unterbrach sich und massierte sich seufzend die Schläfen. Das Sprechen strengte ihn an.

„D- dann fe- hlt n- noch, dass She- Shelly v- on Schw- arzeck mir i- ihre Kro- ne über- schrei- bt u- und i- ich we- werde

Groß- kai- ser", holperte er ironisch.

Trine wiegte den Kopf hin und her.

„So unwahrscheinlich ist das gar nicht", warf sie ein und schürzte die Lippen, spontan einen der wirren Gesichtsausdrücke Shellys von Schwarzeck imitierend.

Taron gab einen zischenden Laut von sich und verbat sich, diese törichten Fantasien weiter zu spinnen.

Trine legte besänftigend ihren Finger vor den Mund und lenkte ein.

„Du hast Recht. Wir sind vom Thema abgekommen. Aber vor allem geht es dir um deine Lieben."

Er nickte. Besser konnte man es nicht auf den Punkt bringen.

„Und du überlegst ernsthaft seit Neuestem, für sie diesen vermaledeiten Fluch zurückzuholen", schloss Trine ihre Analyse. „Und du möchtest jetzt und in aller Heimlichkeit von mir wissen, was ich davon halte."

Wieder stimmte er ihr zu.

Trine stand auf und ging zum Fenster. Das war harter Tobak und sie verstand, warum der König kaum gewagt hatte, dieses Gespräch mit ihr zu führen. Sie kehrte ihm den Rücken zu und sah hinaus. Und sie überlegte lange, was sie ihm auf diese Anfrage antworten sollte.

„Wie kommt Ihr nur auf so einen Irrsinn, König", sagte sie dann freundlich, als sie sich ihm wieder zuwandte.

„Gut, es war Zufall, dass du das überhaupt losgeworden bist. So etwas ist nicht vorgesehen. Eine Art Nebenprodukt aus deinem Untergang im Sumpf. Unter normalen Umständen wärst du nämlich beides gründlich los gewesen. Dein verzwicktes Dasein und damit den Fluch. Aber du lebst, dank mir! Und du überlegst ernsthaft, ihn jetzt wieder zurückzuholen? Mach mich nicht schwach!"

Taron machte ein verzweifeltes Gesicht, legte die Stirn in Falten und zog den Kopf zwischen die Schultern. Genau so war es wohl. Er hielt den Gedanken ebenso für absolut abstrus, aber er hatte ihn nach dieser Nacht stetig in seinem Kopf. Er hatte ihn, seitdem er den Brief gelesen hatte, und er ließ ihn nicht mehr los.

„Ka- Kann- nst d- du es?“, fragte er schlicht und sah unsicher auf seine Krawatte hinunter.

„Moment, Moment, Moment…“, fing Trine darauf an. „Ich?“

„J- jep!“, antwortete er nur, während sie aufgesprungen war und anfing im Zimmer um ihn herum große Kreise zu laufen.

„Ein Fluch 2.0 quasi und ohne Kinderkrankheiten vielleicht noch?“

„So i- in d- er A- art“, bestätigte er kleinlaut.

„Um Himmels Willen, Taron!“, seufzte die Hexe und prustete angestrengt. „Weißt du, was du da sprichst? In keiner Geschichte gibt es einen Prinzen oder König, der sich einen sonstwie gearteten Fluch freiwillig wieder zurückholt, nachdem er ihn losgeworden ist. In keiner, verstehst du?“ Sie schnaubte erneut. „Hat man dich als Kind keine Märchen lesen lassen?“

Taron reagierte nicht darauf. Leise bat er sie zurück auf ihren Sitzplatz. Das Gerenne machte ihn nervöser, als er ohnehin schon war in dieser Diskussion.

„I- ich b- bin sch- on l- lang- e k- kein Pri- nz me- hr!“, knirschte er dann verhalten.

Sie nahm Platz und schlürfte geräuschvoll aus ihrer Teetasse.

„Verrückter bist du als der Alte es je war“, murmelte sie und schüttelte mit dem Kopf.

„D- die M- Mor- bi- di- aner…“, fing Taron an. Die Vorgänge in Ripenschneiders Haus waren noch allzu ungelüftet. Und sie waren mit der Sache verhaftet wie eine Fliege am Honigtopf.

„Die lass hier schön aus dem Spiel!“, rief sie. „Verzeih, aber mehr Wirres möchte ich jetzt wirklich nicht mehr hören aus deinem Mund.“

Dann stellte sie die Tasse zur Seite und fasste erneut nach seinem Hals.

In diesem Moment klopfte es und der Drücker der großen Flügeltür bewegte sich quietschend nach unten. Es kam jemand.

„Schweig!“, sagte Trine schnell und brammelte halblaut in sich hinein.

Taron verstummte in dem Moment, als Vincent die Tür öffnete und Trine die Hände von ihm genommen hatte.

Der Verwalter hatte es doch nicht lassen können, wenigstens einmal nach dem Rechten zu sehen.

„Das alles müsst Ihr selbst herausfinden, Hoheit“, sagte die Hexe demonstrativ sachlich.

Taron warf Vincent einen unwilligen Blick zu. Er signalisierte ihm, dass alles in Ordnung war. Und er bedeutete ihm zu gehen. Er wollte mit der Hexe alleine sein. Wie er es von Anfang an gewünscht hatte für diese Unterredung.

Vincent machte einen Diener und schloss leise die Tür wieder hinter sich.

„Aber eines rate ich Euch dringend“, zischte die Hexe jetzt. „Seid auf der Hut!“

Eben deswegen, beteuerte Taron ungerührt nun mit den Händen weiter. *Wegen all dem …*

„Höre auf mit den Händen zu fuchteln, habe ich gesagt!“, knurrte die Hexe gereizt und sah Taron an. „Ein komplizierter Schlamassel das alles.“

„Und was ist mit ihr?“, fragte sie ihn dann platt und machte einen schwindelerregenden Themenwechsel. Sie hatte genug. Und ihr waren gerade Njorberts Worte bei der Verabschiedung wieder eingefallen.

Taron sah sie verständnislos an. Er bemerkte, dass die Hexe mehr mit sich selbst sprach, als mit ihm. Sie hatte sich in Rage gedacht. „Wegen ihr hast du den Fluch doch einmal so dringend loswerden wollen. Du hast wirklich vieles vergessen mit deinem Untergang im Moor, mein Lieber“, begann sie dann kopfschüttelnd. „Vieles blieb im Morast. Nicht nur deine Stiefel.“

Worauf wollte sie hinaus? Taron konnte nicht zu Ende denken. Schon kam die Hexe heran und schlang die Arme noch einmal von hinten um den sitzenden König.

„Euer Heiler ist ein kluger Mann, weißt du?“, fuhr sie fort.

Taron schauderte. Er hatte das Gefühl, die Hexe begann zu faseln.

Doch sie ließ sich nicht beirren.

„Gute Wahl, dieser Quacksalber...“ murmelte sie. „Perfekt sogar. Ihm entgeht wirklich nicht das Geringste.“ Ihr Griff lockerte sich wieder und ihre Hände lagen nun leicht auf seinen Schultern. „Aber was machen wir nur mit ihr?", sprach sie wieder mehr zu sich als zu ihm.

„Es ist richtig, ich habe nachgeholfen, mein König." Sie kam um ihn herum, und kniete reumütig vor ihm nieder.

„Doch für Euch, mein Herr."

Taron legte die Hand vor die Augen. Er verstand gar nichts mehr. Er hatte im Traum nicht geahnt, dass ein Gespräch mit der Hexe heute noch so aus den Fugen geraten konnte.

„Und ein klein bisschen für sie. Und eine Winzigkeit dabei nur für mich", erklärte sie scheinheilig weiter. „Hier tut mir der Heiler wirklich unrecht. Ich weiß genau, mein König, wo meine Stelle ist. Darüber muss sich keiner mehr Gedanken machen. Aber ich bin eben auch nur einsam da in meinem Moor und Besuch kommt selten. Noch dazu so hochkarätiger, den ich auch noch vollständig entkleiden darf."

Taron konnte es nicht mehr mit anhören. Er konnte nicht mehr mit ansehen, wie sie vor ihm kniete. Er half ihr mit Nachdruck auf und bugsierte sie zurück auf ihren Stuhl neben sich. Er erhob streng den Finger und bremste eine weitere Plauderflut, die er nicht verstehen würde.

Sie wurde ernst und nickte.

„Du hast recht und verzeih. Ich habe den Faden verloren. Bin wohl ein wenig in Rage geraten." Sie tat zwei tiefe langsame Atemzüge, bevor sie weiter sprach. „Aber man erzählt sich auch, sie sei weggegangen von Euch."

In Taron glommen vage Erinnerungslichter. Er dachte an den Traum von Lins Verlobungsfeier, den Schorsch ihm gezeigt hatte. Wie wenig begriff er von den Bildern, die er in dieser Nacht gesehen hatte und er war noch immer zutiefst verwirrt. Sprach die Hexe von der jungen Frau mit der bombastischen Lockenmähne? Sie hatte ihm die kälteste Schulter gezeigt, die er je erlebt hatte.

Die Hexe ließ ihn nicht zum Nachdenken kommen.

„Aber ich glaube, Euer Hoheit, Ihr habt sie vergrault. Mit Absicht sogar und brutal gegen alles, was vielleicht in Eurem

Inneren war, wenn Ihr mich fragt. Ihr habt sie fortgeschickt. Ihr habt in ihr den Wunsch geweckt zu gehen. Um sie zu bewahren. Vor Euch und vor Eurem Thron. Nun...", sagte sie dann streng und lenkte ab vom Thema. „Ihr habt mich gebeten vor Eurer Rückkehr hierher, Euch zu helfen. Nun, genau das habe ich versucht. Nicht mehr und nicht weniger. Aber der Heiler hat recht", sagte sie dann nachdenklich. „Es ist nicht gut. Ihr braucht Eure Erinnerung nötiger als alles andere sonst, um zu bestehen. Nötiger als alles andere hier auf Eurem unbequemen Thron", wiederholte sie murmelnd. Sie nahm sein Gesicht in die Hände und sah ihn so ernsthaft an wie selten zuvor.

„Sag mir, alter Freund: Willst du dich erinnern?"

Taron zog sich weg und sah sie aus großen Augen an. Er wusste es nicht. Sein Kopf bestätigte mit einem Nicken, ohne dass er darüber nachdenken konnte.

„So sei es dann. Doch nicht alles auf einmal. Es würde Euch zermahlen wie ein dürres Körnchen unter einem Mühlrad. Jeden Tag vielleicht ein kleines Stück. Beziehungsweise jede Nacht. Und was Euer Kopf Euch von selbst dann freigibt, darauf habe ich keinen Einfluss, mein Lieber." Sie neigte das Haupt vor ihm.

„Schick den Nachtmahr zu mir, wenn ich zurückgekehrt bin. Er muss dir helfen. Ich werde ihm meine Instruktionen geben."

Nach ein paar Momenten des Schweigens nahm Taron sich seine Feder vom Schreibtisch, tauchte sie in die Tinte und schrieb auf die Rückseite eines benutzten Zettels noch einmal das Wort, warum er sie eigentlich heute noch einmal hierher gebeten hatte.

Sicherheit.

Die Hexe nahm den Zettel an sich und lachte.

„Natürlich, Taron. Deswegen hast du mich geholt. Verzeih unseren kleinen Exkurs. Also, lass mich darüber nachdenken.

Der König nickte. Er hatte keine sofortigen Wunder erwartet.

„Hast du von dem alten Gebräu, das Edolf dir hinterlassen

hat, noch etwas?", fragte sie dann geschäftig und sah ihn auffordernd an. „Ist nach dem Brand überhaupt etwas davon geblieben?"

Taron erhob sich. Aus einem kleinen Sekretär neben seinem Schreibtisch holte er ein verrußtes Glasgefäß. Mit ein paar Handgriffen nahm er den Deckel ab und drehte sein Gesicht zur Seite, um nicht einmal in die Gefahr zu kommen, irgendwelche Dämpfe arglos einzuatmen von dem längst in sich zusammengefallenen Gebräu.

Er füllte mit einem langen Spatel etwas von dem staubig krustigen Inhalt in ein kleines Reagenzglas, das er mit dem Werkzeug zusammen ebenfalls aus den Untiefen des Möbels geholt hatte. Sorgfältig verkorkt wanderte das Reagenzglas in Trines Manteltasche und das bauchige Glasgefäß zurück in die kleine Vitrine im Inneren des Kastens.

„Lass mich darüber nachdenken", sagte Trine noch einmal und kicherte dann.

„Gib es zu, König. In Wahrheit willst du dir das Fräulein aus Hiesig vom Leib halten mit einem erneuerten Fluch. Wenn du schon um eine Trauung höchstwahrscheinlich nicht herumkommst." Sie grinste ihn herausfordernd an.

Vergiss es, Trine. Und nur keine falschen Hoffnungen, zeigte er ihr als Antwort. *Sie behauptet sogar allzu selbstbewusst, es mache ihr nichts aus, wenn sie mich durchschaut bis zu jedem einzelnen Gebein.*

Er grinste resigniert zurück.

„Keine Ahnung, was du da wieder gestikulierst", lachte sie nur und verabschiedete sich. Diesmal endgültig für heute.

Taron bedankte sich bei der Hexe und führte sie persönlich zum Tor.

Erneut waren es Vincent und Remoulado, die ihr rätselnd über den Zweck des erneuten Besuches Geleit zurück bis zum Moorsteg gaben.

Traumlos verlief die folgende Nacht und im Gegensatz zur letzten ohne jegliche Störung. Taron hatte sich nach getaner Arbeit zurückgezogen. Nach einem stillen unspektakulären Abendessen in der Küche im alteingesessenen Kreis hatte sich der König zu den Modrichs begeben.

Die Gärtnersfrau hatte ihn erneut gewähren lassen, als er höflich und beinahe scheu an die Tür des kleinen Häuschens geklopft hatte.

In der Wohnstube hatte es sich Kuno bereits gemütlich gemacht nach einem anstrengenden Tag in den Gärten.

Taron hatte kurz zum Gruß die Hand erhoben und der Gärtner hatte freundlich erwidert. Nichts war ungewöhnlich in Grauens Diensten. Auch nicht mehr, dass der König als Übernachtungsgast um Einlass bat.

Kuno winkte ihn zu sich heran und erhob sich aus seinem Sessel. Im Ofen prasselte ein angenehmes Feuer. Der Gärtner bot Taron einen Platz an vor dem Kamin und schlurfte mit zwei Steinkrügen hinunter in den Keller.

Eigentlich hatte Taron sich sofort nach oben begeben wollen. Er hatte sich ein Buch aus der Bibliothek mitgenommen. Aber er nahm die Einladung an. Er legte das Buch zur Seite und nahm Platz.

Kuno kam bald wieder aus dem Keller herauf. Die Krüge waren gefüllt und auf ihnen thronte eine appetitliche Schaumkrone. Er reichte Taron einen von den beiden Bierkrügen und setzte sich schweigend zu ihm. Die Krüge klackten aneinander.

Die Gärtnerin kam nach einer Weile hinzu und holte ihr Strickzeug hervor. Ihre Stricknadeln klapperten leise vor sich hin. Ab und zu sprachen die Modrichs ein paar Worte miteinander.

Taron hatte seine Jacke abgelegt und sie an die Lehne des bequemen Sessels gehängt, den man ihm angeboten hatte. Die Krawatte lag offen um seinen Hals. Er hatte es bequem und sah still in die Flammen des Kamins vor sich.

Irgendwann schwiegen die Stricknadeln und die Gärtnersfrau murmelte schimpfend in sich hinein.

„Was hast du, Friedel?“, fragte Kuno und fühlte sich aus seiner wohligen Ruhe gerissen.

Taron sah auf.

„Ich weiß nicht mehr, wie dieses Muster funktioniert, das ich anfangen wollte.“ Sie lächelte verlegen. „Es sollte ein Stück Decke werden. Für die…“ Sie räusperte sich. „Für die Königin.“ Nun hatte sie es ausgesprochen.

Taron lächelte. Er stellte seinen Krug neben sich auf ein Kästchen und holte seine Brille aus der Innentasche seiner Jacke. Er ging hinüber zu der Gärtnersfrau und setzte sich neben sie auf das Sofa.

Sie zuckte zusammen und lächelte unsicher.

Taron hingegen streckte ruhig die Hand aus nach ihrem Strickzeug und sah sie fragend an.

„Ein Gittermuster sollte es werden ab hier, aber ich weiß nicht mehr, wie es geht.“

Der König besah sich ihr Werk und nahm ihr schließlich die Nadeln aus der Hand. Vorsichtig trennte er ein paar Maschenreihen auf. Er zählte gedanklich vor sich hin, fädelte die Maschen zurück auf die Nadeln und strickte ein paar Reihen. Er zeigte Friedel Modrich dabei genau, was er tat.

Dann nickte sie.

„Vielen Dank, Herr.“ Nichts war ungewöhnlich in Grauens Diensten.

Der König lächelte und ging zurück zu seinem Sessel und zu seinem Krug. Lange saßen sie noch zusammen, bevor Taron sich verabschiedete.

Nur heute noch, dachte er, als er schließlich an der Gärtnerin vorbei die Treppe nach oben zu der kargen Kammer stieg. Nur noch heute wollte er die Ruhe hier in diesem Häuschen genießen.

Wohlig und traumlos schlief Taron in dieser Nacht. Er hatte knapp eine halbe Seite im Kerzenschein in seinem Buch gelesen, bevor er wegdämmerte.

Niemand störte ihn in dieser Nacht. Kein Albtraum, kein Schorsch und schon gar kein Onkel Edolf. Keine der Katzen kratzte an seiner Tür und auch Shelly hatte sich in dieser Nacht nicht zu ihm geschlichen.

So träumte er in aller Seelenruhe von Mia, von einem langen Kuss hinter dem Nischenvorhang in Ripenschneiders Haus und von ihrer letzten gemeinsamen Unterhaltung im Garten des Stadtschlosses.

Nach dem Erwachen wusste er, was all die Bruchstücke in seinem Kopf und die Unruhe nach seiner Rückkehr zu bedeuten hatten. Er war ausgeruht, aber ihm war beklommen. Zum ersten Mal drang seine unterschwellig bedrückte Stimmung klar in sein Bewusstsein.

Sie war fort. Und er würde sie vermutlich nicht wieder sehen. Er würde in Kürze eine Schnepfe aus Hiesig ehelichen und jeder Tag würde sein wie der andere.

Lange sah er seinem Spiegelbild in die Augen, während er sich pflichtschuldigst für den neuen Tag bereit machte.

Frische Kleidung und ein Dienstanzug hatten wie auch am Vortag bereits in der Kammer für ihn bereitgelegen. Er legte die Zahnbürste beiseite, bändigte das nachgewachsene Haar zu einem leidlich ordentlichen Zopf und legte wie jeden Tag eine unbequeme Krawatte um seinen Hals. Die Rasur ließ er aus für heute und wenig später saß er, wie man es erwartete, mit den anderen beim Frühstück.

Alle waren beisammen an diesem Morgen. Nur Remoulado zu Wassergrün beliebte zu absentieren. Hatte er verschlafen? Der Leibwächter war noch nie zuvor freiwillig einem gemeinsamen Essen fern geblieben. Natürlich, fiel Taron wieder ein. Er hatte sich für heute frei genommen. Er korrigierte seine Gedanken. Was hatte er als Schutzmann hier im Augenblick auch schon zu tun? Bei einem König, der sich selbst, freiwillig und aus eigenen Stücken, an seinen Schreibtisch gekettet hatte.

Der noch nicht einmal mehr hinaus in den Garten ging, um frische Luft zu schnappen. Und der seine Gesellschaft derzeit misstrauisch auf das Notwendigste beschränkte, weil er es nicht besser wusste wegen seiner sparsamen Erinnerung.

Taron fühlte sich allein wie nur selten zuvor in seinem Leben.

Doch dass der Leibwächter sich bei Vincent so früh abgemeldet hatte, verwunderte Taron dennoch sehr. Das sah Herrn Remoulado so wenig ähnlich.

Vincent sah Tarons Blick, während der König Shellys Frühstücksei köpfte.

Die Kleine plapperte fröhlich auf ihren Vater ein und rührte begeistert in ihrem Haferbrei vor sich.

„Das siehst du richtig, mein Herr", lachte Vincent in Tarons eingetrübte Stimmung hinein. Er versuchte ihn aufzuheitern. „Er war gar nicht hier heute Nacht." Er grinste und warf ihm ein Zwinkern zu.

Der König sah fragend in bedeutungsvolle Gesichter.

Was?, zeigte Taron nur, als ihm keiner der Anwesenden eine Antwort gab.

„Ich schätze, er ist bei Mathilde", grinste Vincent und biss in sein Frühstücksgebäck.

Taron zog kritisch eine Augenbraue nach oben.

„Ja", bestätigte Ellis. „Bei den Ripenschneiders. Rem war dort bereits öfter eingeladen. Wusstest du das nicht?"

Der König schüttelte mit dem Kopf. Seine Augenbrauen zogen sich mürrisch zusammen und er widmete sich Shelly und seinem Frühstück.

Er erinnerte sich an Wassergrün. Hatte sich nach einem einzigen Ausritt etwa eine Liaison zwischen den beiden entwickelt? Ohne dass er irgendetwas davon mitbekommen hatte? Taron schalt sich selbst einen Narren. Er hatte sich hinter seinem Schreibtisch verschanzt die letzten Wochen und alles andere um sich herum ausgeblendet.

Seit er sich nach dem Moor ganz selektiv an eher ungünstige Dinge am Anfang der Bekanntschaft mit Remoulado erinnerte, hatte er ihn gemieden. Er war reserviert und so spröde wie ein

Klotz Holz. Er brauchte sich nicht einmal im Ansatz darüber zu wundern, dass er ihn nicht ins Vertrauen gezogen hatte. Ausgerechnet Ripenschneiders.

Wenn sein Leibwächter unten im Dorf Besuche machen konnte, beschloss er spontan, so konnte er das auch. Obwohl er auf Ripenschneiders Gesellschaft absolut keinen Wert legte, so hatte er sich dennoch vorgenommen, bei ihm nach dem Rechten zu sehen. Ja, er wollte ihm seine Aufwartung machen. Und warum nicht heute.

Seit seiner Rückkehr war Taron kein einziges Mal bisher im Dorf gewesen. Gerade in diesem Moment bemerkte er, wie sehr er dort alles vermisst hatte. Wie sehr er es in Wassergrün bereits vermisst hatte.

Er hatte alles abgearbeitet, was Sigur ihm am Vortag vorgelegt hatte. Der Sekretär pinselte sicherlich bereits fleißig Einladungen oder sortierte die Berichte aus Wassergrün.

Und plötzlich hatte Taron das Bedürfnis nach einem Aufenthalt außerhalb dieser Mauern.

Nachdem Taron seinen Arbeitsanzug gegen seine einfachsten Kleidungsstücke gewechselt hatte, machte er sich auf den Weg hinunter ins Dorf. Alleine und ohne jegliche Begleitung. Er wusste, wie er sein Haus, ohne gesehen zu werden, verlassen konnte. Und er wusste, wen er im Dorf als erstes besuchen wollte. Er würde nicht viel Zeit haben für das, was er vorhatte. Er hatte sich einen schwarzen Hut tief ins Gesicht gezogen.

Taron nahm in langen Schritten den Weg durch den Wald. Bald war er am Rand des Dorfes angekommen. Auf der Zielgeraden fiel sein Blick auf den kleinen Bäckerladen an der Hauptstraße, an dem er vorbei kam. Er bremste seinen Schritt. Er wollte nicht vorbeigehen, ohne Chichi wenigstens kurz zu begrüßen. Er hatte sie schon so lange nicht mehr gesehen.

Schon klingelte die Ladenglocke, als er durch die Türe trat. Taron war sehr spät an diesem Morgen. Er war die einzige Kundschaft in dem Laden.

Chichi fiel beinahe das Brot aus den Händen, das sie eben in die Auslage schlichten wollte, als sie ihn erkannte. Sofort kam sie um den Tresen herumgetippelt, nahm ihn begeistert in ihre bemehlstaubten Arme und drückte ihm einen Kuss auf die unrasierte Wange.

„Oh, es ist so schön, Euch zu sehen“, näselte sie und strich über seinen sauberen Anzug. Sie sprach sehr gutes Grauisch mittlerweile, aber ihr neckischer kleiner Akzent war ihr geblieben.

„Was kann ich für Euch tun?“, lachte sie. „Ihr seid Vincent im Schloss entwischt, hab ich recht? Oh, wie freue ich mich.“ Sie strahlte. „Ihr seid ein so seltener Gast. Wollt Ihr vielleicht eine Hochzeitstorte bei mir bestellen?“

Taron lächelte über ihre Begeisterung und winkte ab.

„Man sagt, Ihr wollt heiraten“, schnatterte sie darauf los und sah ihm verzückt in die Augen. „Ernsthaft?“

Er schmunzelte viel mehr über ihr Ungestüm als über ihre Fragen. Dann schüttelte er mit dem Kopf. Er hatte noch keine abschließende Meinung zu dem finden können, was die Hähne scheinbar bereits von den Dächern krähten.

Sie kam ganz nah an ihn heran und lächelte über seinen süßsäuerlich pikierten Gesichtsausdruck.

„Was kann ich also tun für Euch? Was kann ich Euch anbieten. Vom Apfelkuchen habe ich bedauerlicherweise vor ein paar Minuten das letzte Stück verkauft. Es tut mir leid. Ein frisches Hörnchen vielleicht?“ Sie zeigte auf die Auslage hinter der Glasscheibe. „Es gibt Hörnchen heute im Angebot.“

Taron grinste sie amüsiert an. Obwohl sie ihre Vergangenheitt bei Hortensie von Fielgout lange hinter sich gelassen hatte, klang es irgendwie anzüglich, wie sie es sagte.

Sie blitzte ihn an.

Er kramte in seinen Jackentaschen. Er hatte selten Geld bei sich, aber er fand tatsächlich ein paar Münzen. Er bedeutete ihr, dass er fort musste und mehr als ein kurzer Gruß an diesem

Vormittag nicht sein Ziel war in der Bäckerei. Und einen flüchtigen Handkuss später war er mit einer kleinen Tüte Gebäck wieder nach draußen verschwunden.

Sein Schneider, den Taron zuerst besuchen wollte heute, war wie erwartet in seiner Werkstatt. Er arbeitete mit Hochdruck an einem Satz neuer Hemden für den König. Ohne doppelten Kragen und Visier für sein Gesicht.

Er staunte nicht schlecht, als Taron ihn so unerwartet besuchte und die Tüte Backwerk als Gastgeschenk auf seinem Schneidertisch ablegte. Er war überrascht, aber nicht verwundert. Er wusste, dass der König von Zeit zu Zeit die Nähe des Dorfes zu suchen pflegte. Seine Schneiderwerkstatt hatte er dabei jedoch noch nie mit einer Stippvisite beehrt.

Eines der Nesselmodelle war soeben fertig geworden und er wollte es die Tage zur Anprobe ins Schloss bringen. Jetzt war der König zu ihm gekommen. Wenn er nun schon hier war, ließ er ihn das neue Hemd auch probieren.

Ohne bisher verraten zu haben, warum er gekommen war, ließ der König die Anprobe mit sich geschehen. Der Schneider steckte mit Nadeln ein paar Details zurecht für eine letzte Änderung. Er war verdutzt, wie schmal der König inzwischen geworden war seit seinem letzten Besuch auf dem Schloss.

In der großen Eckvitrine an einer Schneiderpuppe war Tarons Hochzeitsanzug aufgebaut. Eine strahlend weiße Livree aus längst vergangenen Feiertagen, die sich der König einmal von ihm für die Parade hatte schneidern lassen. Das Schmuckstück hatte einst auf dem großen Festumzug für Furore gesorgt.

Der Schneider hatte den Anzug mit Tarons Erlaubnis schließlich für seine Werkstatt ausgeliehen. Das Stück war aus den Schränken des Königs als Ausstellungsobjekt in die Werkstatt des Schneiders gewandert und zierte dort dessen Wirkungsstätte. Das Kunstwerk war seither schon oft bewundert worden.

Taron verzog ein wenig das Gesicht bei diesem Anblick. Die detailverliebt sorgfältige Drappierung der Stoffe hinter Glas erinnerte an einen Schrein. Als Taron das angepasste Probehemd wieder abgelegt hatte, zeigte er schüchtern darauf.

Der Schneider verstand. Deshalb also war er gekommen.

Er geriet in Verzückung. Auch er hatte die Gerüchte um den König sehr wohl gehört. Er holte den Anzug augenblicklich von der Schneiderpuppe.

Es folgte eine weitere Anprobe an diesem Tag. Mit einem Stück, das Taron seit seiner Fertigstellung noch nie zuvor persönlich getragen hatte.

Der Schneider sah schließlich kritisch auf das auffällig locker sitzende Meisterwerk. Zu dünn war der König geworden und es würde einiges zu ändern sein. Er murrte in sich hinein, als er die Maße neu notierte.

„Eine Königin wird wohl echte Probleme haben, sich an Euren hervorstehenden Knochen nicht zu verletzten in der Hochzeitsnacht, wenn ihr diesen Anzug erst mal abgelegt habt", brummte er leise in seinen Bart hinein, während er Taron den Rücken zukehrte und auf seinen Zettel kritzelte.

Taron trappelte gekünstelt empört mit den Fingern auf ein Möbelstück. Wenn er hätte sprechen können, hätte er sich warnend geräuspert.

Der Schneider fuhr herum. Eben war ihm aufgegangen, dass er seine Gedanken laut ausgesprochen hatte.

Der König grinste.

Auf die Frage nach dazugehörigem Hut, Hemd, Kragenzier und sonstigem Beiwerk reichte Taron ihm einen Zettel. Er hatte seine Wünsche bereits genau notiert. Er zeigte mit dem Maßstock des Schneiders auf eine schwarze Stoffbahn, die ausgerollt zum Zuschnitt für einen anderen Auftrag auf dem Schneidertisch gelegen hatte.

Der Schneider hob die Augenbraue, aber er wusste, was er zu tun hatte. Das gesamte Werk sollte verändert werden und der reinweiße Charakter des Anzugs sollte weichen.

Auch die aufgenähten Tressen würden abgetrennt und erneuert. Selbst der Generalsstreifen entlang der Hosenbeine würde ausgetauscht. Der üppig silbrige Zierrat würde ausgewechselt und minimiert. Der König bestand auf einer klaren Linie ohne überflüssigen Schnickschnack. Grauens Farben würden in schlichtem schwarz und weiß erstrahlen.

Er bestand auf seinem handschriftlich vorbereiteten Zettel auf dunkle Nestelspitzen, ebenso für die gesamte übrige Takelage. Die Schärpe soll fortan in Rot über dem Anzug liegen. Für die Stelle über seinem Herzen und an seiner linken Schulter bestellte er in der gleichen Farbe eine ausladende Stickerei. Der König zeigte auf die beiden Stellen, bevor er die Jacke wieder ablegte.

Der Schneider machte mit Kreide seine Markierungen auf den Stoff und seufzte innerlich. Schließlich ging er zu einem Wandschrank mit unendlich vielen Kästchen und zeigte dem König eine Auswahl glänzend geschwärzter Knöpfe und Beschläge.

Taron fiel es nicht schwer, seine Auswahl zu treffen.

Was der König zum Erstaunen des Schneiders noch bestellte für diese zu ändernde Garderobe, musste ein Schmied erledigen. Ein eigenwilliges neues Innenfutter über seine Schultern bis hinunter auf seine Brust. Er wollte zusätzlich und unsichtbar unter Hemd und Weste einen Harnisch tragen.

Noch einmal nahm der Schneider Tarons Maße, passte sie an und schrieb alles ordentlich auf einen Zettel. Zweifelnd sah er den König an. Er änderte den Anzug in eine Rüstung. Das wollte der Herrscher auf einer Hochzeit tragen? Das Meisterwerk würde unbequemer sein als obligatorisch für diese Art der Gewandung und um einiges schwerer. Wollte der König damit in eine Schlacht ziehen?

Mürrisch legte der Schneider seinen Stift zur Seite.

Taron sah ihm an, wie wenig ihm der Auftrag behagte.

Aber der Schneider verlor kein Wort darüber. Er nickte bestätigend.

Nicht lange ließ Taron ihn nachdenken. Er griff in seine Jackentasche und zog ein kleines eingeschlagenes Bündel hervor. Behutsam legte er es auf den Schneidertisch und breitete es auseinander.

Dem Schneider entfuhr ein kleiner Pfiff.

In dem mitgebrachten Tuch lag ein kleines Vermögen aus Tarons Schatzkasse. Perlen und Steine. Sie waren zusammengetragen worden, als der fertiggestellte Anzug einst feiertäglich mondän in des Königs Thronsaal aufgebaut stand. Die Steine für eine Königin.

Der Schneider kam heran und fuhr vorsichtig mit der Hand über den Inhalt des Tuchs.

„Für ein passendes Kleid, habe ich Recht?"

Taron nickte.

Behutsam schlug der Schneider die Preziosen wieder zurück in den Stoff.

„Ich zeige das dem Feinschmied", erklärte der Schneider. „Er muss es für mich verwahren. Und er kann daraus auch das Geschmiede zu dem Kleid..."

Wieder nickte Taron. Genau so hatte er sich das vorgestellt.

„Aber ich brauche Maße. Ich brauche eine Braut." Der Schneider sah Taron so verzweifelt an, das er lachen musste.

Ich werde dafür sorgen, dass auch sie Euch aufsucht, wenn es tatsächlich so kommen sollte, zeigte Taron schmunzelnd. Falls er sich entschied, und falls sie ihn dann überhaupt nehmen würde. Er schob den Gedanken zur Seite und erneut nickte er bestätigend.

Der Schneider ahnte, was der König ihm in etwa geantwortet hatte.

„Und wann möchtet Ihr...", begann er dann. „Ich meine, wann ist denn der große Tag? Wann sollen die Sachen fertig sein?"

Taron nahm den Stift auf dem Tisch und notierte an den Rand der Schneidernotizen:

Wenn Ihr so weit seid, sagt mir Bescheid!

Der König bedankte sich und klopfte dem Schneider aufmunternd auf die Schulter, bevor er sich von ihm verabschiedete.

Er tat dies alles, um die Antwort zu finden auf eine Frage, die ihm schier unlösbar schien. Sein Herz schien ihm hier einfach keine Richtung geben zu wollen.

Aber er hatte noch etwas anderes vor, bevor Vincent seine Abwesenheit in der Burg bemerkte und die Garde hinter ihm herschickte.

Später wollte er auch nach Remoulado sehen. Er wollte wissen, was im Haus der Ripenschneiders vor sich ging. Von dem, was Remoulado dort zu schaffen hatte, wollte er sich persönlich überzeugen. Außerdem hatte er lange bereits vor, dem Professor seine Aufwartung zu machen. Er hatte es nur immer wieder hinausgeschoben. Es waren so einige Fragen zu klären. Doch erst musste er noch etwas erledigen. Er wollte an diesem Tag einen weiteren Besuch unternehmen.

Der Barbier ein paar Ecken weiter hatte ebenfalls nicht im Traum mit ihm gerechnet, als Taron wenig später an seine Tür pochte und um Einlass bat.

Nachdenklich sah ihn der alte Barbier von der Seite an. Er ließ den König eintreten.

Taron musste sich durch die niedrige Tür bücken und wurde einen altbekannten Weg in die Arbeitsstube geleitet.

„Habt Ihr vergessen, wie man mit einem Rasiermesser umgeht?“, witzelte der Barbier und machte den Stuhl für Taron frei, auf dem gerade noch ein paar Handtücher aufgestapelt lagen.

Taron setzte sich ohne zu zögern, grinste und zuckte entschuldigend mit den Schultern. Der Barbier sollte heute schließlich etwas zu tun haben.

„Warum habt Ihr mich nicht rufen lassen? Ich wäre doch selbstverständlich zu Euch gekommen, wenn Ihr meine Dienste braucht. Ihr seid ein vielbeschäftigter Mensch.“

Taron wehrte ab und sah sich lächelnd um. Nein. Genau in dieser Stube wollte er heute sitzen. An der Stelle, an welcher der

Herr dieses Hauses ihn vor so vielen Jahren den Umgang mit einem Rasiermesser gelehrt hatte. Edolf hatte für solche Nichtigkeiten und die Nöte eines sich entwickelnden Jünglings nie die Zeit gefunden.

Der Barbier hatte ihn einst zu sich in die Stube geholt, als er Taron nach der Schule an seinem Haus vorbeitrotten sah. Mit ein paar fiesen Schnitten im Gesicht nach den ersten ungeschickten Versuchen, mit dem Messer einen frühen Milchbart zu scheren. Seine Schulkameraden, zuvorderst Vincent, hatten ihn dafür veralbert.

Taron sah sich um. Es hatte sich hier nichts verändert. Die Zeit schien in dem holzgetäfelten Raum tatsächlich still zu stehen. Nur der Barbier schien in Würde gealtert. Sein faltiges und sorgfältig rasiertes Gesicht lächelte ihn warmherzig an.

Der Bartscherer band sich schweigend seine Schürze um, ordnete sein Werkzeug und wusch sich die Hände.

„Ihr wollt heiraten", brach er schließlich das Schweigen im Raum. Nachdem sein Gast nicht sprach musste er selbst dafür sorgen, dass eines der traditionell unverbindlichen Seichtgespräche geführt wurde. Und wenn es ein Monolog war mit dem unbeliebtesten und derzeit unoriginellsten Thema, das man bei Taron ansprechen konnte.

Der König brauchte lange, bis er zögerlich nickte und dabei eine abwägende Handbewegung machte. Er legte die Jacke ab und öffnete seinen Kragen.

Der Barbier breitete ihm saubere Handtücher über Revers und Schultern.

„Lasst mich raten. Ihr wollt diesen skandalösen Sauerkrautbart und die fusselige Frisur wieder in Form bringen, weil Euch sonst keine ehelicht. Und ihr braucht dazu meine Hilfe. Weil Ihr dafür so akurat aussehen wollt, dass Eurem Betrachter beinahe übel davon wird."

Der Barbier schärfte sein Messer und lachte.

Taron zuckte mit den Schultern. Ein beschämtes Lächeln flog über sein Gesicht. Der andere hatte es erfasst. Besser hätte man es nicht zusammenfassen können.

„Aber Ihr braucht dazu seit vielen Jahren keine Hilfe mehr, mein Herr. Schon gar nicht die unausgefeilten Künste eines Dorfbarbiers. Ich denke, da seid Ihr aus Wassergrün sicher anderes gewohnt. Ihr inszeniert Euch besser, als ich das jemals könnte. Zumindest wenn Ihr wollt…", ergänzte er nach einem erneuten schrägen Blick zu dem Wildwuchs auf des Königs Kopf.

Taron reagierte nicht darauf.

„Aber ich verstehe. Kalte Füße, wie?", neckte der Barbier ihn weiter. „Deshalb zieht es Euch hierher."

Der König blinzelte. Vielleicht. Möglicherweise war er vor allem deshalb hier ins Dorf gekommen. Für ein wenig ursprünglichen Pragmatismus und kostenlose Bodenhaftung als Dreingabe.

„Versteht mich nicht falsch", lachte der Barbier erneut. „Ich freue mich, dass Ihr nach so langer Zeit den Weg in mein Haus gefunden habt. Ich fühle mich geehrt. Normalerweise kommen die Leute zu mir vor einem Besuch bei Euch." Er lachte. „Was soll es also nun werden?", fragte er dann und zückte zunächst die Schere.

Taron machte eine großzügige Bewegung um seinen Kopf herum. Der Barbier würde wissen, was zu tun war. Er vertraute ihm.

„Also gut", bestätigte der Barbier. „Dann lasst uns anfangen."

Taron ließ zunächst seine Haare schneiden. Trine hatte bei Gott nicht auf eine Frisur geachtet, als sie das Haar neu sprießen ließ.

Der Barbier schnitt hier und da und zog einen breiten Kamm durch Tarons Wellen. Ein wenig Öl machte die spröden Strähnen gefälliger. Nachdem er sauber den Nacken des Königs ausrasiert hatte, kringelte er den zusammengefassten Schopf mit einem heißen Eisen zu einer vornehmen Schraube. Ein paar Handgriffe später war eine saubere Schleife darum gebunden.

„Das hätten wir fürs Erste", freute sich der Barbier und tippte Taron an, sich im Spiegel zu betrachten.

Taron öffnete die Augen und warf einen kurzen Blick hinein. Er nickte zufrieden.

„Ihr werdet vortrefflich aussehen", frohlockte der Barbier. „Zumindest wenn Ihr es bis zu Eurem Ehrentag nicht wieder verkommen lasst. Ich werde Euch einfach regelmäßig besuchen."

Taron widersprach nicht.

Der Barbier machte sich daran, die abgeschnittenen Haare wegzukehren. Er arbeitete sich behend von oben bis zur Mitte über des Königs Gesicht. Kein einziges störrisches Härchen verblieb an der falschen Stelle. Er machte sich daran, das Rasierzeug vorzubereiten. Wieder lachte er und rührte voller Elan in einer kleinen Schale duftigen Seifenschaum an.

Durch den Spiegel warf er Taron einen langen Blick dabei zu.

„Ihr seht jetzt schon vortrefflich aus", bemerkte er vorsichtig. „So ungemein undurchsichtig, wenn ich das bemerken darf. Ist das nun Standard?"

Taron huschte ein feines Lächeln übers Gesicht. Was Standard war und blieb, das konnte er im Augenblick selbst noch nicht beurteilen. Er schloss die Augen, legte den Kopf zurück auf die Nackenstütze seines Stuhls und verfolgte das emsige Werkeln des Barbiers.

Schon wurde sein Gesicht mit ein paar geübten Handgriffen in ein angewärmtes Tuch gepackt. Nur die Nase des Königs schaute daraus noch hervor.

Die gealterten Hände des Barbiers pressten sich sanft auf seine Züge und nahmen das Tuch nach einer kurzen Weile wieder ab. Mit einem dicken Pinsel schäumte der Barbier das Gesicht des Königs ein und langsam glitt eine scharfe Klinge danach über seine Haut. Das einzige Geräusch, das man im Zimmer hörte, war das leise kratzende Geräusch der Rasierklinge. Die Kanten seines Bartes wurden in Perfektion geschnitten.

Taron entspannte sich.

Irgendwo draußen ging leise eine Tür. Das stetige Geplauder des Barbiers war versiegt. Wahrscheinlich konzentrierte er sich darauf, seinen König angemessen zu bearbeiten, vermutete Taron. Er schöpfte keinen Verdacht.

Er bemerkte zu spät, dass seine Hände dabei ein wenig zitterten.

Als der restliche Schaum aus Tarons Gesicht entfernt wurde und sich danach ein weiteres Mal ein Handtuch über sein Gesicht wickelte, stieg ihm ein beißender Geruch in die Nase. Er wurde ohnmächtig.

Als er wieder zu sich kam, saß die Klinge des Barbiers an seiner Kehle und ein Stück Draht um seinen Hals hielt ihn fest auf dem Stuhl unter sich. Taron schlug die Augen auf. Er war verwirrt. Und ihm war gehörig schwindelig. Ein wenig entfernt von ihm und aus dem Augenwinkel sah Taron den Barbier. Mit schreckverzerrtem Gesicht.

Das Messer an seinem Hals hielt jemand anders.

Vermummte Gestalten waren in das Haus gedrungen. Ganz ähnlich wie bei den Ripenschneiders. Und sie hatten dem Barbier von einem Moment auf den anderen und ohne viel Aufhebens die Situation aus der Hand genommen.

Die Frau des Barbiers war in den Arbeitsraum gebracht worden. Ebenfalls mit einer vorgehaltenen Waffe. Damit hatten sie dem Barbier ohne ein einziges Wort zu verstehen gegeben, dass sie es waren, die sich nach der Rasur weiter um den König kümmerten.

Taron war umringt. Der König griff instinktiv zu dem Draht um seinen Hals. Einer der Eindringlinge versuchte ihm eben ein zusammengedrehtes Tuch zwischen die Zähne zu pressen.

„Lasst das!“, pfiff ihn eine der Gestalten zurück und nahm den Stoff zur Seite. „Seid Ihr wahnsinnig? Es ist der König! Er kann ohnehin nicht sprechen und er wird auch so geduldig anhören, was wir ihm anzutragen haben.“ Man vernahm eine schallende Ohrfeige.

Der Vermummte nahm sich ein nadelartiges Instrument aus dem Besteckkasten des Barbiers und piekte den König damit wie zum Beweis in den Arm.

Kein Laut stahl sich von Tarons Lippen. Nur ein leises Keuchen und eine schmerzliche Grimasse verrieten, dass er die Spitze der Nadel sehr wohl gespürt hatte.

Taron bäumte sich auf.

„Vielleicht sollte man ihm viel lieber als Ansporn seine blauen Augen damit auspieken", knurrte ein anderer im Hintergrund und hielt sich noch immer die Wange. „Lasst uns die Nadel doch endlich bis hinauf in sein verschrobenes störrisches Gehirn bohren", meckerte ein Dritter. Man fuhr mit der Nadel drohend über seinen Arm.

„Mit einer versiegten Stimme kann man diesen Menschen jedenfalls nicht beeindrucken, fürchte ich. Es scheint ihn einfach nicht mürbe machen zu wollen", knirschte er weiter. „Seht Euch an, wie stolz er ist dabei. Er hat es sogar kultiviert und jetzt muss jeder die Gestensprache lernen. Er verhöhnt uns. Und ich sage, er denkt nicht im Traum daran, uns wenigstens ein kleines bisschen entgegenzukommen."

Spätestens jetzt wusste Taron endgültig, wen er vor sich hatte.

„Genug jetzt. Ist Euer Durchlaucht eigentlich fertig jetzt mit seinem Programm?", fragte der Anführer nun missgünstig und äußerst ungeduldig an den Barbier gerichtet. Er drängte sich nach vorn.

Ängstlich schüttelte der Barbier mit dem Kopf.

„Der B...., der B..., der Bart", stotterte er und schlotterte vor Grausen. „Der Bart muss noch in Form geschnitten werden." Den Barbier konnten sie mit ihrem Gerede durchaus beeindrucken.

„Dann bringt es zu Ende", herrschte ihn der Vermummte an. „Zügig."

Und während einer der Eindringlinge den Draht um Tarons Hals hinter der Nackenstütze nun festdrehte, traten die anderen zur Seite, um dem Barbier wieder Platz zu machen. Das Messer an des Königs Hals wurde seitlich gesetzt und direkt an seine Schlagader.

Man hörte einen tiefen Schnaufer und der Barbier trat mit Kamm und Schere an den festgehefteten König heran. Seine Hände zitterten so sehr, dass er sich nicht getraute, an Tarons Barttracht zu gehen. Er wagte es nicht, ihn auch nur zu berühren.

„Jetzt reißt Euch zusammen!“, schimpfte einer der Unbekannten und gebot dem Barbier sich zu beeilen. „Wir werden dem König nichts antun. Wir sind keine Unmenschen. Wir wollen nur unseren Standpunkt untermauern.“

Der Barbier achtete nicht mehr auf die Worte. Er trat an Tarons Stuhl. Dann legte er einen Moment seine Hände mit dem Werkzeug auf des Königs Brust, bis seine Finger aufhörten allzu heftig zu zittern. Er atmete ein paar Mal tief. Ihre Blicke trafen sich.

„Kürzen?“, fragte er dann leise und Taron antwortete mit einem winzig kleinen Kopfschütteln.

Es war totenstill in dem Haus. Das ganze Haus und jeder, der darin war, schien den Atem anzuhalten. Nur das Schnippeln der Schere zerteilte die eisige Stille.

Vor dem Haus schrie eine Katze.

Mit einem großen Pinsel fegte der Barbier schließlich an den Armen der anderen vorbei die abgeschnittenen Barthaare von Taron und nahm das große Handtuch von seinem Revers. Er fuhr noch einmal über Tarons Frisur und zupfte hie und da an seinem Bart. Dann trat er gehetzt zur Seite.

Das Messer an des Königs Hals wurde für einen Moment zur Seite genommen.

Diesen kurzen Augenblick nutzte Taron, griff zwei der Vermummten links und rechts neben sich am Kragen und knallte sie mit ihren neugierig über ihn gebeugten Köpfen so unvermittelt zusammen, dass sie wie zwei gefällte Bäume zu Boden gingen. Einen dritten vor sich trat er gleichzeitig so fest, dass er an die gegenüberliegende Wand polterte und sich keuchend den Brustkorb hielt.

„Hab ich euch nicht gewarnt, ihr Tölpel?“, schimpfte der Anführer der Eindringlinge und stellte sich vor Taron auf. „Täuscht Euch nicht. Dieser König ist ein Raubtier.“ Er lachte meckernd in sich hinein.

Zwei andere sprangen dem Anführer bei und schon saß eine Klinge erneut scharf und gefährlich an Tarons Kehle und begann seine Haut zu ritzen. Der König hatte keine Angst vor ihnen. Er war wütend.

„Bitte, Herr“, sagte der Vermummte dann unvermittelt freundlich zu Taron.

„Lasst uns doch zivilisiert miteinander verhandeln. Lasst uns zum Wesentlichen kommen. Seid vernünftig. Seht mal, so viel Kraftanstrengung ist das Ganze nicht wert. Und es ist auch nicht besonders galant von Euch.“

Taron taxierte ihn übellaunig. Der andere achtete peinlich darauf, zu Taron einen gebührenden Abstand zu bewahren.

Das Wesentliche also. Der König ließ die Hände von dem Draht, in den er erneut gegriffen hatte, und legte sie bedacht auf die Armlehnen seines Stuhls. Er schloss die Augen und legte den Kopf so weit in den Nacken zurück, wie es ging. Sei Hals drückte sich entschlossen an das vorgehaltene Messer. Ein paar Atemzüge verharrte er so.

Die Kinder, dachte er nur. Sie waren in guten Händen. Eine einzelne angestrengte Träne rann über seine Schläfe in seinen Haaransatz hinein.

„Erstaunlich, was Ihr für das Wesentliche haltet“, flüsterte ihm der Anführer der Truppe kichernd ins Ohr und riss Taron aus seinen schwärzest finalen Gedanken. „Glaubt nur nicht, dass es Euch so leicht gemacht wird wie Eurem Onkel selig.“ Das Messer wurde endgültig zur Seite genommen.

„Richtet Euren Kragen, Durchlaucht“, fuhr die Stimme beinahe liebenswürdig fort. „Ich denke, Ihr habt hier alles bekommen, was Ihr wolltet. Und noch ein bisschen mehr.“

Der Draht um seinen Hals wurde etwas gelockert und bis unter sein Kinn geschoben.

Taron tat, was ihm befohlen wurde. Sobald er fertig war, drehte sich die Schlinge wieder fester.

„Nun, dann seht Euch an. Taron Ikárov, Herr von Grauen. Und nun zurück zum Wesentlichen.“

Die Vermummten traten ebenfalls weg von dem König und gaben die Sicht auf den Spiegel vor ihm frei.

Taron öffnete den Mund zu einem stummen Schrei.

Sein Gesicht war perfekt. Kein einziges Härchen war mehr an der falschen Stelle. Und durchscheinend milchig war seine

Haut. Taron sah Kieferknochen durch seine Haut schimmern. Das Nasenbein, die Augenhöhlen.

Er fasste voller Entsetzen und Überraschung in sein Gesicht. Man ließ ihn gewähren. Man meinte den Sprecher dieses Aufmarsches hinter seiner Vermummung grinsen zu sehen. Seine Augen verengten sich.

„Das ist unser Hochzeitsgeschenk an Euch, König“, erklärte ein anderer großmütig.

„Lang lebe unser Herrscher“, skandierten sie nun im Chor und verbeugten sich.

Die gezückten Waffen wurden zur Seite gelegt, die Frau des Barbiers wurde losgelassen. Sobald die letzte Klinge niedergelegt war, schnellte Tarons Arm nach vorn und er griff nach dem Rädelsführer der grausigen Versammlung. Er erwischte ihn am Handgelenk. Beim Versuch, ihn festzuhalten, fügte er ihm einen tiefen Kratzer zu.

Der Anführer riss sich los. Er lachte künstlich, denn er war zutiefst erschrocken.

„Und vergesst nicht, was Ihr uns noch schuldig seid“, rief er spöttisch. „Wir vergessen es nicht und auch weit von Wassergrün dürft Ihr mit unserem Einfluss rechnen. Wir sind hier und wir vergessen niemals etwas.“

Einer nach dem anderen verschwand durch die Hintertür.

Die letzten beiden der Eindringlinge waren noch nicht zur Tür hinausgeflohen, als Remoulado die Tür zu diesem Zimmer aufriss. Keinen Moment zu früh, um Zeuge des Angriffs zu werden. Zusammen mit einer kleinen Wachmannschaft stürmte er in das Haus.

Sein Degen erledigte zwei der Schergen auf der Flucht sofort. Die anderen entkamen, noch ehe man ihnen nachstellen konnte.

Der Barbier und seine Frau standen noch immer stocksteif in eine Ecke gequetscht. Sie hielten sich vor Entsetzen umklammert.

Taron indes war aus seiner Erstarrung erwacht. Er kämpfte mit dem Draht um seinen Hals.

Remoulado sprang ihm bei und machte ihn los von der Nackenstütze.

Ohne Gegenwehr ließ Taron sich von ihm aus dem Stuhl ziehen. Es war gut, dass der Leibwächter gekommen war.

Bilder der Erinnerung flackerten vor seinem geistigen Auge auf, in denen er Seite an Seite mit Remoulado in einer dunklen Gasse gegen eine Horde Räuber gekämpft hatte.

Noch immer starrte der König mit halbem Auge in sein Spiegelbild.

Was, wie...?, fing Taron dann an zu gestikulieren. Er konnte sich weder erklären, woher die Vermummten plötzlich gekommen waren, noch warum und woher Remoulado zu Wassergrün hier plötzlich auftauchen konnte.

„Was und wie...“, begann Remoulado polternd. „Das könnte ich selbst fragen. Wie in drei Teufels Namen kommst du hierher und was ist gerade passiert? Zum Glück hat Ripenschnieder dich zufällig vom Fenster seines Anwesens aus gesehen. Und die Gesellschaft, die dir wenig später nachgefolgt ist. Die Ripenschneiders wohnen hier direkt nebenan. Aber das weißt du ja.“ Remoulado sprach so geschwind, dass Taron gar nicht so schnell hören konnte, was er sagte. „Schorsch hatte mir schon angekündigt, dass du im Dorf unterwegs bist. Ist dir eigentlich klar, dass heute mein freier Tag ist, Euer Lordschaft? Und ist dir eigentlich klar, was das gelbe Band um deinen Fuß bedeutet?“

Missmutig besah er sich Tarons Hals. Es waren diesmal keine wesentlichen Spuren zurückgeblieben. Die Vermummten hatten ihn nur still halten wollen. Es war nicht ihr Ziel gewesen, den König zu töten.

„Was war das bitte eben, Taron?“

Das, mein Bester, zeigte Taron matt und ließ sich von der Frau des Barbiers ein Glas Wasser reichen. Endlich war sie aus ihrer Erstarrung erwacht und versuchte hilfreich zu sein.

Taron trank einen Schluck und stellte das Glas zur Seite. Er sah zu Boden.

Das war die Aufwartung der Morbidianer.

Remoulado legte den Kopf schief, packte Tarons Kinnbart und zog das Gesicht des Königs zu sich herunter bis auf Augenhöhe. Er drehte Tarons Züge ins Licht und schnappte nach Luft, als er richtig sah, was mit ihm geschehen war.

Der König wischte seine Hand zur Seite und drehte sich weg.

„Was ist mein Dienstherr Euch schuldig?“, fragte Remoulado dann betont dienstlich den Barbier. Er wollte Taron möglichst schnell heraus haben aus diesem Haus.

„Eine Einladung zur Hochzeit, wenns genehm ist“, antwortete der Barbier unsicher. Dann sah er auf die beiden gefällten Gestalten in seinem Haus.

„Man wird das sofort wegräumen“, versicherte Remoulado, baute sich gewichtig vor Taron auf und führte ihn aus dem Haus.

Taron stellte seinen Kragen auf, bevor er aus dem Haus des Barbiers trat, und ließ sein Gesicht tief darin versinken.

2.0, dachte er nur und ließ sich abgeschirmt von Remoulado und der mit ihm herbeigeeilten Garde ins Nebenhaus bringen.

Taron war zu Gast bei den Ripenschneiders. Ihm war noch immer schwindelig von dem getränkten Handtuch, das man so unvermittelt auf sein Gesicht gelegt hatte und ließ sich von Remoulado gestützt die Treppen nach oben führen.

Er konnte jetzt nicht darüber nachdenken, was ganz ohne die Hexe geschehen war.

Bitte!, fing Taron an, als er auf dem Treppenabsatz oben angekommen war und der aufgebrachte Remoulado ihn losgelassen hatte.

Der Leibwächter sah ihn überrascht an.

Bitte verratet mich nicht, Remoulado zu Wassergrün.

Der Oberst sah ihn lange an, dann nickte er und fasste bestätigend an des Königs Oberarm.

„Ich habe die Treue geschworen vor langer Zeit“, ermahnte er seinen Herrn schulmeisterlich. Dann grinste er.

„Aber nicht Grauen schwor ich sie, sondern dir, abtrünniger Freund. Ich werde schweigen darüber wie Grauens Herrscher selbst." Er hob theatralisch seine Schwurfinger. „Von mir sollen sie oben im Schloss nichts erfahren." Er dachte an Vincent. Und er dachte an den General. Er wollte Taron die leise Hoffnung nicht nehmen, vor ihnen ungeschoren davon zu kommen. „Was tust du hier?", fragte er Taron dann streng. „Du bist doch wirklich noch immer für jede Überraschung gut, mein Freund, wie mir scheint. Ich wähnte dich sicher hinter deinem Bollwerk."

Taron sah ihn fragend an.

„Na, dein Schreibtisch, mein Bester."

Ich wollte ..., fing Taron an und senkte den Kopf.

„Ich sehe schon, was du wolltest", lachte Rem und knuffte Taron in die Seite. „Einen ordentlichen Haarschnitt. Zeit war es dazu allemal, mein Lieber. Und nebenbei das Dorf aufmischen. Nun, ich denke, es ist dir gelungen."

Die Salontüren vor ihnen öffneten sich und Ripenschneiders kamen ihnen entgegen. Mathilde und ihre Mutter kamen ihnen beinahe gleichzeitig entgegengerauscht. Sie machten einen tiefen Knicks.

„Welche Ehre!", rief Madame Ripenschneider nur und Mathilde senkte den Blick. Einen Augenblick hatte sie ihn erschrocken angesehen. Wie wenn man überraschend etwas Gruseliges zu Gesicht bekommt, sich aber höflichkeitshalber zusammennimmt. Sie sah zur Seite.

Hinter ihnen kam giemend der Professor herangeschlurft. Schwer auf einen Stock gelehnt und in einem bequemen Hausanzug. Er sah zu Tarons Überraschung nicht so aus, als habe er ihn eben heimgesucht. Er wirkte völlig ruhig und unaufgeregt. Es war lange her, dass Taron ihn zum letzten Mal gesehen hatte. Der Professor war gebeugt, aber nicht gebrochen. Der Mediziner grinste diabolisch.

Taron sah unter seinem Ärmel hervor eine dünne Stoffbinde an seinem Handgelenk blitzen.

Der Professor bemerkte sofort, wohin der Blick des Königs gegangen war.

„Ich habe mich heute morgen im Garten an einer so dornigen Rose gekratzt, das könnt Ihr Euch nicht vorstellen." Er sah Taron diebisch grinsend in die Augen.

„Euer Besuch ist überraschend“, stellte er fest. „Sieht Euch in letzter Zeit gar nicht ähnlich. Doch nun, wo Ihr hier seid, seid unser Gast. Wir haben Euch ausgiebig vermisst und lange auf einen Besuch von Euch gewartet. Wie schön, dass Ihr ganz von selbst Eure Aufwartung macht in diesem bescheidenen Haus.“ Der Professor hustete angestrengt und ließ sich auf eine kleine Sitzbank nieder.

„Wir sind Euch sehr dankbar, dass Ihr uns das Haus so freundlich zur Verfügung gestellt habt, nachdem in Wassergrün…“, fuhr Madame Ripenschneider dazwischen. Sie sprach nicht weiter.

Taron sah indes, wie Mathilde und Remoulado sich ansahen. Sie fassten sich an den Händen.

„Ja“, druckste Remoulado herum. „Mein freier Tag heute eigentlich, nicht wahr?“ Er trat von einem Bein aufs andere. „Wir wollten schon lange mit dir sprechen, aber du schienst nie Zeit zu finden für Weltliches, Herr. Und nachdem du noch immer unschlüssig bist, was dich selbst betrifft… Ich meine, es hat einfach nicht gepasst.“

„So kommt doch herein“, unterbrach Madame Ripenschneider erneut und lud den König ein. „Seid unser Gast. Wir wollten gerade zu Mittag essen. Auf einen geruhsameren Besuch als letztes Mal.“

Mit keinem winzigen Zeichen ließ Taron sich anmerken, was wenige Augenblicke zuvor im Haus des Barbiers geschehen war. Er folgte den Ripenschneiders in das Speisezimmer.

Der Professor schlurfte in seinem Rücken hinter ihm her. Lauernd wie ein Schakal und schwerfällig wie ein Sack Mehl.

Man tischte Krebse zum heutigen Essen auf und kaum dass sich Taron versah, wurde er an den großen Esstisch geschoben und auf einen Platz am Tischende direkt gegenüber Ripenschneider gepflanzt.

Der Blick von Mathilde entspannte sich und wich einem überraschten Rätseln, das Taron sich nicht so recht erklären konnte. Er sah, wie sie Remoulado neben sich in die Seite stieß.

Er wusste nicht, was es zu bedeuten hatte. Er sah hinab auf das Gedeck, das man in aller Eile für ihn auftrug. Sein Gesicht spiegelte sich in dem glänzend silbernen Platzteller. Er sah aus wie immer. Nur besser rasiert und kein bisschen durchsichtig.

Als niemand etwas sagte, war es schließlich Ripenschneider, der die Stille am Tisch zu durchbrechen wusste. Er schlurfte zu einer Anrichte und schenkte Taron einen Willkommenstrunk ein.

„Ihr seid blass, mein König“, begann er dann und reichte ihm ein schmales Glas auf einem hohen Stiel. „Ihr seht aus, als bräuchtet Ihr etwas Starkes.“ Sein haifischartiges Lächeln hatte einen ganz ungewohnten Zug von Freundlichkeit.

Taron nahm das Glas entgegen und starrte hinein. Eine blutrote Flüssigkeit waberte darin.

„Keine Sorge, mein König“, beschwichtigte Ripenschneider, als Taron das Glas angewidert zur Seite stellen wollte. „Ihr braucht nicht mehr das, was ihr in dem Glas vermutet. Es ist nur der Extrakt aus Roter Bete für Eure Gesundheit. Aufgegossen mit einem kräftigen Schuss Klarem. Zum Wohl.“

Er erhob sein Glas und Taron tat es ihm zweifelnd gleich, bevor er das Getränk in einem Zug seine Kehle hinunterspülte.

Er sah Mathilde und Remoulado miteinander tuscheln. Keiner von beiden traute sich etwas zu sagen, aber Taron ahnte, warum man mit ihm zu reden hatte. Er würde es erwarten.

Doch zunächst wurde das Essen aufgetragen. Eine riesige Terrine mit Krebsen wurde aufgefahren. Butter und Brot, ein paar Kräuter. Sonst nichts. Der Geschmack der Ripenschneiders war exklusiv bescheiden.

Erst jetzt bemerkte Taron, wie hungrig er war, und er bedankte sich freundlich, als ihm an diesem Tisch als erstem aufgetan wurde. Eine große Serviette wurde ihm gereicht und zurückhaltender als er jemals gewesen war, begann er zu essen.

Die anderen bemühten sich sehr, ihn nicht anzustarren, und Madame Ripenschneider sorgte für ein unverfängliches Tischgespräch.

Geräuschvoll zerlegte Ripenschneider die Krebse und schaufelte mit gutem Appetit in sich hinein. Ebenso handhabte es Remoulado, der sich in dieser Gesellschaft so wenig fremd zu fühlen schien.

Taron aß zögerlich. Obwohl er kerzengerade saß, hielt er den Kopf leicht gesenkt und sah unsicher in die Runde. Wie viel hatte er versäumt eingepfercht in seinem Arbeitszimmer.

„Und um allen Euren Fragen vorwegzugreifen: Es war reines Blendwerk, Verehrter", schmatzte der Professor durch einen halb zerkauten Krebsschwanz hindurch und seine schmalzigen Lippen glänzten. „Weiter nichts und ziemlich flüchtig", sagte er verächtlich und warf die Krebsschale in seiner Hand in eine bereitgestellte Schale. „Geradezu... billig", schnaubte er. „Das hab ich gleich gesehen, als Ihr in unsere Halle kamt. Und schwupps...", sagte er und schwungvoll beförderte er erneut eine geleerte Krebsschale in die Resteschüssel. „Schwupps ist es auch schon wieder vorbei."

Taron sah auf und legte die winzige Krebsgabel in seiner Hand zur Seite.

„Kommt schon", grinste Ripenschneider und zeigte mit seinen essensbeschmutzten Fingern auf Tarons Gestalt.

„So ein niveauloses Auftreten ist bei Weitem nicht meine Kragenweite, mein Bester." Er tat künstlich echauffiert, als er Tarons skeptischen Blick bemerkte.

Der König sah verblüfft in die Runde. Dann blickte er Ripenschneider an. Er konnte es nicht glauben, wie unverblümt der Professor über sein Morbidianertum zu sprechen pflegte.

„Man hat in dieser Familie keine Geheimnisse", erklärte der Professor und brach einem weiteren knallrot gekochten Krebstier den Rückenpanzer.

„Es war ein wenig professioneller Versuch, Euch beinahe zu Tode zu erschrecken und uns ehrenwerte Morbidianer in Verruf zu bringen. Weiter nichts." Der Professor schnaubte und rupfte abfällig ein Stück von seinem Brot. „Nun. Es ist ihnen ja sichtlich gelungen."

Mit einer ungeduldigen Handbewegung wedelte er in Tarons Richtung.

„Esst, mein Guter", drängte er ihn. „Esst Euch bitte noch einmal richtig satt."

Dann wandte er sich seinem Teller zu und ein Krebstier nach dem anderen verschwand in seinem Schlund.

„Es war sehr mutig, zu uns zu kommen", schmatzte Ripenschneider nach einer Weile. Er biss beherzt in eine gebutterte Brotscheibe, als ob heute noch nichts geschehen wäre.

„Und es ist gut, dass ich diesen jungen tapferen Herrn zu Wassergrün geschickt habe, um nach Euch zu sehen. Hätte dumm ausgehen können in der Tat. Ein Wort von mir und er hat hier für Euch alles stehen und liegen lassen." Er grinste bestätigend in die Runde.

Taron antwortete nur mit ein paar brechenden Krebsschalen und einem knirschenden Geräusch. Niemand sagte mehr etwas und schweigend wurde das Essen zu Ende gebracht.

Als Taron seine Finger in einer bereitgestellten Wasserschale gereinigt hatte, fand er endlich wieder ein paar Worte. Er gab es nicht zu, aber jetzt in Ruhe und vorerst in Sicherheit bebte er innerlich über das, was ihm kurz zuvor bei dem Barbier geschehen war.

Euer Haus in Wassergrün ist so gut wie bezugsfertig, lenkte er ab und sah die Ripenschneiders an. *Verzeiht, dass darin so ein Schlachtfeld entstanden ist.*

Remoulado legte einen Krebs zur Seite und übersetzte für die Runde Tarons Gesten.

Ein erstauntes Grinsen flog über Ripenschneiders Gesicht. So kleinlaut kannte er den König bisher gar nicht.

„Nun", sagte er dann. „So ist das bei einer echten Schlacht, fürchte ich. Das war bei dem Gesindel in meinem Haus ja nicht zu vermeiden, oder?"

„Ja", bestätigte Madame Ripenschneider und jeder dachte mit Schaudern an den Ausgang des großen ripenschneiderschen Diners in Wassergrün. „Das war es nicht. Und schließlich zählt es ja, dass wir alle heute noch leben. Gott schütze den König." Sie legte den Arm liebevoll auf den ihres Mannes neben sich.

„Gott schütze den König", echote die Runde und erhob die Gläser auf Taron.

Der König erwiderte den Gruß, auch wenn alles an dieser Tafel merkwürdig erschien und unwirklich.

„Bitte!", sagte Mathilde schließlich. Auch sie schien langsam ihre Scheu verloren zu haben und fand die Sprache wieder. „Rem... also Herr zu Wassergrün sagt, Ihr spielt sehr gut Klavier. Dürfen wir Euch bitten, nach dem Essen ein Stück für uns zu spielen? Ich höre es so gern."

Taron nickte lächelnd. Das sollte er schaffen. Auch wenn er lange nicht mehr geübt hatte. Zumindest, wenn seine Hände bis dahin endlich wieder aufgehört hatten zu zittern.

„Doch zuerst kommt er mit mir", polterte Ripenschneider. „Ich will ihn mir ansehen. Ich bin der oberste Kopf der Graue-ner Medizin. Gewährt mir dieses Vorrecht, mein Herr, zu Eurem eigenen Wohlergehen." Väterlich blickte Ripenschneider ihn an.

Das Lächeln des Königs erstarb. Lange sah er dem Professor darauf in die Augen und zeigte abschließend auf Remoulado.

„Ja, natürlich, Hoheit", antwortete Ripenschneider. „Nicht ohne Leibwächter". Er lachte. „Ich kann das nur zu gut verstehen."

Fast flehentlich blickte Taron hinüber zu Remoulado.

Mathilde ließ seine Hand gerade los.

Der Leibwächter nickte ohne zu überlegen.

„Sicher, Hoheit. Trotz meinem dienstfreien Tag", betonte er noch einmal. „Wisst Ihr..." witzelte er in die Runde. „Diese Ruhetage seit einiger Zeit. Eigentlich bedeutet das, er will mich nicht sehen. Aber sei es drum. Ich bin hier, wenn ich gebraucht werde."

„Wir sollten uns dennoch beeilen, meine Herren." Ripenschneider legte entschlossen die Serviette zur Seite und wusch sich die Hände. „Folgt mir, denn ich denke, sie werden bald hier sein. Und lasst uns die Gelegenheit nutzen, in meinem Büro ein paar klärende Worte miteinander zu wechseln."

Man wusste genau, wen der Professor gemeint hatte und wer alsbald vor der Haustür der Ripenschneiders erscheinen würde, um Taron zurückzuholen. Die kleine Abordnung, mit der Remoulado zuvor bei dem Barbier zu Hilfe eilte, war als Garde bei den Ripenschneiders stetig vor dem Haus postiert. Man hatte Meldung gemacht.

Ripenschneider erhob sich vom Tisch und führte Taron durch das Haus in sein Arbeitszimmer. Remoulado verabschiedete sich von Mathilde mit einem innigen Handkuss und folgte ihnen augenblicklich nach.

Taron ließ sich von dem Professor leicht beklommen in sein verschrobenes Medizinerreich lotsen. Er dachte daran, wie eine Gelegenheit wie diese das letzte Mal geendet hatte.

Vor der Tür blieb Taron stehen, doch Remoulado nickte ihm aufmunternd zu. Der König konnte seine Zweifel trotz Remoulados Begleitung nicht ganz zur Seite schieben, aber er folgte Ripenschneider in sein Reich.

Nur so wenige Wochen hatte es gedauert seit die Ripenschneiders eingezogen waren, und das Zimmer hatte sich in einen Ripenschneider´schen Moloch verwandelt. Ganz wie seine Wirkungsstätte in Wassergrün. Es war düster und der Raum war abgedunkelt. Überall standen merkwürdige Apparaturen, Reagenzgläser, ausgestopftes Getier und eingelegte Exponate in Gläsern. Der Schreibtisch des Professors quoll über von Papier, ganz ähnlich seinem. Alles hatte säuberlich seinen Platz, aber das Zimmer glich einem morbiden Füllhorn, das auseinanderbarst.

Der Professor zog die schweren Vorhänge vor den Fenstern zur Seite und brachte Licht in diese einschüchternde Umgebung. Ohne Umschweife gebot er dem König, sich auf dem roten Diwan am Fenster niederzulassen, der statt einem plumpen Untersuchungsmöbel behelfsweise in dem Zimmer stand.

„Bitte“, sagte der Professor, als Taron einen Moment stockte, sich darauf zu legen. „Wir haben nicht viel Zeit. Ihr wisst das, König.“

Remoulado sah die beiden erschrocken an.

„Euer Mut und Eure Konsequenz dabei ist beachtlich“, sagte der Professor an Tarons Gesicht vorbei scheinbar aus dem Zusammenhang gerissen und angelte in einer Schublade nach ein paar Instrumenten.

Taron ließ den Kopf zurück auf die Lehne des Diwans sinken und den Mediziner seine Arbeit tun. Er sah dabei aus dem Augenwinkel, dass Remoulado genauestens darauf achtete, dass der Professor nicht eine falsche Bewegung machte, während er mit dem König unter seinen Händen zu Gange war. Das beruhigte ihn. Gleich, wie vertraut Remoulado mit dem Hause Ripenschneider nun war. Der Leibwächter hatte seine Aufgabe ihm gegenüber nicht vergessen.

Der Professor besah sich zunächst Tarons Gesicht. Er sah ihm in die Augen und kritzelte neben sich auf Papier.

„Die beiden wollen heiraten“, fing er dann unvermittelt an und knuffte Remoulado neben sich in die Seite. Das war also der eigentliche Grund, warum der Professor ihn hierher gebeten hatte. „Also, meinen Segen haben sie längst. Was für eine gute Partie und mit direktem Draht in das Königshaus“, lachte der Professor.

Remoulado entwich ein überraschter Laut.

„Ach, papperlapapp. Mein Bester!“, rief er den Leibwächter zur Ruhe, während er mit verschiedenen Instrumenten gefährlich eindringlich an dem König herumbohrte. Er sah in seinen Hals und besah sich seine Haut. Dann hatte er dem König ein winziges Stückchen seiner Hülle aus dem Nacken getrennt, legte es behutsam auf einen Glasträger und schlurfte zu dem Mikroskop auf seinem Schreibtisch.

„Irgendjemand musste es ihm ja sagen.“ Dann wandte er sich wieder Taron zu. „Sie hätten sich von selbst nie getraut, Euch das anzutragen“, setzte er unbeeindruckt fort. „Umso trefflicher heute Euer Besuch. Es war nicht mehr mit anzusehen.“ Mit einer Hand reichte er Taron ein kleines mit Alkohol getränktes Stück Gaze, um die kleine Wunde zu versorgen.

„Ihr dürft Euch wieder aufsetzen“, gebot er dem König dann und starrte konzentriert in sein Vergrößerungsgerät.

Der König richtete sich auf, tupfte seinen Nacken ab und strich sich eine Strähne hinters Ohr.

Erstarrt blickte Remoulado ihn an. Dann lächelte er verschüchtert.

Was sollte ich dagegen haben, du dummer Tölpel von einem Leibwächter?, begann Taron schließlich und hielt den Blick gebannt auf Ripenschneider gerichtet, der gerade am Mikroskop nach Luft schnappte und wild seine Notizen krakelte.

„Dann ist es also wahr!", rief der Professor wie zu sich selbst und nahm die Augen von dem Mikroskop. Er blickte Taron zweifelnd an. „Dann ist es also wahr", wiederholte er und musterte ihn durchdringend.

Der König richtete sich auf seinem Platz so gerade wie möglich auf und verschränkte die Arme.

Der Professor kicherte.

„Ihr habt den Fluch überwunden", sprach er überflüssigerweise aus. „Genau wie Remoulado es erzählt hat."

Taron zog spöttisch eine Augenbraue nach oben. Gab es auch etwas Neues, das ihm der Professor nach seiner ausführlichen Untersuchung erzählen konnte?

„Das kann nur eines bedeuten", rief Ripenschneider, kam zu Remoulado heran und packte ihn am Arm.

„Weißt du was das bedeutet?" Er schüttelte seinen Schwiegersohn in spe.

Remoulado sah verdattert zwischen den beiden hin und her.

„Der Fluch, mein Lieber", sagte er und seine Stimme wurde ein knisterndes Flüstern. „Mon dieu! Er hält ein Leben lang..."

Er sah den Leibwächter an und ließ seine Worte wirken. Dann wandte er sich wieder an Taron.

„Wie auch immer Ihr es bewerkstelligt habt", tadelte er dann und neigte den König zurück auf die Lehne der Liege.

„Aber so seid Ihr nackt und verletzlich. Wie ein Krebslein ohne Schale. Ihr solltet das dringend überdenken!"

Remoulado eilte herbei und fuhr dazwischen.

Ripenschneider stand schnaufend auf, pflanzte sich hinter seinen Schreibtisch und erhob abschätzig den Kopf.

„Der Schatten über Euren Zügen vorhin im Foyer", fing er an. „Das war reine Makulatur. Nichts davon ist Euch zurückgeblieben. Ein mäßiger Trick und flüchtig wie ein Windhauch von ein paar billigen Stümpern."

Aufgeregt kam der Leibwächter heran und drehte Tarons Gesicht ungläubig ins Licht. Der Professor hatte recht. Nichts war dort zu sehen, außer des Königs vortrefflich renovierte Vorderansicht. Er war erleichtert.

„Lasst mich bei solcherlei Pfusch getrost aus dem Spiel", fing Ripenschneider dann erneut an. „Und Eure Stimme…", ergänzte er, ohne auf Remoulado zu achten. Er sah tadelnd auf den König und klopfte mit den Fingerknöcheln an den Türrahmen. „Damit habe ich ebenfalls nichts mehr zu schaffen. Jemand anders hat hier aus welchem Grund auch immer noch einmal nachgeholfen."

Taron antwortete nicht und erhob sich. Ripenschneider entging tatsächlich nicht viel. Er sah zur Seite und vermied den forschenden Blick des Professors.

„Wassergrün", fuhr der Professor unbeeindruckt fort. „Man hat Euch lange gewarnt. Blind seid Ihr scheinbar, König. Und taub. Nicht nur stumm." Ripenschneider fasste ihn noch einmal am Arm, als er an ihm vorbei aus dem Arbeitsraum trat.

„Mich hat diese Stadt beinahe vernichtet. Ihr wart dabei. Ich werde in Wassergrün keine ruhige Minute mehr finden, König", sagte er dann leise und sah den König flehentlich an. „Nun. Ich schätze, es hat niemand damit gerechnet, dass ich überlebe. Umso dankbarer bin ich Euch für dieses Haus, für die Hilfe durch Euren Heiler und für die Garde vor den Toren. Obwohl ich diese Gnade mit nichts verdient habe." Er neigte den Kopf. „Aber auch ich war nur ein Werkzeug. Bitte. Lasst mich und meine Familie hier bleiben. In Eurer Nähe und für meine Tochter."

Taron zog sich sanft aus Ripenschneiders Griff und nickte. Welch überraschende Worte aus des Professors Mund.

„Macht Euch Eure eigenen Gedanken zu all dem", flüsterte der Professor nun in die Stille des Korridors vor ihnen hinein.

„Reichlich Gelegenheit werdet Ihr bald dazu haben“, zischte er kryptisch.

„Vielleicht soll es sogar eine Doppelhochzeit geben, Durchlaucht?“, lächelte der Professor dann unvermittelt und lenkte ab. Er drückte ihm dabei die Hand.

Taron erwiderte.

„Ich bin ich sehr erfreut, dass Ihr den Weg hierher gefunden habt“, sagte der Professor abschließend und schob Remoulado an sich vorbei Richtung Treppe. „Ich hätte es nicht gewagt, bei Euch vorzusprechen. Aber jetzt geht, bitte ich Euch!“, sagte er dann schneidend. „Geht, solange Ihr es noch aus eigenen Stücken könnt. Als freier Mann.“

Remoulado verstand von all dem, was geredet wurde, nur allzu wenig. Dennoch standen ihm die Haare zu Berge. Was hatte er alles nicht mitbekommen? Was verschwieg Taron über seinen Besuch im Moor und was stand ihnen jetzt vielleicht wieder bevor? Ripenschneider hatte Recht. Taron sollte schnellstens gehen. Ihm fiel plötzlich wieder ein, was er über die Sicherheit des Königs mit Vincent, Konrad und Ibô vor Kurzem besprochen hatte.

Taron wich seinen Blicken aus und ging ohne Umschweife zurück in den Salon.

Remoulado wusste, es würde keinen Sinn haben, den König jetzt zum Aufbruch zu drängen. Er folgte ihm zögerlich in den Raum, in dem Madame Ripenschneider und Mathilde nichtsahnend auf ihre Rückkehr bereits gewartet hatten.

Der König gab beiden einen formgewandten Handkuss, ließ seine Finger knacken und setzte sich an das Klavier. Er wollte ihnen einen Dank für ihre Gastfreundschaft nicht schuldig bleiben an diesem Tag. Ein persönliches Abschiedsgeschenk. Für wie lange wusste niemand.

Seine Hände lagen ein paar Augenblicke ruhig auf der Klaviatur und der König befühlte die kühlen beinernen Tasten unter seinen Fingern. Er besann sich kurz darauf, was er spielen wollte. Er spielte ohne Noten. Eine Sonate. Majestätisch und heiter erklang die Musik durch das Haus. Er spielte so lange, bis die Palastwache eingetroffen war.

Doch es war zu aller Entsetzen nicht allein die Palastwache, die kam, um den König zurückzuholen. Es war eine Abordnung aus Wassergrün. Bewaffnet, gerüstet und mit getünchten Gesichtern rissen sie die Tür zum Salon des Hauses auf.

Ihr Gleichschritt in den schweren Stiefeln ließ die Gläser in der Vitrine klirren, als sie in den Salon stürmten.

Vincent und Ibô waren mit ihnen gekommen. Sie standen im Hintergrund und waren finster dreinblickend in Uniformen verschalt.

Selbst Taron, der mit reichlich Ärger durch seinen unerlaubten Weggang bereits gerechnet hatte, erschrak. Sein Spiel erstarb und er trat der Mannschaft hoch erhobenen Hauptes entgegen. Er war zu weit gegangen. Er wusste es genau.

Ohne Umschweife bekam der König vom Hauptmann der Garde einen brillant gezielten Schlag in die Seite. Er ging zu Boden und nur mit Mühe konnte er sich wieder aufrappeln. Ein zweiter und dritter Hieb folgten ohne Rücksichtnahme. Weder auf den König, noch auf einen der entsetzten Umstehenden.

„Taron Anatol Ikárov!“, dröhnte der gesichtslose Anführer, der bemalt in Grauens Farben den Stock gegen den König erhoben hatte.

Remoulado warf sich schreiend vor den König.

„Ihr werdet ihn nicht schlagen!“, blaffte er das Kommando vor sich an und baute sich schützend vor Taron auf, der es noch nicht geschafft hatte, sich wieder nach oben zu kämpfen.

Remoulado sah ein sachtes Kopfschütteln von Vincent und dem General. Ungläubig starrte er sie an.

Die Ripenschneiders waren alle zusammen, einschließlich des sonst so abgebrühten Professors und starr vor Schreck, vor der Abordnung in die Knie gegangen. Man verbeugte sich tief.

Vincent zog Remoulado zur Seite. Er und der General hielten ihn zwischen sich. Schon prasselten die nächsten Schläge auf den König nieder.

Schonungslos, aber wie Remoulado sehen konnte so genau platziert, dass sie den König nicht ernsthaft verletzen konnten. Dennoch betrachtete er das Schauspiel mit Bestürzung. Wie rau waren Grauens Sitten.

Vincent und der General hatten ihn davor gewarnt, falls Taron es noch einmal wagen sollte, gegen die Etikette und das gelbe Band an seinem Fuß zu verstoßen, auszubrechen und das Schloss ungesichert zu verlassen.

Hinter der Mannschaft trat Anatol zu Wassergrün schließlich höchgstpersönlich hervor. Auch er hatte sich in eine Uniform verschalt und sah streng auf seinen Neffen hinab.

„Verweis, strenger Verweis, eine enorme Geldbuße aus Eurem persönlichen Budget, Ausgangsbeschränkung und sogar ein Arrest wurde an Euch in den letzten Jahren bereits exerziert“, donnerte er. „Was braucht Ihr noch?“

Er gebot dem Soldaten Einhalt, als dieser erneut auf den König einschlagen wollte.

„Wir kamen zu Euch hierher, weil es Probleme gibt in Wassergrün. Wir fürchteten um Eure Sicherheit. Mein Sohn ist fort und es gibt Gerüchte, dass Gumpert von Schwarzeck sich gegen seine Schwester erhoben hat. Und wir finden Euch nicht vor. Nur ein neuerliches Gemetzel im Arbeitsraum eines Dorfbarbiers und Ihr sitzt hier seelenruhig und spielt Klavier. Verzeiht, aber das kennt kein Pardon.“

Taron hatte sich mühsam auf die Knie gerappelt und erhob seine Hände. Er wollte etwas dazu sagen.

„Alles habt Ihr verwirkt, König!“, schrie nun Anatol und schlug Taron mit der flachen Hand ins Gesicht. „Und unsere Geduld am allermeisten.“

Wortlos und über die Maßen erschrocken wischte sich Taron eine dünne Blutspur aus dem Mundwinkel. Erneut wollte er die Hände erheben.

„Nehmt ihm seine verdammten Hände weg!", rief sein Onkel. „Es gibt nichts mehr zu sagen. Noch nicht einmal mit den Händen."

Und schon waren zwei Soldaten zur Stelle. Sie nahmen Taron die Jacke ab, drehten ihm die Arme nach hinten und banden ihm wenig zimperlich die Hände auf den Rücken. Ein schmerzlicher Laut stahl sich aus des Königs Kehle.

Ripenschneider fuhr herum. Er hatte es vernommen. Niemand anders schien darauf geachtet zu haben.

„Aber wie könnt Ihr!", schrie Remoulado und wollte voller Zorn erneut seinem König zur Hilfe eilen. Vincent und Ibô sahen ihn bedauernd an.

„Niemand, wie es hier scheint...", tönte Tarons Onkel weiter. „Niemand außer unserem König vielleicht, hat die Militärordnung bis zum Ende gelesen."

Remoulado starrte Anatol hasserfüllt an. Tarons Onkel war ihm bereits in Wassergrün nicht besonders sympatisch gewesen, aber das hier schlug dem Fass den Boden aus.

„Grauen verbietet solch einen Widerstand", schrie Anatol nun. Seine Stimme wurde immer lauter. „Hat Edolf Euch das nicht gelehrt, als es an der Zeit war?" Er hatte sich wieder an seinen Neffen gewendet.

Taron zuckte unter seinen Worten zusammen. Er wand sich zwischen den Soldaten.

„Und noch nie hat es in Grauens Geschichte eine solche Maßnahme gegeben. Denn es blieb noch nie ein Herrscher so lange auf diesem Thron, ohne umgebracht zu werden. Oder spurlos zu verschwinden, wie mein werter Bruder Viktor. Und es war noch keiner zuvor so derart stur. Und genau deshalb...", fuhr Anatol fort und trat ganz nah an Taron heran.

„Ihr wisst, was Ihr heraufbeschworen habt. Euer Schloss ohne Euch vorzufinden hat uns eine Entscheidung aufgezwungen, die nun nicht mehr rückgängig zu machen ist." Seine Stimme zitterte leicht, als müsste er sich überwinden, den Ablauf dieser Sache weiter voranzutreiben. Er hatte vor Taron trotz allem gehörigen Respekt.

„Nun antwortet, König", schrie er dann unvermindert seinen Neffen an. Er hatte sich kurz besonnen, um neue Kraft zu sammeln.

„Ihr wisst, es gibt nur zwei mögliche Antworten jetzt für Euch. Nehmt Ihr es hin? Oder zieht Ihr es vor abzudanken, und in die Verbannung zu gehen?“

Die Ripenschneiders hielten den Atem an. Sie konnten nicht glauben, bei welchem Vorgang sie gerade Zeuge werden mussten.

„Verzeiht“, lächelte Anatol auf sie herab. „Erneut solch ein Aufruhr in Eurem Haus. Auch wenn es nicht Euer Haus ist, in dem Ihr Euch so vornehm eingenistet habt!“, stichelte er überflüssigerweise. „Aber lest in den Statuten, dass neutrale Augenzeugen für diesen Ablauf unabdingbar sind. Welch vortrefflicher Zufall also.“

Ripenschneider grinste aufgesetzt und trat neben den niedergezwungenen König. Der gewohnte Zynismus schien auch ihm nicht so leicht von den Lippen zu gehen wie sonst. Dennoch wagte er es. Seine Augen funkelten bösartig.

„Das hättet Ihr wohl gern, werter Dekan? Eine Abdankung?“, wagte er an des Königs Stelle zu sprechen.

Anatol fuhr herum und zeigte drohend auf den Professor.

„Grauen verzeiht nicht“, wetterte Tarons Onkel weiter und wandte sich ab. Er gab den Soldaten Befehl, Taron noch fester zu binden.

Der König ächzte.

„Nun?“, herrschte er Taron an und hob sein Gesicht. „Steht eine Abdankung im Raum?“

Ein trotzig finsteres Kopfschütteln kam als Antwort. Der König senkte den Kopf tief in seinen Kragen.

„Das lobe ich mir!“, polterte Anatol nun weiter. „Da seht Ihr es!“, lachte er und wandte sich spöttisch an Ripenschneider. „Edolf hat doch nicht alles verdorben mit seiner Erziehung. Und ich habe es auch nicht anders erwartet.“ Er schien zufrieden. Ein wenig versöhnlicher wurden nun seine Worte, die er an Taron richtete.

„Nichts hat Euch bisher zu brechen gewusst. Also, sicher auch nicht dies. Und vielleicht lenkt Euch der Arrest in eine verträglichere Richtung und bändigt Euren allzu eigenwilligen Sinn.

Ich werde Euch beizeiten danach fragen. Ihr habt uns keine Wahl gelassen. Ihr wagtet es, Grauen die angemessene Treue zu verweigern. Und Ihr versagt Grauen noch immer eine Vermählung und damit einen sicheren Thron“, keifte Anatol weiter. „Ich verstehe es als Beugehaft. Jahrelang ertrug man Eure Eskapaden, Neffe. Damit ist nun Schluss!“

„Nun“, sagte er abfällig und ließ ab von ihm. „Wir werden sehen, ob Ihr geläutert werdet.“

Er gab ein Zeichen und Taron wurde auf die Füße gestellt.

Anatol sah sich um.

„Auf nach Wassergrün mit ihm“, rief er seinen Leuten zu.

Man sah jäh die Angst in den Augen des Königs aufflackern und er sträubte sich gegen die Soldaten, die ihn festhielten.

„Nein!“, schrien nun Vincent, Ibô und Remoulado gleichzeitig.

„Er bleibt hier!“ Man baute sich um den König auf. Die drei waren zu Tode entschlossen. Sie zogen die Waffen.

Und schließlich gab Anatol klein bei.

„Einundzwanzig Tage!“, knirschte er nur und packte Taron am Kragen. „Kein Tag kürzer und über die Feiertage. Keinerlei Schonung, versteht Ihr?“ Er drückte Vincent einen detaillierten Beschluss in die Hände und ließ endlich ab von seinem Neffen.

Er sah Vincent durchdringend an.

„Seid Ihr in der Lage, Verwalter, seine Geschäfte aufs Erste zu vertreten?“

Vincent ließ die Waffe sinken und legte militärisch die Hand an die Stirn.

Die Truppe salutierte und nahm Taron mit sich. Eine Kutsche hatte vor dem Anwesen der Ripenschneiders bereits gewartet, ihn fort zu bringen.

„Man möchte ausführlich Bericht in Wassergrün“, schmetterte Anatol zuletzt. „Habt Ihr einen geeigneten Ort für den König? Wo er in aller Ruhe in sich gehen kann?“

Vincent nickte. Das hatte man wohl. Und er hätte ihm das nur allzu gern erspart.

Taron wurde nach draußen gebracht.

Remoulado verabschiedete sich in aller Eile von Mathilde und folgte ihnen nach, während Anatol und die Seinen den Weg zurück nach Wassergrün antraten. Was war das für ein erneuter Paukenschlag im Hause Ripenschneider. Es wurde für sie alle keine leichte Zeit.

Man befolgte akribisch die Befehle und Sigur schickte täglich seine Berichte nach Wassergrün. Im Schloss legte sich eine beklemmende Stille über jeden der Bewohner. Man hatte den König außerhalb des Hauptgebäudes in die Räume der Wache bringen lassen.

Zurück im Schloss hatte Remoulado umgehend Protest angemeldet und sich das niedergeschriebene Verfahren Punkt für Punkt von Ibô in den Militätschriften zeigen lassen. In der Ordnung stand jener Arrest, den Taron so tolldreist heraufbeschworen hatte.

Der Leibwächter war verzweifelt. Nichts konnte er dagegen tun und Taron hatte sich abführen lassen, als ginge er zu einer Ordensverleihung. Trotz der Hiebe, die er kassiert hatte, mit hoch erhobenem Kopf und in größtmöglicher Würde.

Ein Aufschrei des Protestes ging auch durch das Schloss. Ellis weinte und heulte, Nolda jammerte und die gesamten Mauern stimmten ein dunkles Klagelied an.

Den Kindern hatte man nichts gesagt. Man erzählte ihnen, ihr Vater musste unerwartet auf Reisen. Man hielt es für das Beste für alle Beteiligten.

Alle Besuche im Schloss wurden storniert, alle Versammlungen und Audienzen wurden abgesagt. Einundzwanzig Tage konnten so lange sein, wenn man darauf wartete, dass etwas so Unsägliches vorbeiging.

Nach ein paar Tagen schien im Schloss die Zeit förmlich still zu stehen. Diesmal gab es keine Milde gegen den König und jeder wusste, er hatte sich das höchstselbst eingebrockt. Einschließlich der König selbst. Man hatte nicht im Traum daran gedacht, dass er Wassergrün so sehr herausfordern könnte. Alle Bitten und heimlichen Petitionen aus dem Schloss blieben erfolglos.

Entgegen der Order und obwohl nicht vorgesehen, hatte Remoulado am ersten Abend nach Tarons Festsetzung darauf bestanden, als Leibwächter nach ihm zu sehen und ihm wenigstens etwas zu trinken zu bringen. Ibô hatte es nicht ausgeschlagen und selbst der Gardeoffizier aus Wassergrün hatte weggesehen.

Ängstlich war Remoulado in das Wachhaus gegangen. Er hatte Taron in einer Zelle vorgefunden. Der König lag in schweren Ketten. Es dauerte lang, bis er sich hochmühte und sich klirrend zu Remoulado heran bewegte. Die Hände des Königs lagen noch immer auf dem Rücken. Müde und zerzaust hatte sich Taron schließlich an die kalten Stäbe des Gitters in der geöffneten Luke der Türaussparung gelehnt. Sein Lächeln im dünnen Licht von Remoulados Lampe war geplagt.

Mit einem Protestschrei war der Leibwächter danach zur Wache gestürmt und hatte sich so echauffiert, dass man ihn mit mehreren Mann Verstärkung aus dem Gardequartier entfernen musste.

Taron hörte das Brüllen des Leibwächters noch in seinem Verlies.

„Keine Sorge“, hatte Ibô ihm an dem Offizier aus Wassergrün vorbei zugeraunt. „Ich achte gut darauf und wir sehen alle Stunde nach ihm. Hier könnt Ihr nichts tun.“

Remoulado hatte also nun mehr freie Zeit, als ihm lieb war. Er war freigestellt und er erhielt die nächsten Tage keinen Zutritt mehr zu dem König. Wenn er es im Schloss nicht mehr aushielt, war er zu Gast bei den Ripenschneiders und Mathilde hatte alle Mühe, ihn aufzumuntern. Es gelang ihr kaum und über dem Segen des Königs zu ihrer Verlobung lag ein dunkler Schatten. Heimlich verließ ein Brief an Mia die Grauener Burg.

Der König stand streng unter Ibôs persönlicher Obhut. Niemanden aus dem Schloss ließ er zu dem Herrscher. Nur wenn er schlief, sorgte ein Gardeoffizier aus Wassergrün an seiner statt streng für die korrekten Abläufe.

So träumte es der arme Leibwächter. Bis zum Bersten vollgegessen mit Krebsen und unruhig nach den Geschehnissen des letzten Tages. Schweißübertrömt erwachte er schließlich in seiner Kammer.

Schorsch saß nachdenklich über ihm auf dem Kopfteil des Bettes und hatte ihn beobachtet.

Remoulado riss die Augen auf und keuchte schwer. Er versuchte sich zu besinnen, wo er war. Am Vortag waren sie alle zusammen hierher zurückgekehrt.

Vincent hatte übellaunig seine Garde ausgeschickt und tatsächlich hatte Ibô sie angeführt.

„Wo bleibst du nur?“, fragte Schorsch nun ungeduldig. „Du hast verschlafen, du alter Klotz. Hör nun endlich auf mit dem schlechten Geträume. Sie sind längst beim Frühstück. Dein freier Tag ist vorbei.“

Remoulado rappelte sich auf. Hektisch sprang er in seine Uniform und beeilte sich in die Küche zu kommen. Die Traumbilder konnte er nur schwer von sich schütteln.

Ungewöhnlich gut gelaunt empfing ihn Taron dagegen an diesem Morgen. Umringt von seinen Lieben beim Frühstück und völlig unversehrt. Er strahlte ihn an.

Remoulado murmelte eine Entschuldigung, stopfte sich erschrocken den Zipfel seines Hemdes in die Hose und setzte sich.

Das gab es noch nie, zeigte Taron, nachdem er sein Besteck aus der Hand gelegt hatte und lachte amüsiert. Der Leibwächter hatte noch nie zuvor verschlafen.

Remoulado zuckte unter diesen Worten zusammen, die er in seinem Traum in einem ganz anderen Zusammenhang gehört hatte.

„Was ist denn, Onkel Rem?“, fragte Shelly quäkend und schob ihm den Brotkorb über den Tisch.

Remoulado griff seufzend zu und fuhr sich durch die abstehenden Haare.

Ja, was ist denn Onkel Rem?, alberte nun Taron und sah ihn dann über den Rand seiner Kaffeetasse hinweg belustigt an.

Remoulado grunzte. Er hatte keine Lust zu antworten. Er hatte zu tun mit den letzten Traumfetzen in seinem Kopf. Dennoch stutzte Remoulado. Schon lange nicht mehr, eigentlich seit Tarons Rückkehr, hatte der König ihn so aufmerksam angesehen. Und ganz selten nur direkt angesprochen.

Du siehst aus, als hättest Du ein Gespenst gesehen, deutete Taron und sah sich zweifelnd im Raum um. Er hatte bisher noch niemandem von seiner Begegnung mit Edolf erzählt. Er duckte sich leicht, als könne sein verblichener Onkel seine Gedanken erraten.

Dann wandte er sich dem kleinen Konrad zu, der in seinem Übermut gerade eine Rosine aus seinem Gebäck nach ihm geschnipst hatte.

Die Katze angelte mit ihrer Pfote unter dem Tisch hervor in der Hoffnung, etwas abzubekommen.

Unschuldig kichernd rührte Konrad in seinem Kakao und zwickte Shelly neben sich ins Bein. Sie quietschte. Auf der Eckbank entstand eine kleine Rangelei.

Mahnend hob Taron einen Augenblick den Finger. Dann lachte er, und wenn nicht Remoulado mit seinem miesepetrigen Gesicht dagegen gewesen wäre, hätte der gesamte Tisch mit eingestimmt. Ein wohltuend normaler Tagesanbruch.

Sobald Nolda mit den Kindern nach draußen und Ellis in ihr Waschhaus gegangen war, und obwohl es längst Zeit war für andere Dinge, nahm Taron seinen Leibwächter in die Mangel. Er hatte es herausgefordert und Remoulados Miene war das gesamte Frühstück über nicht zu erweichen gewesen. Grau und wie ein Stück Fels hatte Rem auf sein Frühstück gestarrt, das er entgegen aller sonstigen Gewohnheit kaum angerührt hatte. Zögerlich erzählte er von dem, was er geträumt hatte. Man musste ihm dabei mit vereinten Kräften jedes Wort davon aus der Nase ziehen, was ihm die Nacht und den gesamten bisherigen Morgen über derart aufs Gemüt geschlagen war.

Und selbst dem kleinen Nachtmahr Schorsch, der mit dem Geträumten ausnahmsweise nicht die Spur zu tun hatte, entfuhr ein kleiner erschreckter Pfiff, als er geendet hatte.

Schon streckte Sigur seine korrekt gescheitelte Frisur zur Küchentür herein. Sein Dienstherr war völlig entgegen seiner sonstigen Gewohnheit nicht pünktlich in seinem Arbeitszimmer erschienen.

Taron fuhr herum, als die Tür aufging. Höflich, aber kurz und knapp gab er zu verstehen, dass er soeben eine dringliche Besprechung hatte, die keinen Aufschub duldete. Es ging um seinen Leibwächter, der bleich wie ein Handtuch vor ihm saß, und Taron ließ keinen Zweifel daran, dass er alles andere auf der Tagesordnung dafür zu verschieben gedachte.

Sigur machte eine schnelle Verbeugung mit dicken Stapeln Papier unter dem Arm und entfernte sich.

Also, Rem…, fing Taron nach ein paar Augenblicken des Nachdenkens vorsichtig an, als Remoulado schließlich geendet hatte. *Das ist ja…* Der König wusste gar nicht, was er dazu sagen sollte. Sein Lachen von diesem Morgen war endgültig gewichen. Und ebenso wie sein Leibwächter war auch er noch ein paar Nuancen blasser geworden als sonst.

Was von dem gestrigen Essen bei den Ripenschneiders hast du nicht vertragen?, witzelte er halbherzig und zwirbelte nachdenklich eine Strähne aus seinem Zopf um den Finger. *Meine armen Gliedmaßen …,* zeigte er dann pikiert. *Disziplinararrest… Auf diese Weise… Sag mal, was träumst du da nur zusammen? Freuen solltest du dich. Du hast dir eine zauberhafte Dame geangelt. Stattdessen…*

Er schüttelte schaudernd mit dem Kopf.

In den Mauern des Schlosses gab es ein tiefes Knarren. Vincent und Konrad starrten sie an. Unter dem Tisch stieß Taron seinen Leibwächter derweil ans Schienbein. Fast flehentlich sah er ihn einen Augenblick an.

Verrate mich bitte nicht! Diese Worte waren seit dem Vortag noch immer in Remoulados Ohr. Zumindest die Szene bei dem Barbier. Sie hatte Remoulado nicht geträumt und Tarons ungewöhnlich gute Laune an diesem Tag war nichts weiter als ein plattes Ablenkungsmanöver.

Der Leibwächter zuckte mit den Schultern. Er sah unsicher über den Tisch zu Vincent. Wie war es möglich, dass er und Ibô noch nicht unterrichtet waren? Oder waren sie es? Niemand hatte sich an diesem Morgen in die Karten sehen lassen. Remoulado konnte es nicht deuten. Von ihm jedenfalls würde niemand ein Sterbenswörtchen dazu hören.

Schorsch saß zwischen ihnen auf der Tischplatte und kratzte sich am Kinn. Er hatte von dieser nonverbalen Unterhaltung nichts mitbekommen. Ebensowenig wie die anderen am Tisch. Er machte sich ganz andere Gedanken.

„Das klingt nicht nach einem normalen Albtraum", überlegte der Nachtmahr halblaut und fachmännisch und zeigte mit seinem kleinen Wurstfinger auf Remoulado. „Das ist bestimmt dein schlechtes Gewissen, weil du dich ständig bei den Ripenschneiders herumtreibst", stichelte er. Dann wurde er dennoch ernst. „Vielleicht sollte man... Ich meine... Er ist der Leibwächter", sagte er zu den anderen. „Ich denke nicht, dass das Zufall war."

Jetzt hatte der Gnom die Aufmerksamkeit des ganzen Tisches. Er räusperte sich.

„Vielleicht wurde der Traum auch geschickt. Hast du über Shelly von Schwarzeck etwas gehört in der letzten Zeit, Taron?"

Taron schüttelte mit dem Kopf und starrte ihn an. Eben hatte er sich noch in stiller Zwiesprache mit seinem Leibwächter befunden.

Vincent und Remoulado taten es ihm gleich.

Nein, das nicht, aber... Der König sah fragend Konrad von Schwarzeck neben sich an, der mit ihnen wie jeden Morgen beim Frühstück gesessen hatte.

Auch der Dunkle sah erschrocken auf.

„Meine Schwester? Nein... Aber..."

Taron und Konrad sahen sich ratlos an. In der Tat hatte man seit einiger Zeit nichts mehr von ihr gehört. Man hatte es aufgrund der aktuellen Geschehnisse seit Tarons Rückkehr bisher nicht beachtet.

„Ich werde das herausfinden", krähte Schorsch pflichtschuldigst, sprang auf und hielt militärisch seine Hand an die Stirn. Und im nächsten Augenblick war er durch das offene Fenster verschwunden.

„Und was ist mit Wassergrün?", wagte es Remoulado dann schüchtern zu fragen und lenkte das Gespräch wieder auf sein ursprüngliches Thema. Er dachte an seinen Traum. „Die Militärordnung. Ich meine... gibt es da etwas das ich noch nicht weiß?" Forschend sah er zwischen Vincent und Taron hin und her.

Ich muss an die Arbeit!, zeigte Taron ausweichend und wollte sich erheben.

„Nicht so schnell, mein Herr", grinste Vincent nun, auch wenn ihm alles andere als zum Grinsen war. „Da wäre noch etwas...", setzte er nach. Er wurde streng und der Traum, den Remoulado so unverhofft angesprochen hatte passte zu dem was er noch zu sagen hatte vortrefflich. „Ibô und ich haben uns gestern Abend lange unterhalten, mein König. Über deinen Besuch im Dorf." Er blinzelte ironisch. „Remoulado..."

Die beiden sahen den Verwalter überrascht an.

„Es steht so einiges in der Miltärordnung. Unter den Sonderstatuten, ihr versteht? Und dir, unserem lieben Herrn Leibwächter, wollen wir das nicht länger vorenthalten. Wir treffen uns später für eine kleine Fortbildung im Wachquartier." Dann drehte er sich um zu Taron. „Dich, mein König, muss ich darüber nicht belehren."

Vincent sah den Leibwächter von der Seite her an. Dann fiel sein Blick erneut auf Taron.

„Verdient hättet Ihr das Geträumte längst, Hoheit." Er wurde förmlich und sein Tonfall wurde tadelnd. „Ohne Frage."

Da war sie. Auf diese Gardinenpredigt hatte der König bereits den ganzen Morgen insgeheim gewartet.

„Nach Eurem unangemeldeten Fortgang gestern. Tatsächlich sollte man Euch die Füße unter Eurem Schreibtisch einbetonieren und noch viel mehr. Schon seit Eurem Alleingang damals in Schwarzeck hat es uns nur zu sehr in den Fingern gejuckt…“

Erneut gab es aus dem Inneren des Hauses ein bestätigendes Knarzen.

„Aber so etwas…“ Vincent schnaufte geräuschvoll aus und sah Remoulado ungläubig an. „So etwas nur im absoluten Notfall. Dabei habt Ihr in der letzten Zeit so ungewöhnlich bieder und folgsam gewirkt.“ Er sah Taron ins Gesicht und lächelte süßsauer. „Dieser Ausflug war mehr als unnötig.“

Taron warf Vincent einen gereizten Blick zu. Was nötig war und was nicht, wusste er selbst nur zu gut.

Der Verwalter reagierte gelassen und ließ keinen Zweifel an seinen Worten.

„Aber Strafe muss sein“, setzte Vincent entschlossen fort. „Es hätte sonst etwas passieren können“, zeterte er dann los.

Der König warf Remoulado einen verstohlenen Blick zu. Die Garde hatte also wirklich dicht gehalten über die Geschehnisse bei dem Barbier. Sonst wäre Vincents Ansprache noch ganz anders ausgefallen.

Remoulado antwortete mit einem winzigen selbstbewussten Nicken. Die Garde war ihm treu ergeben. Und auch dem König, dem sie diente.

Auch Ibô hatte über diesen Punkt allem Anschein nach Stillschweigen bewahrt bisher.

Taron war sich sicher, bei geeigneter Gelegenheit und in Kürze würde der General ebenfalls um ein Gespräch mit dem König bitten.

Vincent achtete nicht auf sie. Er schwadronierte weiter und wandte sich wieder an Taron. Er redete sich gerade in Rage und der Zorn, den er beim Frühstück so mühsam zurückgehalten haben musste, brach sich seine Bahn.

„Schärfere Maßnahmen“, rief er. „Euer Onkel Anatol hat dies ohnehin bereits seit Eurem unkonventionellen Weggang aus Wassergrün gefordert. Einundzwanzig Tage Strafarbeit werden

Euch also gut tun. Und Euch den Kopf zurechtrücken. Und Euch endlich fort treiben von Eurem entsetzlichen Schreibtischasketentum. Mit Sigur ist dies bereits besprochene Sache. Mit Njorbert ebenfalls. Er unterstützt das Ganze. Wenn heute Vormittag also das Nötigste beendet ist, werdet Ihr ab heute Fronarbeit leisten. Im Garten. Für Kuno. Wo immer er Euch braucht. Er will ein paar neue Trockenmauern bauen und einen weiteren Goldfischteich anlegen. Es muss ausserdem noch bergeweise Holz gespalten und gestapelt werden für den Winter. Ihr wisst, es ist Tradition, dass jeder in Grauen hierfür selbst mit vorsorgt. Also auch der König. Die Stunden unter freiem Himmel werden Euch schon die Flausen aus dem Kopf treiben."

Taron nickte ohne eine einzige Geste des Widerstands. Das hatte er wohl verdient. Damit konnte er leben. Wenn es nichts Schlimmeres war, das man für ihn vorgesehen hatte. Er schätzte insgeheim, er war äußerst glimpflich davongekommen, denn er hatte die Militärordnung gründlicher studiert als irgendjemand sonst. Zweifelnd sah er Vincent an. Wenn sie wüssten, was bei dem Barbier geschehen war, hätte er nichts mehr zu lachen in diesem Haus. Hier war er sich völlig sicher. Er konnte glücklich sein über eine derart loyale Garde. Er senkte demütig den Blick.

„Keine Sorge", setzte der Verwalter an Taron gerichtet fort, als hätte er seine Gedanken zumindest zu einem kleinen Teil erraten. „Das war vorläufig alles. Glaubt mir, wir haben zu Euren Gunsten äußerst milde entschieden. Wir sind gnädig mit Euch. Vorläufig!", betonte er warnend. „Eine Rationierung auf Wasser und Brot hat Njorbert uns außerdem strikt untersagt."

Der Leibwächter bekam seinen skeptischen Blick über dies alles nicht mehr aus seinem Gesicht, während er das Gespräch verfolgte. Er konnte die Nachwirkungen seines Albtraums nicht abschütteln.

„Mach dir keine Gedanken", antwortete der Verwalter dann auch an ihn gerichtet. „Du glaubst doch wohl nicht im Ernst, dass Anatol von Wassergrün sich persönlich hierher bewegt. Heraus aus seinem überfrachteten Stadtschloss hier aufs Land."

Er lachte. „Wir haben hier und weit weg von Wassergrün ganz ohne ihn beschlossen, was er längst gefordert hat."

Erneut steckte Sigur den Kopf zur Tür herein. Er wusste, was sie soeben besprochen hatten, und er rief Taron zügig in sein Arbeitszimmer.

Der König erhob sich.

„Du musst die Einladung aus Hiesig heute beantworten, Taron", ermahnte ihn Vincent abschließend.

Der König sah ihn fragend an.

„Na, die Hochzeit. Lin..."

Taron fasste sich an die Stirn. Er hatte das beinahe vergessen. Oder gut verdrängt in seiner Arbeitswut der letzten Wochen.

„Du musst nun endlich entscheiden, ob du zusagst. Man erwartet einige Antworten von dir in Hiesig", ergänzte Vincent streng. „Und wir erwarten Antworten. Man muss schließlich alles gut vorbereiten." Der Verwalter ließ keinen Zweifel daran, dass der König diesmal einen Alleingang vergessen konnte.

Taron nickte zögerlich.

„Bis zum Mittag", ermahnte Vincent den Sekretär. Er nickte und nahm Taron mit sich nach draußen.

Als der Schriftkram erledigt war und Sigur die Mappen mit den Briefen und Unterschriften an sich nahm, hüstelte er bedeutungsvoll und blieb direkt vor Tarons Schreibtisch stehen.

Als Taron darauf nicht reagierte, legte er die Mappen vor ihm nieder und sah ihn eindringlich an.

Der König beliebte seine Federkiele neu anzuspitzen und schien ganz in seine banale Tätigkeit vertieft.

„Entschuldigt", begann der Sekretär dann zurückgehalten ungeduldig und legte Taron noch einmal die Einladung aus Hiesig vor die Nase. Der König hatte sie in der Mappe unbearbeitet überblättert. „Was soll ich zurückmelden?", fragte er verschnupft, als Taron ungerührt Federkiele sortierte und seinen Schreibtisch aufräumte.

Der Sekretär wusste, dies war das Ritual, kurz bevor der König sich vom Schreibtisch für heute erhob.

Macht doch, was Ihr wollt, antwortete Taron überraschenderweise und so tief aus dem Bauch heraus, dass Sigur beinahe die Kinnlade herunterfiel. *Ich weiß es doch einfach nicht!*

„Also gut, Durchlaucht!", begann Sigur dann und nahm das Einladungsschreiben wieder an sich. Er wurde schnippisch. „Dann werde ich antworten, dass Ihr erscheint!"

Taron nahm seine Brille ab und faltete nachdenklich die Bügel zusammen, bevor er sie einsteckte. Hatte er die Worte des Sekretärs überhaupt gehört?

„Und was melde ich nach Wassergrün? Euer Onkel wird ungeduldig."

Immer nur Fragen!, schimpfte Taron und schlug ärgerlich mit der Hand auf den Tisch. Das Tintenfass vor ihm machte einen kleinen Hüpfer.

Sagt ihm, ich werde heiraten. Und zwar voraussichtlich die Schweinetrine ohne Nachnamen aus der Moorspelunke.

Der König erhob sich, hängte seine Dienstlivree über den Schreibtischstuhl und begann seine Manschetten zu öffnen, bevor er dem Sekretär genervt den Rücken kehrte und das Zimmer verließ.

In der Tür drehte er sich noch einmal um.

Verzeiht, ich habe für derlei Nichtigkeiten gerade leider keine Zeit mehr! Ich muss in den Arbeitsdienst. Kuno wartet nicht und wegen meinem unangebrachten Zynismus gerade hänge ich gleich ein paar Stunden zusätzlich mit an, wenns recht ist.

Der Sekretär wusste nichts mehr zu entgegnen. Wenn der König so gereizt war, schien ihn einiges zu beschäftigen. Und so war es auch. Die Geschehnisse am Vortag im Dorf, der Besuch bei den Ripenschneiders, Remoulados Traum. Und Mia. Immer wieder Mia. Es gab so vieles, was den König bewegte. Es gab so vieles, was er nicht verstand. Er musste mit Remouloado sprechen. Taron tauschte seine Livree mit derber Arbeitskleidung und tat, was man ihm auftrug.

Erst half er Kuno im Garten und ließ sich durch die Anlage dirigieren. Direkt nach dem Mittagessen wandte er sich unaufgefordert den Holzmassen vor dem Lagerhaus zu, die vor dem Winter noch bezwungen werden mussten. Er ächzte und schwitzte, als er wieder und wieder die Axt in die zu spaltenden Holzklötze fahren ließ. Und er sah dabei schnell nicht mehr besonders königlich aus. Wie ein Knecht und stupide arbeitete er vor sich hin. Und er genoss es. Endlich musste er nichts mehr denken. Niemand sprach ihn an. Niemand störte ihn. Es roch nach der festgestampften Erde des Untergrunds, auf dem er stand, nach Holz und klarer frischer Grauener Luft, die kühl von den Bergen herabwehte. Sein Rücken schmerzte und seine Hände brannten in den schweren Handschuhen, die er trug.

Fuhre um Fuhre Holz lud er ein in eine Karre und stapelte die Scheite auf. Sein Gesicht wurde rosig und seine Kleidung schmutzig und voller Harz. Er arbeitete, bis ihm übel wurde. Jede Faser in seinem Körper schmerzte und stupide Mantras in seinem Geist wiederholten sich im Reigen. Die Zeit schien einfach nicht vorbeizugehen.

Als er sich am Nachmittag für eine kurze Verschnaufpause auf einem Stück umgelegten Baumstamm nieder ließ, stieß Remoulado zu ihm. Er hatte ein kleines Tablett in den Händen und auch er hatte seine Kleidung gewechselt. Wortlos stellte er das Tablett neben Taron auf den Baumstamm, setzte sich neben ihn und reichte ihm eine Tasse Kaffee.

Der König jedoch griff zuerst nach dem Krug Wasser auf dem Tablett und leerte ihn beinahe in einem Zug. Dann schneuzte er sich in ein großes kariertes Taschentuch und wischte sich mit dem Ärmel die Schweißperlen von der Stirn. Erst dann griff er nach der Tasse, die Rem ihm noch immer entgegen hielt.

„Und du musst etwas von dem Kuchen essen!“, bemerkte Remoulado lächelnd. „Das ist keine Bitte. Ich habe ausdrücklich darauf zu achten.“

Taron lächelte ihn an, legte die Handschuhe auf seinen Knien zur Seite und griff nach dem Teller mit dem Gebäck darauf.

„Dass du altes Klappergestell seit heute Vormittag noch nicht zusammengebrochen bist...“, witzelte Remoulado und packte Taron prüfend an den schlanken Oberarm.

Ich zeige dir gleich, was ein altes Klappergestell sonst noch so alles kann, zeigte der König als Antwort, nachdem er seine Tasse abgestellt hatte und ballte die Faust gegen seinen aufmüpfigen Leibwächter.

Sie lachten und aßen schweigend. Der König sah erschöpft aus. Er versuchte es sich nicht anmerken zu lassen.

Und?, wollte Taron dann wissen. *Hast du die Statuten zum Piesacken eures eigenwilligen Königs inzwischen eingehend studiert?* Seine Augen glitzerten ironisch.

„Das habe ich, mein Herr“, versicherte der Leibwächter und machte eine wedelnde Handbewegung, als habe er sich die Finger verbrannt.

Taron sah zur Seite und stellte den Teller weg.

Ja, zeigte er. *Grauen ist wunderbar zu den Menschen, die darin wohnen. Und grausam zu seinem Herrscher.* Er versuchte ein schiefes Lächeln und rieb sich die schmerzenden Hände.

„Wie gut, dass ich gestern gekommen bin, hm?“

Taron nickte. So viele Fragen brannten auf seiner Seele.

„Die bei dem Barbier zurückgeblieben sind...“, erklärte Remoulado nun sehr dienstlich. „Niemand kennt sie. Es ist ein Rätsel. Die wir auf der Flucht erledigt haben, sind jedenfalls keine Professoren aus Wassergrün. Einfache Schergen schätze ich. Zu gut bezahlt vermutlich für einen sehr miesen Auftritt.“

Darauf erwiderte Taron nichts. Sein Blick streifte die Berge von Spaltholz, die noch vor ihm lagen. Er seufzte stumm.

„Alles in Ordnung bei dir heute?“ Remoulados Blick ging zu Tarons Hals.

Der König fasste sich kurz an die Kehle und bestätigte. Nachdenklich blickte er auf seine schmutzigen Arbeitsstiefel hinunter.

„War es das gestern eigentlich wert?“, fragte Remoulado nach einer Weile vorsichtig und sah seinen Herrn in seiner Sträflingskluft von der Seite an. Er hatte Tarons Blick verfolgt.

Der König reagierte lange nicht. Er nahm noch einen großen Schluck Kaffee und stellte die Tasse bedächtig zu seinen Füßen ab.

Ich denke schon, deutete er und zeigte dann lächelnd auf seinen Leibwächter.

„Ach, ja", wehrte Remoulado ab und sah zu Boden. „Ich hätte es dir sehr bald gesagt", beteuerte er. „Aber ich bin sehr froh, dass du einverstanden bist. Und Mathilde erst. Ich meine Ripenschneider...."

Taron hob die Hand und unterbrach seinen Leibwächter. Es gab hier nichts mehr zu besprechen. Auch wenn er Remoulados zukünftigen Schwiegervater zum Fürchten gruselig fand, so konnte doch Mathilde nichts dafür.

Wann?, fragte Taron nur einsilbig und klaubte mit dem Finger noch ein paar restliche Kuchenbrösel auf seinem Teller zusammen.

Remoulado holte Luft und schluckte schwer, bevor er antwortete, als wollte er Mut tanken. „Schon nächste Woche", sagte Remoulado leise und zog den Kopf zwischen die Schultern. Taron knuffte ihn in die Seite und lächelte. Ein Handschlag folgte und Remoulado fiel vor Erleichterung beinahe von dem Stamm auf dem er saß.

Wieder schwiegen sie eine Weile.

„Und du?", traute sich Remoulado schließlich zu fragen, als Taron sich wieder an die Arbeit machen wollte.

Ich werde wohl das tun, was ich muss!, antwortete er knapp und wollte sich wieder nach den Handschuhen bücken.

Wenn ich in ein paar Tagen nicht kaputt geschunden bin, werden wir Lins Hochzeit in Hiesig besuchen. Dann sehen wir weiter.

„Aber Sigur hat vorhin sehr empört berichtet...", fing Remoulado verunsichert an. „Trine?"

Verzeih, aber manchmal geht mir dieser Sekretär einfach nur gehörig auf die Nerven, lachte Taron und nahm kopfschüttelnd das Beil wieder auf. Sigur hatte ihm das abgekauft?

Remoulado griff ebenfalls nach einem Werkzeug.

Du musst das nicht tun!, unterbrach ihn Taron und versuchte abzuwehren.

Ungerührt sah ihn der Leibwächter an und nahm das Arbeitsgerät.

„Ich weiß das. Aber für heute wenigstens. Und ich bin dein Wächter. Soll ich mich etwa dort drüben hinstellen und dir zusehen, wie diese beiden Wachen an der Ecke?"

Taron entgegnete nichts und gemeinsam arbeiteten sie Seite an Seite. „Und... ich wollte fragen... ob der König mein Trauzeuge sein möchte", sagte der Leibwächter irgendwann so nebensächlich wie möglich, als Taron gerade einen neuen Brocken Holz auf den Hackstock wuchtete. Er senkte den Kopf und wartete ab.

Taron hielt inne und schnaufte durch.

Wenn es die strengen Statuten und diese Maßnahme hier erlauben…, witzelte er dann und sah Remoulado herausfordernd an. Er griff nach seiner Spaltaxt.

Der Leibwächter nickte grinsend. Er hatte dies längst mit Ibô und Vincent geklärt.

Nach einer weiteren Stunde stupidem Nebeneinanderherarbeiten holte Vincent sie weg. Für heute war es genug und man ließ den König in seine Gemächer gehen. Müde, gebeugt und geläutert von diesem Tag ging Taron neben Remoulado zurück ins Schloss.

Taron aß viel an diesem Abend für seine Verhältnisse und nachdem er sich zur Ruhe gelegt hatte schlief er sofort ein. Heute war er zur Nacht ins Schloss zurückgekehrt. In seine Räume, die er von je her kannte.

Irgendwann spät kroch die kleine Shelly an seine Seite und irgenwann nachts kam die Katze dazu.

Trotz allem schlief der König so gut und annähernd traumlos wie lange nicht mehr.

Shelly war am Morgen noch vor ihm aus dem Bett gehüpft, hatte ihrem Vater einen dicken Schmatz auf die Wange gedrückt und war nach unten in die Küche gesaust.

Die Katze erhob sich blinzelnd und krallte ihre nadelspitzen Krallen gähnend in seinen Arm in dem sie lag.

Taron, dem vom Vortag und der seit langem ungewohnten Anstrengung jede einzelne Faser seines Körpers schmerzte, machte nur langsam die Augen auf. Als er sich strecken wollte, entdeckte er in seiner Hand etwas. Er stützte sich auf die Ellbogen und sah nach, was jemand in der Nacht ganz unbemerkt in seine Faust gelegt haben musste. Es waren zwei Ringe. Taron kannte einen davon. Er hatte Edolf einmal gehört. Und ganz ähnlich von der Art, jedoch viel zierlicher lag ein zweiter in seiner Hand, den der König in seinem Leben noch nie zuvor gesehen hatte. Rätselnd drehte er die Schmuckstücke ein paar Augenblicke in seinen Fingern. Dann war er wach genug, um zu verstehen. Er hatte ein Geschenk erhalten. Es waren Edolfs Eheringe für eine Verbindung, die er selbst nie gewagt hatte. Nun sollten sie Taron gehören.

Das Haus schien neugierig auf seine Reaktion zu warten. Ein feines Wispern war kurz zu hören. Ein zufriedenes Schmunzeln.

Vorsichtig legte Taron die Ringe auf den Nachttisch neben seinem Bett und nahm seine Brille, die darauf lag. Er putzte sie und setzte sie auf seine Nase. Noch einmal sah er grübelnd durch die beiden Gläser auf die beiden Schmuckstücke. Dann besann er sich anders, verstaute sie in der kleinen Schublade des Kastens und erhob sich. Ein neuer Tag war angebrochen.

Sigur entführte ihn wie am Vortag alsbald ungeduldig an seinen Schreibtisch und im Anschluss holte Ibô ihn von dort an die Arbeit. Dem König war nur eine kurze Mittagspause vergönnt.

Er durfte seinen Anzug gegen die Arbeitskleidung vom Vortag tauschen und ehe er sich versah stand er mit einer Schaufel knietief in seinem eigenen Garten, hob einen neuen Teich aus und schaffte Karre um Karre Erdreich fort. Es kam ihm vor, als ob er das Fundament seiner eigenen Gruft aushob, während Kuno die Hecken neben ihm schnitt und seine Anweisungen gab. Taron konnte sich nach dem gestrigen Tag kaum bewegen. Die seit langem so ungewohnte Anstrengung forderte ihn sehr und er versuchte so wenig wie möglich nachzudenken. Nicht über das was geschehen war, nicht über das was kommen würde. Heimlich machte er sich Sorgen um Shelly von Schwarzeck. Er war gespannt, was der Nachtmahr ihm berichten würde, wenn er zurückkehrte. Er versuchte die Gedanken und sein beunruhigtes Harren zurückzudrängen.

Aber mitten im Dreck, in seinem eigenen Schweiß und in abgetragenen Arbeitskleidern konnte er endlich wieder richtig atmen. Dennoch entrann ihm manchmal ein leises Ächzen, wenn er die Erde in großen Körben aus der Kuhle hob und Kuno tat so, als ob er es nicht hörte. Nach wenigen Stunden dachte Taron, er bräche auseinander.

Kuno hatte seine Hecke zu Ende geschnitten, die Buchsabschnitte feinsäuberlich aufgerecht und winkte Taron zu sich heran. Er ließ ihn das Werkzeug aufräumen und seine Hände waschen. Dann bat er ihn zu sich ins Haus.

Taron zog die dreckstrotzenden Stiefel davor aus und nahm sich ein paar einfache Holzschuhe, die am Eingang bereits für ihn bereit standen. Der Gärtner lotste ihn zu seiner Überraschung in die Stube und bat ihn sich zu setzen.

Müde sank Taron auf die angebotene Sitzgelegenheit und wischte sich den Schweiß von der Stirn.

Und statt dass Kuno ihm weitere Arbeiten auftrug, stellte er eine riesige Kiste Sämereien vor dem König ab. Papier, Schreibzeug und viele kleine Schachteln folgten.

Und während Kuno neben ihm dann lächelnd an neuen Rechenzinken schnitzte, ließ er Taron zu Atem kommen.

Langsam begann der König mit bebenden Fingern die Sämereien für das nächste Jahr zu sortieren, aus ihren Hülsen zu lösen, in die Behältnisse zu füllen, zu verschließen und zu beschriften.

Die Frau des Gärtners brachte den beiden eine üppige Verpflegung.

Der Gärtner beachtete den König nicht mehr und ließ ihn an seiner Aufgabe und in seinen Gedanken und es dauerte nicht lange, da kam Vincent zur Tür hereingeplatzt.

Der Verwalter hatte den König weder im Garten, noch auf dem Holzplatz finden können, wo er eigentlich hätte sein müssen.

„Was soll das?", fragte er Kuno und funkelte ihn hochmütig an. „Harte Arbeit war der Beschluss. Nicht Herumsitzen und Maulaffenfeilhalten!"

Taron sah nicht von seiner Tätigkeit auf, aber er hielt inne. Er zuckte leicht zusammen, denn der strenge Tonfall erinnerte ihn entfernt an Edolf.

Der Gärtner jedoch wies Vincent seelenruhig zurecht.

„Er arbeitet, was ich ihm auftrage", sagte er und stemmte die Hände in die Hüften. „Ihr sagtet, er soll helfen, wo immer ich ihn brauche. Ich kann nicht so schön schreiben. Und stellt Euch vor. Er macht alles ohne jegliches Murren. Jetzt ist dies hier an der Reihe und alles andere sei erst einmal genug."

Vincent grunzte mürrisch und verschwand. Hinter ihm knallte die Tür ins Schloss.

Kuno schnitzte ungerührt weiter.

Nach einer Weile sah Taron ihn dankbar an. Er hatte seine Schreibfeder zum Beschriften zur Seite gelegt, streckte sich und legte die Hände in den schmerzenden Nacken und an sein lahmes Kreuz.

Der Gärtner schmunzelte.

„Wisst Ihr", sagte er dann wie nebenbei und hatte das Schnitzmesser sinken lassen. „Ihr wart einmal gnädig zu mir, als keiner damit gerechnet hat und als ich es selbst nicht einmal mehr zu hoffen wagte. Ihr wart gnädig zu uns beiden."

Die Frau des Gärtners hatte sich zu ihnen gesellt und gestrickt. Die Nadeln hörten für einen Moment auf zu klappern. Sie nickte und wagte es die Hand auf Tarons Rücken zu legen. Sie lächelte.

Der Gärtner flüsterte nun, als könnte das kleine Häuschen um sie es verraten.

„Wir sind hier. Wir haben ein Zuhause. Und wir leben. Nun bin ich froh, dass ich ganz an Euren Hofpeinigern vorbei endlich einmal etwas für Euch tun kann."

Taron legte die Hände auf den Tisch und schluckte einmal schwer. Er kämpfte kurz mit dem, was gerade in ihm aufstieg. Damit hatte er nicht gerechnet. Er war es nicht gewohnt, dass er etwas zurück bekam, was nichts mit Niedertracht, Rache oder Vergeltung zu tun hatte. Dann nahm er seine Arbeit wieder auf. Er schob die Brille auf seiner Nase zurecht und konzentrierte sich auf das, was er zu tun hatte. Ein scheues Lächeln huschte über sein Gesicht.

Tag um Tag holte Ibô den König von seinem Schreibtisch und es war unglaublich, welche Massen an Holz Taron bereits gespaltet und aufgeschichtet hatte. Auch wenn er mittlerweile deutlich langsamer wurde dabei. Jede Zelle seines Körpers schien ihm zu schmerzen. Und zumindest Kuno hatte Mitleid mit ihm und ließ sich regelmäßig Nichtigkeiten einfallen, bei denen er Tarons Hilfe dringend brauchte. Nicht selten war der König dabei bis über die Ellbogen im Schmutz. Und obwohl Ellis alles versuchte, um Taron bei Kräften zu halten wurde der König dünner und dünner.

Der Schneider fluchte, als er eine der kurzen täglichen Umziehpausen für eine Anprobe nutzte und Njorbert erhob mehr und mehr warnend den Zeigefinger.

Tarons Hände wurden rau und schwielig.

Der Tag von Remoulados Hochzeit rückte näher und man ließ Taron keinerlei Gelegenheit und Zeit, um irgendetwas dazu beizutragen.

Der Leibwächter war regelmäßig bei Taron, um nach ihm zu sehen und manchmal, wenn seine Zeit es zuließ und seine Sehnsucht nach Mathilde, half er ihm für eine Weile. Beinahe schweigend arbeiteten die beiden Männer dann nebeneinander.

So war es bereits fast Abend, als Remoulado an einem der folgenden Tage zu Taron auf den Holzplatz ging, um die Pflichten des Königs für diesen Tag für beendet zu erklären.

Taron legte müde den letzten Scheit für diesen Tag auf den Hackstock, als Remoulado sich verstohlen umsah, dem König die Axt aus den Händen nahm und ihn zur Seite zog.

„Heute Abend, mein Freund“, sagte er nur und blinzelte ihm verschwörerisch zu. „Das bist du mir als Trauzeuge schuldig.“

Und tatsächlich. Als das Haus zur Ruhe gekommen war und man den König längst in seinen Räumen wähnte, schafften es Remoulado und Taron, das Schloss ungesehen zu verlassen.

Taron hatte sich Edolfs alten zerfledderten Dreispitz aufgesetzt. In seiner schäbigen Arbeitskleidung, die er noch immer trug, erkannte ihn bis ins Dorf hinunter niemand.

Remoulado hatte ihn nicht erst überreden müssen, mit ihm an diesem Abend aus zu gehen. Und auch wenn ihr Weg nur bis in die Schänke führte und er zum Umfallen müde war, humpelte er tapfer und seit langem wieder auf einen Stock gestützt mit seinem Leibwächter Richtung Dorf. Er wollte ihm diesen Ehrendienst nicht abschlagen. Er wollte fort aus seinem Schloss, das ihm mehr denn je vorkam wie ein Verlies. Er wollte unvernünftig sein, wenigstens diesen einen Abend lang. Und er wollte nicht mehr grübeln. Taron wusste, warum Remoulado ihn weggeholt hatte. Ein Junggesellenabschied.

Es spielte Musik, als sie ankamen und den Schankraum betraten. Es klackten die Krüge aneinander. Und als sich alle endlich wieder beruhigt hatten, nachdem man erkannt hatte, wer der kleinen Spelunke einen Besuch abstattete, wurde es ein äußerst vergnüglicher Abend.

Das Schloss und das Haus der Ripenschneiders war weit genug entfernt und niemand war hier aus der sogenannten feinen Gesellschaft. Ein stummer Fürst randvoll Muskelkater und geplagter Knochen saß am Tisch, amüsierte sich königlich und trank auf seine eigenen Kosten mit den übrigen Gästen Runde um Runde.

Es wurde gelacht und gescherzt, die Fidel schnurrte irgendwann immer aufgekratztere Lieder. Der König und sein Begleiter genossen es zutiefst, über die Stränge zu schlagen und sie verspielten am Kartentisch ein kleines Vermögen. Beim Armdrücken verlor Taron an diesem Abend. Er lachte darüber und die gesamte Gastgesellschaft stimmte mit ein.

Zu guter Letzt tanzte der Leibwächter mit der hübschesten Dame des Abends eine wilde Polka. Viele der Gäste taten es ihnen gleich. Die Stimmung konnte ausgelassener nicht sein.

Taron ließ sich treiben von dem Geschehen. Er tanzte nicht. Amüsiert sah er von einem bequemen Sitzplatz aus seinem Freund dabei zu, wie er sich zum Idioten machte, und lachte ausgelassen über die schlechten Witze eines rastenden Kutschers an seinem Tisch. Es dauerte nicht lange, da landete aus der Mitte der Tanzenden eine der Damen auf seinem Schoß. Beim wilden Reigen in der Mitte der Schänke hatte sie jemand plötzlich losgelassen. Sie strauchelte und fiel darauf genau in Tarons Arme.

Das Lokal tobte und die Stimmung schien überzusprühen.

Völlig außer Puste kam irgendwann Remoulado herangeschnauft und ließ sich auf den freien Stuhl neben Taron plumpsen.

Das Mädchen auf Tarons Schoß hüpfte leichtfüßig zum Schanktisch und holte ein weiteres Tablett gut eingegossener Gläser. Und das nächste darauf.

Taron sah Remoulado lachend an und der Oberst zeigte bereits deutlich angetrunken mitten in sein Gesicht.

„Das ist auch dein Abend, mein Bester!“, grölte er und prostete Taron zu. Am Tisch neben ihnen bahnte sich die erste Wirtshausschlägerei des Abends an.

Es war schließlich weit nach Mitternacht, als die Stimmung in der Schänke sich langsam beruhigte. Die Leute gingen frohgemut nach Hause. Sie würden lange etwas zu erzählen haben über diesen Abend.

Taron und Remulado verließen verstrubbelt und mit ein paar dicken Knutschflecken am Hals als letzte Gäste die kleine

Schänke. Die Vögel zwitscherten bereits wieder und der Morgen graute. Arm in Arm wankten sie gemeinsam Richtung Schloss. Remoulado plapperte stetig auf seinen Begleiter ein, als würde er ihm antworten. Kichernd bewegte man sich durch das Morgengrauen.

Im Wald vor dem Schloss war der sorglose Ausflug plötzlich zu Ende. Es knackte im Unterholz. Taron und sein Begleiter bemerkten spät, dass sie beobachtet wurden und eine Truppe Unbekannter aus den Büschen seitlich des Wegrands nach und nach zu ihnen auf den Gehweg trat.

Immer im Wald, dachte Taron schwammig. Er würde sich überlegen müssen, Wege durch Gehölze in Zukunft zu vermeiden. Er hatte nach der letzten Nacht absolut keine Lust, sich die Laune vermiesen und überfallen zu lassen.

Er und sein Leibwächter waren schneller wieder klar, als ihnen lieb war.

Taron trug wie üblich, wenn er ausging, einige Klingen bei sich und auch Remoulado hatte wohlweislich vorgesorgt. Ohne sich anzusehen, ergriff sich jeder von ihnen zusätzlich einen dicken Holzknüppel vom Wegrand, während die Schar des Überraschungskommandos nicht abzureißen schien. Einer nach dem anderen trat aus dem Schutz der Bäume hervor. Man hatte sie erwartet.

Taron erkannte denjenigen unter ihnen, der ihm bei dem Barbier die Schlinge um den Hals gewunden hatte. Er drängte sich als Anführer der Truppe in den Vordergrund.

Die Gesichter der Angreifer waren verhüllt, wie auch letztes Mal. Dennoch erkannte er ein entschlossen und hinterlistig glitzerndendes Augenpaar.

Die Truppe hatte Verstärkung mitgebracht. Nach der Statur einiger Widersacher waren auch Dunkle unter ihnen.

Einer hatte einen Lederbeutel bei sich, in dem es zappelte und fiepte. Er fasste hinein, um den Inhalt zu beruhigen. Ein gellender Schrei hallte durch den Wald. Der Dunkle ließ den Beutel fallen und zeternd und schimpfend befreite sich Schorsch daraus.

Er war ebenso überrascht, Taron und Remoulado zu sehen, wie anders herum.

„Es ist Gumpert!“, schrie der kleine Gnom dem König zu. „Gumpert und dein werter...“ Ein wütender Fußtritt von einer der klobigen Gestalten traf ihn hart und er flog einen guten Meter durch die Luft. Mit einem dumpfen Geräuch kam er auf dem Waldboden auf.

Der Nachtmahr winselte und rannte ohne einzuhalten zwischen Taron und Remoulado. Er war übel zugerichtet. Es hatte Kämpfe gegeben.

Es war zu spät für alle, noch zu entkommen. Sie waren eingekreist.

„Treuebruch!“, keuchte Schorsch und hob drohend seine Krallen. „Verrat!“

Taron und Remoulado sahen sich an. Sie machten sich bereit gegen eine Übermacht und Rücken an Rücken rüsteten sie sich für den Kampf ihres Lebens. So wenige Schritte entfernt vom Schloss. Nach einer durchzechten Nacht und nur leidlich nüchtern.

Der König wurde automatisch, sobald der erste Angreifer auf sie eindrang. Mit Knüppel und gezogenem Messer erledigte er blindlings das, was ihm gelehrt worden war. Er dachte nichts mehr, er sah nichts mehr. Er sprach nicht, und wie er es gewohnt war, tat er das, was am Notwendigsten erschien. Beinahe still und mit leisem Ächzen steckte er die Schnitte ein, wenn die fremden Klingen ihn streiften. Ein Angreifer nach dem anderen ging unter ihm zu Boden.

Daneben tat es ihm Remoulado gleich.

Die Schlacht schien nicht enden zu wollen.

Ein fester Draht wollte sich erneut hektisch von Hinten um Tarons Gurgel legen, um das zu stoppen, was man soeben in diesem Waldstück heraufbeschworen hatte.

Taron hatte den Knüppel zur Seite geworfen und stach und hackte mittlerweile mit zwei blitzenden Klingen um sich und in die, die ihn zu überwältigen suchten.

Die Schlinge fand diesmal keinen Halt um seine Kehle, als die Hände, die sie hielten, hinter Taron schlaff zusammenfielen. Der Angreifer stürzte, als er von Tarons nach hinten geführter Waffe aufgespießt wurde.

Neben sich hörte Taron plötzlich einen Aufschrei. Remoulado knickte ein. Die Spitze einer Waffe hatte den Leibwächter unverhofft in die Seite getroffen. Er keuchte.

Der König war bei ihm, als er zusammensackte. Er stellte sich über Remoulado, um ihn zu schützen, und der Blutrausch schimmerte entschlossen und unheilvoll in seinen Augen.

Ein winziger Hebel in seinem Inneren schien sich in diesem Augenblick umzulegen. Eine unsichtbare Klammer in seinem Hals zerbarst damit und er sog von der klaren kühlen Waldluft ein, soviel er konnte.

Dann dröhnte ein ohrenbetäubendes Brüllen von einem mehr als wütenden Herrscher durch das dunstige Morgengrauen. Es klang wie das Grollen eines tollwütigen Bären mitten im Angriff.

Neben ihnen in den Baumwipfeln stob entsetzt ein Schwarm Krähen auf.

Die Widersacher erstarrten wie vom Donner gerührt. Einen erschreckten Wimpernschlag lang. Und der ungeahnte Ton aus Tarons rostiger Stimme fuhr ihnen eiskalt und lähmend in jeden ihrer Knochen. Er hallte weit in den Wald hinein.

Der König hatte das Überraschungsmoment eindeutig auf seiner Seite. Wie ein Berserker drosch und arbeitete er darauf auf die Schar der Angreifer ein. Seine Klingen blitzten und schienen plötzlich überall zu sein.

„Es wird nicht gehen", rief der Leibwächter zu seinen Füßen dann und presste schmerzverzerrt die Hand in seine Seite. Der angeschmutzte Mantel unter seinen Fingern begann sich rot zu färben. „Es werden immer mehr!"

Und tatsächlich traten aus den Büschen nebenan die gleiche Anzahl derer, die sie bereits niedergestreckt hatten.

Taron taxierte seine Umgebung. Seine Gedanken ratterten geschwind und er sah auf seinen schwer verletzten Leibwächter und auf den panisch kreischenden Nachtmahr neben ihm. Einen Atemzug lang. Dann zögerte er nicht. Er steckte die Klingen zurück an ihren Platz und lud den Leibwächter kurzerhand auf seine Schultern. Mit einem Kopfnicken bedeutete er Schorsch um sein Leben zu laufen.

Panisch sah sich der kleine Nachtmahr um. Die Übermacht rückte näher und näher, als der König unvermnittelt begann zu laufen. Er hatte kehrt gemacht und lief den Weg zurück zum Dorf so schnell er das mit der Last auf den Schultern irgendwie konnte.

Schorsch gab ebenfalls Fersengeld und sprintete ihnen nach, so flink es seine kurzen Beinchen erlaubten.

Ein Lauf um Leben und Tod hatte begonnen. Der König stöhnte unter seiner Last. Der Weg zurück zum Dorf war kürzer als die restliche Strecke zur Burg. Eine andere Möglichkeit gab es nicht.

Flüsternd versuchte Remoulado Taron im Laufen etwas mitzuteilen. Er schaffte es nicht mehr.

Dem König schmerzte nach wenigen hundert Metern sein Bein so sehr, dass er am liebsten laut in den hohlen Waldweg hineingeschrien hätte, durch den er mit Remoulado rannte. Er biss die Zähne zusammen. Äste schlugen ihm ins Gesicht. Er achtete nicht auf Stock und nicht auf Stein auf ihrem Weg. Er schien zu fliegen und das Überfallkommando war ihnen dicht auf den Fersen. Er lief und rannte und er dachte ebenso wenig nach wie gerade eben, als er sich mit seinem Leibwächter gegen eine irrwitzige Vielzahl Angreifer gestellt hatte.

Der Nachtmahr machte hinter ihnen den größtmöglichen Radau, um ihre Verfolger zu verunsichern. Und eine Schrecksekunde lang hatte es sogar funktioniert. Niemand hatte damit gerechnet, dass der König einem Titanen gleich seinen Begleiter auf die Schulter lud und Richtung Dorf verschwand. Dass er den Rückzug antrat, um einen Diener zu retten.

Diese Zeit hatte gereicht, um Taron Flügel zu verleihen und ihm den Vorsprung zu verschaffen, den er brauchte.

So langsam und torkelnd er gemeinsam mit Remoulado vor Kurzem das Dorf verlassen hatte, so vehement kehrte er zurück.

Der König rannte ohne Rücksicht auf Verluste. Er kannte den Weg. Er wusste, dass nur hier jetzt der richtige Ort für sie beide war.

Wenig später hämmerte Taron gegen Ripenschneiders Tor und ein paar sehr erschrockene Gardewachen öffneten ihnen.

Die Verfolger verschwanden im Dickicht, sobald Taron mit seiner Last auf den Schultern den Waldrand hinter sich gelassen hatte.

Taron stolperte die letzten Meter herein, sank im Innenhof der Ripenschneiders mit Remoulado zusammen auf den gepflasterten Hof und kippte um. Aus dem Haus kam man ihnen bereits entgegengelaufen. Man hatte den Lärm vor der Pforte gehört. Taron hatte damit das ganze Haus geweckt.

Er schnappte nach Luft und ließ Remoulado aus seinem Griff

auf die Erde sinken. Er legte sich flach neben ihn auf den Boden und versuchte Atem zu holen. In seinem Gesicht brannten tiefe Kratzer.

Die hier postierte Abordnung der Grauener Wache stürzte aufgeregt auf sie zu. Man umkreiste sie und schon beugte man sich zu dem König hinunter, um ihm zu helfen. Jemand tupfte mit einem Tuch in sein zerschrammtes Gesicht.

Taron wehrte ab und drehte sich zu Remoulado. Ein leises Stöhnen drang aus dem Mund des Leibwächters.

Lasst mich in Ruhe, Tölpel!, zeigte der König, wie er es gewohnt war, mit den Händen und deutete auf Remoulado neben sich.

Ihm müsst ihr helfen! Schnell! Wo ist Ripenschneider?

Er ließ sich von einem der Soldaten in die Höhe ziehen. Die durchzechte Nacht und der Überfall im Wald holten ihn ein wie ein Hammerschlag. Er wankte und eine der Wachen griff ihm unter den Arm, um ihn zu stützen.

„Hier bin ich, werter Herr!“, schnarrte es über den Hof und Ripenschneider kam heran. Er trug seine Tasche in den Händen.

Mathilde stürzte zu Remoulado und sah sofort, wie es um ihn stand. Sie half ihrem Vater, wo sie konnte, und wenig später trug man den Leibwächter ins Haus.

In der ganzen Aufregung hatte niemand bemerkt, dass Taron sich aus dem kleinen Menschenauflauf im Hof herausgezogen hatte. Der König hatte wie im Taumel und unbemerkt das Anwesen durch das noch geöffnete Tor verlassen.

Der Geistliche in der kleinen Dorfkirche staunte nicht schlecht, als er frühmorgens einen völlig zerstörten König in den Kirchenbänken sitzen sah. Er hatte die Türen noch nicht lange aufgeschlossen und sich anderen Dingen zugewendet. Bei seiner Rückkehr hatte er den desolaten Besucher bemerkt.

Vorsichtig hatte er sich genähert und sich zunächst schweigend zu ihm gesetzt. Er hatte ihm etwas zu trinken und eine kleine Schale mit Wasser mit einem Tuch gebracht, um dem zerrupften König damit das Gesicht zu waschen.

Der König hatte dankbar den Becher entgegen genommen. Sein Kopf dröhnte und seine Hände zitterten von dem, was er kürzlich erlebt hatte. Ihm war übel. Die restliche Zeit hatte er schweigend dagesessen und den Geistlichen gewähren lassen. Er saß da mit gefalteten Händen und mit gesenktem Kopf. Die rauschende Nacht zuvor klirrte durch seine Gedanken, ebenso der Morgen danach, und er dachte voller Furcht an Remoulado. Er hatte nicht nachgedacht, als er in die Kirche gehumpelt war. Er wusste nicht genau, warum er hier war. Er wollte nur Stille.

Unschlüssig hatte der Geistliche den geleerten Becher und die kleine Schale schließlich zur Seite gestellt. Er stand auf und legte die Hand auf den geneigten Kopf des Königs.

„Schön, dass Ihr hier seid, Herr Bräutigam. Es wurde Zeit."

Taron antwortete nicht, aber sein Blick ging Richtung Beichtstuhl. Er wusste, was der Pater von ihm erwartete.

Aber…, erhob Taron matt seine Finger. Ihm war schwindelig. *Ich spreche nicht und ich weiß nicht, ob Ihr…*

„Lange habt Ihr den Weg nicht mehr in dieses Gebäude gefunden", sagte der Geistliche zweifelnd. „Und nun kommt Ihr hierher mit Blut an Euren Händen?" Er zeigte auf die kampfgezeichnete Gestalt des Königs.

Taron fuhr auf, als müsse er sich entsinnen, wo er sich befand. Wie von selbst hatten seine Füße ihn hierher getragen.

Der Pater erkannte, dass der König nicht ganz bei sich war. Und während er auf ihn einredete, reichte er dem König noch einmal die Schale, um wenigstens seine Hände zu reinigen.

Taron nahm es dankbar an.

„Seid hier als Gast an diesem Ort", fuhr der Geistliche fort, als er das Gefäß schließlich wieder zur Seite stellte. „Als zukünftiger Bräutigam, den ich zu trauen habe, und als Trauzeuge für einen anderen. Egal, was Euch an diesem Morgen hierher geführt hat, und warum Ihr so…" Der Pater sah auf die Gestalt des Königs. Er sprach nicht weiter. „Ich war darauf nicht vorbereitet", gab er offen zu. „Ohne Übersetzer. Leider kann ich Eure

Sprache mit den Händen nicht annähernd so gut, wie ich es sollte. Verzeiht mir."

Ungerührt zuckte Taron mit den Schultern. Ihm war flau. Das Übermaß der letzten Nacht begann ihn weiter einzuholen.

Der Pater überlegte einen Moment, aber er ließ sich nicht beirren.

„Da Ihr nicht sprechen könnt, lasst mich fragen, was nötig ist, und es steht Euch frei, auf meine Fragen mit einer einfachen Kopfbewegung zu antworten. Er sah, wie der König mit zusammengebissenen Zähnen an sein schmerzendes Bein hinunter griff.

„Und zwar genau hier, in dieser Bank", ergänzte er schnell. Den Weg in den Beichtstuhl und zu knien wollte er dem König ersparen. „Hier seid ein paar Momente sicher. Zumindest bis man kommt, um Euch zurück in die Mauern Eures Hauses zu holen."

Taron nickte und gab dem Pater einen ehrerbietigen Handkuss.

„Eure Braut war übrigens bereits hier und so war es längst an der Zeit, dass auch Ihr den Weg zu mir findet", fuhr der Pater leise fort.

Der König war zu erschöpft, um überrascht zu sein. Woher wollte irgendjemand wissen, ob es einmal eine Braut geben würde? Er sah einmal kurz auf, bevor der den Kopf wieder tief in seinen Kragen fallen ließ.

Zwischen den beiden entwickelte sich ein zögerliches Gespräch.

„Wollt Ihr überhaupt jemanden ehelichen?", fragte der Pater schließlich und sah Taron prüfend an, dessen Miene während seiner Befragung immer düsterer geworden war.

Taron neigte erneut den Kopf. Dann verneinte er.

Fragend sah der Pater ihn an. Aber er wusste die Erklärung bereits.

Der König zeigte auf seine verschmutzte Kleidung und auf die Schrammen in seinem Gesicht. Er deutete mit den Händen eine schwere Krone auf seinem Haupt an und seufzte stumm.

„Wenn ich an Euren Onkel denke…“, murmelte der Pater dann schließlich nachdenklich.

Eben!, deutete Taron darauf mit einer eindeutigen Handbewegung, dass der Geistliche es erfasst hatte. Als hätte er die Gedanken des Königs erraten. Er fuhr durch sein vom Kampf zerzaustes Haar und zog eine graue Strähne daraus hervor.

„Ich sage Euch nur Eines dazu und bedenkt dies gut“, sprach der Pater weiter. Eine Hand legte sich eindringlich auf Tarons Schulter.

„Nur eine Meinung unter Freunden“, sagte er vorsichtig. „Lieber alt, bebürdet und eine Verbindung, bei der man weiß, warum man sich aufregt, als einfach nur alt, einsam und verrückt wie einst Euer Onkel.“ Er lächelte den König an. „Ich denke nicht, dass Ihr es bereuen werdet. Im Gegenteil.“

Müde gab der König das Lächeln zurück und er legte die Beichte ab. Ganz wie der Pater es vorgeschlagen hatte.

Wie Taron es heimlich erwartet hatte, dauerte es nicht lange und das Tor der Kirche wurde erneut geöffnet. Eine Sonderwache aus Wassergrün marschierte ein und stellte sich leise und Mann für Mann neben den Kirchenbänken auf. Jeder von ihnen hatte seine Kopfbedeckung abgenommen.

Sie zollten dem Pater ihren Respekt und legten kurz vor dem König die Hand an die Stirn. Man hatte den Herrscher nicht lange suchen müssen. Dann erstarrten sie ohne ein Wort und erwarteten das Ende der Beichte.

Der Pater hatte sich flüsternd und unbeeindruckt weiter mit Taron unterhalten und ebenso ruhig und besonnen erteilte er am Ende die Absolution.

Man erhob sich, ohne auf die Wachen zu achten. Der Pater reichte Taron die Hand.

„Möchtet Ihr hier im Kirchenasyl bleiben, so sei dies jetzt Euer freier Wille“, sagte er dann unvermittelt und so deutlich, dass man es selbst durch die geöffnete Tür nach draußen vernehmen konnte. Er machte sich so groß wie möglich und sah auf die Gardemannschaft neben ihnen.

Die Wachen, die um sie standen, fuhren zusammen. Damit hatte man nicht gerechnet.

Auch Taron nicht. Er sah dem Pater dankerfüllt in die Augen. Er dachte an das, was kürzlich geschehen war. Er dachte voller Furcht an den schwer verletzten Remoulado. Und er dachte an seinen Vater, der in Hiesig auf eine ähnliche Weise einmal dem Grauener Thron entflohen war. Doch dies war nicht sein Weg. Egal, was ihn nun erwartete.

Er trat aus der Kirchenbank, kniete noch einmal kurz vor dem Geistlichen nieder und antwortete mit einem kleinen Kopfschütteln.

Der Pater legte ihm die Hand auf und nickte.

„Dann geht in Frieden..."

Der König reihte sich zwischen die wartende Garde und folgte ihnen nach draußen.

Vor der Kirche wurde der König bereits erwartet. Anatol von Wassergrün höchstpersönlich hatte den Weg hierher gefunden.

Als Taron die letzte Stufe vom Kirchenportal heruntergestiegen war, stand er wie in Remoulados Traum vor ihm. Er baute sich tadelnd vor ihm auf. Und wie ein Kübel eiskaltes Brunnenwasser klärte er alleine durch seine Anwesenheit das übernächtigte Gemüt des Königs sofort.

Anatol sagte kein Wort und starrte ihn böse an. Mit seinem Stock tippte er an Tarons Bein, wo das gelbe Band in seine Haut gestochen war.

Es war totenstill auf dem Kirchplatz. Die Besucher aus Wassergrün umringten ihn. Die Grauener Garde wartete im Hintergrund. Mit ihnen Vincent und Ibô. Man drückte dem König einen Beschluss in die Hände, bevor ein paar Eisen zusammenklickten.

Taron kam lächelnd mit ihnen und mit hoch erhobenem Haupt. Man brachte den König aus dem Dorf. Man brachte ihn zur Wache. Remoulados Albtraum wurde wahr.

Man konnte nichts tun. Fassungslos hatte man auch im Haus der Ripenschneiders die Nachricht entgegengenommen. Man hatte Ibôs unerfreulichen Bericht angehört und ebenso wenig amüsiert kehrte der General anschließend zurück ins Schloss.

Taron und Remoulado hatten, wie es aussah, nach jener Nacht im Dorfgasthaus eine Wassergrüner Abordnung auseinandergenommen. Die gefällten Soldaten hatte man in dem Waldstück zurückgelassen. Wer sonst noch bei ihnen war, hatte sich nicht mehr feststellen lassen, als man das hinterlassene Schlachtfeld schließlich geräumt hatte.

Der Leibwächter hatte mit Taron gemeinsam um sein Leben gekämpft, und kurz nachdem er so unglücklich von der Klinge eines Angreifers getroffen worden war, hatte er nichts mehr mitbekommen.

Der König hatte zu Protokoll gegeben, dass sich ebenfalls ein paar große klobige Dunkle unter der Abordnung befunden hatten. Er nannte sie Angreifer.

Ibôs Gegenbericht jedoch war düster und Anatols Sohn war in der Burg schließlich seinen schweren Verwundungen erlegen. Der König persönlich hatte ihn angeblich niedergestreckt.

Bevor er starb, hatte Tarons Cousin behauptet, er habe mit seinen Leuten als Empfangskomitee aus Wassergrün den König am Morgen im Wald begrüßen wollen. Er sei seinem Vater nachgereist. Der König mit seinem Leibwächter hingegen sei sofort zum Angriff übergegangen und habe die Mannschaft einen nach dem anderen und ohne Vorwarnung niedergemetzelt. Für das Vonhandensein von Dunklen gab es außer der Aussage des Königs in diesem Zusammenhang keinerlei Hinweise.

Anatols Sohn war tot. Der König und sein Leibwächter standen als tumbe Schlächter da. Was war das für eine miese Finte.

Der General war alles andere als erfreut über die Entwicklungen an Grauens Hof.

Die Hochzeit wurde vorläufig abgesagt. An eine Feier war in Remoulados Zustand nicht zu denken. Ganz zu schweigen davon, dass der Trauzeuge fehlte.

Unter schärfstem Protest von Ibô und Vincent hatte man Taron wie er war nach dieser Nacht in Arrest genommen. Sobald sie aus den Blicken der Öffentlichkeit waren und das Dorf hinter sich ließen mit heftiger Gegenwehr durch den König. Seither erfüllte man das schonungslose Protokoll aus Grauens staubigen Statuten.

Man hatte dem König in einer ersten emotionsbeladenen Reaktion freigestellt abzudanken. Der König hatte auf das vorbereitete Papier voller Abscheu gespuckt und jede Unterzeichnung verweigert.

Anatol hatte, bis zum Rand voll blinder Wut über den Verlust seines Sohnes, die Minister aus Wassergrün hierher geholt. Mit ihrer Zustimmung hatte er komissarisch die Geschäfte am Hof übernommen.

Tarons Kinder waren in der Obhut von Ellis und Nolda. Und auch Lucinde, die bestürzt den Weg hierher gefunden hatte, versuchte sich um sie zu bemühen.

Man hatte die Wachen verstärkt und sämtliche diplomatische Verbindungen nach Hiesig vorläufig eingestellt und alle Einladungen abgesagt.

Grauen zog sich in sich selbst zurück.

Der kleine Nachtmahr war seither verschwunden.

Als man Taron nach jener Nacht zu den Vorgängen wieder und wieder vernommen hatte, bestand er unnachgiebig auf seiner Version eines Angriffs. Als man ihn in den Arrestraum der Wache brachte, hatte er getobt wie ein Wahnsinniger. In eben jenes Zimmer, in dem Taron selbst einst einen Wachmann hatte schmoren lassen.

Niemand wusste mehr irgendetwas und der König schien nicht mehr zurechnungsfähig. Er griff an wie ein waidwundes Tier, wenn jemand auch nur in seine Nähe kam.

Ein Gutachter wurde bestellt. Mönius Morbus Saltimbocca hatte sich dazu nicht lange bitten lassen. Er hatte sich auf den Weg ins Grauener Schloss gemacht.

Niemanden ließ man seither zu dem König. Weder Ibô noch Vincent oder irgendjemand anders, der darum ersuchte. Noch nicht einmal Njorbert von Schnapp.

Selbst Mattheo, Tarons Schwager, Ratsdiplomat und mittlerweile ein guter Verbündeter des Königs, ließ man nicht vor. Er und Tarons Schwester Camilla hatten mit Entsetzten von den Geschehnissen um die Grauener Burg erfahren.

Auch dem Geistlichen vor Ort, mit dem Taron vor Kurzem gesprochen hatte, verwehrte man den Zutritt zu dem König und das Beichtgeheimnis verbot ihm einen Beitrag zur Aufklärung der geschehenen Vorgänge.

Indes ahnte Taron sehr genau, wer ihm das eingebrockt hatte. Die Morbidianer mussten ihre Finger in diesem dreckigen Spiel haben. Oder? Auf jeden Fall aber hatte Gumpert von Schwarzeck seine dicken Schaufelhände nach Grauen ausgestreckt und es war äußerst unersprießlich in den Räumen der Wache. Er hatte so viel zu klären, hatte so viele Fragen. Aber er kam hier nicht heraus. Er hatte das gründlich überprüft. Aber klar denken, das konnte er längst wieder seit jener Nacht. Im Gegensatz zu Anatol und den Ministern. Wer oder was hatte sie nur so verblendet?

Das Einzige, was man ihm zugestand, war kärglich etwas zu Essen nach ein paar Tagen und der Eimer, den man ihm in die Zelle gestellt hatte, wurde immerhin täglich geleert.

Den ersten Tag hatte Taron neben den Nachwehen des Kampfes im Wald mit den üblen Folgen einer durchzechten Nacht in dieser Kammer gelegen. Niemand hatte sich darum gekümmert und außer dem Wasser, das man ihm durch die Türluke eingeflößt hatte, ließ man ihn genau so zurück, wie man ihn auf dem Kirchplatz mitgenommen hatte.

Und trotz vehementem Widerspruch von Ibô hatte man erst am Abend die Eisen auf seinem Rücken wieder gelöst. Man hatte sich sehr gefürchtet, sich dem König auch nur zu nähern.

Sein Onkel Anatol war außer sich vor Zorn und Schmerz über den Verlust seines feinen Sohnes und das Verhalten, das er Statuten hin oder her plötzlich an den Tag legte, grenzte an einen ernstzunehmenden Putschversuch. Er badete selbstgerecht in Grauens wahnwitzigem Regelwerk und nur dieses schützte ihn jetzt vor diesem Vorwurf. Welche Rolle hatte er bei dem Ganzen? Warum war er hierher gekommen?

Was war mit einem ganzen Stab von Ministern geschehen, die all dies nun guthießen?

Und was hatte Ripenschneider in seinem verirrten Geist Taron im Bezug auf Wassergrün stets mitteilen wollen?

Taron wusste es nicht. Noch nicht.

Niemanden aus dem Schloss hatte er seither mehr gesehen. Weder Ibô, noch Vincent oder einen Vertreter seiner Garde. Noch nicht einmal Sigur konnte sich hier blicken lassen. Taron konnte sich vorstellen, wie sie gemeinsam mit Njorbert von Schnapp in der Zwischenzeit aufbegehrten und eine massive Opposition aufbauten.

Wassergrün schien sein Schloss hier übernommen zu haben und der einzige, den er von Zeit zu Zeit zu sehen bekam, war der abgeordnete Wassergrüner Gardehauptmann, der ebenso stumm zu sein schien wie er selbst.

Taron war äußerst verdrießlich und er sann in der Kammer auf finstere Vergeltung. Er wusste nicht, wie es den anderen ging. Er wusste nicht, wie es seinen Kindern ging. Niemand sagte etwas. Er hoffte sie bei Ellis und Nolda in guter Fürsorge. Und er setzte auf seine Tante Lucinde. Sie würde ein Herz haben für Shelly und den kleinen frechen Konrad. Egal wie dies hier ausging. Seine Tante hatte man nicht verdreht. Aber was sollte sie ausrichten.

Allem voran aber bangte Taron um Remoulado. Man hatte ihn übel zugerichtet bei dem Überfall. Wie mochte es ihm ergangen sein? Hatte er es geschafft, seinen Freund rechtzeitig zu Ripenschneider zu bringen? War es überhaupt eine gute Idee gewesen, ihn dorthin zu schleppen? Der Professor war so undurchsichtig wie die Mauern dieses Wachhauses.

Nein, Taron war sich sicher. Egal welche Rolle Ripenschneider in der Sache spielte. Er hatte Remoulado geholfen. Schon Mathilde zuliebe musste er es getan haben. Taron hoffte es sehr.

Die Nachricht von seinem Tod hatte ihn zumindest nicht erreicht bisher. Wenn ihn etwas hatte retten können nach dem massiven Treffer durch die Klinge seines Cousins, war es Ripenschneiders Kunst und sein diffiziler Besteckkasten.

Aber anders herum gedacht, überlegte Taron und er stockte mitten in seinem Gedanken. Was war, wenn die Ripenschneiders ebenso gefährdet waren wie er? Der Professor hatte Andeutungen gemacht, dass er froh war, Wassergrün den Rücken gekehrt zu haben.

Er betete, für die Familie des Professors und für Remoulado, dass noch immer genug Vertreter der Palastwache um sein Haus für die notwendige Sicherheit sorgten.

Eines war jedoch gewiss, dachte Taron, während er versuchte sein von dem Gewaltlauf noch immer rebellierendes Bein zu kühlen.

Die geplante Hochzeit war vorläufig futsch. Für das Haus Ripenschneider gab es weder einen trauungsfähigen Bräutigam, noch war der erwählte Trauzeuge verfügbar.

Mit einem abgetrennten Teil seines Hemdsärmels, das er in den kleinen Wassertrog vor sich getaucht hatte, umwickelte er bedächtig sein ehemals gebrochenes Bein. Sein Leibarzt hatte recht behalten. Es würde nie wieder richtig belastbar werden und solche Strapazen wie einen Lauf um Leben und Tod mit einem nicht gerade leichtgewichtigen Leibwächter als zusätzlichem Gewicht überstand es schon gar nicht gut.

Er lehnte sich gegen die feuchte Mauer und spürte, wie das Pochen in seinem Unterschenkel von der Kühle des Umschlags ein wenig befriedet wurde. Mit der Manschette des anderen Ärmels wusch er sich das Gesicht. An blütenrein makellose Kleidung war ohnehin schon lange nicht mehr zu denken.

Wollte man dies hier tatsächlich einundzwanzig Tage vollziehen, wie es in dem Beschluss gestanden hatte? Taron wusste es nicht, aber es stand zu befürchten. Aber so sehr er mit seinem Thron oft haderte. Aufgeben würde er ihn nicht. Und wenn sie ihn über diese Zeit hier drin verrotten lassen würden. Nur weil er im Moment noch nicht wusste, was zu tun war, hieß es nicht, dass sich das nicht noch ergeben konnte.

Niemand sprach hier mit ihm, aber er hoffte sehr, dass wenigstens Lucinde den zornverblendeten Anatol irgendwann wieder zur Vernunft bringen konnte.

Er lenkte seine Gedanken auch auf den kleinen vermissten Nachtmahr. Wo war Schorsch nur abgeblieben? Auch davon hatte Taron keine Ahnung.

Heimlich hoffte er sogar auf einen Besuch von Edolf, aber er blieb aus. Irgendwann fiel ihm ein, dass sein Onkel wohl an die Mauern der Burg gebunden war. Das Gärtnerhaus lag in unmittelbarer Nähe des Haupthauses. Vielleicht gab es dort im Keller sogar eine Verbindung. Eines der wenigen Dinge, die Taron seit seiner Zeit hier auf dem Schloss noch nicht erforscht hatte. Die Gebäude der Wache hier befanden sich dagegen abgelegen. Edolf konnte vermutlich die Mauern des Schlosses nicht so einfach verlassen. Ebenso wie er diesen vermaledeiten Raum.

Taron lachte bitter über sich selbst. Er hoffte auf einen Besuch von Edolf… So weit war es also schon gekommen.

Lange und ausdauernd hatte er so vor sich hinvegetiert. Längst hatte er jedes Gefühl für Zeit und Stunde verloren. Nichts geschah, niemand kam. Würde man es überhaupt bemerken, wenn ihm hier etwas zustoßen sollte? Tumb stopfte er den unförmigen Strohsack zurecht, auf dem er lag, und starrte beklommen in den Raum hinein.

Unabhängig von dem Überraschungskommando im Wald und dem, was nach ihrem Angriff geschehen war, drang irgendwann als Gedanke in sein Gehirn: Er hatte sich aus der Sicht seiner Minister und aller Beteiligten an dieser Maßnahme den rüden Aufenthalt hier sehr konsequent erarbeitet.

Das Diner bei Ripenschneiders trotz vorgebrachter Sicherheitsbedenken in Wassergrün und sein Alleingang zurück hierher. Alleine dies hätte für einen einfachen Arrest ausgereicht. Man musste die Hände über dem Kopf zusammengeschlagen haben, als man von seinem Abtauchen nach dem Anschlag in Ripenschneiders Haus erfahren hatte.

Dann erst sein kürzlicher Selbstfindungsausflug hinunter ins Dorf, der so unerwartet geendet hatte. Remoulados Junggesellenabschied hatte dem Ganzen wohl schließlich die Krone aufgesetzt und die Geduld derer, die in Grauens Regentschaft die Zügel mit zu lenken halfen, war endgültig erschöpft.

Solch ein König war eine Zumutung und jetzt, da die Dunklen wieder nach Grauen zu streben schienen, eine massive Sicherheitsgefährdung. Ein erfolgreicher Anschlag würde ein Machtvakuum erzeugen, welches das kleine Land nicht so einfach kompensieren konnte.

Seine beharrliche Verweigerung einer soliden Vermählung schwächte es zusätzlich.

Die Erkenntnis aus der Perspektive derer, die ihn nun hier festhielten, traf ihn hart. Er war auf andere Weise als Edolf eine Belastung für diesen Thron geworden. Und er hatte es all die Zeit nicht bemerkt. Selbstgefällig, eigenwillig und scheinbar ohne Rücksicht auf eigene Verluste hatte er pedantisch seine Pflichten erfüllt, wie er dachte. Er hatte diesen Thron gelebt und die Regierungsgeschäfte gerade in letzter Zeit mehr als versessen erfüllt. Ohne selbst zu bemerken, wie sehr er trotz allem in die Irre ging. Die posthume Rebellion gegen Edolf hatte ihn verblendet.

Er war unaufmerksam geworden, und wenn er schmerzlich ehrlich zu sich war, hatte er das Wagnis gesucht. Er hatte die Gefahr wieder und wieder herausgefordert. Und jetzt hatte er sogar andere in seinem Umfeld damit gefährdet.

Bereits vor dem längst verjährten Attentat gegen ihn war er diesem Land eitel und rebellisch auf der Nase herumgetanzt. Er war viel gereist und hatte es anderen überlassen, ihn in dieser Zeit zu vertreten. Er hatte sich dem Rat angeschlossen und viel Energie in zwielichtige Strukturen investiert.

Bisher hatte man dies entschuldigt und zähneknirschend gebilligt, denn er, der Edolf auf den Thron nachgefolgt war, schien um ein so vieles mehr geeigneter und besonnener, als Edolf es je war. Man verehrte ihn.

Aber Ripenschneider hatte immer recht gehabt. Den Richtigen ein paar eindringliche Flausen in den Kopf gesetzt und das ganze konnte kippen, wie ein sauerstoffarmes Gewässer.

Man hatte moderat versucht, ihn auf den rechten Weg zurückzuführen. Sie alle. Ibô, Vincent und der ganze Apparat. Die Strafarbeit der letzten Tage hatte er trotzig in Kauf genommen, aber nicht verstanden. Bis gerade eben.

Die Selbstgerechtigkeit, die voller Überzeugung bisher in ihm gelodert hatte, wurde unter diesen Gedanken zu einem ganz kleinen Licht in seinem Inneren.

Erfüllte der Arrest in diesen Mauern etwa genau den Zweck, den man sich erhoffte? War dies alles nicht nur aus ungezieltem Rachegedanken von Anatol entstanden?

Taron schöpfte sich einen Schluck Wasser aus dem kleinen Trog in seiner Kammer und seufzte schwer. Er wusste nicht, was er mit den Erkenntnissen nun anfangen sollte.

Dass Anatol nach diesen ganzen Abwegen nicht gar eine Auspeitschung oder Exekution befohlen hatte, konnte er sich aus dieser Sichtweise heraus sogar glücklich schätzen.

War sein eigenes Aufbegehren tatsächlich stärker gewesen als das für so übermächtig befundene Pflichtgefühl? Warum hatte man ihn nicht zurückgehalten?

Die Antwort gab Taron sich kleinlaut selbst. Man hatte es versucht. Viele Male. Und man hatte versucht ihn auf alle erdenkliche Weisen zu schützen. Wie Edolf es ihm gesagt hatte. Ein störrisches Grauener Maultier war leichter zum Gehorsam zu bewegen.

Zurecht hatte man ihm also die Urkunde für eine Abdankung unter die Nase gehalten. Jetzt verstand er es. Aber wer sollte es wagen an seiner Stelle das Zepter zu übernehmen?

Eine Wespenkönigin hatte Zeit ihres Lebens in ihrem Bau zu verbleiben, sich schützen zu lassen und für die Ihren zu sorgen. Nichts anderes und solange, bis ihr Dasein erfüllt war. Daran mahnte stetig das gelbe Band um sein Fußgelenk. Er meinte es auf seiner Haut zu spüren. Und er schämte sich.

Der König schnaubte leise und unterbrach die gründliche Selbstzerfleischung für einen Augenblick. Und die Erkenntnis, die er nun hatte, vergrämte ihn noch mehr. Er war eben Mensch, nicht Wespe. Und was war durchschnittlicher, als dass dieser an sich selbst dachte und Fehler machte?

In diese Gedanken hinein hörte Taron ein kleines Kratzen. Er starrte verwirrt in den Raum hinein. Woher es kam in all dieser Stille, konnte er zuerst nicht ausmachen. Er erhob sich von seinem dürftigen Lager und lauschte. Da war es wieder. Er folge dem Geräusch, bis er an die Außenmauer gegenüber stieß. Es kam von irgendwo zu seinen Füßen. Eine Klappe in der Außenmauer unterhalb des Fensters. Er streckte die kalten Hände danach aus und beugte sich hinunter. In der tiefen Nische griff er zunächst in ein ausgedehntes Spinnennetz. Ein stummer Fluch entfuhr ihm und angewidert wischte er sich die Hände sauber.

Dann klopfte es leise. Es klang wie ein kleiner zaghafter Finger auf Holz.

Erneut streckte Taron seine Hand in diese Richtung und beim nächsten Mal griff sie an altes verrostetes Metall. Als er mit den Fingern die Stäbe berührte, machte er eine verwitterte Holzplanke dahinter aus. Von hier schien das Kratzen und Klopfen zu kommen. Was hatte er schon zu verlieren? Vorsichtig klopfte er zurück.

„Papa?", rief es von außen leise und man versuchte einen festgerosteten Riegel an dem Holz zu öffnen.

Taron klopfte leise und wie zur Bestätigung zurück.

„Er ist hier!", rief es halbwegs verhalten auf der anderen Seite. „Ich habe es dir gesagt. Die Katze hat ihn tatsächlich gefunden."

Ein Mädchen quietschte leise.

Das Herz des Königs machte einen Sprung. Es waren die Kinder. Sie hatten ihn gesucht und sie hatten ihn gefunden.

„Ich bekomme diesen Riegel hier nicht auf", hörte er Konrad halblaut von draußen schimpfen. „Ich habe dir gesagt, Shelly, dass er nicht verreist ist. Was machst du denn hier Papa? Du bist gar nicht bei Tante Shelly in Schwarzeck."

Taron musste unvermittelt grinsen. Nein, das war er nicht.

„Onkel Anatol ist ein Lügner", beschwerte sich der Junge. „Aber wir und Fluse, wir wussten es besser." Konrad streichelte der Katze draußen über den Kopf.

Dann endlich, nach einem erneuten Versuch, konnte Konrad den festgerosteten Riegel lösen und klappte den Laden vor dem kleinen Schacht zur Seite. Die beiden schauten von außen neugierig in das Loch unter dem viel zu hoch gelegenen Fenster, ohne etwas zu sehen. Die Katze steckte neugierig den Kopf herein und schnupperte.

Als Taron die Finger durch die Stäbe streckte, um sie zu kraulen, entfuhr Shelly ein kleines erschrockenes Quietschen. Erst dann erkannte sie die Hand ihres Vaters.

„Wir müssen das Kuno erzählen", raunte Konrad der Kleinen zu.

Sie nickte eifrig. Dann nahm sie entschlossen ihr Bonbon aus dem Mund, das sie gerade in der Küche abgestaubt hatte, und drückte es ihrem Vater liebevoll in die noch immer ausgestreckte Hand.

„Njorbert sagt immer, du musst etwas essen", fiepte sie leise.

„Wir kommen bald wieder", versprach der Junge und drückte die Klappe zurück vor die Öffnung. Dann zog er Shelly, die sich leise beschwerte, weg von dem Haus. Sie durften nicht entdeckt werden.

Taron indes war aus seiner Erstarrung der letzten Tage erwacht und ein seltsames Glücksgefühl durchströmte seinen von Selbstkasteiung zerfressenen Geist. Es war nicht alles verloren.

Er war König von Grauen und hatte einen wohlverdienten Arrest würdig zu ertragen. Und er bereute nichts von dem, was ihn hierher gebracht hatte.

Anatols Ansprachen und seine Vorwürfe hatten die beabsichtigte Wirkung auf ihn zunächst nicht verfehlt und der Gewahrsam hatte genau das getan, was er ausrichten sollte. Man hatte ihn geschickt manipuliert. Zumindest hatte man es versucht. Man wollte ihn mit martialisch grobklotzigen Methoden beeindrucken und für Zwecke einspannen, die nicht seine waren. Und man missbrauchte dafür sehr plump die Grauener Statuten.

Als der König dies erkannte, musste er lachen. Welche Strafe stand hier auf die abusive Inhaftierung renitenter Grauischer Könige? Taron schuf durch sich selbst gerade einen Präzedenzfall und es würde den obersten Richtern obliegen dies nach seiner Freilassung zu sühnen.

Doch man hatte es gewagt. Er war hier. Man würde ihn nicht brechen. Niemals. Auch diesmal nicht. In Taron regte sich ganz alte Widerspenstigkeit. Er war der König von Grauen und er würde es bleiben. Und zwar so lange er am Leben war. Egal, welche Kräfte Anatol jetzt in eine zweifelhafte Richtung beeinflusst hatten.

Die Morbidianer würden sich auf diese Weise nicht über ihn aufschwingen. Und auch sonst niemand.

Er hatte die Kinder und egal was kam, er hatte Freunde. Bestimmt liefen sie gegen Anatols Vorgehen bereits Sturm. Zumindest der Teil von ihnen, der das konnte. Also Vincent und Sigur. Wie aber mochte es Remoulado gehen? Wieder bleib Taron mit seinen Gedanken an dieser Stelle hängen. Er war sich sicher. Wenn jemand ihm hatte helfen können, war es Ripenschneider. Dennoch fürchtete Taron nichts mehr im Augenblick als eine schlechte Nachricht, dass sein Leibwächter es nicht geschafft hatte. Er war dazwischen gegangen, als eine allzu hinterlistige Klinge auf Taron hernieder gesaust war. Ihn hatte das Metall treffen sollen, nicht Remoulado zu Wassergrün.

Was mochte in der Zwischenzeit mit Shelly von Schwarzeck geschehen sein? Was war in Schwarzeck passiert? Ob Konrad dort etwas hatte erreichen können?

Ob die beiden Kinder nun etwas für ihn tun konnten? Einundzwanzig Tage würden ansonsten furchtbar lang werden hier. Was würde ihn nun erwarten? Was hatte man vor? Er war bereit.

Und er dachte an die Worte von Schweinetrine, bevor sie in ihren Sumpf zurückgekehrt war: *Schweigt und findet heraus, was notwendig ist für Euch. Ihr sprecht erst dann wieder, wenn Euer Inneres es für richtig hält.*

Inständig hoffte Taron, dass sein Inneres und sein Wille ein und dieselbe Sache waren und er diesen Spruch lösen konnte, wenn er es musste. Ob er überhaupt jemals wieder richtig sprechen konnte? Das stotterige Gestammel nach seinem Untergang im Sumpf sollte hoffentlich nicht das Beste sein, was für ihn phonetisch noch erreichbar war.

Er schob den Gedanken zur Seite. Für solche Überlegungen und Zweifel hatte er keine Zeit. Er war entschlossen.

Taron zupfte das klebrige Bonbon von Shelly von seinen Fingern, das er noch immer in der Hand gehalten hatte. Und wie seine Tochter es angedacht hatte, steckte er es in den Mund. Sie hatte recht. Er musste etwas essen. Er hatte seit Tagen nichts Anständiges zu Essen mehr gehabt. Schon gar nichts Süßes. Er legte sich auf sein karges Lager und verschränkte die Arme hinter dem Kopf. Der kleine Zuckerklumpen zerging langsam auf seiner Zunge und er genoss das ungewöhnliche Geschenk wie eine seltene Delikatesse. Aller Unwägbarkeit hier zum Trotz. Er grinste diabolisch und seine Augen glitzerten. Er wusste jetzt, was er zu tun hatte.

Und tatsächlich war es Kuno Modrich, der Gärtner, der dem König nun helfen konnte. Die Kinder waren verschwiegen wie zwei Geheimbündler zu ihm gelaufen und hatten ihm alles erzählt. Niemandem sonst hatten sie etwas gesagt. Nicht Vincent, nicht Ellis oder Njorbert. Noch nicht einmal Nolda gegenüber hatten sie ihren Fund erwähnt.

Man bewerkstelligte es am Abend ungesehen, sich erneut an die Hinterseite des Wachhauses zu schleichen und die kleine Luke zu öffnen. Eine dichte Hecke davor schützte das Fenster vor neugierigen Blicken und durch den engen Zwischenraum zu dem niedrigen Gebäude hatten sich die Kinder hindurchgequetscht. In aller Eile und an dem ambitionierten Wassergrün vorbei wurde schließlich ein konspiratives kleines Nachtmahl in die Zelle geschoben. Und eine zierliche Funzel mit ein paar

Schwefelhölzern. Der König sollte am Abend und in der Nacht nicht länger im Dunkel bleiben. Auch etwas von seinem Rheumamittel für das schmerzende Bein des Königs gab der Gärtner in weiser Voraussicht mit in das kleine Päckchen.

Weder mit Vincent oder mit irgendjemand sonst aus dem Schloss hatte Kuno das besprochen. Sie hatten genug dort damit zu tun, Anatol in Schach zu halten, der in Tarons Haus herumstolzierte wie ein vergoldeter Pfau. Selbstgerecht und besessen von unsinnigen Gedanken an Vergeltung.

Es gab am nächsten Morgen eine einzige Vorsprache des Gärtners an der richtigen Stelle und Taron wurde zu seiner Verwunderung, so wie er war, in den Garten gebracht.

Der Gärtner hatte sich bitter beschwert, dass Taron seine Frondienste bei ihm noch nicht abgearbeitet hatte und sich stattdessen in den Räumen der Wache ausruhen durfte, wie es ihm beliebte. Er jammerte über sein schmerzendes Kreuz und über seinen runden Rücken und die viele schwere Arbeit, die noch zu tun war. Es hatte seine Wirkung nicht verfehlt. Für wenige Stunden pro Tag entlieh man den König mit ebenso heimlicher wie irrtümlicher Schadenfreude an den gealterten Mann.

Der König wurde in die Gartenanlagen gebracht. Und nachdem Kuno ihm flüsternd erklärt hatte, worum es ging, hatte er niemanden von den Soldaten mehr angegriffen, die ihn aus seinem Quartier geholt hatten, und war folgsam hinter ihnen her gehinkt.

Hämisch und voller Niedertracht sah Anatol vom Balkon aus zu, wie man den König an die von ihm betitelte Schmutzarbeit holte. In gebührendem Abstand um den König standen drohend und schwer bewaffnet die Wassergrüner Gardeleute. Vordergründig für seine Sicherheit.

Taron musste grinsen. Natürlich standen sie dort, damit er nicht floh. Er war nicht so dämlich, wie sie alle meinten.

Man hatte ihm keine Arbeitskleidung erlaubt, keine Handschuhe und seufzend hatte Kuno ihn so schließlich an die Arbeit geschickt. Es war ein warmer Tag und die Sonne schien vom Himmel herunter.

Taron hatte sich das Haar mit einem Tuch zurück in den Nacken gebunden. Er stand gebeugt. Bald kniete er vor den Unkrautmeeren, die sich schneller bildeten, als Kuno Modrich lieb sein konnte.

Als Kuno sich zu ihm gesellen wollte, wurde er von den Gardeleuten davon gescheucht. Nur Anweisungen hatte er heute an den König zu geben. Sonst nichts.

Der Gärtner erklärte ihm schließlich knapp, was er tun sollte, und kam ganz nah an ihn heran.

„Und esst bitte in Eurem schönen Garten, was Ihr finden könnt", raunte er ihm zu. „Wenn die Büsche hier bereinigt sind, schicke ich Euch in den Nutzgarten. Dort gibt es einiges für Euch."

Taron nickte unmerklich. Dann ließ man ihn allein. Er jätete Unkraut. Mit bloßen Händen griff er in die dichten Brennesselbestände, die sich vor einer Zierhecke gebildet hatten. Er erinnerte sich an das, was Edolf ihm seinerzeit geraten hatte, als er ähnliche Aufgaben schon einmal erhalten hatte. Sein Onkel hatte sowohl Brennesseln als auch Disteln stets mit der bloßen Hand ausgerissen.

Beherzt griff Taron von unten an die stachelig bewehrten Strünke. Er umfasste die Stiele so, dass die Nesselhaare sich bogen unter seinen Fingern. Er zog die Pflanzen mit sanftem Druck heraus, sodass sich die gelben oberflächlichen Wurzeln gleich mit aus dem Erdreich lösten. Stiel um Stiel der hochgeschossenen Störenfriede entfernte er so und neben ihm bildete sich ein beachtlicher Haufen Gartenabfall.

Dennoch waren seine Hände nach kurzer Zeit strapaziert und voller Pusteln. Die Gifthärchen der Nesseln steckten fest in seiner Haut. Seine Handflächen und Finger brannten. Taron achtete nicht darauf und arbeitete weiter. Er bemerkte es kaum. Er nahm um sich herum nichts mehr wahr als seine Aufgabe.

Nicht mehr die Garde, die in weitem Abstand von ihm postiert war, und auch nicht diejenigen, die ihn feige, voller Rachsucht und schadenfroh gerade beobachten mochten. Starr richtete er seinen Blick auf das, was er zu tun hatte, und hing seinen Gedanken nach. Er wusste nicht, wie lange.

„So ist es richtig, Durchlaucht“, hörte er irgendwann in seinem Rücken. Er sah nicht auf. „Reißt das ganze Übel am besten gleich mit der Wurzel aus, bevor es Euch über den Kopf wuchert.“

Taron hielt inne und setzte sich zurück auf die Knie. Er wusste, wer hinter ihm stand, und er staunte nicht schlecht. Und er wusste, sein Besucher hatte es metaphorisch gemeint.

„Genau wie diese miese Verwandtschaftsblase, die sich gerade in Eurem Haus eingenistet hat“, setzte der Besucher fort. Seine Stimme klang schneidend und unverwechselbar.

Taron drehte sich um. Morbus Mönius Saltimbocca gab sich die Ehre und hatte den Weg hierher und zu ihm in den Garten gefunden. Zu welchem Zweck war er hier?

Der König strich sich die Hände sauber und wischte ein paar kleine Schweißperlen aus dem Gesicht. Dann sah er zu ihm auf und legte die geplagten Finger in den Schoß. Er wollte sie vor dem bissigen Sachverständigen verstecken.

„Ich sehe, Ihr habt den Begriff Demut gelernt in der Zwischenzeit“, lachte er und streckte die Hand nach dem König aus.

„Das gefällt mir. Behagt mir sehr und glaubt mir, es steht Euch gut. Aber dennoch. Erhebt Euch jetzt um Himmels Willen“, forderte Saltimbocca ihn auf. „Es ziemt sich nicht, dass ich auf einen Herrscher hinabsehe. Bevor ich diesen Ort wieder verlasse, möchte ich zum Schluss auch mit Euch noch ein paar Worte wechseln.“

Der Besucher reichte dem König die Hand und zog ihn ächzend in die Höhe.

„Ihr macht jetzt eine Pause und schenkt mir ein paar Augenblicke Eure Aufmerksamkeit.“ Seine Rede duldete keinen Widerstand.

Taron sah verwundert auf ihn hinab.

„Kommt auf einen kleinen Plausch mit in das Haus des Gärtners. Dort können wir in Ruhe sprechen."

Was auch immer Saltimbocca hier wollte, dachte Taron. Und egal, wer ihn hierher gebeten hatte. Er konnte eine Verschnaufpause wahrlich gebrauchen. Er stemmte die Hände in seinen schmerzenden Rücken und folgte dem zwielichtigen Herrn in Kuno Modrichs Haus, wo er bereits erwartet wurde.

Bevor er Kunos Haus betrat, streifte Taron sein schmutziges Schuhwerk ab. Er wollte der Familie Modrich keine Erde aus dem Garten ins Haus tragen.

Kuno hielt ihm bereits die Tür auf und Saltimbocca bugsierte ihn schnell hinein.

In der Stube erwartete ihn eine Überraschung.

An dem großen Tisch saßen noch mehr Menschen, die ihn zu sprechen wünschten. Sein Schwager Matteo war hier.

Taron schnaubte ungläubig.

Und neben seinem Schwager saßen ein aufgeplusterter Ripenschneider, sein Leibarzt Njorbert von Schnapp und sogar Konrad von Schwarzeck. Nebst einem aufgeregten Kuno, der dieses Treffen in seinem Haus ermöglicht hatte.

Taron musste sich setzen. Er starrte die kleine Versammlung an und rührte sich nicht. Er sah in wohlwollende Gesichter.

Man sah den herrlich irritierten Gesichtsausdruck des Königs und konnte sich ein gemeinschaftliches Lachen nicht verkneifen und stieß sich gegenseitig vor Vergnügen in die Seite. Genau diese Reaktion hatten sie erwartet. Man hatte den verknöcherten König noch nie so fassungslos gesehen.

Ohne zu fragen war Kunos Frau herbeigeeilt mit einer großen Schüssel und hatte Tarons schmerzende und schmutzige Hände in ein wohltuendes Bad getaucht.

Ripenschneider grinste amüsiert und pulverte kommentarlos aus einer kleinen Papiertüte einen feinen Staub aus seiner Giftküche dazu. Das Brennen ließ augenblicklich nach.

„Bevor du unnötig Zeit verschwendest, Taron“, ergriff Konrad schließlich das Wort. „Vincent und Sigur sind informiert über dieses kleine Treffen hier. Sie lassen dich grüßen und sich entschuldigen. Sie haben reichlich damit zu tun, deinen verdrehten Onkel in Schach zu halten und abzulenken. Es wird nicht allzu lange funktionieren, aber ein paar Augenblicke bleiben uns.“

Tarons Blick ging nervös hin zur Tür.

„Keine Sorge“, lachte ihm nun Matteo ins Gesicht. „Die Wachen hier in der Nähe sind geschmiert und eingeweiht.“

Jetzt war Taron noch mehr überrascht. Die Wassergrüner Garde war bestechlich? Er beschloss sich über rein gar nichts mehr zu wundern.

„Ebenso korrupt wie fast das ganze Wassergrüner Geschmeiß“, knurrte Ripenschneider. Dann lachte er schmutzig. „Aber es gibt eine sehr rühmliche Ausnahme...“

Es klopfte an der Tür. Ein weiterer unerwarteter Besuch wartete die Aufforderung zum Eintreten nicht ab und stürmte mit Schorsch in die Stube.

„Taron!“, rief Lucinde und fiel ihm von hinten um den Hals. „Oh nein!“, schluchzte sie, als sie ihn da sitzen sah. Seit Tagen nur durch ein paar Spritzer Wasser kultiviert und in schmutziger Kleidung. Sie weinte.

Obwohl der König ohnehin nichts sagen konnte, blieb ihm der Mund offen stehen.

Durch die Kücherntür herein kam der Barbier. Auch er hatte auf seinen Auftritt bereits gewartet.

„Da sagt Ihr etwas Wahres, hohe Dame. Oh nein!“, rief er ebenfalls und sah Taron kopfschüttelnd von der Seite her an.

„Also“, krähte nun Schorsch in das entstandene Gemurmel und versuchte die Unruhe zu bändigen. „Einer nach dem anderen jetzt und zügig.“

Taron sah verständnislos in die Runde. Sein Blick ging gehetzt Richtung Tür.

„Euer Onkel wird jetzt ein Weilchen schlafen“, lachte Ripenschneider und klopfte Taron unangemessen freundschaftlich auf die Schulter. „Dafür haben wir gesorgt.“

„Jawohl", grinste der Barbier und bestätigte. Er hatte bei seinem täglichen Besuch im Schloss bei dem eitlen Anatol Schützenhilfe geleistet.

Kunos Frau hatte sich mit einem frischen Handtuch zwischen den Leuten hindurchgedrängt, nahm Tarons Hände aus der Schüssel und begann sie abzutrocknen.

Nun stand Matteo auf und ergriff das Wort. Er erhob die Hand, bat die Versammelten um Ruhe und wandte sich an seinen verdutzten Schwager.

„Wir dachten ebenso wie Euer Onkel. Es ist besser, einen Gutachter in dieser Sache einzuschalten. Das sage ich als dich vertretender Ratsvorsitzender und als Mitglied deiner Familie. Du weißt der Rat bekommt so vieles mit. Und wie sich herausgestellt hat, haben wir gut daran getan, Saltimbocca zu einer Untersuchung hierher zu bitten."

Er zeigte in einer großen dankenden Geste auf den eigens angereisten Sachverständigen. Dieser nickte gewichtig, räusperte sich und begann zu sprechen.

„Ich habe den Vorfall im Wald untersucht, mein König", begann er. „Niemals wart Ihr es, das habe ich vor Kurzem auch Eurem Onkel und Eurer lieben Tante hier mitgeteilt, der Euren Cousin gemeuchelt hat."

Taron schluckte schwer und griff nach dem Becher Wasser, den man ihm hingestellt hatte. Einen Monent sah er forschend in die klare Flüssigkeit, bevor er ihn zum Mund führte. Sein Blick ging kritisch hinüber zu Ripenschneider.

Der Mediziner jedoch nickte aufmunternd. Bei diesem Getränk hatte der König nichts zu befürchten. Im Gegensatz zu dem seines Onkels Anatol hatte man hier nichts hinzugemischt.

Taron trank einen Schluck und richtete sein Augenmerk wieder auf Saltimbocca, dem die Unaufmerksamkeit des Königs nicht entgangen war.

Der Gutachter räusperte sich pikiert.

Unauffällig schob Ripenschneider Taron eine kleine Schachtel über den Tisch und unterbrach damit Saltimbocca erneut, der soeben im Begriff war weiterzusprechen.

Der kleine Nachtmahr Schorsch war auf den Tisch gehüpft und schob die Schachtel behilflich neben Tarons Becher.

„Verzeiht, werter Kollege", entschuldigte sich Ripenschneider bei dem Gutachter. „Bevor wir fortfahren..." Er wandte sich erneut an Taron.

„Für Euer Bein", sagte er knapp. „Für jetzt und ein paar davon für die nächsten Tage. Ich denke nicht, dass Kunos Rheumamittel Euch sonderlich hilfreich sein konnte. Doch danke für den Willen zu helfen." Er warf Kuno einen anerkennenden Blick zu.

Der Gärtner wurde für einen Moment verlegen und sein Gesicht glühte von all dem hohen Besuch in seinem kleinen Haus.

Taron brachte ein kleines Lächeln zustande, als er es sah, und öffnete die kleine Schachtel. Darin lagen ein paar schneeweiße gepresste Pillen für ihn bereit. Er blickte zweifelnd zu Njorbert auf, aber sein Leibarzt neben Ripenschneider nickte ihm aufmunternd zu und zeigte zwei seiner Finger.

Der König nahm zwei der Pillen aus der Schachtel und schluckte sie hinunter. Die Schachtel verstaute er rasch in seiner Hemdtasche. Dann setzte er sich aufrecht und sah Saltimbocca an, der bereits ungeduldig mit den Fingern auf den Tisch getrommelt hatte.

„Um endlich fortzufahren..." näselte er schneidend. „Ihr, Taron Anatol Ikárov, seid von jeglicher Tötungsschuld freigesprochen."

Lucinde hatte sich zu ihnen gesetzt und begann still in ihr Taschentuch zu schluchzen. Sie versuchte sich schnell wieder zu beherrschen.

„Ich habe den Leichnam von Rupert gründlich unter die Lupe genommen. Und er wurde schwer getroffen, das ist richtig. Und zwar von Euch und mit einem sehr gezielten Verteidigungsschlag." Der Gutachter machte eine kurze Kunstpause.

„Aber gestorben wäre er daran sicher nicht. Kampfunfähig bestimmt, aber nicht tot wäre er gewesen. Euch eilt nicht umsonst der Ruf voraus, besonders präzise zu sein in dem was Ihr tut."

Lucinde schnaufte tief und griff nach Tarons Hand. Er zog sie nicht fort.

„Verblutet ist er im Inneren durch die Klinge eines Dunklen an ganz anderer Stelle. Feige und von hinten in den Rücken fast bis zum Heft muss sich die breite Klinge in die Lunge Eures Cousins gebohrt haben. Er war nicht zu retten."

Nun atmete auch Taron hörbar ein und legte seine freie Hand vor den Mund, als Saltimbocca weiter sprach.

„Euer Leibwächter konnte mir in der Zwischenzeit viel über diesen Überfall im Morgengrauen berichten und er kann alle Eure Aussagen bestätigen. Zumindest bis er niedergestochen wurde. Ich war an der Stelle im Wald. Es passt alles zusammen. Ihr seid mehr als rehabilitiert, mein Lieber, und Ihr habt Euch ohne auf Euch selbst zu achten auch noch verhalten wie ein echter Edelmann. Nur dank Euch konnte er gerettet werden."

„Ebenso wie ich vor einiger Zeit", mischte sich Ripenschneider ein. „Nur durch Euch hat Mathilde noch einen Vater und ich bekomme die Gelegenheit, für Remoulado zu Wassergrün vielleicht ein halbwegs erträglicher Schwiegervater zu werden."

Taron fuhr von seinem Stuhl auf. Das einzige, das er gehört zu haben schien, war das über seinen Leibwächter. Remoulado war noch am Leben? Egal in welcher Lage er sich befand und was noch kommen mochte. Dem König fiel ein großer Felsklotz vom Herzen. Tränen der Erleichterung traten ihm in die Augen.

Saltimbocca fuhr ungerührt fort und ließ dem König keine Zeit, das Gehörte sacken zu lassen. „Aber nun schnell, es gibt auch noch anderes zu berichten."

Der König wurde zurück auf seinen Sitzplatz gedrückt und er ließ es sich gefallen.

Saltimbocca übergab das Wort an Konrad. Was der Dunkle nun zu berichten hatte, gefiel ihm ganz und gar nicht.

Shelly von Schwarzeck war festgesetzt. Tief in den Katakomben der Dunklen Stadt. Und Gumpert hatte das Zepter in Schwarzeck an sich gerissen. Ganz wie befürchtet und nichts und niemand konnte im Augenblick etwas dagegen tun.

Konrad hatte sich gemeinsam mit Schorsch in Schwarzeck auf geheimen Wegen eingeschlichen. Sie hatten Shelly in dem Labyrinth lange gesucht und schließlich doch noch gefunden. Sie konnten mit ihr sprechen, aber sie nicht befreien. Bevor sie entdeckt wurden, hatte die Dunkle sie fort geschickt.

Ein finsteres Spiel mit Wassergrün war im Gange. Man hatte geschickt intrigante Strippen gezogen und bei Rupert Begehrlichkeiten auf den Grauener Thron geweckt, die ihm nicht zustanden. Man hatte es scheinbar als leichtes Ziel gesehen, eine Marionette an Tarons Stelle auf den Grauener Thron zu setzen.

Lucinde auf dem Platz neben Taron war bei dem Bericht in Tränen aufgelöst. Sie schluchzte und sämtliche Beherrschung war dahin.

Man versuchte sie zu trösten.

„Sie haben recht, Taron. Ich habe Rupert nicht wieder erkannt. Aber ich hätte nie gedacht, dass es so weit kommen muss. Ich dachte nicht, dass er tatsächlich die Finger zum Thron hin streckt", sagte sie schließlich leise. „Verzeihe Rupert und lass ihn in Frieden ruhen. Und verzeihe Anatol. Er weiß es im Augenblick nicht besser."

„Nun", hakte Saltimbocca wieder ein. „Der Scharfblick von Anatol hat sich durch den Tod seines Sohnes sichtlich getrübt. Das ist unverkennbar. Er hat sich vieles einschwätzen lassen. Aber er ist nicht völlig von Sinnen. Er hat meinen Bericht gehört, Taron, und er denkt milder über Euch, als es gerade den Anschein macht. Verzeiht auch ihm eines Tages, wenn Ihr könnt. Und nachdem er nach meiner Klarstellung der Dinge wieder ein wenig besonnener ist im Kopf, fürchtet er auch um Euch. Und er zerbricht an der Schmach über das, was sein Sohn gegen Euch gewagt hat. Darum ..."

„Ja, genau darum bringt Euren Aufenthalt in der Wache schnell und ohne Störung hinter Euch. Wir tun, was wir können. Ihr werdet gebraucht...", grinste Konrad ihn an. „Ihr habt schon merkwürdige Rituale hier in Grauen", stellte er fest und sah verstimmt in die Runde. „Aber dies, Herr König, habt Ihr Euch wie man mir berichtet, auch gründlich verdient. Obwohl man für solche wesentlichen Angelegenheiten wie einen Junggesellenabschied eine Ausnahme machen sollte. Das Recht darauf sollte ebenfalls in den Statuten verankert sein." Jetzt lachte er schallend.

„Ihr beiden habt es richtig krachen lassen, hat man mir im Dorf erzählt. Remoulado schwärmt ja direkt von Eurem Abend in der Schänke. Ich habe ihn gestern besucht."

„Ja", bestätigte Ripenschneider. „Bald soll eine Hochzeit nachgeholt werden. Nur ohne Trauzeugen geht das nicht. Ihr müsst raus aus der Wache und zwar so bald wie möglich..."

Taron verzog das Gesicht. Er war sehr gespannt, wie sein Onkel sich zu dem Thema stellen würde. Er war sich sicher. Keinen Tag verfrüht würde der ihn aus dem Arrest entlassen.

Wo ist Remoulado? Wie geht es ihm?, zeigte er dann flink mit den Fingern. Warum war er nicht hier?

Konrad übersetzte für alle, welche die Zeichensprache nicht so gut beherrschten.

„Keine Sorge. Er hat für morgen eine Besuchserlaubnis bei Euch erhalten", erklärte Ripenschneider. „Und ich habe ihm einen ersten kurzen Ausflug erlaubt. Zäher Bursche, Euer Leibwächter."

Es klopfte an der Tür.

Kuno öffnete einem angestrengten Wachmann.

„Beeilung!", war sein einziger Kommentar. „Herr Anatol ist aufgewacht!"

Die Versammlung stob auseinander und aus dem Haus.

„Ich komme später zu Euch, Hoheit", mischte sich der Barbier kurz ein. „Dafür sorge ich. Ein Aufzug wie Eurer ist unwürdig. Mein Werk ist zerstört. Ich werde nicht unverrichteter Dinge ins Dorf zurückkehren." Sagte es und stampfte mit dem Fuß auf den Boden.

„Ja", sagte Lucinde ebenfalls entschlossen und wischte sich eine letzte Träne aus dem Auge. „Nehmt frische Kleidung mit und ein Stück Seife." Dann wandte sie sich an Taron. „Ihr stinkt, Neffe. Dies schreibt keine Arrestregelung vor. Dies verfüge ich als derzeit mächtigste Frau in Grauen.“

Taron musste lachen, als er an seine Arbeit im Garten zurückgeführt wurde.

Der König hatte ihn gerettet. Und danach hatte sich Ripenschneider beherzt um ihn gekümmert. Unfähig, sich von seinem Bett zu erheben, und mit Mathilde an seiner Seite hatte Remoulado empört die Nachricht von den schweren Vorwürfen gegen den König vernommen. Dies lag Tage zurück.

Mathilde hatte ihr Bestes gegeben, um Remoulado wieder ein wenig zu besänftigen. Er konnte sich leider nicht restlos an den Ausgang dieses denkwürdigen Tages erinnern, der ihn auf das Krankenlager und Taron in den verschärften Arrest gebracht hatte. Irgendwann war er nach dem Vorfall in einem Bett im Haus der Ripenschneiders wieder erwacht.

Heute ließ ihn der Professor zum ersten Mal wieder nach draußen. Und wie es sein Pflichtbewusstsein vorgab, führte ihn der erste Weg zu seinem Dienstherrn. Er hatte einen Passierschein von Ibô erhalten und sich in Begleitung von Mathilde und gestützt auf einen Stock auf den Weg zum Schloss gemacht.

Abfällig hatte er geprustet, als er den Schein von dem General in die Hand bekam. Was brauchte er eine Erlaubnis, als Leibwächter seinen Herrn zu sehen? Seinen Freund, und das bereits seit einigen Jahren.

Anatol empfing den Leibwächter erst gar nicht und Remoulado legte nicht den geringsten Wert darauf. Angekommen in der Burganlage brachte er Mathilde schnurstracks in die Küche, wo Vincent und Sigur bereits ungeduldig auf ihn gewartet hatten. Man verständigte sich mit wenigen Worten.

Mathilde blieb auf einen Kaffee einstweilen bei Ellis und Remoulado ließ sich von Vincent nach einem finsteren Kurzbericht zum Wachhaus bringen.

Sigur war längst wieder an seine Arbeit geeilt und der Verwalter verabschiedete sich ebenfalls an der Tür, an der Wassergrüner Soldaten das Kommando übernommen hatten. Hier hatte er keinen Zutritt.

„Du bringst es ihm bei, nicht wahr?“, fragte Vincent flehend und sah dem Leibwächter in die Augen.

Remoulado nickte, bevor er sich an der Tür vorläufig verabschiedete. Er wollte es versuchen.

Er folgte der Türwache ins Innere des Gebäudes. Remoulado schnappte schon auf dem Weg zum Arrestraum nach Luft vor Empörung. Hier hatte man den König untergebracht? Vorwurfsvoll funkelte er den Wachmann an, der ihn begleitete.

Der Soldat zuckte unbeteiligt mit den Schultern, als er Remoulados Blick einfing. Befehl war Befehl. Dann schloss er Remoulado unwillig die Luke der Tür auf, hinter welcher der König diszipliniert werden sollte.

„Vorsicht und geht nicht zu nahe heran!“, hatte der Wachmann gewarnt und gegen die schwere eisenbeschlagene Tür gepoltert. „Seine Gnaden ist äußerst unleidlich und gemeingefährlich dazu. Man munkelt sogar, er habe die Tollwut bekommen.“

So stand Remoulado in dem klamm modrigen Gang und starrte auf die offene Luke.

„Das ist bekannt“, lächelte der Leibwächter halblaut und ließ den Soldaten abfällig schnaubend von dannen ziehen. Er wartete still, bis er sich entfernt hatte.

Als er alleine war, klopfte der Leibwächter vorsichtig an die hölzerne Tür und lehnte sich gegen die feuchte Steinwand gegenüber. Der Weg hierher war ungewohnt anstrengend für ihn gewesen. Er musste ein paar Augenblicke verschnaufen.

Etwas im Inneren des Raumes bewegte sich.

„Taron?“, rief er leise.

Nichts rührte sich mehr. Er klopfte noch einmal.

„TARON?“, fragte er nun etwas lauter.

Remoulado hörte, wie sich jemand im Inneren des Raumes erhob und zur Tür heran kam.

„Sag mir bitte, dass es dir gut geht“, versuchte Remoulado es noch einmal. „Ansonsten muss ich die Bande hier wohl kurz und klein machen. Bist du es überhaupt da drin? Ich glaube sowieso nichts mehr, was ich nicht mit eigenen Augen vor mir sehe.“

Nichts passierte.

„Bitte!“, wiederholte er. „Ich bin es, dein Leibwächter. Und ich lebe noch.“ Vorsichtig klopfte er noch einmal mit seinem Stock gegen die verschlossene Tür vor sich.

„Vincent und Sigur sind außer sich. Sie berichten mir einfach Unerhörtes. Sie versuchen standhaft, deinen offensichtlich völlig entgleisten Onkel in Schach zu halten. Wie so viele andere. Ein paar Tage noch, die du hier auf rechtsfreiem Raum verbringen musst. Dann müssen sie dich gehen lassen und dann werde ich an deiner Seite sein, wenn du dich freundlich revanchierst für diese Sonderbehandlung hier.“

Noch immer kam keine Antwort.

„Ich kann verstehen, dass du niemandem mehr traust“, ergänzte Remoulado schnell.

Es blieb ruhig auf der anderen Seite der Tür.

Remoulado wartete ein paar Augenblicke. Nichts geschah. Er wurde ungeduldig und er wusste, er hatte nicht mehr viel Zeit. Sein Besuch würde bald für beendet erklärt.

„Du machst dich jetzt sofort irgendwie bemerkbar, hast du verstanden?“, knirschte er irgendwann, als die Stille unerträglich wurde. „Das ist keine Bitte! Oder ich breche diese Tür hier auf und überzeuge mich selbst, werde von der Wassergrüner Garde ausgeschaltet und du vielleicht dazu. Du kannst dich ohnehin glücklich schätzen, dass man dich bei so viel Ignoranz der Grauener Hofordnung nicht in die Verbannung geschickt oder gar exekutiert hat.“ Er imitierte in seinen letzten Worten Anatol von Wassergrün sarkastisch und erschreckend lebensecht.

Der Leibwächter musste sich beherrschen nicht laut zu werden.

„Verdammter Sturkopf!“, schimpfte er dann und achtete darauf, dabei nicht zu nah an die Luke heranzukommen. Dann begriff er, worum es ging, und versuchte sich wieder zusammenzunehmen.

„Professor Nicolaj Ripenschneider wurde ebenso getäuscht wie Ihr, mein König. Er ist raus aus dieser Sache.“ Er wurde förmlich. „Lasst Euch die Geschichte irgendwann einmal in einer ruhigen Stunde berichten. Aber glaubt Ihr, es ist Zufall, dass er hier bleiben wollte und seinem altehrwürdigen Haus in Wassergrün den Rücken zugekehrt hat? Dass er sich versteckt unter Eurer Obhut und längst um sein eigenes Leben bangt, mein König?“

Jetzt trat er gegen die Tür, um seine Worte zu bekräftigen.

„Und ich bin immer noch derselbe, ebenso verkorkst wie Ihr und bei Weitem nicht mehr so leicht beeinflussbar, wie Ihr vielleicht befürchtet. Auch wenn ich zugegeben regelmäßig in Ripenschneiders Haus zu Gast war. Aber ich diene Euch ergeben, bis sie uns beide eines Tages endgültig hinmetzeln. Doch wenn Ihr auf unseren Vertrag keinen Wert mehr legt, dann gehe ich jetzt. Ich habe besseres zu tun, als mich anschweigen zu lassen.“

Da fiel es Remoulado wie Schuppen von den Augen. Das Stichort *anschweigen* brachte ihn wieder zurück auf den Boden der Tatsachen. Wie sollte der König ihm antworten? Er konnte sich nicht so einfach mit ihm verständigen durch diese Tür. Remoulado fasste sich an die Stirn und sah sich gehetzt um. Die Wache kam noch nicht wieder zurück.

„Entschuldige, Taron!“, murmelte er geknickt. „Wie dumm von mir und daher bitte noch einmal von vorne: Bitte gib mir ein Zeichen, dass du es wirklich bist hier unten!“

Er trat erneut einen Schritt zurück und langsam streckte sein Gegenüber in der Zelle seine Hand durch die schmale Luke.

Remoulado legte den Kopf schief, damit er besser sehen konnte. Die angeschmutzten Hemdsärmel waren nach hinten geschlagen. Die Kleidung eines Königs war es nicht. Er sah leidlich gesäuberte Finger, von grober Arbeit gezeichnet. Dennoch steckte der Siegelring an dem schlanken Ringfinger.

Remoulado erkannte ein vernarbtes Handgelenk und ergriff stürmisch die Hand, die sich ihm entgegenstreckte. Sie war kühl. Er achtete nicht darauf. Glücklich wie ein Kind drückte er sie an sich.

Die Hand zog sich abwehrend aus seinem Griff.

„Verzeih meinen Überschwang, alter Freund“, sagte Remoulado nun aufgeregt. „Aber ich bin so froh, dass du es tatsächlich bist. Und ich bin froh, dass ich noch lebe. Ich dachte, es gibt dir vielleicht ein wenig Mut, wenn du weißt, dass es mich noch gibt.“

In diesem Moment hörte man durch die Luke ein kleines klickendes Geräusch. Eine Sperre im Hals des Königs schien just in diesem Augenblick zu bröckeln.

„Hm“, antwortete eine rostige Stimme plötzlich gedämpft aus dem Inneren der Arrestzelle. „Ich glaube es ja nicht!“, entfuhr es Remoulado und kam ganz nah an die Luke heran.

Und ebenso kam aus der Zelle ein überraschter Laut. Der König hatte etwas von sich gegeben und er war nicht wenig überrascht darüber.

„Seit wann kannst du das denn wieder?“, wollte Remoulado begeistert wissen, bückte sich und versuchte durch die Luke einen Blick auf Taron zu erhaschen.

„Hm, hm… hm… hmmm“, holperte Taron eine Antwort und kam schleifend noch näher an die Luke heran. Von Sprechen konnte keine Rede sein.

„Ah, seit jetzt scheinbar“, interpretierte Remoulado Tarons wenig artikulierte Äußerung richtig.

Der König konnte den Klang seiner eigenen Stimme selbst gar nicht fassen.

Nachdenklich legte Remoulado die Hand ans Kinn. Er versuchte erneut durch die Türöffnung einen Blick auf seinen Freund zu werfen.

„Zeig dich, du alter Haudegen“, scherzte er und leuchtete hinein. Er wollte weglachen, was gerade so aussichtslos erschien.

Der König erschien an dem Fensterchen und drückte sein Gesicht in die Aussparung der Tür.

„Hallo, mein Freund“, sagte Remoulado und kniff Taron in die Wange. Er lachte. „Hm… hm… hmhmhmhmmmh…“, äffte er den Tonfall seines Freundes nach. Er grinste erleichtert. „Ich meine: Du sahst schon einmal entspannter aus!“ Dann zuckte er mit den Schultern.

Taron griff in die Aussparung der Türluke.
„Von wem hast du das Veilchen?“, wollte Remoulado wissen und grinste. „Ich ahne es“, beantwortete er die Frage selbst. „Man berichtet mir, du bist ziemlich aufsässig. Sie hatten wohl einige Mühe, dich gestern wieder zurück in diese Kammer zu stopfen.“
Taron zuckte mit den Schultern und nickte.
„Aber für einen Sträfling siehst du erschreckend gut aus, falls ich das bemerken darf. Und wenn man von dem blauen Auge mal absieht“, fuhr Remoulado fort.
„Hm- hm!“, erwiderte Taron, griff erneut durch die Luke und reichte Remoulado die Hand. Er grinste schief und dachte an den Barbier, der ihn am letzten Tag tatsächlich noch besucht hatte.
„Bitte, gern geschehen“, antwortete der Leibwächter und lächelte zurück.
Remoulado sah Tarons Erleichterung über sein Erscheinen nun deutlich.
„Aber mit diesem Gebrammel wird das nichts“, frotzelte er und lenkte ab. „So kannst du nicht heiraten, Mann!“
„Hm?“
Augenblicklich hatte Taron seine Hand zurückgezogen und starrte seinen Leibwächter finster an.
„Ich will zumindest heiraten, mein Bester“, korrigierte sich Remoulao schnell. „Noch immer. Mir dir als Trauzeugen. Und zwar bald. Nachdem ich dank deiner Hilfe tatsächlich noch lebe. Aber so geht das nicht. Du musst üben, hörst du?“
Er kam ganz nah an Taron heran und flüsterte verschwörerisch in die Luke hinein.
„Wie wäre es mit einer schicken Doppelhochzeit, mein Herr? Dann bräuchte ich allerdings einen neuen Trauzeugen.“
Dem König flirrte der Kopf.
„Ich kann Euch ein Geheimnis verraten“, setzte Remoulado nach. „Anatol hat hierher eingeladen. Vincent hat es mir vorhin erzählt. Alle Holden, die Euch schon einmal in Wassergrün bezirzen sollten, und ihre Familien dazu. Vincent und Sigur

sind einem Herzschlag nahe. Das gab es hier in der Burg noch nie. Er will tatsächlich einen Empfang veranstalten. Auf Eure Kosten und unverschämt dekadent. Und das zu den Feiertagen. Vincent hat mich gebeten, es dir schonend beizubringen."

Remoulado strich sich nervös und aufgeregt durch seine Schmalztolle.

Taron erwiderte nichts, aber Remoulado ahnte, was sein Blick ihm sagen sollte.

„Genau so sieht es aus. Er will dich erpressen", murmelte Remoulado nun unsicher in seinen Bart hinein. „Ich habe durchaus die Vermutung, mein Bester", antwortete Remoulado, als hätte er Tarons Gedanken erraten. „Also, sei vorgewarnt. Er lässt nicht locker und er ist Traditionalist, Taron. Du weißt das besser als jeder andere. Er hat offensichtlich etwas gegen die Idee, dieses Land vielleicht mit Hiesig zu verschmelzen. Und ein paar andere auch. Vielleicht auch daher wohl die vielen unangenehmen Überraschungen in der letzten Zeit, wenn du mich fragst. Ich weiß nicht mehr, was ich denken soll. Er wird bald kommen, um dich vor die Wahl zu stellen."

Der König knurrte und verschwand im Schatten seiner Zelle. Man hörte ein schweres Seufzen. Dann kam er wieder an die Tür heran und fädelte beide Hände durch die Luke.

Ich hätte sie niemals küssen sollen, mein Freund, formulierte er dann schwerfällig und mit klammen Gesten.

„Wie jetzt?", wollte Remoulado erstaunt wissen, als er die Zeichen gelesen hatte. Damit hatte er nicht gerechnet. Dann grinste er verschmitzt. „Meinst du etwa Mia?"

Der König zeigte seinen Daumen als Bestätigung. Der Leibwächter hatte es erfasst.

„Wann ist das denn passiert? Was gibt es noch alles, das ich als Leibwächter nicht mitbekommen habe? Das erklärt einfach so einiges." Er gluckste.

Das Diner in Ripenschneiders Haus, zeigte Taron schlapp.

„Ach, nein", lachte Remoulado und schlug dem König scherzhaft auf die Hände. Er lachte.

„Du erinnerst dich wieder?“, forschte der Leibwächter wissbegierig.

Nicht an alles, zeigte Taron aus seiner Kammer heraus resigniert. *Aber an so manches mittlerweile... Zu viel vielleicht für meine Begriffe.*

Remoulado ging nicht weiter darauf ein.

Man hörte jemanden schwerfällig und gelangweilt den Gang heran stapfen. Der Gardesoldat kam, um Remoulados Besuch für beendet zu erklären. Ihre Zeit war um.

„Also, sei gewarnt und halte dich tapfer“, schloss Remoulado schnell. „Du wirst in den nächsten Tagen noch mehr Besuch bekommen und ich rate dir sehr, mitgebrachte Präsente dann nicht zurückzuweisen. Hier..., für alle Fälle.“

Der Leibwächter hatte Tarons Rasiermesser durch die Luke in die Zelle geworfen. Nicht nur zu kosmetischen Zwecken. Dann pochte er mit der Faust zum Gruß noch einmal gegen die Tür.

„Aber eines musst du zugeben, mein Freund“, flüsterte er eilig. „Egal wie der Abend in der Gastwirtschaft neulich ausgegangen ist. Mit mir und du hier... Ich für meinen Teil jedenfalls bedauere nichts. Es war doch eine angemessene Sause, oder?“

Aus dem Inneren des Kellerraums kam ein heiseres Lachen.

„Und wer weiß...“, flüsterte er verschwörerisch, bevor der Gardemann ihn endgültig mit nach draußen schob. „Vielleicht ist ja bei dem geplanten Aufmarsch für dich sogar eine geeignete Dame dabei.“

Taron glaubte es nicht. Er zog seine Hände zurück und wartete.

Die nächste Zeit erwies Anatol sich unnachgiebig wie erwartet. Zu den Feiertagen und mitten in den Arrest hinein hatte er einen Empfang hier auf der Burg eigenmächtig geplant und Taron höchstpersönlich sollte die Trophäe dieses Tages werden.

Sein Neffe hatte sich mitnichten einverstanden erklärt, als er ihm sein Ansinnen hatte ausrichten lassen. Gleich wie sehr

Taron sich vorgenommen hatte, den übrigen Arrest ohne weiteren Widerstand vorbeigehen zu lassen. Dazu konnte er sein Einverständnis nicht geben.

Der König war noch verbohrter, als der alte Onkel gedacht hatte. Die Rechnung von Anatol wollte nicht aufgehen und sein Neffe reagierte ganz anders, als er es erwartet hatte. Mit Druck konnte man bei ihm weniger bewirken, als er angenommen hatte. Egal wie rücksichtslos er sich wähnte.

Taron indes plagten in der Zwischenzeit ganz andere Dinge. Was führte Gumpert von Schwarzeck im Schilde? Darum sollte man sich dringendst kümmern und nicht um solche Lächerlichkeiten, die man hier mit ihm zu veranstalten dachte. Grauen war in Gefahr. Erkannte man das nicht? Und wer hatte seinen Onkel derart verblendet, einschließlich seiner Minister? Waren es die Morbidianer? Und was hatte Schwarzeck damit zu tun? Wie erging es Gumperts Schwester Shelly? War sie ebenso geknechtet wie er? Wie konnte er der Patentante seiner Tochter helfen? Diese Gedanken wälzte er wieder und wieder in seinem Kopf. Er musste hier raus und zwar möglichst bald.

Taron haderte mit seinem Los mehr denn je. Er wurde unleidlich und verhärmt in seinem Inneren und nachdem er keine andere Möglichkeit des Protestes in seiner Kammer mehr besaß, stellte er es ein zu essen. Auf die klebrige braune Getreidegrütze, die man ihm täglich servierte, konnte er gut und gerne verzichten. Zumindest für eine Weile. Man würde sehen, wer am Ende die stärkeren Nerven besaß.

Wie er es von dem kleinen Nachtmahr Schorsch einst im Turmzimmer gelernt hatte, versenkte er sich in Askese, meditierte und frischte seine eingerosteten Yogakenntnisse wieder auf. Das half ihm die Zeit zu beherrschen, die elend langsam wie eine Schnecke hier in diesem Zimmer an ihm vorüber kroch, und die düsteren Gedanken zu vergessen. Die Hoffnungslosigkeit, die ihn plagte. Der König zog sich in sich selbst zurück.

Anatol hatte gewütet, als er von Tarons stummer Auflehnung erfahren hatte. Mit einer Finte wie dieser hatte er von seinem

Neffen in der Vorstellung, wie die Grauener Statuten auszuführen waren, niemals gerechnet.

Bis die einundzwanzig Tage vorbei waren, musste noch so einige Zeit vergehen und sowohl der Leibarzt, als auch Ripenschneider legten unter diesen Umständen schärfsten Protest gegen die Fortsetzung der Maßnahme ein.

Der König war zudem ohnehin beklemmend schlank, und wenn er nun gänzlich aufhörte etwas zu sich zu nehmen, war für sein körperliches, aber auch für sein geistiges Wohl ein größerer Schaden zu befürchten.

Anatol zu Wassergrün geriet in die Bredouille und nicht einmal Lucinde konnte den derzeit fanatischsten Vertreter aus der Linie Ikárov noch zügeln.

„Es ist mir egal", zornte er schließlich voller Wut, als er erfahren hatte, dass der König selbst das kärglichste Mahl nun zurückzuweisen beliebte und bittersüß apathisch den Gewahrsam an sich vorüberziehen ließ. „Dann wird die Garde ihm hier Nachhilfe erteilen und ihn ernähren, bis er wieder bei Verstand ist. Er ist eine Zumutung von einem Herrscher. Wir werden sehen, wer hier den längeren Atem hat."

Der gealterte Mann war sehr ungehalten und voller Gram. Er hatte seinen Sohn an diesem Tag einäschern lassen und die Urne mit seinen sterblichen Überresten war bereit für eine Beisetzung in seiner Heimatstadt Wassergrün. Doch es musste noch warten. Für den König, welcher der Zeremonie nicht beiwohnen konnte.

Bange und zögerlich war schließlich am Abend eine Abordnung zu dem König in den Arrestraum gestiefelt. Die Soldaten zitterten bereits vor dem Eintreten in die Kammer wie Espenlaub. Einige von ihnen hatten spontan überlegt zu desertieren, als sie den vergrämten Befehl von Anatol erhalten hatten. Sie hatten ihre Gesichter verhüllt, denn sie wollten um keinen Preis von dem König erkannt werden. Und sie fürchteten den Tag, an dem er den Arrest hinter sich gebracht haben würde, mehr als vieles sonst.

Genau wie vermutet hatte er sich selbst von ihnen und mit vorgehaltener Waffe nicht dazu bewegen lassen, den Löffel in der mitgebrachten Speise zur Hand zu nehmen.

Die Soldaten hatten sich demütig bei dem König entschuldigt, bevor man schließlich mit vereinten Kräften in dem kleinen Arrestraum versuchte etwas von dem pappsüßen Getreidebrei in den König zu füllen.

Taron hatte sich zwischen ihnen gewunden wie eine Schlange und den zu dieser Aufgabe verdonnerten Gardeoffizieren so manchen Stüber verpasst. Die klumpige Hafermasse befand sich am Ende mehr auf ihren Uniformen und in des Königs Haaren, als dort, wo sie ursprünglich hin sollte.

Ibô, Vincent und Remoulado waren schließlich in das Wachhaus gestürmt, waren dazwischen gegangen und hatten das hilflose Intermezzo ziemlich vehement unterbrochen. Einige der Gardemänner hatten geheult, als sie das Wachhaus verließen und ihr Dienst für diesen Tag als beendet erklärt wurde.

Nach diesem Versuch wagte es aus dem Gardekorps niemand mehr, den König auch nur anzurühren.

Anatol selbst schon gar nicht, und seine markigen Sprüche verstummten seit jenem Tag gänzlich. Es wurde heikel und selbst jenen, die nicht im Wachhaus festsaßen, wurde die Wartezeit zäh wie klebriges Harz.

Schließlich war es Ripenschneider, der gemeinsam mit Konrad von Schwarzeck danach als Erster wieder eine Besucherlaubnis erhalten hatte. Der Professor hatte darauf bestanden, dass der Dunkle ihn begleitete. Er hatte sich zuvor mit Njorbert von Schnapp lange Gedanken gemacht und war gemeinsam mit dem Dunklen nun auf der Liste derer, die Taron einen der wenigen Besuche abstatten durften. Man hatte zuvor mehr als einmal an Anatol vorbei in der Runde zusammengesessen und beraten. Die Feiertage rückten unaufhaltsam näher.

Anatol fürchtete in der Zwischenzeit mehr und mehr um seine Autorität. Er geriet gehörig unter Druck. Er verfluchte seinen Neffen und er sehnte sich jeden Tag mehr nach der pompösen Beschaulichkeit seiner Stadtresidenz in Wassergrün.

Der König schien in seinen erschreckend kontroversen Attitüden einfach nicht mehr zu bändigen. Nun hatte man es angefangen. Und auch Anatol graute sich sehr vor dem Tag, an dem dieser Arrest zu Ende sein würde. Er wurde immer fahriger und er befürchtete, der so willkürlich organisierte Empfang zu den Feiertagen würde durch den König als Hauptperson zu einem Debakel.

Nachts wurde Anatol zudem nun regelmäßig durch einen flinken kleinen und gewitzten Nachtmahr um seinen Schlaf gebracht. Und neuerdings auch immer wieder von einer Erscheinung, die aussah wie sein Bruder Edolf.

Man wollte ihn aus der Burg vertreiben. Soviel war sicher. Aber er grauste sich beherrscht und versuchte standhaft zu bleiben. Dennoch war er ein Nervenbündel.

So fiel ihm nichts anderes ein, als den trotzig widerständischen König täglich aus dem Arrestraum holen zu lassen und zu Kuno Modrich an die Arbeit zu befehlen. Wenigstens hier fühlte er sich seinem Neffen überlegen.

Dass er Taron damit im Grunde einen großen Gefallen tat, war ihm nicht bewusst. Ebensowenig, dass er sich langsam und stetig lächerlich machte.

Dies konnten Professor Ripenschneider und Konrad von Schwarzeck ihrem König berichten, als sie ihn bei einem Besuch in der Gartenanlage schließlich zu einer kurzen Pause riefen.

Der König schwankte ein wenig, als sie ihn in den Schatten eines großen Baumes holten und sich auf einer Bank niederließen. Seine Kräfte waren begrenzt im Augenblick. Und er bemerkte mit Schrecken, wie schnell sie schwanden. Die schwere Arbeit und sein Protest gegen diesen Arrest wollten nicht so richtig zusammenpassen.

Er wich den Blicken seiner Besucher aus, senkte den Kopf zwischen die Schultern und sah zu Boden. Er wirkte abwesend und fern.

„Da“, erklärte Ripenschneider kurz angebunden und reichte Taron einen Krug mit Wasser.

Taron legte die Spitzhacke aus der Hand, mit der er gerade noch gearbeitet hatte, und setzte sich leise ächzend zu ihnen. Er war froh über diese Unterbrechung und griff nach dem Tonkrug, den man ihm reichte. Als er das Gefäß an den Mund setzte, stockte er und sah zweifelnd vom Inhalt des Gefäßes zu Ripenschneider über Konrad hinweg und wieder zurück.

„Trink schon, Taron!“, befahl ihm Konrad und setzte seinem Freund den Krug an die Lippen.

In dem Gefäß war Wasser. Es schmeckte allerdings anders, als Taron es gewohnt war. Süß und salzig, sauer und bitter auf einmal. Er dachte daran, die Flüssigkeit auszuspucken.

Konrad jedoch legte sanft seine riesige Hand in Tarons Nacken und flößte das Gebräu in ihn hinein. Erst als der letzte Schluck getrunken war, setzte der Dunkle den Krug wieder ab.

Jetzt wusste Taron, warum Ripenschneider ihn hierher mitgenommen hatte.

Der König wischte sich ein paar verirrte Tropfen vom Kinn und schnappte nach Luft.

„So ist´s gut, lieber Freund“, lächelte Konrad und tätschelte Taron den Rücken. Augenblicklich fühlte der König sich besser. Wie nach einem reichlichen Mahl, und trotz der mühsamen Arbeit fühlte er die Kraft in seine Glieder zurückströmen. Er staunte verhalten.

„Ja, ja…“, lachte Ripenschneider und nickte. „Ich bin nicht untätig gewesen und lasst mich als ehemaliges Oberhaupt der Morbidianer auch einmal etwas Nützliches mit meiner Kunst zu Stande bringen. Wir haben Euch Wasser gebracht, Euer Gnaden. Sonst nichts, verstanden?“ Dann wurde er konspirativ und flüsterte leise. „Wir werden Euch schon bei Kräften halten, bis dies hier vorbei ist, verlasst Euch drauf. Wenn Ihr es wünscht." Ripenschneider sah Taron eindringlich an. „Bitte erlaubt uns diesen Umweg an Eurem Onkel vorbei. Er wird nicht einlenken. Er ist ebenso stur wie Ihr und man bemerkt den Ikarov´schen Dickkopf an Euch beiden nur allzu deutlich. Es bringt doch niemandem etwas und Ihr werdet schwächer und schwächer."

Taron legte seine schmutzigen Hände in den Schoß und starrte auf seine Finger hinunter. Er zuckte mit den Schultern und er bemerkte die Vorgänge in seinem Inneren. Was hatte Ripenschneider ihm nur für einen Trank gegeben? Er meinte Bäume ausreißen zu können plötzlich. Mit jedem Atemzug mehr. Sein Bein hörte auf zu schmerzen.

„Ich habe für Euch tagelang extrahiert, gefiltert und geklärt in meinem Arbeitszimmer", erklärte der Professor stolzgeschwellt. „Und ich habe es mir nicht nehmen lassen, ein wenig Medizin für Euch hinzuzumengen. Njorbert hat es genehmigt. Also verschmäht es nicht, König. Ihr müsst kräftig genug sein, das Ruder nach diesen vermaledeiten einundzwanzig Tagen wieder an Euch zu reißen, hört Ihr? Und Ihr müsst Euch so gerade auf den Beinen halten, dass Ihr eine ordentliche Hochzeitsfeier übersteht. Für Remoulado und meine Mathilde. Und vielleicht ja sogar für Euch selbst."

Väterlich sah Ripenschneider ihn an und wagte es, die Hand auf seinen Arm zu legen.

„Für heute war es eine gesunde Mischung aus allem in der Flüssigkeit, um Euch wieder aufgerichtet zu bekommen. Was soll es das nächste Mal sein?

Sauerbraten mit Weinkohl und Serviettenknödeln. Zum Nachtisch ein Schokoladensoufflee, antwortete Taron ohne nachzudenken mit den Händen und sah konsequent an ihnen vorbei. Sein kleines zynisches Grinsen konnte man nur erahnen.

„Was kostet die Welt…", lachte der Professor künstlich in die merkwürdige Stimmung dieses Gesprächs hinein und schlug sich aufs Bein. „So soll es sein!"

Taron strich sich eine Strähne aus dem Gesicht und blickte nachdenklich hinunter auf den Boden.

Wenn es nur nach mir ginge, zeigte ihnen der König dann müde. *Dann würde ich gern als einfacher Knecht meine restlichen Tage fristen. Bei Karl, dem alten Bauern, vielleicht. Oder sonst wo. Vielleicht hier bei Kuno. Wer weiß.* Er präsentierte den beiden seine unköniglich befleckten Hände und die dunklen Ränder unter seinen Fingernägeln. *Vielleicht hätte ich diese verwünschte Abdankung einfach unterschreiben sollen.*

„Papperlapapp", zischte Ripenschneider und schüttelte tadelnd mit dem Kopf, als Konrad ihm übersetzt hatte. „Es wird nicht aufgegeben jetzt. An der Stelle, an der Ihr jetzt seid, sind andere vor Euch längst eingeknickt oder haben ihren Verstand eingebüßt. Ihr haltet Euch grandios."

Taron entfuhr ein gallebitteres Schnauben.

„Ihr werdet ohnehin ein Unfreier bleiben", antwortete der Professor trocken wie gegilbter Knochen und so ruhig, dass man Gänsehaut davon bekommen konnte. „Macht Euch hier niemals Illusionen. Aber der mächtigste Unfreie, den Ihr Euch diesseits der Gebirge vorstellen könnt." Seine Augen funkelten.

„Doch nun noch etwas anderes", unterbrach Konrad ungeduldig und zog Taron an der Schulter zu sich heran. Er hatte die ganze Zeit schon nervös neben ihnen herumgehibbelt.

„Dein Hochzeitsanzug ist übrigens fertig", platzte er aufgeregt heraus. „Ich war bei dem Schneidermeister. Selbst konntest du ja schlecht gehen." Er wartete einen Moment, bis Taron abgespannt zu ihm herüber sah. Dann legte der Dunkle einen verzückten Gesichtsausdruck auf und küsste Daumen und Zeigefinger in einer enthusiastischen Geste. „Superb!", rief er. „Einfach superb!" Er ignorierte den Gesichtsausdruck des Königs, den im Moment auf der Welt alles mehr interessierte als dieser Anzug.

Taron machte einen abwehrenden Fingerzeig und ließ den Kopf resigniert in seinen Hemdkragen zurück sinken.

„Er hängt bereits aufgebügelt und wohlduftend in Eurem Schrank", frohlockte der Dunkle weiter und stieß Taron leise giggelnd in die Seite. „Allerdings müssen wir das Gewand trotz Ripenschneiders Hochkunst wohl noch gehörig ausstopfen, wie ich das sehe.“ Er schlackerte missbilligend an Tarons viel zu lockerem Arbeitskittel.

Der König schlug seine Hand zur Seite und grinste flau. Ob er den bestellten Anzug jemals tragen würde?

„Pass auf!“, erklärte Konrad ohne gefragt zu werden. „Du musst zu den Feiertagen diesen Empfang hinter dich bringen und ich sage dir, wir haben uns für dich dazu etwas ganz Besonderes ausgedacht. Du wirst staunen. Und ich habe die Schirmherrschaft dafür übernommen. Du wirst sehen. Es wird alles gut.“ Der Dunkle strahlte ihn an.

Ripenschneider verfiel in ein albernes Prusten.

„Euer Schneider ist wahrlich ein sehr wandlungsfähiger Mann“, sagte er nur dazu. „Er wusste gleich, was wir von ihm wollten. Was unser werter Konrad wollte mit seinem erlesenen Geschmack“, korrigierte er sich schnell.

Taron wusste überhaupt nicht, worauf sie hinauswollten, aber er ahnte Unsägliches.

„Vertraust du uns?“, wollte Konrad wissen und reichte Taron die Hand.

Er sah seinen Besuchern lange in die Augen. Dann lächelte er matt und mit einem bangen Gefühl in der Magengegend schlug er ein. Was sollte er auch anderes tun.

„Lasst Euch einfach überraschen“, bestätigte der Professor die Ausführungen des Dunklen. „Damit und mit etwas anderem. Die geladene Gesellschaft wird Augen machen.“

„Verratet jetzt nur nicht zu viel“, zischte Konrad den Professor an. „Sonst ist es nur halb so schön, wenn der Tag gekommen ist.“

„Nur noch eines“, setzte Ripenschneider nach, wandte sich an Taron und zwinkerte Konrad verschworen zu. „Wenn wir Euch vor dem Empfang holen kommen, wehrt Euch nicht. Wir müssen Euren Onkel irgendwie umgehen und wir haben schon eine Idee. Lasst es geschehen und seid getrost.“

Sie lachten und verließen den Garten. Taron blieb in seiner Unwissenheit zurück.

Ins Wachhaus zurückgekehrt verschlief der König auf Ripenschneiders Trank hin unweckbar einen ganzen Tag. Am Morgen darauf erwachte er ausgeruht und seit langem hatte er nicht die geringsten Beschwerden. Noch nicht einmal Muskelkater von der Fronarbeit, oder ein verlegenes Genick durch seine unbequeme Unterbringung. Er spürte keinen Hunger. Es war unheimlich und Taron musste sich erst einmal besinnen und sich überzeugen, dass er in der Zwischenzeit nicht vielleicht verstorben war in seinem Arrest. Irgendwann schlug er die Augen auf. Was hatte Ripenschneider da für ihn zusammendestilliert? Hier zeigte der Morbidianer all seine Kunstfertigkeit.

Er wollte gar nicht erst beginnen sich darüber zu wundern, warum man ihn bisher nicht geweckt und an die Arbeit gescheucht hatte.

Und genau das hatte man durchaus versucht. Bis man schließlich Anatol informiert und kleinlaut den Leibarzt in das Wachhaus gerufen hatte.

Njorbert hatte den König öffentlichkeitswirksam, aber oberflächlich untersucht. Er wollte ihn schlafen lassen und dem König im Namen all derer, die im Hintergrund an Anatol vorbei wirkten, endlich ein wenig Milderung verschaffen. Er hatte Taron darauf für diesen Tag absolute Ruhe verordnet und ihn diebisch grinsend für untragbar überarbeitet und unterkühlt erklärt.

Zumindest letzteres war bei näherer Betrachtung kaum von der Hand zu weisen. Es gab keinen Ofen in dem Quartier und endlich brachte man dem König eine wärmende Decke. Die Tage waren durchaus noch warm im angehenden Grauener Herbst, wenn die Sonne schien, aber die Nächte waren neblig und bereits empfindlich kalt. Die spartanische Pferdedecke, die man dem König gewährt hatte, konnte kaum etwas bewirken.

Njorbert hatte die Verantwortlichen schwer getadelt und Anatol hatte die Mahnungen durchaus selbstkritisch geschluckt. Daran hatte tatsächlich niemand gedacht. Und der König in seinem Starrsinn hatte keine Beschwerde vorgebracht.

Taron hatte von all dem Aufhebens um ihn herum nichts bemerkt. Die kuschelige Decke, die bei seinem Erwachen über ihn gebreitet lag, dagegen schon. Er blieb noch ein paar Minuten darunter liegen und genoss die mollige Wärme, die er so lange vermisst hatte hier in seinem Domizil.

In seiner rechten Hand entdeckte Taron schließlich mit fortschreitender Wachheit eine weitere Gabe, die in der Zwischenzeit ganz unbemerkt und heimlich zu ihm gelangt sein musste. Jemand hatte sie bei ihm gelassen, während er tief und fest und wie ein Stein geschlummert hatte. Er rieb sich die verschlafenen Augen und sah auf das herab, was er zwischen den Fingern hielt. Es waren Edolfs Ringe. Alle beide.

Wie waren sie hierher gekommen? Ehrfurchtsvoll drehte Taron sie im spärlichen Licht seiner Zelle hin und her. Dann verbarg er sie in der Tasche seines längst überfälligen Arbeitshemdes und drückte sie an sich. Er wusste nicht warum, aber plötzlich hatten sie für ihn etwas Tröstliches an diesem Ort.

Wie lange war er nun bereits hier?, überlegte Taron. Er wusste es nicht genau. Dieser Gewahrsam schien ihn zu lehren, was Ewigkeit bedeuten konnte.

Er setzte sich auf und gähnend band er sein wirres Haar mit einer Schnur zusammen. Und er erinnerte sich an das merkwürdige Gespräch mit Ripenschneider und mit Konrad von Schwarzeck.

Als Taron den längst angezeigten Besuch bei dem Toiletteneimer in der entferntesten Ecke dieses Raumes beendet hatte, klopfte es leise an der Holzklappe unter dem Fenster. Der König schrak auf, als sich quietschend der Riegel daran löste. Man hatte ihn aus seinen Gedanken gerissen.

Und schon grinsten Shelly und der kleine Konrad zur Luke herein. Der Junge hielt seiner Schwester gerade noch die Hand vor den Mund, als sie vor Begeisterung aufschreien wollte.

Ihr Lachen wirkte so fremd hier in Tarons verkapselter Welt, aber auch er konnte seine Freude, so unverhofft die Kinder zu sehen, nicht unterdrücken.

Ob es Ripenschneiders Destillat war, das ihn trotz der bestehenden Umstände so gut stärkte, war ihm egal. Er begrüßte das verhalten quietschende Kind und schaffte es, ein ehrliches Lächeln auf sein Gesicht zu legen.

„Hier", rief Konrad schnell und reichte seinem Ziehvater einen kleinen verschlossenen Tonkrug in seine Behausung. „Das ist von Onkel Nicolaj für dich."

„Heute, Papa", fuhr Shelly aufgeregt dazwischen. „Heute ist der große Empfang. Und dann wird hier was los sein", rief sie und ihre Augen blitzten.

Taron hörte an ihrem Tonfall, dass sie das Gesagte irgendwo aufgeschnappt hatte. Er musste lachen.

Onkel Nicolaj also, dachte er amüsiert aus seiner trostlosen Situation heraus und hielt den Krug in seinen Händen.

Shelly hatte seine unausgesprochene Frage beantwortet. Heute also sollte es so weit sein und Anatols Plan in die Tat umgesetzt werden, dachte Taron. Und wie viele Tage waren es noch, bis sein Aufenthalt hier beendet war? Er wusste es nicht. Was wussten die Leute außerhalb des Schlosses von all dem hier? Nichts, erriet er. Nichts wussten sie und das, was gerade hier in diesem Wachhaus passierte, war wohl Grauens bestgehütetes Geheimnis.

Er stellte den Tonkrug zur Seite, streichelte beiden Kindern eilig übers Gesicht und schickte sie fort. Sie durften sich nicht erwischen lassen.

Shelly warf eine Kusshand durch die Luke, bevor Konrad ächzend den Fensterladen wieder schloss.

Keinen Moment zu früh, denn schon kam die Wache zur Tür, um nach dem König zu sehen. Der gestrige Tag und sein tiefer Schlaf hatte alle im Schloss, außer den Eingeweihten, in blanke Unruhe versetzt.

Vor allem Anatol. Der bärbeißige überreizte Mann sah seine Veranstaltung gefährdet und hatte sich zähneknirschend Njorberts Anweisungen gefügt. Man hatte den König in seiner Zelle gelassen. Bis heute.

Bis sie die Tür geöffnet hatten, trank Taron den Inhalt des kleinen Kruges erneut ohne zu zögern bis zur Neige und verbarg das leere Gefäß unter dem Strohsack, auf dem er schlief.

Fanfaren und Trommeln ertönten jenseits der Burgmauern und ein riesiger Radau schwoll an. Augenblicklich wusste Taron, welcher Tag heute war. Es war Pallium Regis.[9] Der erste von mehreren Feiertagen, bevor endgültig Herbst und Winter über Grauen hereinbrachen. Würde man ihn heute seinen traditionellen Gang hinaus auf die Mauerzinnen machen lassen?

Sein Onkel hatte den Empfang also ausgerechnet auf diesen Feiertag gelegt. Taron wusste, was das bedeutete. Zum ersten Mal mussten sie ihn einfach wieder sein eigenes Schloss betreten lassen. Er hatte keine Ahnung, wie dieser Tag nun verlaufen sollte. Er war sich sicher, sein Onkel wollte feige und auf die Etikette achtend den Schein wahren. Taron war sehr gespannt, wie Anatols Dramaturgie dazu nun aussehen würde.

Die Wachen der Wassergrüner Garde verbeugten sich tief, als Taron aus dem Wachhaus trat. Einige vom ihnen wichen seinen Blicken aus. Wortlos und in gebührendem Abstand nahmen sie den König zwischen sich und gingen Richtung Burgmauer. Er hatte oben auf der Brüstung zu erscheinen.

Wenige Augenblicke später schritt Taron durch einen prächtig geschmückten Innenhof. Zu prächtig für seinen Geschmack, dachte Taron und er war sicher, sein Onkel hatte für die Farce, die er zu veranstalten gedachte, ein Vermögen ausgegeben, das nicht sein eigenes war.

Viele Menschen waren wie jedes Jahr vor der Burg in einem großen Zug zusammengeströmt, um den König am Morgen zu begrüßen und ihre Aufwartung zu machen. Sie warteten ungeduldig und die Musik und auch das Stimmengewirr vor den Mauern wurde fordernder und lauter.

---

(9) Ein Mantel für den König

Remoulado stieß aus einem Seitenausgang zu ihnen. Gekleidet in eine Festtagsuniform fügte er sich schweigend in die Reihen von Tarons Begleitung. Er nickte ihm zu und klopfte ihm kurz auf die Schulter.

Kurz vor der Treppe, die vom Hof aus hinauf auf die Mauerbrüstung führte, blieb man stehen.

Dann kam Anatol herangeschlichen. Geduckt und fiebrig näherte er sich, als die Abordnung kurz stoppte. Er sah an Taron vorbei, als er ihm grußlos den großen roten Mantel aus der Schatzkammer umlegte. Ebenso, als er ihm Grauens Krone um den Unterarm hängte. Er wusste, sein Neffe war alles andere als ein strahlender König an diesem Tag.

Taron hob den Kopf und wartete bebend, als sein Onkel vor ihm stehend die Schließe des Mantels an ihm festnestelte. Der schwere Brokatmantel verdeckte großzügig des Königs allzu hagere Gestalt.

Kaum war die Fibel des Mantels in der Schließe eingerastet, setzte Taron sich in Bewegung und stieg hinauf auf die Mauer.

Er ergriff die feine Teetasse, die auf der Zinne traditionsgemäß für ihn bereitstand, und nahm einen Schluck.

Die Menge unter ihm jubelte und die Musik verstummte.

Dann sah er lange auf die vielen herab, die seinetwegen an diesem Morgen gekommen waren. Er trug seine Brille nicht, daher konnte er die wogende Menge nur in Schemen vor sich erkennen.

Waren Dunkle versteckt unter ihnen, vielleicht sogar Gumpert höchstpersönlich? Taron konnte es auf die Entfernung nicht sehen. Fragend drehte er sich zu Remoulado um, der am Maueraufgang und im Schatten des Turmes Position bezogen hatte.

Der Leibwächter nickte ihm bestätigend zu und machte eine beruhigende Geste. Man hatte sich auf eine besondere Sicherheitslage eingestellt. Er deutete auf die überall und zahlreich postierten Gardesoldaten ringsum und auf den Mauern. Man hatte vorgesorgt.

Mit einem unmerklichen Nicken drehte sich Taron wieder der Menge zu. Er meinte dieses Jahr viele prächtige Kleider in der Menschenmenge auszumachen. Wie viele aufgeputzte Damen hatte sein Onkel denn hierher geladen? Taron wusste nicht sicher wieviel Uhr es war, traditionell aber fand die Mauerschau um neun Uhr vormittags statt. Einige der Damen unter ihm schienen jedoch gerüscht wie zu einem Galadiner oder einem Hofball. Er lächelte milde und grüßte die versammelten Leute mit einer eleganten, lange trainierten Handbewegung. Er kniff die Augen zusammen und sah angestrengt über die wogende Versammlung. Sah er da in den hinteren Reihen etwa einen frechen Lockenkopf? War Mia etwa unter ihnen? Er konnte es nicht erkennen. Er strafte sich selbst heimnlich einen Narren. Warum sollte sie?

Dann stellte er die Teetasse zur Seite, streckte die Krone vor sich hoch in die Luft und trat ganz nah an die Burgzinnen heran.

Remoulado im Hintergrund blieb beinahe das Herz stehen. Ein mahnendes Räuspern drang an Tarons Ohr. Er sollte nicht so nah an die Mauerkante gehen.

So stand der König der Dämmerung in der hellen Morgensonne und ließ sich ansehen.

Frenetischer Jubel erhob sich vor dem Schloss, als Taron die Krone in die Höhe riss.

Dann setzte er sie behutsam neben sich auf die Mauerzinne und legte vor aller Augen seinen Mantel ab. Er öffnete seinen Zopf und die ungewaschen zerzausten Strähnen standen in alle Richtungen von seinem Kopf. Der Wind ging durch seine Kleider und der angeschmutzte Stoff flatterte um seine dürren Gebeine.

Die ersten Aufschreie aus den Besucherreihen waren zu hören und immer mehr überraschte Laute kamen hinzu. Es wurde totenstill vor der Burg. Die Leute hatten offensichtlich einen anderen König erwartet an dem Tag, an dem er seine Braut erwählen sollte.

Taron schlug die Augen nieder und verbeugte sich tief vor den Leuten, die in diesem Jahr vor die Burg gekommen waren, um ihn zu begrüßen und die jährliche Gesandtschaft zu bringen.

Er drehte sich um und ließ sich von einem wutschnaubenden Anatol zu Wassergrün und seinen Leuten von der Mauer führen.

„Bist du wahnsinnig?“, schimpfte Anatol fassungslos und keifte neben Taron her.

Der König blieb völlig ungerührt. Kalt und reglos wie ein Stein schritt er neben ihm her. In dem Moment, als sein Onkel ihm hämisch und verlogen den Mantel um die Schultern gelegt hatte, beschloss der König seine Machenschaften zu dieser Gelegenheit vor aller Öffentlichkeit sichtbar zu machen. Wohldosiert und genauestens kalkuliert. Ganz ohne Worte und mit ein paar ganz einfachen Gesten.

„Macht nur so weiter!“, schimpfte Anatol. „Dann lasse ich Euch für unzurechnungsfähig erklären und für gemeingefährlich. Die Veranstaltung ist vorläufig für Euch beendet. Ich werde den Empfang im Thronsaal an Eurer Stelle leiten und Euch als unpässlich entschuldigen. Der Aufwartung später jedoch werdet Ihr beiwohnen“, zischte er. „Dafür werde ich sorgen.“

Taron ging stoisch an ihm vorbei und machte sich auf den Weg zu Kuno und seinem Tagwerk. Dann würde er an diesem Feiertag eben arbeiten und etwas Nützliches für diesen Hof zustande bringen.

Als Anatol begriff, was sein Neffe vorhatte, lachte er.

„Lasst Euch nicht aufhalten, Taron. Stoßt Euch noch ein wenig die Hörner ab und verbraucht ein wenig überflüssige Energie, bis ich Euch später holen lasse.“ Dann grinste er böse.

„Ich nehme an, Ihr legt auf das anschließende Diner heute keinen Wert, habe ich recht? Ihr beliebt ja zu fasten bis zum Ende des Arrests. Und Ihr seid auch nicht mit eingeplant.“

Taron ging nicht darauf ein. Er hatte ohnehin keinen Sinn für eine derartige Veranstaltung jetzt. Er ignorierte seinen Onkel und machte sich auf den Weg zum Gärtnerhaus.

An die Garde gerichtet fuhr Anatol fort.

„Um drei Uhr nachmittags im Thronsaal. Der König erscheint dort geschniegelt und gebügelt und in einem ordentlichen Anzug. Sorgt dafür und diesmal enttäuscht ihr mich nicht, sonst gnade Euch der Allmächtige! Ich werde mich nicht blamieren lassen."

Der Gärtner staunte nicht schlecht, als Taron an die Tür seines Häuschens klopfte. Heute an diesem Tag? Er hatte mit seiner Frau, Lucinde und Mathilde gemütlich beim Tee gesessen, als der König vor seiner Tür erschien. Man hatte sich gerade unterhalten. Über ihn und über die Feierlichkeiten, die da kommen mochten.

Nun stand der König demütig auf der Schwelle des Gärtnerhäuschens und bat um etwas zu tun, ehe Anatol ihn wieder in den Arrest verfrachten ließ.

Die kleine verschworene Gesellschaft schnellte von ihren Plätzen auf. Niemand hatte hier jetzt mit Taron gerechnet. Man verbeugte sich tief.

Doch der König wehrte ab. Er konnte derlei Hofzinnober gerade nicht ertragen.

Lucinde kam auf ihn zu und knickste vor ihm. Sie nahm seine Hände und gab ihm darauf einen Kuss.

„Ich bete jeden Tag, lieber Neffe, dass dies alles an uns vorbei geht. Und was immer meinem Mann das Gehirn vernebelt hat, es möge vorüber ziehen." Sie hatte Tränen in den Augen und wollte vor ihm auf die Knie.

Taron hielt sie zurück und legte verdutzt die Hand auf ihr gesenktes Haupt.

Ja, dachte er. Das wollte er auch.

Nun kam Mathilde heran und tat es seiner Tante gleich. Aufmunternd berührte sie seine Wange und versuchte ein strahlendes Lächeln auf ihr Gesicht zu legen.

„Wie gut, dass man sich so informell hier trifft", sagte sie pragmatisch und lachte ihn an. „Rem und ich haben uns unterhalten. Auch mit meinen Eltern." Sie räusperte sich. „Und auch mit dem Geistlichen."

Taron sah auf.

„Stellt Euch vor. Wir haben beschlossen unsere Hochzeit zu verschieben."

Der König verstand gar nichts.

„Zumindest so lange, bis der Arrest hinter Euch liegt. Rem braucht noch einen neuen Trauzeugen. Aber so können wir vielleicht alle miteinander... Also, vorausgesetzt, Ihr könnt Euch heute entscheiden... Ist das nicht eine grandiose Idee? Vincent ist informiert, Ellis und Eure Tante Lucinde hier ebenfalls."

Und er war es jetzt auch. Stumm lächelte Taron die Tochter des Professors an. Wie wohltuend war ihre Ungezwungenheit. Er wusste so wenig davon, was ihm dieser Tag und die folgenden Stunden bringen würden. Hilflos wandte er sich an Kuno und bat schweigend um das, wozu er gekommen war. Er wollte jetzt nicht über soetwas nachdenken. Je schwerer die Aufgabe sein würde, die Kuno ihm zudachte, desto besser. Und er konnte gerne noch etwas schmutziger werden bis zu Anatols Empfang.

Der Gärtner verstand, zwinkerte den anderen zu und führte Taron am Geräteschuppen vorbei in den hinteren Teil des Gartens. Er drückte ihm eine Heckenschere in die Hand und ging zurück zu seinem Teekränzchen.

Kuno hatte ihn zu Edolfs Grabmal gebracht. Die Buchseinfassungen darum hatten einen neuen Schnitt tatsächlich nötig.

In weitem Abstand waren ihnen die Wachen gefolgt.

Taron machte sich augenblicklich an die Arbeit und in jeden Schnitt in die Hecke legte er seinen Zorn auf das Walten seines Onkels Anatol hier in Grauens Gefilden. Bald war das Gebüsch akurat wie mit dem Maßband geschnitten und alle Kanten gerade.

Der König sammelte die abgesäbelten Zweige auf einen Haufen und setzte sich kurz an den Rand des Grabes. Seine Finger fuhren über die bemoosten Buchstaben der schweren Grabplatte. Vorsichtig entfernte Taron ein paar Blätter und wildwachsende Efeuranken.

Wann würde der Tag gekommen sein, an dem er neben ihm begraben würde, fragte er sich und seine Stimmung ging gegen einen frostigen Nullpunkt.

Er erhob sich, nahm sorgsam die Astabschnitte zusammen und trug sie fort auf den großen Komposthaufen.

Kuno hatte nach ihm gesehen und ihm erneut etwas zu trinken gebracht. Es war Ripenschneiders Elixier und der Gärtner nahm Taron wohlwollend die Astschere aus der Hand.

Als Taron getrunken hatte, baute sich der Gärtner vor ihm auf.

„Nun", sagte er. „Ihr wart zügiger, als ich dachte, mit dieser Aufgabe. Ich schätze, es ist noch ausreichend Zeit, also geht und entkrautet den See ein wenig."

Taron sah ihn an. Jetzt zu dieser Jahreszeit?

„Jaa", sagte Kuno gedehnt und nickte mit dem Kopf. „Die Goldfische brauchen mehr Raum zum Schwimmen. Es ist sonst

zu dicht Pflanzenwerk in dem Wasser über den Winter. Und ich denke, für Euch wird dieses kleine Bad im frischen Nass auch nicht zum Nachteil sein, wenn ich Euch ansehe.“

Der König wunderte sich über diese gärtnerisch wahrlich wenig notwendige Maßnahme, aber er widersprach nicht. Er überkreuzte die Arme und verneigte sich. Er hatte verstanden. Dann ging er, wozu er befohlen worden war.

In sicherem Abstand folge ihm die Garde durch die Gärten.

Am See setzte sich Taron an den Rand eines kleinen Mäuerchens und begann seine Oberbekleidung abzulegen.

Die Wachen, die ihn begleitet hatten, drehten sich weg und schon stieg Taron in das kühle Wasser des Sees. Lange war er hier nicht mehr geschwommen und er erinnerte sich voller Wehmut an eine lauschige Vollmondnacht, in der er mit Mia hier gewesen war. Lange war es her und die Erinnerung begann bereits zu verblassen. Taron schwamm zu der kleinen Insel hinüber. Und Kuno hatte recht behalten. Wenn selbst ihm das Schwimmen in dem krautigen Wasser schwer fiel, wie mochte es da nur all den kleinen Fischlein ergehen, die hier ständig leben mussten.

Als das Wasser flacher wurde und er wieder Grund unter die Füße bekam, begann er um sich herum große Knäule Wasserpest, Hornkraut und Schwimmpflanzen aufzuwickeln und ans Ufer zu werfen. Um den ganzen See zu lichten, würde er eine Woche hier bleiben müssen, bis ihm Schwimmhäute wuchsen, dachte Taron und zog Schlinge um Schlinge der grünen Gewächse aus dem Wasser. Bis dahin war er in dem herbstlichen Teich erfroren.

Als er um sich herum großzügig einige Meter freigeschaufelt hatte, wurden seine Arme schwer. Trotz Ripenschneiders Gebräu hielt er Anstrengungen jeder Art im Augenblick nicht sehr lange stand. Er bibberte vor Kälte und setzte sich auf einen Stein gleich vor der kleinen Insel, um zu verschnaufen. Jetzt war es an der Zeit, fand er, auch etwas für sich selbst zu tun, und langsam glitt er zurück in das feuchte Nass.

Sein Blick fiel auf ein Handtuch, das unter der großen Trauerweide am Seeufer für ihn bereitgelegt war. Wie kam es dort hin? Es war ihm nicht aufgefallen, als er in den See hineingestiegen war. Hatte Kuno es dort gelassen, es vielleicht bereits vorher dort deponiert? Wie hatte der Gärtner wissen können, dass er heute zum Frondienst erscheinen würde? Taron verstand es nicht.

Er tauchte unter und begann sich zu baden.

Wie skurril war dieser Tag. Ein König in einem Fischteich als Badewanne. An seinem Ehrentag und kurz vor einem offiziellen Empfang. Einen leichten Modergeruch mit einem Hauch von Schlamm würde er zweifellos dorthin tragen von dem brackigen Wasser. Er würde das Parfum seines eigenen Spitznamens tragen, den er einmal von Mia erhalten hatte. Fisch. Welches Edelfräulein würde das nicht begeistern? Aber wenigstens würde er sauber sein. Sauberer als zuvor zumindest. Er musste lachen, bei der Vorstellung, wie sie ihre gepuderten Näschen rümpfen würden.

Er stützte sich auf den Stein und wollte sich daran wieder nach oben ziehen, als ihn etwas am Fuß packte und zurück ins Wasser riss.

Er sah zu den beiden Wachen, die sich noch immer umgedreht miteinander unterhielten. Vor Schreck bekam der König keinen Ton heraus. Er strampelte mit dem Fuß, an dem er festgehalten wurde, aber er trat ins Leere. Er versuchte sich an den Stein zu krallen, aber etwas zog ihn hinein in die trübe Suppe des Teiches. Die Fische um ihn herum stoben aufgeregt auseinander und verschwanden im Uferdickicht.

Und noch ehe der König den Mund aufmachen konnte, um zu schreien, hatte ihn eine gewaltige Kraft unter Wasser gezogen. Taron wehrte sich nach Leibeskräften. Er hatte an der Oberfläche noch nach Luft geschnappt, aber er hatte keine Ahnung, wie lange sie reichen würde. Er presste die Augen zusammen und wurde immer weiter in die Tiefe gerissen. In Tarons Kopf rasten die Gedanken durcheinander.

Er dachte an seinen Untergang im Moor und voller Panik versuchte er gegen das zu kämpfen, was ihn nach unten zog. Ein Déjàvu. Es ging weiter abwärts und Taron war entsetzt, wie bodenlos dieser See an mancher Stelle anscheinend sein mochte. Edolf hatte ihm als Jungen immer versucht die Geschichte von einem Ungeheuer darin einzureden. Auch daran musste er gerade denken. Er hielt es immer für einen schlechten Scherz. Die Luft wurde knapp und irgendetwas schoss geschwind wie der Blitz mit ihm durch das dunkle Wasser.

Taron erstarrte in seiner Not. Es konnte niemand anders sein als Gumpert, dachte er plötzlich und stemmte alle Kraft, die er hatte, gegen den Arm, der ihn so unnachgiebig hielt. Er hatte einen Weg ersonnen, ihm hier in dem Wasser aufzulauern, und er war gerade dabei, ihn zu ersäufen. Wie einen räudigen Hund.

Er würde früher neben dem Grabmal seines Onkels Edolf in der Erde liegen, als er jemals gedacht hatte. Unvermittelter, als er je geahnt hätte. Als garstig aufgedunsene Wasserleiche vielleicht noch sogar und zerfressen von seinen eigenen Goldfischen. Dass er auf diese Weise um den anstehenden Empfang herumkommen würde, hatte er niemals vermutet.

Der König trat um sich, wie er nur konnte. So lange, bis etwas Hartes ihn traf. Er war in dem trüben Wasser mit dem Kopf gegen eine Wurzel geknallt. Sie waren auf dem Grund des Sees angekommen. Ihm schwanden die Kräfte und er ließ los. Er hörte auf sich zu wehren und er ließ sich durch das Wasser zerren ins Ungewisse. Er ergab sich in sein Schicksal.

In der Zwischenzeit war am Ufer des kleinen Sees das schiere Chaos ausgebrochen. Die Wachen hatten das laute Platschen gehört, und als sie sich umgedreht hatten, war der König bereits längst unter Wasser. Die Oberfläche des Sees war glatt wie ein Spiegel und der Herrscher, den sie zu bewachen hatten, war wie vom Erdboden verschwunden. Alarm wurde ausgelöst und Anatol wurde informiert.

Der tobte wie ein Berserker, beherrschte sich aber schnell und ging zu der Audienz an Tarons statt, als wäre nichts geschehen. Er wollte den Schein aufrechterhalten so lange es irgend ging.

Irgendwohin musste sein Neffe ja verschwunden sein. Sein erster Gedanke war, dass Taron nach diesem Tagesanbruch aus seinem Arrest geflohen war. Aber ohne Kleider, dachte er. Das war selbst für den kapriziösesten Vertreter der Familie Ikárov äußerst ungewöhnlich.

Der Empfang später würde stattfinden und Anatol hatte die gesamte Garde informiert, den König mit so wenig Aufhebens wie möglich bis dahin wieder herbeizuschaffen. Das ganze Haus war voller geladener Gäste und Tarons Brautschau sollte unter allen Umständen abgehalten werden. Vielleicht würde der König freiwillig jemanden wählen, vielleicht würde sich eine erbarmen.

Anatol Ikárov hatte sein Amt als Patenonkel nun auf seine ganz eigene Weise interpretiert. Er hatte sich in den Sinn gesetzt, seinem rebellischen Neffen den Kopf zurechtzusetzen und er empfand es als seine Pflicht als letzter männlicher Vertreter der Linie Ikárov neben dem König. Er wollte ihm auf die Sprünge helfen und er war ernsthaft davon überzeugt, der Fürst war nur zu verkorkst, es selbst zu bewerkstelligen.

Er hoffte, trotz der erneuten zum Haareraufen konsequenten Unberechenbarkeit seines Neffen würde alles nach seinen Vorstellungen verlaufen am Ende. Und er hoffte weder Morbidianer noch Dunkle würden in dieser Sache dazwischen funken. Zurück in Wassergrün würde er mit den Herrn Professoren eine sehr eingehende Unterhaltung führen. Wenn es stimmte, was Taron über den Vorfall im Wald zu Protokoll gegeben hatte, war der Arrest im Augenblich umso besser für den König. Daran würde selbst sein alberner Streik nichts ändern.

Er wünschte den König mit allen Kräften, die er besaß, in Sicherheit. Ewig konnte er den Gewahrsam nicht als Bollwerk zwischen Taron und den Rest der Welt schieben. Die drei Wochen Höchstmaß waren bald vorbei, und was dann wurde, hatte er nicht mehr in der Hand.

Er würde sich so bald als möglich von diesem Ort zurückziehen. Er würde mit Lucinde und der Asche seines Sohnes nach Wassergrün zurückkehren und endlich in Ruhe trauern. Und er hoffte sehr, dass sein Neffe bis dahin zur Vernunft gekommen war und sich alles beruhigte. An eine Verhandlung mit den Dunklen zu gehen und Sühne für seinen Sohn zu fordern, hatte er bei aller Verblendung nicht gewagt. So tief in Tarons Geschäfte einsteigen würde nur ein Wahnsinniger tun. Und das war er nicht. Er wusste durchaus, wo seine Grenzen lagen, auch wenn er sich in den letzten Tagen wirklich sehr weit aus dem Fenster gelehnt hatte.

Hier sollte der König bald selbst wieder erfüllen, was seine Aufgabe war. Er wusste immerhin, worauf er sich einließ. Er war bereits tief in den Eingeweiden von Schwarzeck gewesen und er konnte es wohl besser einschätzen als sie alle zusammen.

Anatol hoffte inständig, dass der Waffenfriede wenigstens bis nach einer Vermählung nicht gebrochen würde.

Wenn man den König doch nur finden würde. Er hatte Edolf damals versprochen auf seinen Zögling acht zu geben, falls ihm etwas zustoßen sollte. Er hatte nicht geahnt, worauf er sich einlassen würde bei dieser Zusicherung. Acht geben. Das hatte er seit Edolfs Ableben redlich versucht, aber Tarons unbändiger Freigeist ließ ihm dies aus der Entfernung in den seltensten Fällen gelingen.

Nun war ihm endlich etwas eingefallen. Und vor lauter Sorge und Ängstlichkeit, etwas Falsches zu tun, hatte er längst und ohne es zu bemerken, einen irrigen und völlig vernagelten Kurs eingeschlagen.

Das Schloss jedenfalls und alle Mauern, alle Tore waren jetzt dicht besetzt mit Soldaten und jeder, der hinein wollte, wurde aufs Genaueste überprüft. Niemand sollte es wagen, diesen Tag für den König zu stören, den er sich ausgedacht hatte. Und auch, wenn sein Neffe nun verschwunden war. Er glaubte nicht, dass er unbemerkt das Burggelände verlassen hatte. Warum sollte er auch?

Gut, vielleicht eben wegen genau diesem Empfang, den er ihm voller Enthusiasmus eingebrockt hatte. Er hoffte, der König würde ihm seine selbstbewussten Entscheidungen eines Tages vergeben.

Die Schönsten der Schönen hatte Anatol heute hierher laden lassen. Wenn das keine Entschädigung war. Und mit ihnen die angesehensten Adelsfamilien. Eine Verbindung aus Grauens eigensten Reihen war das Ziel. Was konnte der König dagegen einwenden? Sein Sinn für das schöne Geschlecht war weithin bekannt. Anatol frohlockte und belobigte sich selbst für seinen Plan und er war gespannt, wie die vorbereitete Aufwartung heute verlaufen würde.

Eine ganze Weile hatte Taron in der Zwischenzeit gedämmert, nachdem er irgendwo wieder an die Oberfläche gespuckt worden war. Jemand hatte ihn aus dem Wasser an Land geworfen und hilfreiche Hände hatten ihn behutsam ergriffen und fortgetragen.

Langsam kam er wieder zu sich und blinzelte. Als er die Augen aufschlug, sah er in das breite Gesicht des Dunklen. Konrad von Schwarzeck hatte sich über ihn gebeugt und ihm die Wange getätschelt, um ihn zu wecken.

„Da bist du ja wieder, mein lieber Freund", sagte er erfreut und vorsichtig. Er wollte ihn nicht erschrecken.

Verwirrt hob Taron seinen Kopf.

Nicht nur Konrad war da und sah sorgenvoll auf ihn herunter. Ripenschneider war hier, Remoulado und Vincent. Selbst der Barbier war bei ihnen. Er stand im Hintergrund und als er bemerkte, dass der König ihn fixierte, fasste er sich unsicher zu einem militärischen Gruß an die Stirn.

„Weg da!", befahl der Professor und drängte einstweilen Konrad zur Seite. Man ließ dem König keine Zeit, sich zu wundern. Er reichte Taron einen Becher mit einer dampfenden Flüssigkeit. „Trinkt das." Und ohne dass er eine Antwort abwartete, gab er ihm das Getränk.

Es war Ripenschneiders Destillat und es war schön warm.

Gierig nahm Taron das Behältnis in die Hände und trank davon, denn ihm war furchtbar kalt.

„Mein Junge!“, rief eine längst vergessene Stimme nun in einem ungewöhnlich sanftmütigen Tonfall. Und schon beugte sich Edolf über ihn.

Taron schrie auf vor Entsetzen und verschüttete den Rest des Becherinhalts.

Edolfs Schemen blickte ihn sorgenvoll an.

„Ich habe mich beeilt, so gut es ging“, rechtfertigte er sich. „Sie haben dir doch gesagt zuvor, du sollst dich nicht wehren..!“ Er verschränkte die Arme und sah tadelnd auf seinen Neffen herab.

Erst jetzt verstand Taron, wo er war. Er sah sich um. Er war tief unter seiner Burg. An einem wohl bekannten Ort. In der Grotte, in die er sich manchmal zwischen kühle Tropfsteinsäulen zurückzog. Und er lag auf seinem Diwan, der dort bereitstand am Ufer des kleinen unterirdischen Sees.

„Dass es eine Verbindung nach draußen gibt, wusstest du noch nicht, mein Lieber. Oder?“

Edolf grinste selbstzufrieden und lächelte seinen Neffen an. Der König hatte ihn noch nie zuvor liebenswürdig schmunzeln sehen.

Taron fasste an sich hinab. Er war trocken. Obwohl man ihn durchs Wasser geschleppt hatte. Und er war angezogen mit einem... Er blickte im Kerzenlicht auf das in was man ihn gekleidet hatte. Er lag hier in einem orangen Gehrock aus Samt, der bis auf den Boden floss. Eine Art Kleid für den König. Seine Albträume wurden doch immer abstruser. Und er sah hinab auf eine ausladende Seidenschleife um seinen Hals.

Konrad hielt ihm grinsend einen kleinen Spiegel vors Gesicht, dass Taron sich betrachten konnte. Seit langem zum ersten Mal hing wieder Schmuck in seinen Ohren. Sein Haar war wild modelliert und stand in alle Richtungen von seinem Kopf. Zwei Haarbüschel am Vorderkopf standen scheinbar zufällig wie Hörner von seiner Stirn.

„Puh!“, brachte er nur heraus und ließ sich aufhelfen zum Sitzen.

Immerhin war er frisch rasiert. Seine Hand glitt prüfend über die glatten Wangen. Die Kanten seines Bartes waren sorgfältig gestutzt.

„Seht ihr, ich hab euch gesagt, dass er wieder spricht", jubelte Remoulado, ohne auf Tarons Bestürzung zu achten, und sprang begeistert um den Diwan.

„Du dummer Mensch", sagte schließlich Vincent zu dem König. „Du hast uns unsere Pläne heute Morgen ganz schön verhagelt. Also mussten wir dich auf anderen Wegen hierher bringen, um dich vorzubereiten für deine Brautschau."

Sie stellten sich alle miteinander vor ihm auf und grinsten.

Im Licht der vielen Kerzen hier unten besah sich Taron seine Festtagskleidung ein wenig näher. Sie sah aus, als sei sie mehrere Tage in der Erde eingegraben gewesen.

„Genau das!", jubelte Konrad. „Es ist so fürchterlich schade um den Stoff und auch der Schneider hat protestiert, aber glaube uns, es wird dir helfen."

Zusammen mit dem Duft getrockneten brackigen Seewassers auf seiner Haut und der erdigen Kleidung erhob sich um den König ein feiner Anflug von Moder.

Wackelig versuchte Taron sich aufzustellen. Man hatte ihn in sehr enge Beinkleider gepresst und die Kniestrümpfe hatten tatsächlich ein Muster. Seine Füße steckten in unnötig hohen Schuhen. Taron schüttelte es fast vor Entsetzen. Seine dürren Beine sahen damit aus wie Spinnenstelzen und er wirkte unnatürlich groß. Auch Ärmel, Hemd und Weste hatte man sehr anliegend gestaltet. Den Rock dazu ebenso. Er sah aus wie der Tod in einem orangen Plüschdress und er konnte sich in den engen Stoffen fast nicht bewegen. Dicke und übertrieben zahlreiche Zierknöpfe verschlimmbesserten das Ganze auf ein Höchstmaß.

Remoulado reichte ihm einen gedrechselten Gehstock dazu.

„Toll, nicht?", frohlockte Konrad. „Dachte ja nicht, dass einer meiner geheimsten Entwürfe für Euch jemals..."

Er erntete von Taron ein ungläubiges Zischen.

Der König sah den Barbier im Hintergrund hilflos an.

„Ihr könnt so etwas tragen, Hoheit. Ohne Zweifel", sagte der Bartscherer und hielt sich die Hand vor den Mund.

Taron sah genau, dass er sich ein Prusten verkneifen musste.

„Und noch etwas“, sagte nun Vincent und reichte Taron die einst für einen ganz anderen Zweck geschaffene Mistgabelkrone. Er nickte ihm zu und forderte ihn auf, die gefälschte Insignie aufzusetzen. Neben allen anderen Irrsinnigkeiten, die man ihm verpasst hatte.

Taron drehte die Krone nachdenklich in seinen Händen. Man hatte sie versilbern lassen. Wann hatte man das veranlasst? Er wusste es nicht. Altsilber und matt glänzte nun das Metall und die schlanken Spitzen reckten sich ihm keck entgegen.

„Wir dachten, es sieht so einfach festlicher aus“, lachte Konrad und setzte Taron das maßgefertigte Schmuckstück auf den Kopf.

„Und noch eine Sache von mir“, erklärte Ripenschneider und räusperte sich. So kleinlaut kannte Taron den Professor gar nicht, als er zwischen den anderen an Taron herantrat.

„Ich muss zugeben, ich habe mich in Euch sehr getäuscht, mein König. Ich hatte in Wassergrün einen ganz anderen Eindruck als das, was ich in der Zwischenzeit über Euch gehört habe. Und wie ich Euch erlebt habe, wenn man Euch erst mal ein wenig näher kennt...“

Er holte einen verschlossenen Glastopf hervor und stellte ihn vor Taron auf einem abgebrochenen Tropfstein ab.

„Gumpert wird vorläufig keine Ruhe geben, soviel dürfte sicher sein. Daher... Entscheidet selbst. Die Hexe habt Ihr danach befragt, aber ich denke, ich habe mein Meisterstück hier geschaffen. Entscheidet selbst“, wiederholte er. „Die erste Wahl, die ihr seit langem haben werdet.“

Er zog das Tuch über dem Gefäß zur Seite und enthüllte damit eine schillernde Flüssigkeit.

Taron erkannte den Inhalt des Glastopfes sofort.

„Für eine perfekte Brautschau“, erklärte Ripenschneider. „Für eine Brautschau, die Ihr pflichtschuldigst erledigt und die am Ende garantiert ins Wasser fällt. Und für Eure Sicherheit. Jetzt und später. Für Eure Familie, die zugegeben allerliebst zu nennen ist... Wenn Ihr es wünscht...“ Der Professor sah den König eindringlich an und machte eine unangemessen tiefe Verbeugung.

„Er sagt, es ist verbessert in allen Punkten", hakte Vincent nun ein und wandte sich an den König. „Kein Verblassen über die Jahre. Nun. Wir konnten es leider nicht testen. Aber du weißt gut, was du tun kannst, wenn du es einmal nicht gebrauchen kannst. Deine Schränke quellen über von geeigneter Garderobe. Und der Grauener Speisezettel bietet so einiges, dass es nicht sichtbar ist, wenn du es wünscht. Und wir wissen damit umzugehen. Selbst Shelly und dieser grobe Klotz dort drüben."

Remoulado räusperte sich unwillig, aber er nickte bestätigend.

„Wa- nn?", fragte Taron holprig und sah die Gesellschaft vor sich zweifelnd an. Er wusste nicht, ob er schon so weit war und ob er wollte, was sie für ihn ersonnen hatten.

„Jetzt, sofort, mein Lieber“, erklärte Vincent streng und machte eine auffordernde Geste hin zu dem Gefäß.

Taron schluckte.

„Wir werden Euch durch den Tag geleiten“, versprach Ripenschneider, der wusste, wie sehr der Fluch den König benommen machen würde in den ersten Stunden. „Bis zur vollen Wirkung wird es etwas dauern, mein Herr“, erklärte er. „Aber einen deutlichen Schatten wird man bereits sehen, wenn Ihr gleich in den Thronsaal geht.“

Der König sah ihn lange an. Dann verstand er, was sie vorhatten. Dennoch zögerte er.

„Vollmond“, sagte Ripenschneider bedauernd. „Trotz aller Kunst ist es mir leider nicht gelungen, diese Auswirkungen vollständig abzumildern. Aber es ist einmal im Monat und ich denke, Ihr werdet Euch einzurichten wissen.“

Zwinkernd nahm Ripenschneider den Deckel von dem Glas.

„Dies sei mein Hochzeitsgeschenk für Euch“, sagte er demütig und nickte ihm wohlwollend zu.

Vincent und Remoulado stützten Taron rechts und links und gemeinsam traten sie auf das zu, das der Professor für den König bereitet hatte.

Edolf stellte sich vor sie und kicherte aufgeregt.

Dann schloss der König die Augen und beugte sich über das Gefäß. Er nahm von dem beißenden Brodem, der daraus stieg, ein paar Atemzüge. Nach dem dritten drohte er zusammenzusacken.

Vincent und Remoulado hielten ihn sicher.

„Das ist genug“, rief Ripenschneider und verschloss das Gefäß zügig.

Taron sah verwirrt in die Runde. Er sah Sternchen vor seinen Augen flimmern und wähnte weiche Moosmatten unter seinen Füßen.

„Lang lebe der König!“, skandierte die verschworene Mannschaft in der Grotte und man brachte Taron zur Treppe.

Konrad schob dem König das Visier im Kragen vor das Gesicht und man beeilte sich, ihn die Stiegen nach oben zu hieven. Vincent mahnte zur Zügigkeit.

„Jetzt kommt dein Auftritt, alter Freund“, erklärte er und klopfte Taron ermunternd auf die Schulter. „Ein Auftritt, der in die Geschichtsbücher eingehen wird. Also höre auf, so herumzustolpern“, tadelte er ihn. „Noch dazu in diesen furchtbaren Schuhen.“ Vorwurfsvoll warf er dem aufgeregten Konrad einen Blick zu und rückte Taron auf der Treppe in eine gerade Haltung. „Deine Gäste haben die Tatarhäppchen bereits alle in sich hineingestopft und sind voller Champagner. Sie sind sowas von bereit für dich.“

„Ja!“, meckerte Edolf im Hintergrund hinein. „Sie sind reif. Bereit für einen Rauswurf. Wann sind all die grässlichen Menschen endlich wieder fort? Bitte, mein Junge. Wirf sie hinaus! Vor allem mein Bruder mit seiner Familie geht mir gehörig auf den Wecker.“

Taron wusste nicht, wie ihm geschah. Wer fragte ihn schon, wie es mit seinem Nervenkostüm stand.

Und schon waren sie oben an der Tür angekommen. Man stellte Taron aufrecht hin und Konrad richtete ihm noch einmal Kragen und Krone. Dann schritt die kleine Gesellschaft so herrschaftlich es ging durch abgelegene Gänge hin zum Thronsaal.

Wie lange man ihn schließlich hier alleine gelassen hatte, wusste Taron nicht. Es war jedenfalls bereits eine ganze Weile her, dass er aus dem Thronsaal gestürmt, todesentschlossen in das Wachhaus marschiert war und angekommen in der Arrestzelle die Tür mit einem fürchterlichen Krachen hinter sich zugeworfen hatte. Das Schloss war eingerastet und endlich war er wieder alleine.

Nach den langen Tagen fast vollständig ohne Kontakt zur Außenwelt waren ihm der Empfang, die aufgeregte Menschenmenge und die Ereignisse in seinem Haus zu viel geworden. Niemand hatte es gewagt, ihn aufzuhalten. Niemand kam ihm hinterher.

Die Wachen hatten nur einen verdutzten Gruß zustandegebracht, als er an ihnen vorbeigeeilt war. Sie hatten Haltung angenommen und hinter dem König jeden Zugang zum Wachhaus versperrt.

Taron ließ sich bebend die letzten Stunden noch einmal durch den Kopf gehen. Er hatte die Krone abgelegt, sich auf den muffigen Strohsack geworfen und hatte sich des engen Rockes und der Weste entledigt. Endlich ein paar Augenblicke zur Ruhe kommen.

Sein Aufzug hatte die beabsichtigte Wirkung auf das geladene Publikum zunächst nicht verfehlt. Ein überraschtes Raunen war durch die Leute gegangen, als er den Thronsaal von der Rückseite betreten hatte. Ein zurückgehaltener Aufschrei danach, als er das Visier an seinem Hemd zurückgeschoben hatte. Milde hatten die Schädelknochen durch seine Gesichtshaut geschimmert.

Man hatte zuallererst die Kinder zu ihm gelassen. Neben seinem Thron waren drei Stühle aufgestellt. Zwei für die beiden Kinder und einer symbolisch für die Dame, die am Ende des Tages vielleicht zur Königin erwählt wurde. Auf ihm lag ein Blumenstrauß bereit.

Shelly hatte sich in die Arme ihres Vaters gestürzt. Ihr war es egal, wie er aussah. Sie war so einiges von ihm gewohnt. Nur ungern hatte sie sich von ihm trennen lassen. Sie zog den Stuhl neben ihm ganz nah heran und kletterte darauf. Sie hielt seine Hand und ließ sie vorläufig nicht mehr los.

Auch Konrad war herbeigeeilt und hatte seinen Ziehvater umarmt.

„Abgefahren, Papa!", hatte er ihm zugeflüstert und ihn spitzbübisch begeistert angegrinst. Er hatte wohlwollend seinen Daumen in die Höhe gestreckt, bevor er sich an Tarons andere Seite setzte. Endlich war sein Ziehvater wieder, wie er ihn kennengelernt hatte.

Taron sah die beiden Kinder an und vor Rührung blieb ihm beinahe das Herz stehen. Wenn jemand bedingungslos hinter ihm stand, dann waren es die beiden. Er betrachtete sie lächelnd. Konrad von Schwarzeck hatte sie anscheinend ebenfalls eingekleidet. Die Kinder waren ebenso in orange Festtagskleidung staffiert. Ein eigentümlich staubiges Kleidchen mit Puffärmeln und putzigen Schleifen für Shelly und Konrad in einem kleinen Anzug ganz ähnlich seinem. Nur fehlte der ganze Zierrat daran und die Jacke hatte eine vertretbare Länge. Familie Taron Anatol Ikárov war auf Brautschau.

Onkel Anatol hatte gezetert wie ein Kutscher, als er ihren Auftritt zu sehen bekam. Zumindest so lange, bis er schließlich einem Schwächeanfall anheimfiel und man ihn nach draußen trug. Ganz gegen seine ursprünglichen Planungen, in diesem Possenspiel als Zeremonienmeister zu fungieren.

Wie natürlich dieser plötzliche Zusammenbruch war, darüber wagte Taron sich keine Meinung zu bilden. Er ahnte so einiges. Der Ärger über ihn, die Aufregung oder sonstige Gründe mochten dazu beigetragen haben. Sein Onkel war über eine erste Tirade bei dem Empfang nicht hinaus gekommen und schließlich mit einer äußerst ungesunden Gesichtsfarbe in sich zusammengesackt.

Man hatte umgehend Njorbert herbei gerufen und seinen Onkel hinaus gebracht. Wie es weiter gegangen war, konnte Taron bisher nicht verfolgen. Er schalt sich selbst einen undankbaren Frevler, aber er war erleichtert gewesen, als sein Onkel endlich den Mund gehalten hatte.

Dafür hatte er nun alleine mit einer Horde Gäste zu tun und er bewältigte es, wie er es gelernt hatte. Er hatte sie nicht eingeladen, aber sie waren in seinem Haus. Viele der Familien kannte er aus Wassergrün, einige waren dort auf dem letzten Hofball gewesen und lange bereits enge Freunde der Familie. Der eine oder andere Würdenträger war darunter. Ihnen allen musste er Respekt entgegen bringen und hatte dies so charmant und unkapriziös getan, wie die Umstände und sein Erscheinungsbild es erlaubten.

Nun war er wieder hier im Wachhaus. Taron öffnete die Manschetten, legte die Knöpfe neben sich zur Seite und verschränkte die Hände hinter dem Kopf. Er versuchte seine Gedanken zu ordnen.

Er hatte nach dem Zusammenbruch seines Onkels die aufgeregte Menge weitmöglichst besänftigt und alle Unkenrufe im Keim erstickt. Er hatte weiter die Etikette einer Veranstaltung erfüllt, auf die er nicht den geringsten Wert gelegt hatte. Was hätte er auch anderes tun sollen. Und er durfte die Kinder sehen. Ganz ohne Gitter und Fensterladen.

Lucinde hatte sich alsbald bei Taron entschuldigen lassen. Sie war zu ihrem Mann geeilt und die Zeremonie hatte fortan Vincent an Anatols Stelle für den König geleitet. Aufmunternd hatte er seinem König zugezwinkert und eben in diesem Augenblick verstand der König richtig, was man durch den erdig orangefarbenen Verlobungsanzug bezweckt hatte.

Endlos schien die Zahl der Damen, die ihm vorgestellt worden waren. Umringt von ihren Familien waren sie zweifelnd, aber aufgeregt und höflich vor den Thron getreten. Niemand aus den Reihen der Gäste wollte unhöflich sein, aber kaum eine der Familien, die vor seinen Stuhl traten, schien plötzlich mehr ernsthafte Heiratsabsichten zu haben. Bis auf ein paar ganz abgebrühte und schmerzfreie Ausnahmen.

Taron sah aus wie sein exzentrischer Großonkel Edolf seinerzeit. Verrückt und durchgedreht und aufgrund seiner Durchsichtigkeit als Dreingabe unheimlicher denn je. Der König hatte sich selten so offen mit seinem Makel präsentiert und die Gerüchteküche darum war groß und die Geschichten zum Fürchten.

In Tarons Kopf hatten sich Welten bewegt in der Zwischenzeit. Was sollte er tun? Sein Aufzug widersprach bei weitem den neu eingetretenen Umständen. Er wusste nicht, was mit seinem Onkel geschehen war, aber falls er starb war er tatsächlich der letzte in der Linie Ikárov. Zumindest der Letzte, der offiziell bekannt war. Er musste heiraten.

Die Erkenntnis traf ihn hart. Tarons Not musste in seinem Gesicht zu lesen gewesen sein, denn für einen Augenblick hatte er seine Züge zu einer irritierten Fratze verzogen. Dann lächelte er. Nobel und distanziert und wie man es gewohnt war.

So empfing der König Familie um Familie, die hierhergekommen war, um ihn zu sehen. Er brachte es hinter sich und versuchte an jeden ein paar freundliche Worte zu richten. Sein Erscheinungsbild passte so gar nicht zu seinem ausgefeilten Auftreten und ließ den Eindruck von Groteske und Gruseligkeit ganz unbeabsichtigt ins Unermessliche branden.

Der König bemerkte es nicht und versuchte sein Bestes. Er war es ihnen schuldig und er hatte absolut nichts davon, den gesamten Grauener Adel zu vergrätzen. Wenn er schon seine Minister nicht mehr lückenlos hinter sich hatte. Es würde viel Arbeit geben, wenn er aus dem Arrest entlassen war.

Aber wie sollte diese Farce heute nur enden? Taron wusste es nicht, während er eine platte Phrase nach der anderen abspulte. Er sprach mit den Händen und man übersetzte es für die, die hier nicht so gut bewandert waren. Das, was er hätte mit Worten sagen können, reichte für einen Empfang lange noch nicht aus.

Einige der Damen versuchten stolz ihre hart antrainierten gestischen Sprachkenntnisse in die Konversation einzubringen und Taron konnte nicht anders als es rührend zu finden, wie sie sich abmühten höflich zu sein und sich die Finger verrenkten, während sie sich milde grausten. So einen Bräutigam wollte keine, auch wenn vereinzelte Anverwandte dennoch drängten.

Ehrlich gelächelt hatte Taron dann zum ersten Mal an diesem Tag, als Vincent ganz unerwartet Trine aus dem Moor für ihn angekündigt hatte. Warum war sie hier? Taron verstand nur so wenig.

Die Hexe schien ohne Begleitung gekommen, staubig und erdig wie je und hatte dem König vor der gesamten Versammlung einen anstößigen Gruß zugeworfen.

Die Menge um sie war pikiert auseinandergewichen und Trine frotzelte.

„Ich bin vielleicht nicht von Adel“, sagte sie hochnäsig. „Aber ich dachte, wenn es hier und heute um so etwas wie die Hand eines Königs geht, möchte ich doch auch versuchen meinen Hut in den Ring zu werfen. Seht Ihr, ich würde auch gerne unermesslich reich sein. Ebenso wie all die anderen hier. Und wenn ich uns heute so ansehe…“, neckte sie Taron. „Dann geben wir doch ein herrliches Paar ab.“ Sie grinste frech.

Eines war sicher, dachte Taron. Anatol hatte sie jedenfalls nicht hierher geladen. Ein lautloses Lachen flog kurz über des Königs Lippen und er zwinkerte ihr zu. Dann nickte er ebenso förmlich, wie bei allen anderen, die an seinem Thron bisher vorbeigezogen waren. Sie knickste ungelenk, fuhrwerkte dazu in einer übertriebenen Geste mit den Händen in seine Richtung und verzog sich in die hintere Ecke des Raumes zu den Getränken. Egal warum sie gekommen war. Die Hexe hatte, ohne es zu wissen, diesen Nachmittag für ihn gerettet.

Taron hatte keine Vorstellung besessen, warum sie hierher gekommen war. Er sollte es bald erfahren.

Vincent hatte Tarons fragenden Seitenblick nur mit einem wissenden Grinsen bedacht.

Der König hatte keine Zeit nachzudenken. Dame um Dame hatte es weiter in Begleitung ihrer Familien an den Thron heran gewagt und Taron mit zuckrig flachen Floskeln überhäuft. Es waren weit weniger auf Anatols Einladung gekommen als angekündigt. Dennoch dauerte es Stunden und für Taron war keine einzige dabei, die er auch nur ansatzweise in Erwägung ziehen wollte. Er sollte wohl doch mit der Vorstellung liebäugeln, Trine in die engere Wahl zu nehmen, dachte er ironisch. Sie war zwar nicht von Adel, aber sogar dies ließ sich beheben. Vielleicht war sie sein Schicksal.

Schnell war Shelly und Konrad einstweilen das steife Zeremoniell an der Seite ihres Vaters langweilig geworden. Taron konnte ihnen nicht verübeln, dass sie irgendwann gegähnt hatten. Er musste sich selbst beherrschen. Als sie anfingen, an ihm herumzuzupfen, hatte er sie schließlich mit Nolda zusammen in den Garten entlassen. Wen sollten sie auch an seiner Seite mit ihm wählen. Es gab keine.

Dennoch ließen es sich die beiden nicht nehmen, zwischenzeitlich immer wieder zu ihm in den Thronsaal zu sehen. Sie rannten zwischen den aufgereihten Gästen entlang und spielten.

Die Schar derjenigen, die wenigstens mit einem kurzen Blick auf den König für die lange Fahrt entschädigt werden wollten, schien nicht abzureißen.

Der König dachte während dieser ganzen Zeit nur an einen einzigen Menschen. Einen Menschen, den er verloren hatte. Sein Herz wurde schwer und noch mühseliger wurde ihm, sich das nicht anmerken zu lassen. Der Nachmittag schien kein Ende zu nehmen.

Als letzte auf seiner Liste hatte sich Frau Irdenklein zu Hiesig aufrufen lassen. Auch sie hatte also den langen Weg hierher gefunden. Sie waren sich seit ihrem letzten Zusammentreffen nicht mehr begegnet. Keine Briefe, keine Konversation. Man wartete auf einen Zug durch den König.

Taron ließ sie eintreten. Sie war scheinbar allein gekommen. Niemand begleitete sie in den Saal. Eine gewisse Neugier in ihm entflammte. Zum ersten Mal hatte er die Augen nicht geschlossen, als sie ihm gegenüber trat. Das wagte er nicht.

Doch er stockte und auch den anderen Versammelten entfuhr ein überraschter Laut, als sie heran kam. Sie wagte es, verschleiert vor ihn zu treten und ebenso vermummt, wie er es selbst oft zu tun pflegte.

Taron war so perplex, dass er nicht wusste, wie er reagieren sollte. Seine Hände wurden feucht und er versuchte sie so unauffällig wie möglich an seinem Gewand abzuwischen. Das war sie also. Maria Irdenklein zu Hiesig. Er sah auf eine dunkel gewandete Frau, deren Kopf vollständig unter einem dichten seidenen Schleier verborgen war.

Sie machte einen sehr tiefen Knicks vor ihm.

„Überrascht?", fragte sie spitz. „So müsst ihr vor Euren Gästen nicht die Augen verschließen in meiner Gegenwart. Ich dachte, das wäre passend, wenn ich an unsere letzten Begegnungen denke." Ein leises spöttisches Lachen kam aus ihrem Mund.

„Ihr dagegen", fuhr sie fort. „Ihr erstaunt mich ebenfalls. Wie schafft Ihr es nur, Euch immer und immer wieder völlig neu zu erfinden?“ Sie sah haarklein von oben nach unten an ihm herab und wieder zurück. Ohne Zweifel unverschämt, fast angriffslustig.

Die anderen Gäste begannen zu tuscheln über den vertrauten Tonfall, den diese Dame vor dem König anzuschlagen wagte. Und es war nicht ihre erste Begegnung. Soviel war sicher.

Und der König saß da wie vom Donner gerührt. Kerzengerade und mit hoch erhobenem Haupt. Er versuchte sich seine plötzliche Nervosität nicht anmerken zu lassen. Er wollte die dichten Schleier um die Dame mit seinem Blick durchdringen, aber er konnte kein Gesicht erkennen.

Trine gesellte sich unauffällig in ihre Nähe. So war das also, dachte Taron. Mit ihr war die Dame also hierher gekommen. Was hatte das alles zu bedeuten?

Er konnte ihr nichts erwidern, denn gerade kam Vincent in den Thronsaal zurück. Man hatte ihn kurz hinaus gerufen. Und mit zusammengezogenen Augenbrauen kam er wieder herein. Er trat unsicher an Tarons Seite und flüsterte ihm etwas ins Ohr.

Der König konnte kaum den Blick von seiner Besucherin abwenden, aber jetzt hatte der Verwalter seine volle Aufmerksamkeit.

Denn als nächste vor der Tür verlangte eine Botin aus Schwarzeck Einlass in diesen Thronsaal und schon drückte sie sich an den Wachen vorbei in den Raum.

Damit hatte niemand gerechnet. Die Versammelten wichen auseinander, als eine hünenhafte massige Frau mit riesigen dunklen Reifröcken in den Saal rauschte und sich in ihre Mitte und vor des Königs Thronsessel drängte. Ihr übertrieben opulenter Kopfputz ragte über ihr in die Höhe und beschattete ihre Umgebung wie eine dichte Baumkrone. Ihr ausladendes teigiges Dekolletee schien aus dem Kleid quellen zu wollen. Sie gab ein abstruses Bild ab und sie schien den halben Raum einzunehmen.

Taron war sich sicher, seine Tante Lucinde musste sie kennen. Schwarzeckadel. Nur war sie nicht hier. Die Botin machte einen angedeuteten Knicks vor dem König und streckte ihre Hand aus.

Vincent und Konrad wollten dazwischen gehen, aber Taron hielt sie zurück. Er ließ die Gesandte herankommen und über seinen Körper flog ein eisiger Schauer, als sie seine Hand schließlich berührte. Sämtliche seiner Nackenhaare schienen sich aufzustellen.

Er war sich sicher, es war die Dienerin, die ihn damals in den unendlichen Labyrinthen der Dunklen gemeinsam mit Shelly von Schwarzeck so feierlich aufgebahrt hatte, als man ihn für tot erklärte. Ihn und seinen Schwager Matteo.

Sie waren damals beide entkommen und man sah sich einen Moment in die Augen. Ein undurchschaubares Lächeln zeichnete sich kurz in ihr Gesicht, als sie die zunehmende Durchsichtigkeit in seinem Gesicht bemerkte. Sie sagte nichts.

Aus ihrem grob überschminkten Gesicht heraus sah sie ihn herausfordernd an. Sie schien ohne jeden Zynismus, wie man dies von Boten aus Schwarzeck sonst gewohnt war.

Ohne dass jemand etwas unternehmen konnte, kam sie einen Schritt nach vorne.

Schneller, als irgendjemand im Raum es begreifen konnte, hatten Remoulado und Ibô ihre Waffen gezogen und waren an der Seite des Königs. Drohend richteten sich ihre Klingen gegen die Dunkle.

Ohne auch nur mit der Wimper zu zucken, neigte sie vor dem König das Haupt zum Gruß und legte ihm etwas auf die Lehne seines Thronsessels. Dann zog sie sich zurück und schien all die Kälte, die sie gebracht hatte, mit ihrem Verschwinden mit sich zu nehmen.

Tarons Wache wollte sie aufhalten, aber der König hob nur einen Finger. Er ließ sie gehen. Dieser Besuch war nicht zum Zweck eines Angriffs geschehen. Taron wusste, es war eine Nachricht aus den Tiefen Schwarzecks, die man ihm damit überbracht hatte. Und er wusste auch, von wem. Neben ihm auf der Stuhllehne lag eine gedrehte Muschelschale. Die Botin hatte keinen Zweifel daran gelassen, dass er sie zu dieser Gelegenheit sofort beachten sollte.

Also brachte er mit einer einzigen Geste den aufgeregt summenden Saal zum Schweigen und legte mahnend den Finger vor den Mund. Eine Stecknadel konnte man jetzt auf die glänzend polierten Steinfliesen fallen hören. Es wurde mucksmäuschenstill.

Der König nahm einen Atemzug und führte die Schale an sein Ohr.

Und er wurde blasser, als er bereits war, nachdem er die Nachricht vernommen hatte. Er versuchte sich nichts anmerken zu lassen und er entschuldigte sich freundlich vor seinen Gästen. Die Brautschau war nicht wie geplant zu Ende gegangen, als der König den Saal verließ.

Vincent lud die Gäste schnell zum Diner, das der König nicht mit ihnen teilen würde. Er gab Ibô unmerklich ein Zeichen.

Der General, der während der gesamten Veranstaltung aus einer unauffälligen Ecke heraus seinen Herrn in der kleinsten Regung beobachtet hatte, verstand sofort. Er ließ die Wachen unverzüglich verstärken. Konsequent ließ er die Sicherheit von Grauen und seinen Gästen wiederherstellen. Das gesamte Gelände und das Schloss wurden durchsucht.

Um die königliche Familie wurde ein Wall aus Soldaten gebaut. Vor den Zimmern, in den Zimmern wurden sie postiert und ließen noch nicht einmal eine Fliege ungesehen ihren Weg finden.

Dies alles geschah so diskret, dass niemand aus der Gästeschar in den Quartieren etwas von einer Ausnahmesituation bemerkte. Sie fühlten sich gut untergebracht und bewirtet. Alles ging so gekonnt und leise vonstatten, dass gar nicht erst der Gedanke an eine Panik aufkommen konnte.

Grauen wurde bedroht. Hier in diesem Haus, und niemand wusste bisher, wo erneute Gefahr auf den König lauern mochte. Shelly von Schwarzeck war festgesetzt in ihrem unterirdischen Reich. Und Gumpert hatte sie gestürzt und gegen Grauen bittere Rache geschworen.

Wo waren die Schergen also versteckt? Wie waren sie hereingekommen? Man wusste es nicht in all den Wirren und Menschenmassen des heutigen Festtags. Wenn es überhaupt stimmte, was die Nachricht angekündigt hatte. Niemand konnte es sagen.

Jedenfalls, dachte Taron, hatte es jemand geschafft, ihm bei dem Barbier aufzulauern. Und im Wald nach Remoulados Junggesellenabschied. Was war mit Shelly von Schwarzeck geschehen? Man musste ihr helfen.

Sobald Taron draußen alleine mit seinen Leuten war, geriet er sofort mit Vincent aneinander. Seit einem Diner bei Ripenschneiders in Wassergrün war einfach vieles nicht mehr, wie es sein sollte.

Seitdem war er wieder hier. Wütend hatte er sich von Vincents Arm draußen in den Gärten losgerissen. Er war jetzt und sofort bereit gewesen, sich Gumpert von Schwarzeck im Duell zu stellen. Er wollte nach Schwarzeck. Er wollte zur Patentante seiner Tochter. Sein Verstand setzte aus für ein paar Augenblicke. Er musste Shelly retten und zog die Waffe eines Gardesoldaten neben sich. Er sah furchteinflößend und entschlossen aus. Er war von Sinnen. Es dauerte nur wenige Sekunden, aber in den Augen des Königs hatte der Wahnsinn gelodert. Er war entschlossen bis zum Äußersten.

Er hatte Vincent angeschrien, ihn endlich gehen zu lassen. Soweit es seine holprige Sprache irgendwie zuließ. Sein Freund hatte darüber hinweg gehört.

Es war ausgerechnet ein Dunkler, Konrad von Schwarzeck, der sich Taron dann in den Weg stellte.

Der König prallte vor eine Wand aus Fleisch, als er in den Dunklen hineinrannte.

Konrad stand da wie ein Fels.

In dem Augenblick, als Taron vor den Dunklen lief, wurde er wieder klar. Er hatte Furcht vor dem, was geschehen war, und vor dem, was in ihm brannte.

Konrad wand ihm seelenruhig und sachlich die Waffe aus der Hand und die Garde scharte sich dicht um den König.

Alle Anwesenden hatten den Atem angehalten. Der Fürst war nur schwer zu halten, wenn er wütend war.

Im Stechschritt hatte er darauf die Richtung geändert und von selbst den Weg zum Wachhaus angetreten. Man hatte einen Spuk um ihn inszeniert, den noch nicht einmal Edolf besser beherrscht hätte.

Tut was nötig ist, hatte er im Weggehen gestikuliert. *Bevor ich einen Fehler mache.*

Ohne weiteres Aufheben hatte sich Taron in Schutzhaft begeben. Vor sich selbst und vor dem Rest der Welt. Mit einem lauten Knall hatte er die Arresttür hinter sich zugeworfen. Sie war ins Schloss geknirscht und Taron war froh endlich alleine zu sein.

Neben einem Krug mit Wasser hatte er dort Ripenschneiders Elixier gefunden. Es hatte längst für seine Rückkehr bereit gestanden. Das Gebräu war stark dieses Mal und ganz anders zusammengesetzt als sonst, stellte er fest, nachdem er getrunken hatte. Es hatte mehr enthalten als die übliche Stärkung, und ohne dass er etwas dagegen tun konnte, holte ihn das Gebräu bereits nach kurzer Zeit in tiefen Schlaf.

War ihm von der Erneuerung des Fluchs ohnehin den ganzen Tag bereits reichlich schwindelig, so erledigte der Trank ganz von selbst und ohne dass er etwas dagegen einwenden konnte, sein Übriges.

Bald plagten wirre Traumfetzen den König. Hatte Anatol etwa absichtlich die gesamte Grauener Aristokratie hierher geladen, um auf seine Kosten ein Schlachtfest an einem der höchsten Feiertage zu veranstalten, oder war die Nachricht gar ein Werk der Morbidianer? Wer war der Kopf dieser verwünschten Gemeinschaft? Nein. Die Nachricht kam nicht aus Grauen. Sie war echt und sie kam direkt aus den Eingeweiden Schwarzecks. Es gab weit mehr als nur eine Unbekannte in der Gleichung.

Gumpert von Schwarzeck schien die Fäden in der Hand zu haben und er wagte eine Drohung, seine eigene Schwester zu töten, falls Taron sich nicht auf einen Pakt mit Schwarzeck einließ. Eine Strategieänderung also sollte es sein. Ohne jedes Rückgrat sicherlich und ohne festes Ziel. Der Dunkle war noch mehr von Sinnen als er selbst und seine Sippschaft. Eine Vermählung mit Shelly war eine der letzten Optionen, an die Taron jemals gedacht hatte. Genau dies hatte man ihm mit einer kurzen Nachricht mitten in seinem Thronsaal und zu dieser Gelegenheit offeriert und ohne, dass irgend jemand anders es mitbekommen hatte.

Er hatte Shelly im Hintergrund vernommen, als er Gumperts Nachricht angehört hatte. Sie hatte Taron beschworen, sich auf nichts einzulassen. Nicht um ihrentwillen. Nach einem schrillen Kreischen und einem wüsten Schimpfen von Gumpert war Ruhe gewesen in der Muschelschale, die er an sein Ohr gehalten hatte.

Was war nur alles aus den Fugen geraten, seit Mia ihn verlassen hatte. Taron warf sich auf seinem Lager hin und her.

Er sah im Traum noch einmal die vielen Damen vor sich, die gemeinsam mit ihren Familien bei ihm vorstellig geworden waren. In all ihren bunten Kleidern und maximal herausgeputzt mit raffinierter Haartracht und teuerstem Familienschmuck. Jede von ihnen hatte eine übertrieben schwere Duftwolke aus Parfüm voraus getragen. Taron hatte es beinahe den Atem genommen und ihm war nach der dritten Aufwartung bereits übel geworden davon. Aus Höflichkeit hatte jede einen Brief an den König hinterlassen und ein Gastgeschenk. Wie es Tradition war an diesem Feiertag und wie es die Boten aus den verschiedensten Teilen Grauens am Vormittag bereits bei der Audienz getan hatten, die Anatol in diesem Jahr für ihn verrichtet hatte.

Alle Gaben hatten sich im Lauf des Empfangs neben ihm aufgestapelt. Vor seinem inneren Auge sah Taron zahllose Münder vor sich, die währenddessen auf ihn eingeplappert hatten. Einer nach dem anderen.

Irgendwoher war Schorsch der kleine Nachtmahr in der Zelle aufgetaucht und hatte den König ratlos in seinem ruhelosen Halbschlaf bewacht. Er hatte ihm die Stirn gekühlt und es dauerte lange, bis der König ruhiger wurde dieses Mal.

Ungläubig starrte Taron die beiden Besucher schließlich an, die gegen Abend in seine Zelle kamen. Durch die Wirkung der verschiedenen Mittel an diesem Tag war er berauscht wie schon lange nicht mehr.

„Keiner hat gesagt, dass Anatol den Wein mit dem Narkosemittel trinken soll. Niemand", meckerte Ripenschneider an seinen Begleiter gerichtet.

Taron erwachte gerade mitten hinein in eine halblaute Diskussion zwischen Vincent und dem Professor. Sie standen in seiner Zelle.

Taron hatte sie nicht hereinkommen hören.

Die beiden starrten hinunter auf den König, der auf seinem Lager zusammengekauert lag wie ein verschrecktes Kind.

Er wartete darauf, dass dieses Chaos um ihn herum einfach aufhören möge. Er wusste nicht, was wirklich war und was seinen fiebrigen Träumen entsprang. Aber diese beiden Besucher zumindest standen leibhaftig vor ihm. Sie ließen daran keinen Zweifel.

„Aber was soll ich sagen", grinste Vincent ungerührt und sah dem Professor herausfordernd ins Gesicht. „Es war doch eine günstige Fügung, oder nicht?"

Ein Narkosemittel? Kein Gift? Taron blickte zerschlagen auf. Sein Onkel würde also nicht sterben? Dieser Tag und alles, was an ihm passierte in seiner Gesamtheit, machte ihn mehr als taumelig. Es fiel ihm schwer, die beiden anzusehen und ihnen zuzuhören.

„Das Narkosemittel war für Euch", fügte der Professor trocken an Taron gewandt hinzu.

„Für den Notfall", ergänzte Vincent schnell.

„N- ot- fa- all, h- hm?", brummte Taron angestrengt, lehnte sich schwerfällig an die Wand hinter sich und spielte mit seinen Manschetten. „Was bi- n i- ich für E- euch?", fragte er ungelenk und schleppend. „Ein H- hund, e- ein Ha- Haus- tie- tier vi- vie- ll- eicht?"

„Lern bitte wieder vernünftig zu reden", sagte Vincent nur.

„Du musst üben, hörst du? Zumindest: ICH WILL! solltest du bald ohne Holpern über die Lippen bekommen, mein König. Und nun ruh dich aus. Wir haben hier alles unter Kontrolle.“

Taron stützte seine Stirn in die Hände und lachte verzweifelt.

„Das Haus scheint sicher“, berichtete Vincent nach ein paar Augenblicken des Schweigens. „Wir haben restlos alles überprüft. Im gesamten Schlossgelände ist niemand, der hier nicht sein sollte. Aber Ibô bleibt auf der Hut. Er wird für unser aller Sicherheit schon sorgen.“ Streng sah er auf seinen König herunter.

„Und du bleibst, wo du bist, verstanden?“

Taron legte eckig die Hand an seine Stirn und sah zu, wie sich die Besucher wieder entfernten und die Tür hinter sich verschlossen.

Er schälte sich endlich aus dem unschicklich engen Beinkleid und legte die abscheuliche Festtagskleidung gänzlich ab bis auf Hemd und Unterkleidung. Er rollte sich auf seinem Strohsack zusammen, zog die Wolldecke bis über sein Kinn und schloss die Augen. Zumindest hatte sein Aufzug die beabsichtigte Wirkung auf seine Besucherinnen nicht verfehlt. Er hatte es deutlich in ihren Gesichtern gesehen.

Doch warum sprach Vincent dann noch immer vom Heiraten, wenn sie ihm so konsequent geholfen hatten, die von Anatol organisierte Veranstaltung zu boykottieren und all die geladenen Damen zu verstören? Er wusste es nicht.

Er wollte so dringend ein ganz normaler Mann sein. Ein normaler Mensch mit einem langweiligen Beruf. Über diesen Gedanken nickte er wieder ein.

Schorsch spielte in einer Ecke fasziniert mit der knisternd seidenen Halsbinde, die der König achtlos auf den Kleiderhaufen neben seine Schuhe geworfen hatte.

Und dann erschien sie vor seiner Zelle. Unangekündigt und leise klopfte sie an die Tür. Taron brauchte eine Weile, bis ihn das Klopfen erreichte und er davon erwachte. Schläfrig setzte er sich auf und griff nach dem Krug mit Wasser, der neben ihm stand. Er konnte nicht antworten, denn er brachte durch die Müdigkeit kein Wort heraus. Er trank einen Schluck, aber eine deutliche Antwort konnte er wohl vergessen.

Eine Wache an der Tür übernahm es für ihn zu reagieren.

„Der Herr hat geschlafen, verzeiht. Ihr dürft zu ihm, wenn er es wünscht." Der Wachmann kam ganz nah an die Tür und öffnete die Luke darin einen kleinen Spalt.

„Ihr habt Besuch, Euer Hoheit. Eine Dame wünscht von Euch eingelassen zu werden", erklärte er steif.

Taron war verwirrt. Seit wann durfte er hier Damen empfangen? Er war schließlich im Staatsarrest. Hatten heute nicht bereits genug ihre Aufwartung gemacht? Wer sollte ausgerechnet hier mit ihm sprechen wollen und aus welchem Grund?

„Gebt mir ein Zeichen", bat der Wachmann draußen nach ein paar Augenblicken der Stille. „Gebt mir ein Zeichen, ob Ihr einverstanden seid. Klopft einmal und ich lasse sie herein. Klopft zweimal und sie wird fort geschickt."

Die Wache hörte ein zweimaliges Klopfen aus dem Inneren der Zelle.

„Entschuldigt mal!", ertönte eine hohe Stimme selbstbewusst hinter dem Wachmann. Es pochte eindringlich an die Tür. Mit spitzen Fingerknöcheln. „All die Damen durften sich Euch präsentieren", beschwerte sich eine Stimme draußen vor der Tür. „All die Damen, die sich eben in Eurem Schloss den gemiederten Wanst bei einem wahrlich königlichen Diner vollschlagen, durften Euch in Ruhe sehen. Mir wurde diese Gelegenheit genommen und ich fordere sie jetzt, oder ich werde abreisen."

Taron rappelte sich auf von seinem Strohsack. Er erkannte den Klang dieser Worte. Es war Fräulein von Irdenklein, die sich hier die Ehre gab, und sie hatte recht. Wie schnell war vorhin die Veranstaltung abgebrochen, nachdem die Dunkle den Saal wieder verlassen hatte. Mademoiselle von Irdenklein hatte ihre Gelegenheit nicht erhalten.

Dennoch. Man hatte sie hierher gelassen? Taron glaubte nicht, dass Anatol davon wusste. Sie sollte beim Bankett sein.

Wie alle anderen Gäste, die sich auf seine Kosten einen opulenten Abend gönnten.

Ihre Aufwartung hatte er im Grunde den ganzen Tag heimlich herbeigesehnt. Seit dem letzten Briefwechsel war er ihr eine abschließende Antwort schuldig geblieben. Und ausgerechnet sie, mit der er bereits schon so lange in Verhandlungen war, konnte er nicht richtig empfangen. Sie lag mit ihrer Empörung vollkommen richtig.

Taron kam torkelnd an die Tür und klopfte nun seinerseits leicht gegen die Luke.

Der Wachmann öffnete zögerlich und Taron streckte seine Hände heraus. Er versuchte gar nicht erst, jetzt zu sprechen.

Wer hat Euch hierher eingeladen?, fragte er. *Und verzeiht. Ich habe geruht.*

„Es hat keine Einladung dafür gebraucht, dass ich von dieser lächerlichen Veranstaltung erfahren habe. Ich weiß, Ihr könnt nichts dafür. Es waren Sigur und Vincent höchst persönlich, die mich informiert haben, was heute hier passiert."

Taron entfuhr ein überraschtes Schnauben, doch die Dame ließ ihn nicht zum Nachdenken kommen.

„Und erinnert Euch, was ich Euch in meinem letzten Schreiben mitgeteilt habe. Ich wünsche einen ansehnlichen König zu sehen, wenn man diese Tür mit Eurer Freigabe gleich öffnet. Ich weiß, die Geschmäcker sind äußerst verschieden und Ihr seid weithin bekannt als Exzentriker. Aber das, was ich im Thronsaal gesehen habe, ist neu. Auch Euer derzeitiges Duftwasser ist recht eigenwillig", stichelte die Besucherin weiter. „Irgendwie schnodderig, wie ich finde."

Taron zuckte zusammen. Wie sollte er hier ansehnlich sein? Und er roch unzweifelhaft nach dem Weiher, in dem er gebadet hatte. Und zwar nicht eben dezent. Aber sich anziehen. Das vermochte er immerhin. Er konnte sich noch einmal in Konrads Galaanzug quetschen.

Der König zog sich in aller Eile an und ordnete sich, so gut es ging. Sein Haar, fürchtete er, war allerdings nicht zu retten. Störrisch und wächsern verklebt stand es von seinem Kopf und er gab sich alle Mühe, es halbwegs in Form zu biegen. Was hatte der Barbier im Auftrag seiner Getreuen da nur getan?

Die Dame sollte ihren Auftritt in des Königs Gegenwart bekommen. Ebenso wie alle anderen. Mühevoll wand er erneut die üppige Schleife um seinen Hals, in die Schorsch in der Zwischenzeit ein kleines Lochmuster gebissen hatte. Er war gespannt, was sie zu sagen hatte, und ein wenig fürchtete er sich vor dieser Begegnung. Hier in dieser Umgebung und mit so schlechter Stimme.

Heute trat er ihr mit offenen Augen gegenüber. Ob sie ihre Schleier lüften würde?

Er gab sein Zeichen und die Tür wurde geöffnet.

Der Wachmann verbeugte sich und an ihm vorbei trat die verschleierte Dame. Im Schlepptau hinter ihr kam ein Soldat herein. Die Dame winkte ihn ungeduldig herbei und ließ ein großes Tablett auf dem kleinen Tischchen abstellen. Auf dem einzigen Möbelstück, das sich nebst zwei einfachsten Sitzschemeln hier befand.

Der Soldat entfernte sich augenblicklich und die Tür wurde hinter ihr geschlossen.

Wortlos stand die Dame dem König zunächst gegenüber und hatte die Hände gefaltet. Dann machte sie einen manierlichen Knicks und reichte ihre Hand.

Er gab ihr einen angedeuteten Kuss darauf. Er wusste nicht, was er zu ihr sagen sollte. Hier in diesem Loch, wo er noch nicht einmal sich selbst richtig ertrug. So etwas wie Besuch passte nicht in das Konzept eines verordneten Arrests. Wann würde man dies hier beenden? Er wusste es nicht und sah unschlüssig zu Boden.

Die Dame räusperte sich, als nichts passierte.

„Verzeiht, Hoheit“, begann sie. „Darf ich mich vielleicht setzen?“

Taron nickte beschämt und rückte ihr einen Schemel zurecht. Seine Umgangsformen waren hier wohl doch etwas eingerostet.

Sie wartete, bis er Platz nahm.

Er setzte sich gerade und legte bedächtig die Hände auf dem Tisch.

Dann sah sie ihn im Schein der mageren Beleuchtung an diesem Ort neugierig an.

„Ihr fragt Euch bestimmt, warum ich hier bin, abgesehen von meiner nachgeholten Aufwartung“, begann sie. „Denn schließlich verpasse ich gerade ein Festessen und den berühmten Burgunderbraten Eurer Küchenfrau.“

Taron zuckte bestätigend mit den Schultern und machte eine entsprechende Handbewegung dazu. Das fragte er sich in der Tat.

„Ich wollte nicht unter all den fremden Leuten essen“, erklärte sie schlicht. „Auch wenn ich meinen Vater und meine neue Freundin, die mich freundlicherweise hierher begleitet haben, dafür leider alleine lassen muss.“

Taron zog die Augenbrauen zusammen.

„Und Ihr seid mir ein Essen *unter vier Augen* noch schuldig, soviel ich mich erinnern kann“, sprach wie weiter. „Das letzte Mal war wirklich nicht sehr galant von Euch. Aber sei es drum.“ Sie lachte.

Vater? Freundin? Taron konnte sich keinen Reim darauf machen. Warum war Herr von Irdenklein nicht mit vorstellig geworden bei dem Empfang? War sie etwa außer mit ihrer Familie tatsächlich mit Trine hierher gekommen? Seit wann kannten sie sich?

Die Dame ließ die unausgesprochenen Fragen zwischen ihnen stehen.

„Ich wollte Euch kennen lernen“, sprach sie weiter. „Wie Ihr jetzt seid und fern von der ganzen verknöcherten Etikette Eures Hofes. Außerdem seid Ihr mir neben einem Diner noch eine letzte Antwort schuldig geblieben bisher. Daher möchte ich mit Euch zu Abend essen.“

Ich esse nicht, erklärte der König direkt und sah auf die verschlossenen Geschirrteile auf dem Tablett vor sich.

„Davon habe ich gehört“, entgegnete sie nüchtern. „Daher war ich so frei in der Küche für uns nur etwas ganz Einfaches zu bestellen, mein Herr. Euer Arzt sagt, Ihr müsst endlich etwas zu Euch nehmen.“ Sie öffnete die Schüsseln, nahm einen Teller vom Tablett und stellte ungefragt vor den König eine Portion gedämpftes Gemüse, zwei kleine Kartoffeln und etwas frisch gebackenes Brot. Sie nahm sich ebenfalls davon.

Die beiden Teller zwischen ihnen mit den frischen Speisen dampften vor sich hin.

In des Königs Nase stieg zum ersten Mal außer dem feuchtem Moder dieses Raumes und seine eigene Muffigkeit ein feiner Duft nach Nahrung und ganz vornehm und unaufdringlich das leichte blumige Bouquet eines Parfüms. Dann lüftete sie ihren Schleier.

Ungerührt schenkte sie ihm ein Glas Wein ein und sah ihn an, während Taron der Unterkiefer nach unten fiel.

„Mia“, brachte er nur heraus und starrte sie an.

Sie hingegen ließ sich nicht beeindrucken.

„Schön, dass Ihr wieder sprecht, mein Herr“, sagte sie nur und lächelte ihn an. „Wie lange ist es her, dass ich Eure Stimme gehört habe.“ Sie erhob ihr Glas und hielt es Taron entgegen.

Die Hand des Königs fing ein wenig an zu beben, als er das Glas an dem feinen Stiel zu ihr hinüber reichte.

Leise stießen die beiden Gläser zusammen.

„Mia“, sagte er noch einmal und in seinen Augen schimmerten die ersten Tränen.

Jetzt wurde ihm klar, warum Trine hier gewesen war bei der Audienz. Jetzt verstand er, warum er all die Zeit nicht erkennen konnte, wer Frau von Irdenklein war, warum er ihre Stimme nicht erkannte. Er dachte an die manierierte kleine Handbewegung, welche die Hexe vor seinem Thron bei ihrem Knicks vor wenigen Stunden gemacht hatte. Sie hatte eine Blende von ihm genommen.

Er nahm einen großen Schluck aus dem Glas und sah Mia fortgesetzt verdattert an.

„Kommt schon *Fisch* und schade, dass die anderen Euch jetzt so nicht sehen. Euer Blick ist für die Götter.“ Sie lachte.

„Esst!“, verlangte sie und versenkte ihre Gabel in einer Kartoffel auf dem Teller vor sich.

Taron zögerte und Mia verstand.

„Nach der Rückmeldung von Vincent und Konrad seid Ihr morgen ohnehin hier heraus." Sie sah sich ungläubig in der ärmlichen Unterkunft um.

„Ihr müsst Anatol wirklich sehr verärgert haben, dass er das getan hat."

Der König blickte stumm auf seinen Teller und nickte. Das hatte er ohne Zweifel.

„Einundzwanzig Tage sind einundzwanzig zu viel", zitierte sie Vincent. „Und morgen sind sie um und Euer Onkel kann nichts dagegen tun."

War das so? Taron hatte lange bereits jedes Gefühl für Zeit hier im Wachhaus verloren. Es war gut möglich.

„Esst!", sagte sie noch einmal. „Bitte." Sie lächelte ihn an. „Bleibt mir dieses Diner heute nicht schuldig, mein König."

Morgen schon war die Zeit vorbei? Taron überlegte und ohne sie anzusehen erfüllte er ihre Bitte. Langsam und zögerlich griff er nach seinem Besteck und führte die ersten Bissen seit langem zu seinem Mund. Er kaute sie mit Bedacht. Es war ein Fest nach all der Entbehrung der letzten Tage und intensiver als jeder achtlos hineingestopfte Burgunderbraten.

Dann wagte er es, Maria von Irdenklein zu Hiesig in die Augen zu sehen. Ganze Episoden spielten sich vor seinem inneren Auge ab und von dem, an was Schorsch ihn in der Zwischenzeit wieder erinnert hatte. Ganze Ozeane nicht gesprochener Worte wurden ausgetauscht.

Schweigend aßen Mia und Taron so ihr Mahl zu Ende.

Der König bedankte sich still und stellte schließlich das Tablett mit den leeren Gefäßen zur Seite. Er schenkte ihnen nach und setzte sich zurück an den Tisch.

Von draußen hörte man kein einziges Geräusch, das Licht hier in der Zelle flackerte leicht.

„Dies alles hier", fing Mia an und zeigte auf ihn. Sie zeigte auf seine Umgebung. „Es muss Euch einige Überwindung gekostet haben, mein Herr. Ich empfinde Euren Aufenthalt hier als zutiefst empörend. Ihr seid der König."

Lange antwortete Taron darauf nicht. Er stellte sein Glas zur

Seite und zerdrückte die Serviette, die noch neben ihm auf dem Tischchen lag.

Ein Diener dieses Landes bin ich, zeigte er mit den Fingern. *Sonst nichts. Sonst gar nichts.* Wieder sah er hinunter auf seine Hände. Zurückhaltender denn je.

Ich denke, Ihr solltet wieder gehen. Danke für Euren Besuch. Sie werden ohnehin bald kommen, nehme ich an, um unser Gespräch zu beenden.

„Was für ein Unfug!", fuhr Mia dazwischen. „Glaubt mir. Niemand wird hier stören." Sie lächelte rätselhaft. „Niemand. Außer jemand von uns fordert es ein", sagte sie schnell. Dann rümpfte sie die Nase und grinste.

„Und ich muss sagen...", neckte sie ihn dann. „Wo wir gerade beim Thema sind...." Und schon hämmerte sie, ohne eine Antwort abzuwarten, gegen die Zellentür.

„Mit Verlaub. Ihr riecht wie ein traniger Waller!"

Ein überraschter Wachmann öffnete.

„Ein Bad für den König", sagte sie nur entschlossen. „Und neue Kleidung. Dann setze ich diese Unterhaltung möglicherweise fort."

Erstaunlich schnell und ohne Widerworte hatte man das Gewünschte zu Tarons Überraschung herbei geschafft. Beinahe. Mehrere Mann stapften hinein in dieses merkwürdig verwunschene Treffen und man brachte ein Waschgefäß, zwei Krüge mit Wasser, ein Stück unparfümierte Kernseife, Tücher und einen Kamm. Einschließlich eines Stapels frisch gewaschener und säuberlich zusammengelegter Kleidung aus Ellis` Wäschekammer. Alles legte man auf den freigeräumten Tisch. Nur ein Bad. Das gewährte man dem König nicht. Er war im Arrest und nicht viel mehr derzeit als ein einfacher Soldat, der eine Strafe verbüßte.

Mia wagte es nicht, sich zu beschweren.

Und so schnell man in der Zelle erschienen war, so zügig verschwand man auch wieder. Dafür immerhin sorgte sie. Der eine oder andere, einschließlich Vincent, der dies alles begleitete, konnte sich ein feines Grinsen nicht verkneifen.

Die Tür wurde wieder geschlossen und man ließ Mia und Taron zwischen den Krügen voller Wasser und einer blechernen Waschschüssel allein. Aus einem der Krüge dampfte es leicht. Das Wasser darin war tatsächlich angewärmt.

„Bitte", forderte Mia ihn auf, nachdem er sich nicht bewegte, und zeigte auf die mitgebrachten Gaben. Sie hatte die Arme verschränkt und sah ihn auffordernd an.

Er räusperte sich und brachte nun seinerseits ein kleines Lächeln zustande.

Danke für Eure Umsicht, zeigte er nur. *Ihr seid sehr aufmerksam.*

Fragend sah sie ihn an.

Aber bitte dreht Euch um, setzte er dann fort, als nichts passierte.

„Ich soll mich… was?", lachte sie spöttisch. Wie oft hatte sie ihn bereits gesehen. Mit und ohne Kleidung, in sämtlichen Bewusstseins- und Körperzuständen.

Er zog den Mantel aus und sah sie inständig an.

Da wurde ihr klar, worum es ging. Es war, wie es ihr berichtet worden war. Sie teilten nicht die gleiche Erinnerung. Der König wusste vieles nicht mehr. Für einen Moment war sie schockiert, als ihr das bewusst wurde und wie viel sich dadurch zwischen ihnen verändert hatte. Sie sah es in seinen Augen.

Taron für seinen Teil hatte mit ganz neuen Regungen in sich zu kämpfen. Er schämte sich dafür, wie dünn er geworden war, und seine Haut war durchscheinend wie Pauspapier.

Ohne darauf zu achten, nahm Mia ihm das Gewand aus der Hand, drehte sich um und wartete, bis er ihr übrigen Kleider reichte.

Sie setzte sich mit dem Rücken zu ihm neben den Tisch. Keiner sagte zunächst etwas. Das einzige, was man hörte, war das leise Plätschern des Wassers, als er sich wusch.

Schließlich nahm sie eine kleine silberne Phiole aus einer Tasche ihres Kleides und träufelte ohne hinzusehen etwas von dem Inhalt in das Wasser neben sich auf dem Tisch. Er war das Duftwasser, das er seit Jahren trug.

Taron war erstaunt, als sich die Herznote des Parfums über der Waschschüssel auszubreiten begann. Er sah sie einen Moment ungläubig an. Hatte sie es all die Zeit ihrer Abwesenheit etwa stets bei sich getragen?

Der König zelebrierte die Reinigung schweigend. Es war in seiner Ärmlichkeit trotz allem wie eine Erlösung nach all den Tagen in seinem Quartier. Wie wertvoll war hier ein Stück Kernseife und warmes Wasser. Schnell schlang er sich danach eines der bereitgelegten Tücher um die Hüften.

Mia sah ihm aus dem Augenwinkel zu und versuchte ihn nicht allzu direkt anzustarren. Dann krempelte sie die Ärmel ihres Gewandes nach hinten und reichte ihm, was er benötigte. Ganz unspektakulär und selbstverständlich wie früher und sie erschrak, als sie die blanken Knochen unter seiner Haut hervorstechen sah. Es war nicht mehr allzu viel Fleisch an dem König.

„Ich kann nur ahnen, was dies alles hier für Euch hieß", brach sie irgendwann die Stille, als sie half, seinen Kopf und das frisch gereinigte Haar mit dem restlichen Wasser zu übergießen.

Er war nicht gerade eine Augenweide und im Stillen fühlte sie ehrliches Bedauern. Sein nasses Haar sah dünner aus, als sie es in Erinnerung hatte. Graue Schlieren zogen sich fein durch die dunklen Wellen. Behutsam griff sie danach und ließ eine der Strähnen durch ihre Finger gleiten.

„Trine hat mir erzählt, Ihr hattet sie ganz und gar abgeschnitten", flüsterte sie vorsichtig, ohne dass sie es wollte.

Taron sah, dass sich hinter Mias Stirn sehr viel bewegte. Er antwortete nicht darauf. Nase und Kinn ragten im Profil und gebeugt über die Schüssel markant aus seinem viel zu spitzen Gesicht. Die Augen lagen tief und seine Wangen waren eingefallen.

Mia dachte im Stillen daran, wie sie mit ihrem Vater den Weg hierher durch das Moor genommen hatte. Ebenso wie Taron es von Hiesig aus getan hatte. Auf langen Holzstegen und zu Fuß. In dem kleinen Gasthaus hatten sie für eine Übernachtung gerastet, bevor sie weitergezogen waren. Hier war Mia auf die Hexe getroffen und das goldgerahmte Fürstenportrait in ihrem Haus hatte in dieser Nacht sehr lange Gespräche und eine spontane Freundschaft hervorgebracht.

„Vielleicht", begann sie dann und kam zurück zum Thema. „Vielleicht ist eine Situation wie diese aber auch die einzige Chance für einen Neuanfang, was uns beide betrifft. Meint Ihr nicht?"

Sie legte den Kopf schief und ließ ihre Hand zögerlich zu Tarons Handgelenk gleiten, während er seine Haare ausdrückte.

Dann reichte sie ihm ein großes Handtuch und sah ihm forschend ins Gesicht.

„Ihr habt Euch verändert, seit wir uns zuletzt gesehen haben. Sehr sogar."

„I- Ihr E- Euch a- auch!", gab Taron leise und bedacht zurück, als er sich trocknete und das Handtuch um seine Haare wand. Seine Stimme stolperte sachte über seine Lippen.

„Wer hat die Sperre aus Eurem Mund genommen?", fragte sie leise und strich nachdenklich mit dem Finger über seine Lippen. Schnell drehte sie ihm wieder den Rücken zu. Sie hatte Tränen in den Augen. „Es ist ein Wunder. Wie lange ist es her, dass ich den Klang Eurer Stimme zum letzten Mal gehört habe."

Taron wickelte das Handtuch um sich fest und tippte mit den Spitzen seiner Finger an seine Brust. Er war es selbst, der dies geschafft hatte. Niemand anders.

Aber ich spreche nicht gut, setzte Taron mit den Händen fort, als er sie wieder frei hatte. *Noch nicht. Verzeiht. Daher…*

Daher sprecht nur mit den Händen weiter, wenn es Euch zu mühselig ist, antwortete Mia ebenfalls bedacht mit den Fingern. Sie konnte auch diese Sprache mittlerweile wie ihre eigene.

Doch nun zum geschäftlichen Teil, lenkte der König diese für seinen Geschmack viel zu private Unterhaltung wieder auf eine offizielle Ebene.

Ihr seht mich. Hier bin ich. Ich bin, was ich immer war. Nicht mehr, aber auch nicht weniger. Habt Ihr Euch entschieden, wenn ich die Papiere heute unterzeichne?

Er dachte an die letzte Gelegenheit zuvor, bei der sie sich getroffen hatten. Wie kalt und abweisend war sie ihm auf dem Ball begegnet.

„Man hat mir nahegelegt, mich fern zu halten", erklärte sie nüchtern, als hätte sie seine Gedanken erraten. „Sehr sogar, und nicht allein von einer Seite war man aus verschiedensten Motiven um unser sogenanntes Wohl besorgt." Sie machte eine kurze Pause. Ihr Lächeln wurde ironisch, bevor es erstarb. „Ihr habt keine Vorstellung davon, wie schwer es war", sagte sie dann gedämpft. Kein Wort mehr wollte sie jetzt darüber sagen. Sie wich aus. „Ich habe viel gelernt und ich verrate Euch hier und heute ein Geheimnis." Ihre Antwort war nun fast ein Flüstern. „Ich gebe es nicht gerne zu und ich wollte es mir selbst lange nicht eingestehen. Aber es gibt wohl niemanden, dem ich trotz allem jemals so nahe sein könnte wie Euch, mein König." Sie neigte den Kopf. „Und es gibt keinen, an den ich so viel gedacht hätte."

Bevor sie allzu sentimental werden konnte, holte sie schnell ihren alten Schalk hervor und begann übergangslos zu sticheln.

„Gibt es denn eine von Euren Besucherinnen, die mir Konkurrenz machen möchte? Gibt es eine, deren Familie Euch heute eine ernsthafte Offerte gemacht hat? Nur eine, die Euch hier aufgesucht hat? Sagt mir, wie Ihr Euch entscheidet. Ich habe es bereits."

Wer weiß, gab Taron ironisch zurück und musterte sie prüfend. Dann wurde er ernst. *Ihr wollt also ernsthaft ganz früh zur Witwe werden?,* fragte er dann steif. *Seid Ihr deshalb hierher zurückgekommen?* Er sah sie herausfordernd an. *Ich verstehe. Zu einer sehr reichen Witwe immerhin. Ihr wählt also den Witwer, obwohl Euch so viele junge Männer zu Füßen liegen müssen? Ihr wählt also ausgerechnet mich. Warum sprecht Ihr mich dann die ganze Zeit so förmlich an, Mademoiselle?,* fragte er verwundert.

„Ich werde es nicht mehr tun, wenn wir uns richtig kennen gelernt haben. Wie man mir erzählt hat, wisst Ihr nicht mehr allzu viel von mir. Und ich scheine längst nicht alle Eurer neuen Züge zu kennen."

Taron nickte. Es sollte ihm recht sein. Noch einmal blickte er sie lange an. Dann stand er auf und klopfte gegen die Tür.

Eine Wache öffnete mit einem fragenden Gesicht.

„Vi- inc- ent bra- auche i- ich“, sagte er nur. „I- Ich will m- mein- e Pa- Pap- iere.“

Der Soldat knallte die Hacken zusammen und lief, um den Verwalter zu informieren. Wenig später brachte man die gegenseitig abgestimmten Forderungsschreiben in die Zelle. Daneben Feder, Tinte und Siegelwachs. Einschließlich des Königs Augengläser.

In der Zwischenzeit hatte Taron sich angezogen. Einfache Kleidung. Ohne Zierknöpfe, Tressen oder sonstigen Besatz. Ganz ohne Glanz. Aber die Sachen waren sauber, frisch gebügelt und ordentlich. Und sie rochen nicht nach schlammigem Tümpel.

Mia hatte manierlich am Tisch auf ihn gewartet. Sie fasste sein Haar zusammen, als er sich zu ihr setzte und band zuletzt eine akurate Schleife um seinen Zopf.

Das Waschzeug wurde eilig zur Seite gestellt. Dann baute Taron die Schreibutensilien auf dem kleinen Tischchen vor sich auf. Er holte einen Kerzenleuchter heran und sah Mia von unten herauf lange an. Dann musste er niesen. Das Bad im See war nicht ganz ohne Folgen geblieben.

Ihr seid Euch sicher, auf was Ihr Euch einlasst?, fragte er dann ein letztes Mal, ohne den Blick von ihr zu wenden.

„Nein, mein König“, flüsterte sie. „Das bin ich nicht im Geringsten. Seid Ihr es?“ Stolz hob sie ihr Kinn. „Aber ich bin bereit.“

Er nickte, seufzte tief und überflog mit der Brille auf der Nase noch einmal, was auf den Papieren geschrieben stand. An der einen oder anderen Stelle musste er schmunzeln. Dann nahm er die Feder auf, unterzeichnete mit einer großen geschwungenen Unterschrift und drückte am Ende sein Siegel auf das Papier.

Ehe Mia verstand, was geschah, drehte er die Papiere um und schob sie zu ihr über den Tisch. Die eingetauchte Feder legte er daneben.

Dann stand er auf, drehte ihr den Rücken zu und sah hinauf an die Decke. Er wartete ab. Er hörte das leise Knistern von Papier. Auch Frau Maria von Irdenklein zu Hiesig beliebte noch einmal genau zu lesen, was auf den Dokumenten festgehalten war.

Er ließ ihr die Zeit, die sie brauchte. Während er sich geduldete, nahm er die Brille ab und wollte sie in seine Hemdtasche stecken. Verwundert fuhr seine Hand über den Stoff. Er hatte beim Anziehen nicht bemerkt, dass etwas darin war. Er nahm es nicht heraus, aber er wusste, was die Tasche enthielt. Es war Edolfs Geschenk. Es waren die Ringe. Und wie anders als jetzt und hier musste es geschehen.

Als er das Kratzen der Feder von Mias Unterschrift vernommen hatte, klopfte er erneut an die Tür.

„E- Ein- en P- Priester, bitte!“, sagte er zur Überraschung der Wache. „S- Sofort.“ Von nichts und niemandem würde er sich diesen Moment jetzt zerstören lassen. Er hatte sich entschlossen. Shelly von Schwarzeck musste er auf eine andere Weise befreien. Wie, sollte später überlegt werden. Jetzt war es so weit. Es gab kein Zurück.

Er würde mächtiger sein, als es irgendjemandem seiner Nachbarn und Widersacher jemals lieb sein würde. Und was sie mit aller Gewalt hatten verhindern wollen– es würde geschehen. Jetzt und an diesem Ort.

In aller Eile wurde der Priester aus dem Dorf hierher geholt. Man war zutiefst erschrocken, dass der König nach ihm verlangte. Was mochte in der Arrestzelle geschehen sein? Ging es zu Ende? Man war aus dem Häuschen. Alleine Ibô, Vincent und Remoulado erfuhren von der Wassergrüner Garde, was vor sich ging.

Als der Priester eintraf, fand man Taron und Mia kniend nebeneinander auf dem Zellenboden. Die Hände waren gefaltet, die Gesichter gesenkt und beide waren tief im Gebet versunken. Auf dem kleinen Tischchen neben ihnen lagen zwei Ringe.

Der Priester wusste sofort, was dies zu bedeuten hatte. Er entzündete noch mehr Kerzen und räucherte den Raum mit üppigen Weihrauchschwaden. Man reichte zwei unterschriebene Dokumente nach draußen.

Dann wurde ein Soldat von dem Geistlichen vor der Luke der Zellentür postiert. Er sollte Zeuge sein von dem, was im Inneren dieses Raumes gleich geschehen würde. Und dem König die Privatheit verschaffen, die er sich wünschte, indem er allen anderen, die sich vielleicht neugierig und aufgeregt vor dem Eingang zusammengefunden hatten, die Sicht hinein verwehrte.

Der Geistliche legte dem Paar die Hände auf, und als er den König ansah, hatte er sicher verstanden.

Sie wurden vermählt. In aller Abgeschiedenheit dieses verwunschenen Ortes und ohne jegliches Aufheben.

„ICH WILL!“, brachte Taron schließlich klarer hervor, als er jemals gedacht hatte.

Mia tat es ihm ohne zu zögern gleich. Ihre Stimme zitterte ein wenig.

Ebenso wie ihre Hände, als man die Ringe tauschte.

Taron hatte ihr den Ring an den Finger gesteckt und lächelte scheu. Es war der Ring einer Königin.

Der Soldat entfernte sich auf einen Wink des Geistlichen von der Tür und holte die versilberte Krone heran, die Taron nach der Audienz in seiner Zelle abgelegt hatte.

Er gab damit den Blick durch die soeben geöffnete Türluke frei. Mangels echter Insignie hielt er sie symbolisch über die Schultern des nebeneinander knieenden Paares.

Von der Tür kamen drei äußerst überraschte Ausrufe, über das Bild, das sich in der Arrestzelle bot. Vincent, Ibô und Remoulado lugten herein, um zu überprüfen, was hier vor sich ging. Sie glaubten nicht, was sie zu sehen bekamen. Sie hielten die Luft an. Sie hatten vieles gehofft, aber dies stellte alles in den Schatten, was sie erwartet hatten.

Der Pater gab Taron und Mia gerade ein Zeichen, sich zu erheben.

Der Soldat übergab die Krone dezent in des Königs Hände.

Taron lächelte und setzte das Schmuckstück schließlich auf die großartige Lockenpracht seiner Braut.

Die beiden schienen um sich herum nichts mehr zu registrieren. Sie waren in sich versunken. Sie standen sich gegenüber und hielten sich an den Händen.

Der Pater räusperte sich, nachdem keiner der beiden sich bewegte.

„So ist die Zeremonie aber noch nicht richtig abgeschlossen“, mahnte der Pater an den König gerichtet. „Ihr dürft die Braut also jetzt …“

Taron schloss Mia fest in seine Arme und es folgte ein lange ersehnter Kuss. Der König war sichtlich ergriffen. Vor der Tür erhob sich ein rasender kleiner Applaus.

Dann ließ man sie alleine. Man zog sich zurück und verschloss die Tür von außen. Bis zum nächsten Morgen.

Es würde ein Schock für Anatol zu Wassergrün werden, als er am nächsten Morgen in Begleitung seiner Garde zum Wachhaus ging, um den König aus seinem Arrest zu entlassen. Er hatte sich erst leidlich von dem Mittel, das er versehentlich getrunken hatte erholt und schlimme Kopfschmerzen plagten ihn. Er war diesen Hof leid und er war erpicht darauf, endlich nach Hause zurückzukehren. Nach Wassergrün in seine pulsierende Stadt.

Übellaunig ließ er also die Zelle entriegeln. In einem Ehrenspalier hatte man sich davor aufgestellt. Ibô, Vincent, Remoulado und Konrad von Schwarzeck zuallererst. Sie mussten sich ihre neutral versteinerte Miene vor Tarons Onkel mühevoll erzwingen.

Von außen wurde die Fensterklappe geöffnet und helles Sonnenlicht flutete in die Zelle. Wenig später schwang die Tür auf.

Anatol spulte seinen vorbereiteten Text herunter, den er sich für diese Gelegenheit zurecht gelegt hatte. Eine Vorgabe existierte hier nicht. Er wagte es nicht, in den viel zu kleinen Arrestraum hineinzusehen, in den er Taron die letzten Wochen verbannt hatte.

„Taron Anatol Ikarov. Herrscher von Grauen", sagte er schwülstig am Ende seiner Ansprache. „Ihr seid freigegeben und Grauen, nebst aller Funktionäre und Minister, hofft inständig, es war erneuernd und hilfreich für Euch. Mögen die Tage hier Euch eine neue Richtung gezeigt haben."

Er stellte sich seitlich der Tür und gab den Weg frei und er meinte vor Schreck erneut zusammensacken zu müssen, als der König dann durch die Tür nach außen trat. In die Freiheit. Sein Neffe ging stolz und erhaben aus diesem Arrest. Irgendjemand hatte ihm einen prachtvollen Dienstanzug in die Zelle geschmuggelt. Er trug Grauens Farben auf imposantem Brokat.

Vincent warf seinem König in Anatols Rücken anerkennend ein kleines Zwinkern zu und der König erwiderte es. Sein Verwalter hatte ihm irgendwann in dieser Nacht als sie selig schliefen, still und heimlich seine Königswürde zurück gebracht. Auf einem Kleiderbügel hatte er sie mucksmäuschenstill in seine Zelle gehängt. Ebenso wie ein dazu passendes Seidenkleid für die Königin.

Anatol schnappte nach Luft und er verstand gar nichts von dem, was vor sich ging und vor sich gegangen war. Der König war unterirdisch hager. Er hatte dies selbst verschuldet durch seinen ungehörigen Streik. Aber es kam kein reumütig gebeugter Herrscher aus dieser Zelle nach drei Wochen strengstem Arrest voller Entsagung. Er sah aus wie aus dem Ei gepellt an diesem Morgen. Er leuchtete schier von innen und nicht eine seiner Locken lag gegen die Symmetrie über seinen Schultern. Er sah müde aus. In der Tat. Aber er strahlte und das Sonnenlicht, das ihm durch die geöffnete Zellentür nachfolgte, verstärkte es um ein Vielfaches. Er verkörperte ein Maß an Macht und Erhabenheit, als wäre sie in seiner Zelle mit einem Füllhorn über ihm ausgegossen worden. Der König hatte sich über Nacht neu erschaffen.

Noch mehr schrak Anatol zusammen, als er erkannte, dass sein Neffe nicht alleine aus der Zelle schritt. An seiner Hand war sie. Mia Klein, die Töpferstochter, und unübersehbar waren die Hände der beiden von zwei Ringen geschmückt. Zwei Erbstücke aus Grauens Schatztruhen. Der König hatte sich vermählt. Er hatte sich vereint mit Hiesig und nichts und niemand hatte das verhindern können. Schon gar nicht er. Keine Kerkermauern, keine Entbehrung und schon gar kein inszenierter Schreckmoment in der letzten Zeit.

Taron lächelte ihn an und legte ihm gnädig die Hand auf die Schulter.

Ich danke Euch, Onkel, zeigte er dann aufrichtig und ohne jegliche Ironie. *Ihr habt Eure Aufgabe für Grauen sehr ernst genommen und es brachte mir die Stärke für alles, was jetzt kommen mag.* Er neigte sein Haupt für einen Wimpernschlag und zog mit seiner Frau an Anatol vorbei.

Dann wandte er sich an Vincent.

Meine Frau und ich belieben zu frühstücken, bevor ich mich von all meinen Gästen verabschiede und mich in mein Arbeitszimmer zurückziehe. Ist alles bereit? Ich kann euch gar nicht sagen, welchen Hunger ich habe.

„Darauf könnt Ihr zählen, mein König“, lachte Vincent und in dem Gang hinein erhob sich ein Jubelchor. Ein Hoch auf den König und seine Gemahlin wurde ausgerufen.

Bevor Taron sich vor seinen zahlreichen Gästen zeigte, sie verabschiedete und die Arbeit ihn endlich wieder an seinen Schreibtisch rief, gönnte er sich gemeinsam mit der Familie ein ausgedehntes Frühstück. Die erste Mahlzeit in Freiheit, und Sigur ließ ihm hierzu an diesem Morgen geduldig und ohne Drängen alle Zeit der Welt.

Die Kinder hatten den König beinahe überrannt, als er den Speisesaal betreten hatte. Und noch mehr stürzten sie sich danach auf Mia. Glücklich hatte Shelly sie umarmt und klammerte sich lange und eindringlich an ihren Rockschößen fest.

Man teilte den Morgen mit Anatol und Lucinde, bevor sie abreisten. Anatol war missmutig und sagte kein Wort. Im Gegensatz zu Lucinde, die Taron und Mia ehrerbietig ihre Glückwünsche aussprach.

Ebenfalls am Tisch waren Remoulado und Familie Ripenschneider.

Taron sah in die Runde, warf einen Blick auf Mia neben sich und legte zufrieden sein Besteck zur Seite.

In drei Wochen, meine Lieben, bedeutete er. *In drei Wochen bekommt ihr eine opulente Feier,* versprach er. *Und eine Zeremonie in der Kirche. Gemeinsam mit meinem lieben Freund Remoulado und seiner entzückenden Braut. Für alle Öffentlichkeit.*

Rex gratiam agit soll dieses Jahr ein Feiertag werden, den Grauen nicht so schnell vergessen wird.

„Und es gibt eine neue Krone für Euch, mein Herr“, ergänzte Vincent aufgeregt. „Hiesigs Regentschaft werdet Ihr dann auf

Euren Schultern tragen. König Günter ist informiert."

So wird es sein und gnade mir Gott! Taron lachte.

„Wirst du dann noch mehr arbeiten müssen, Papa?", beschwerte sich Shelly und stemmte die kleinen Fäuste in die Hüften.

Es steht zu befürchten, antwortete Taron sanft und lächelte.

„Dafür haben wir Mia endlich wieder", krähte sie und der kleine Konrad stimmte begeistert mit ein.

Und ich auch!, zeigte Taron still, sah scheu auf die Tischplatte vor sich und nahm Mias Hand.

Anatol zu Wassergrün schnaubte tief und erhob sich. Er legte seine Serviette zur Seite und sah auffordernd seine Gattin an.

„Wir gehen", sagte er und blickte dem König lange ins Gesicht. „Es ist ein weiter Weg nach Wassergrün und hier werden wir nicht mehr gebraucht."

Auch Taron erhob sich und machte eine freundliche Geste zur Tür.

„D- das den- ke i- ich a- auch!", sagte er so deutlich wie möglich. Für seine abschließenden Worte nahm er, wie er es lange gewohnt war, erneut die Hände zur Hilfe.

Es wird Zeit für Euch zurückzukehren und endlich um Euren Sohn zu trauern. Sorgt bitte für Eure eigene Sicherheit nach Eurer Rückkehr. In drei Wochen erwarte ich Euch zurück. Wohlauf und bester Stimmung. Das ist ein Befehl. Eine förmliche Einladung folgt. Und dann kann ich auch wieder besser sprechen, das gelobe ich.

Wie zur Bekräftigung rückte der König seine Krawatte gerade und bestätigte seine Worte mit einer majestätischen Handbewegung.

„Sicher", entgegnete Anatol. Sein Blick war nicht zu deuten. „Achtet auf Euren Kopf, wenn ich nicht mehr hier bin." Es war mehr als deutlich, dass er dies in mehrerlei Hinsicht meinte. „Ich danke für Eure langmütige Gastfreundschaft hier in der–Provinz." Ein verkniffen zynischer Unterton war nicht zu überhören. „Mein König..." Er verbeugte sich tief und führte Lucinde aus dem Saal.

Sein erster Weg führte Taron nach diesem Tagesanbruch zu den Gästequartieren. Um auch allen anderen Besuchern für ihre Anwesenheit zu danken, die eigens für den gestrigen Besuch angereist waren, sie zu verabschieden und sie einzuladen für die anstehenden Festlichkeiten. Sie hatten von der heimlichen Vermählung des Königs in der Nacht natürlich längst erfahren. Dem gewieften Wassergrüner und Grauener Gesellschaftsleben entging nur sehr wenig.

Keine der hohen Familien wirkte sonderlich enttäuscht über die jüngsten Ereignisse. Im Gegenteil. Sie schienen vielmehr erleichtert. Wenn auch höflich zurückgehalten. Keiner wagte es freimütig zu zeigen. Aber der gestrige Tag hatte doch einige Zweifel an dem hehren Streben nach einer Vermählung mit dem Grauener Herrscher aufgeworfen und selbst den ambitioniertesten Adel in seine Schranken gewiesen.

Einzeln und äußerst liebenswürdig verabschiedete sich Taron von seinen Gästen und vor allem von den Anwärterinnen, die sich ihm gestern vorgestellt hatten, weil Anatols Protokoll es so vorgesehen hatte. Und beinahe jede war froh darum, ihren Schwarm in der Heimat wiederzusehen.

Der König hatte ihnen zuliebe die Blende in seinem Kragen vor das Gesicht gelegt. Dennoch wunderte man sich, wie wandlungsfähig der König doch war. Wohlgekleidet, adrett und angenehm duftend war er ihnen heute entgegen getreten und er wirkte wesentlich aufgeräumter und koordinierter als am Vortag.

Dass der König bei der Audienz mit den starken Nebenwirkungen eines ganz frisch erneuerten Fluchs gekämpft hatte und kaum Herr seiner eigenen Sinne war, hatte man gestern nicht bemerkt. Die Spur von Ikarov´schem Wahnsinn, den sie alle an seinem Onkel Edolf so gefürchtet hatten, war heute im Tageslicht wieder völlig verblasst. Man freute sich aufrichtig, der Einladung für die nahen Feierlichkeiten zuzusagen, und begab sich zufrieden und gut gelaunt auf die Heimreise. In den Adelshäusern würde man von der gestrigen Audienz noch lange zu erzählen haben. Von Grauens Herrscher und seinem Haus, in das so selten nur bisher Besuch geladen war. Kutsche um Kutsche rollte durch das Grauener Burgtor hinaus auf die Straße.

Dann marschierte die Wassergrüner Garde vor dem König auf und salutierte. Sie erwiesen ihm vorläufig ein letztes Mal die Ehre. Auch sie würden ihren Weg zurück nach Wassergrün antreten.

Taron gab den förmlichen Gruß zurück. Er entließ sie und er war heilfroh, als der letzte von ihnen im Gleichschritt schließlich aus dem Tor gezogen war.

Die Burg wurde endlich wieder mehr und mehr jener private und abgeschiedene Ort, den man von je her gewohnt war.

Die Ripenschneiders verabschiedeten sich, als auch Anatol in seine Kutsche steigen wollte. Die Familie des Professors wollte zurückkehren in ihre Unterkunft unten im Dorf, die längst zu einer neuen Heimat für sie geworden war.

Der König hielt sie zur Überraschung aller einen Augenblick zurück. Eben im dem Moment, als Professor Ripenschneider sich ächzend vor ihm zu einer kurzen Verbeugung und schwer gestützt auf seinen Stock niedergekniet hatte, zog Taron Remoulados Schwert neben sich und legte die Klinge an Ripenschneiders Hals.

Die Augen des Professors weiteten sich.

Madame Ripenschneider und Mathilde schrieen auf.

Doch Taron lächelte milde und lenkte den scharf geschliffenen Stahl flach auf des Professors Schulter. In Ermangelung von zwei freien Händen musste er aussprechen, was er zu sagen hatte. Er schluckte und artikulierte sich so deutlich und laut vernehmbar, wie er es konnte.

„I- hr seid a- ab sof- ort mein neu- er wi- wissen- schaftlich- er B- berater.“ Er führte die Klinge über den Kopf des Professors von einer Schulter zur anderen. Er sah, wie Ripenschneiders Blick triumphierend zu Anatol und Lucinde hinüber ging, die eben im Begriff waren, ihre Kutsche zu besteigen.

Taron ließ sich nicht beirren. Er gab Remoulado die Waffe zurück und half dem Professor auf die Füße.

So, wie lange gefordert und so wie ich es jetzt für richtig halte, werdet Ihr ebenso wie Euer Schwiegersohn in spe eng an meiner Seite dienen. Euren Dienstorden erhaltet Ihr umgehend.

Mehr gab es nicht mehr zu sagen. Der König verstand es galant und unterkühlt auch an diesem Tag für reichlich Furore zu sorgen. Er verabschiedete sich schmunzelnd und ging zurück in seine Burg. Die Arbeit wartete.

Heute Abend das reguläre Programm in der Gesindeküche, teilte er Vincent im Vorbeigehen noch augenzwinkernd mit. *Wenn man ein klein wenig für mich vorbereitet, werde ich kochen.*

Der Verwalter nickte erfreut, während die Kutsche aus Wassergrün das Burgtor nach draußen passierte.

Taron sah ihnen nach.

Und wann ist der Tag der Hässlichen Kleidung?, wollte er dann wissen und atmete auf.

Vincent sah ihm amüsiert ins Gesicht.

„Wenn Ihr wollt, schon morgen, mein Herr. Einmal die Woche. Wie früher üblich, bevor Ihr nach Wassergrün gegangen seid. Einmal in der Woche und ohne Diskussion." Er lachte. Endlich war der König zurück.

Vor seinem Dienstantritt im Schreibzimmer erbat sich der König noch einen kurzen Besuch in seinen Räumen, die er so lange schon nicht mehr betreten hatte. Einen Moment nur wollte er dort verweilen und ganz im Privaten mit der Burg wieder jene symbiotische Verbindung aufnehmen, die er gewohnt war. Dann würde er klaglos Sigur gehören den restlichen Tag. Ihm und seiner in der Zwischenzeit zum Monströsen angeschwollenen Arbeitsmappe.

Man ließ den König diesen Weg ohne Begleitung gehen. Durch die Gänge seiner Burg, an den Türwachen vorbei, die ihn ausnahmslos und freudig begrüßten. An der Galerie und an üppigen Pflanzgefäßen vorüber, über die endlosen Teppiche durch das ausladende Treppenhaus hinüber in den Flügel, der nur ihm allein gehörte.

Er trat über die Zimmerschwelle und stand in seinem Refugium. Sein Bett war ganz frisch bezogen. Er lächelte. Die Schlafstatt, welche er in Zukunft wohl häufiger mit Mia teilen würde. Keine Falte war in dem akurat gezogenen Laken, die Kissen waren säuberlichst aufgestapelt.

Die wenigen Möbelstücke rings herum im Zimmer waren absolut staubfrei, alles war wie immer. Ein paar frische Blumen standen auf dem Tischchen in der Mitte des Raumes und die Balkontür war ein wenig geöffnet.

Taron wollte zu den großen Flügeltüren hinübergehen, um nach draußen zu gelangen. Er wollte kurz und äußerst zufrieden von seinem Balkon aus einen Blick in den Garten hinunter werfen. Er wollte die frische Grauener Luft atmen, bevor er sich in die Hände des trockenen Grauener Alltags begab und zu seinem pedantischen Sekretär.

Als er an dem kleinen Tischchen vorbei kam, sah er allerdings etwas, was nicht hierher gehörte. Sein Blick ging ungläubig von einem fein gearbeiteten Holzgefäß über die Tischplatte und die Mittelsäule des Möbels hinunter über den Zimmerboden. Er hielt sich die Hand an den Mund und ihm wurde augenblicklich übel. Aus der Dose krabbelte an dem nur halb aufgelegten Deckel vorbei noch immer ein unglaubliches Knäuel von Würmern. Die Kriechtiere waren überall. Auch unter Tarons sauber geputzten Stiefeln.

Er schrie gemeinsam mit Nolda, die eben hinter ihm herein gekommen war, um dem König frische Nachtwäsche bereit zu legen. Sie kreischte so laut, dass die halbe Grauener Garde hinterhereilte.

Der König stand in einem Meer von Ungeziefer.

Unter der Dose klemmte ein kleiner Zettel für den König.

„Kommt! Kommt heraus hier!“, rief Nolda hysterisch.

Taron blieb wie angewurzelt inmitten des wabernden Fußbodens stehen.

Nein, antwortete er entschlossen und legte seinen Mantel ab. *Ich helfe Euch.* Er wandte sich an die Wachen. *Informiert Vincent und Sigur, dass ich später komme. Hier in meinem Schlafzimmer veranstaltet niemand einen solchen Schrecken, ohne dass ich mich höchst persönlich darum kümmere.*

Die Morbidianer hatten zum Abschied einen letzten Gruß hinterlassen. Ein Hochzeitsgeschenk, das seinesgleichen suchte und an Botschaft kaum zu überbieten war.

Als der König endlich in seinem Schreibzimmer ankam, war es beinahe Mittag. Ihm war noch immer flau. Als endlich alles Gewürm eingesammelt war, hatte er es ebenso wie Nolda nicht geschafft, sein erstes vorsichtiges Frühstück in Freiheit bei sich zu behalten.

Das Getier war in den Garten gebracht worden in der Zwischenzeit.

Tarons Laune war äußerst mittelmäßig, als er von Sigur an seinem Arbeitspatz eingewiesen wurde über die letzten Wochen.

Es dauerte Stunden, alles zu bearbeiten. Geduldig und konzentriert wühlte Taron sich mit der Brille auf der Nase durch Berge von Papier. Briefe wurden verfasst und unterschrieben und jede Menge Erlässe aufgesetzt. Die Audienzen vor dem Winter wollten geplant werden, die Minister mussten geladen werden. Einer nach dem anderen. Das angestaute Pensum würde in Wochen noch nicht wieder abgearbeitet sein.

Er las Berichte und ließ sich erzählen, was diesseits und jenseits der Grenzen dringlich war. Darüber hinaus musste der nächste Feiertag überlegt werden in jedem einzelnen Punkt. Gästelisten mussten niedergeschrieben und abgeglichen werden, die Quartiere beauftragt. Auf die Frage nach dem Festbankett trat dem König dennoch ein verklärtes Lächeln ins Gesicht. Dies alles sollte die Königin wählen, wie es ihr gefiel. Taron gab seinem Sekretär vorab viele Einladungsschreiben in Auftrag.

Niemand unterbrach seinen Tatendrang. Niemand störte. Fast alles wurde, wie es immer war. Der König saß an seinem Schreibtisch, schrieb sich die Finger wund und dachte sich den Kopf marode.

Zunächst würden nach dem Feiertag sehr bald die Herbststürme und der Winter Einzug halten ins Land und alles einfrieren, was nicht schnell genug in der wärmenden Stube war. Auch die finsteren Drahtzieher eines ungreifbaren Schattenkabinetts und ihre Pläne. Die Morbidianer und ihren Hochzeitsgruß verbannte Taron in seinen Gedanken ganz weit nach hinten. Um sie würde er sich später kümmern. Sehr viel später. Er versuchte verbissen nicht mehr an das Gewürm zu denken, das heute Morgen allzu reichhaltig durch sein Schlafzimmer gewabert war.

Das Mittagessen ließ er ausfallen und erbat sich lediglich eine Tasse Tee in der Zwischenzeit, um seinen strapazierten Magen zu beruhigen. Er hatte Kopfschmerzen und erst nach ein paar Stunden gönnte er sich eine kurze Pause. Er legte die Brille ab und massierte seufzend seine Nasenwurzel.

Ellis kam herein und bestand wenigstens auf einen kleinen Imbiss. Ganz wie es Tradition war auf einem großen Tablett und direkt am Schreibtisch des Königs.

Als Taron die Unterbrechung beendet hatte, meldete Sigur ganz ohne Voranmeldung seinen Schwager Matheo zum Gespräch in dem Arbeitszimmer.

Taron sah auf. Ihn hatte er seit dem Zusammentreffen in Kunos Haus beinahe vergessen. Wie konnte er nur. Seit dieser Gelegenheit hatte er ihn nicht mehr gesehen.

Matheo trat ein, bevor Taron den Mund aufmachen konnte.

Der König legte seine Papiere zur Seite und ließ ihn Platz nehmen. Er war gespannt, was sein Schwager ihm nun anzutragen hatte.

Sigur blieb neben ihm stehen und die beiden sahen sich wissend an.

Jetzt war Taron neugierig. Er lehnte sich nach hinten an die Stuhllehne und verschränkte die Arme. Er war gespannt, was sie ihm zu sagen hatten.

„Wir haben uns abgestimmt, Euer Gnaden“, begann Sigur das Gespräch. „Jemand muss Euch jetzt helfen. Ihr habt vorhin selbst gesagt, in drei Wochen werdet Ihr wieder besser sprechen und genau so wird es sein. Matheo hat sich bereit erklärt Euch zur Seite zu stehen bis dahin und mit Euch eine flüssige Aussprache zu üben. Wenn Ihr es wünscht. Er wird Euch lehren Eure Sprache wieder so zu benutzen, wie Ihr es gewohnt seid. Ganz so, wie Ihr es von mir lerntet mit den Händen zu sprechen als es notwendig war und unter Ausschluss der Öffentlichkeit."

Taron sah seinen Schwager neben dem Sekretär eindringlich an. Er erinnerte sich, wie er einst *ihm* mühevoll auf ganz ähnliche Weise dazu verholfen hatte, seinen Platz als Diplomat und Redner in der Ratsversammlung zu finden. Sein Schwager hatte seit ihrer Rückkehr aus Schwarzeck in dieser Hinsicht erheblich an Format zugelegt. So machte der Schüler nun seinem Lehrer ein Angebot. Dennoch sah Taron ihn zweifelnd an.

„Ich weiß genau, was Ihr meint", lenkte Matheo ein, als hätte er seine Gedanken gelesen. „Ihr denkt an Camilla, die mich in dieser Zeit entbehren muss."

Der König nickte.

„Es ist bemerkenswert, wie umsichtig du bist", sagte er dann familiär. „Aber es ist nicht notwendig."

„Hier dürfen wir Euch eine gute Nachricht mitteilen", mischte Sigur sich ein. „Nach Rücksprache mit allen Beteiligten hat Eure Schwester beschlossen, Euch bis zur Hochzeit hier auf der Burg zu besuchen. Sie ist bereits auf der Anreise."

Taron überraschte rein gar nichts mehr in diesem Hofstaat. Er lächelte. Dann nickte er bestätigend.

Danke, zeigte er nur. *Dann sei es so. Gerne.*

„Sei mit deiner Dankbarkeit nicht zu vorschnell, werter Schwager", schmunzelte nun Matheo und konnte nicht umhin ein wenig zu sticheln. „Verzeih, wenn ich das sage, aber du sollst nicht unter falschen Voraussetzungen diese Lektionen beginnen. Denn ich werde es mir nicht nehmen lassen, mich in den nächsten Tagen ein wenig für deine Strenge damals zu revanchieren, als ich dein Lehrling war für den Rat."

Ich werde ein folgsamer Musterschüler sein, versprach der König höflich nach einem Augenblick des Nachdenkens. Das hatte er wohl verdient. Und sowohl Sigur als auch Matheo bemerkten, er meinte es ernst.

Aus dem Haus gab es ein dumpfes Brummen. Ein folgsamer Schüler – das war Taron noch nie gewesen. Wollte er jetzt plötzlich ernsthaft damit anfangen?

Taron wusste, es war Edolf, der sich beschwerte. Er ging lächelnd darüber hinweg.

Bitte sei noch viel mehr für mich als ein Lehrmeister und erweise mir die Ehre!, bat Taron dann, bevor er die Arbeit wieder aufnahm. *Sei mein Trauzeuge in der Kirche zum nächsten Feiertag.*

„Wie du wünschst", gab Matheo schmunzelnd zurück und verneigte sich.

Dann lachten sie. Man reichte sich die Hand darauf.

Matheo verabschiedete sich bis zum nächsten Tag und ließ den König mit seinen Fluten aus Papier allein.

Und ganz wie er es versprochen hatte, erschien Taron am Abend nach getaner Arbeit und einem ausgiebigen Besuch in seinem Bad zwanglos eingekleidet zum Abend in der Küche.

Ohne Umschweife sah er sich an, welche Zutaten Ellis für das heutige Nachtmahl ausgewählt hatte, band sich eine Schürze um, griff sich ein schweres Messer und begann zu kochen.

Schorsch assistierte ihm und wagte erste unangebrachte Späße mit seinem König.

Taron war endlich angekommen und die nächsten Wochen waren geprägt von der Ruhe und Beschaulichkeit des Grauener Hoflebens.

Epilog

Die mächtigen Basspfeifen der Orgel dröhnten aus der Kirche und diejenigen, welche bereits in ihr saßen, spürten jeden ihrer Töne im Rücken und unter den Fußsohlen. Die hölzernen Sitzbänke erbebten. Die Kirchenglocken überschlugen sich zu Ehren dieses Feiertags. Die Dorfkirche war voller Gäste bis weit hinauf in die zweite Empore.

Mattheo steckte dem König vor dem Portal ein kleines Bouquet ans Revers.

„Nervös, Schwager?“, fragte er spöttisch, als er Taron an diesem wahrlich historischen Festtag in Grauen ansah. Er ahnte nicht, was dem König gerade alles im Kopf herum ging.

„Hast du...?“, fragte Remoulado verschworen zu Taron hinüber gebeugt.

„Ich h- habe!“, versicherte Taron und fasste wie zur Versicherung an seine Brust über der scharlachroten Stickerei seines Festtagsgewandes.

Konrad von Schwarzeck trat in einem ungewöhnlich geschmackvollen Anzug von einem Bein aufs andere und steckte auch dem zweiten Bräutigam ein kleines Blumengebinde an der Garderobe fest.

„Hast du deine Frisur so ordentlich geglättet, damit die Krone später richtig passt?“, versuchte er zu spaßen und stieß Taron mit dem Ellbogen witzelnd in die Seite.

„In der Tat“, antwortete Taron klar und deutlich und bedachte mit einem anerkennenden Blick seinen Schwager neben sich. „Das habe ich.“ Er war dankbar für seine Hilfe in den letzten Wochen.

Nicht nur eine Doppelhochzeit, auch eine Krönung stand heute auf der Festtagsordnung. Günter von Hiesig war hierher gekommen, um die Insignien zu überführen. Es waren alle anwesend, die geladen waren, alle, die Rang und Namen hatten, und der König hatte an diesem Tag bereits viele Seiten Vertragswerk unterzeichnet.

Taron schlackerten heimlich die Knie. Noch nie zuvor hatte er einen so bedeutsamen Tag vor sich liegen gehabt. Und noch nie zuvor teilte er mit einem einzigen Menschen bei einem Festakt so viele Geheimnisse. Er sah hinüber zu seinem Freund Remoulado.

Der Leibwächter für seinen Teil hatte heute ebenfalls eine Vermählung vor sich und auch er wirkte so angespannt, dass er genau wie sein Trauzeuge Konrad kaum ruhig auf einem Platz stehen bleiben konnte. Verspannt und unverständlich für Außenstehende sah er sich immer wieder nach allen Seiten um.

Taron machte eine besänftigende Handbewegung und ermahnte ihn zu unauffälliger Zurückhaltung. Er sollte sich keine Sorgen machen.

Gemeinsam betraten sie schließlich das Kirchenschiff inmitten rauschenden Orgelgetöses. Gänsehaut überschauerte viele der geladenen Gäste, aber auch Taron und Remoulado selbst, als sie gefolgt von ihren Trauzeugen den festlich beblumten Mittelgang entlang schritten. Nebeneinander. Ganz so, wie der König es gewünscht hatte.

Der Pater empfing sie voller Freude im Altarraum. Aberviele Augenpaare waren auf sie gerichtet.

Der Gesang eines großen Chores ergab in der Akustik dieses Kuppelbaus einen überwältigenden Klangteppich.

Ihre Gesichter waren nach vorne gerichtet und mit bebenden Herzen erwarteten die beiden Freunde das Eintreffen ihrer Liebsten.

Als das feierliche Lied des Chores verklungen war, wurden die Damen an der Hand ihrer Väter und getragen von erneuter Orgeluntermalung hereingeführt.

Vor ihnen her liefen die Kinder. Konrad und die kleine Shelly streuten lachend bunte Blumen und zwischen ihnen hüpfte ein kleiner Nachtmahr in einem eigenst angefertigten kleinen Festtagsgewand wie ein Grashüpfer und warf aus seinem kleinen Körbchen wahllos Blüten neben sich in die Besucherschar.

Nicodemus Klein, jetzt Freiherr zu Hiesig, und Professor Ripenschneider übergaben ihre Töchter, bevor sie sich zurückzogen, um in der ersten Reihe Platz zu nehmen.

Dann entließ Taron die Kinder mit einem Gardesoldaten nach draußen. Er wollte nicht, dass die beiden sich während der langatmigen Zeremonie zu Tode langweilten. Und er wollte nicht, dass sie sich erschraken.

Schorsch quetschte sich aufgeregt zwischen die Familienmitglieder in die Mitte der ersten Bank, aß ein paar von den übrig gebliebenen Blumen und stellte artig das Körbchen zur Seite.

Zuerst wurden Mathilde und Remoulado getraut. Ganz wie es in dieser Doppelhochzeit vorgesehen war.

Mathilde konnte sich die Freudentränen nicht verkneifen und auch Remoulado war sichtlich gerührt. Als sie den Segen empfangen hatten und sich von den Hockern erhoben, auf denen sie gekniet hatten, nahmen sie seitlich auf zwei reich geschmückten Stühlen Platz. Sie hielten sich an den Händen und ihre Wangen glühten. Von ihren Ehrenplätzen aus konnten sie aus nächster Nähe beobachten, was weiter passierte.

Es folgte die Krönung. Bevor Mia und Taron sich noch einmal vor aller Öffentlichkeit die Treue schworen, erhielt er Hiesigs Insignien. Es war ein denkwürdiger Moment, als der König der Dämmerung sich damit zu seiner Braut und zu der Menschenmenge umdrehte. Die Kronen beider Reiche wurden über ihn gehalten. Die Zepter hielt der König über Kreuz in seinen Händen und drückte sie an sein Herz.

Für die atemlose Menge in den Kirchenbänken hielt Taron einen Moment diese Pose, bevor er vorsichtig auf einem bereitgelegten Samtkissen zur Seite legte, was ihm gereicht worden war.

Jonathan, der extra aus Hiesig hier angereist war, hatte sich bereit erklärt, die Zeremonie für Mia und Taron zu übernehmen. Mit seinem Amtskollegen aus Grauen teilte er sich die Pflichten in diesem Haus für den heutigen Tag.

Taron hatte sich unglaublich über diese Überraschung gefreut. Und auch sein Vater war verborgen vor allen anderen hierher gekommen.

Viktor Ikárov höchst persönlich saß als Begleiter von Jonathan still auf einem Platz am Rand der zweiten Reihe hinter William und seiner Familie und im Schatten der Kanzel über ihm. Er trug die Kapuze seiner Kutte tief im Gesicht und verzog keine erkennbare Miene. Nur ein kleines Glitzern in seinen Augen verriet seine Anteilnahme an dem Geschehen. Niemand erkannte ihn und keiner nahm Notiz von dem grau gewandeten Alten, der den Pater aus Hiesig hierher begleitet hatte. Durch nichts und niemanden hätte er sich von dieser Feierlichkeit abhalten lassen.

Wenn es die Gelegenheit gäbe, hätte Taron ihn gerügt, sich so in Gefahr zu begeben. Aber es gab keine. Nicht jetzt und nicht hier. Dennoch berührte es den König sehr, dass sogar er gekommen war. Er hatte ihn sofort bemerkt, als er durch die Reihen nach vorne geschritten war.

Das Programm lief vor Taron und allen Anwesenden ab wie geplant. Jonathan führte sie sicher durch die Liturgie. Abwechselnd sprachen Mia und Taron ihr Gelöbnis.

Der König hatte in den letzten Wochen lange Gelegenheit gehabt, sich seine Worte zu überlegen und sie mit seiner wiedererweckten Stimme zu exerzieren. Jetzt kamen sie klar und deutlich und mit nur winzigen Verzögerungen über seine Lippen.

Tarons Blick fiel währenddessen einmal kurz auf Remoulado, sein Herz raste und alles um ihn herum passierte wie im Traum.

Mia hatte ihr Einverständnis gerade zwischen die Kirchenbänke gehaucht und steckte Taron noch einmal symbolisch den Ring an den Finger.

Danach sirrte von der Empore herab das Geschoss einer Armbrust heran und traf Taron mitten in die scharlachrote Stickerei seines Gewandes. Ein zweites auf Höhe seiner Schulter. Alleine durch die Wucht des Aufpralls wurde Taron vor dem Altar von den Füßen gerissen und stürzte in die Arme seiner entsetzten Braut.

Irgendjemand hatte es tatsächlich für eine gute Idee gehalten, in Schorschs alten Traumprotokollen für Schwarzeck herumzuwühlen. Tief in den Aktenschränken von Konrads verwaistem Büro. Man erlebte einen Albtraum und die Inszenierung erinnerte an ein lange vergessenes Schattenbild.

„Ich will!", sprach Taron so laut wie möglich in den kurzen Schreckmoment absoluter Stille hinein und steckte Mia, die sich zu ihm hinunter beugte, rasch den Ring an den Finger. Er ächzte und zog sie zu sich heran für einen Kuss.

In der Kirche brach ein heilloses Durcheinander aus. Die Wache versuchte den ersten Tumult zu beherrschen.

Remoulado hatte zwei Schwerter hervorgezogen, die unter der ersten Kirchenbank in ihren Futteralen verborgen gelegen hatten, und stürzte damit auf Taron zu.

Der König hatte seine Krawatte gelockert. Er bekam von dem Aufprall kaum noch Luft und hatte sich nach seinem Sturz an eine der Altarstufen gelehnt.

Mia kniete an seiner Seite und wagte es nicht, die langen Geschosse zu berühren, die sich allem Anschein nach gerade in ihren frisch angetrauten Gatten gebohrt hatten.

Der König bedeutete Jonathan, die Zeremonie zügig zu beenden.

Der Pater tats und schlug mit zittrigen Händen den Segen über das Paar.

Taron knöpfte mühevoll seinen Mantel auf.

„Geht es?", fragte Remoulado, angelangt neben ihm, und sah von oben auf Taron hinab.

Der König nickte und Mia half ihm, sich aus dem Mantel zu befreien.

Ein Aufschrei der Erleichterung ging durch die Menge, als man erkannte, die Geschosse waren in dem Gewand des Königs stecken geblieben. Sie waren gehalten und nicht in ihr Ziel gefahren.

Trotz allem hatten sie den Schutz unter dem Gewand um ein paar Milimeter durchschlagen. Aber der König hatte keinen einzigen Kratzer. Kein frisches Scharlachrot quoll aus den Treffern hervor. Ein paar satte blaue Flecken würden ihm nicht erspart bleiben von der Wucht des Aufpralls, aber er lebte.

Taron achtete kaum darauf. Wohlweislich hatte er zuvor etwas von Ripenschneiders Trank genommen. Er spürte die Nachwehen der Treffer bisher kaum. Es hatte genau so funktioniert, wie er und sein Leibwächter sich das im Stillen ersonnen hatten. Dann ließ er sich von Remoulado nach oben ziehen.

Taron stand auf und besah sich die beiden Einschussstellen in der Stickerei seiner prächtigen Weste, die er passend zum Mantel darunter getragen hatte. Kurz verzog er ärgerlich das Gesicht. Dann lächelte er, zupfte Mia zwei passende Blüten aus dem Brautstrauß und steckte sie in die zerfransten Löcher. Er legte das Schwert um seine Mitte und reichte Mia seinen Arm, als ob nichts gewesen wäre.

Remoulado tat es ihm gleich. Er nahm Mathilde an die Hand und gemeinsam schritten sie aus der Kirche.

Der Organist stimmte schnell ein Auszugslied an. Ebenso erhaben und majestätisch wie zuvor. Und ebenso würdevoll und gefasst schritten die beiden Paare nacheinander aus der Kirche.

Kaum hatten sie das Portal passiert und waren von dem Pater verabschiedet, wandte sich Remoulado an die beiden Damen.

„Ihr entschuldigt uns kurz, Werteste?“ Sie entließen ihre Angetrauten aus dem Arm. „Unsere Gäste und alle Gratulanten müssen uns noch entbehren. Wir haben noch etwas zu erledigen. Bis zum Bankett sind wir zurück. Wir versprechen es.“

Taron grinste und hielt die Schwurfinger nach oben.

„Ich möchte tanzen heute Abend“, flüsterte er Mia ins Ohr und dank Ripenschneider würde er hier nicht zu viel versprechen.

Sie zogen ihre Klingen und eilten durch das aufgebaute Spalier der Grauener Garde davon. Einem sicher fassungslosen Widersacher hinterher, der längst von der Empore aus das Weite gesucht hatte.

Als alles ruhig war, fragte Taron sich, was aus Lir geworden war. Der Räuber hatte seinen Befehl nicht befolgt.

Was ist das Geheimnis der Morbidianer? Dies ist eine neue Geschichte und soll ein andermal erzählt werden...

Danksagung

Für euch:
Meine Familie und Freunde,
meinen Daniel,
Ulli, Marco, Dunja, Sylvie
und alle, die es lesen möchten.

CHRISTINA HOFMANN
Veneficium unicum –
eine einzige Giftmischerei
Roman

CHRISTINA HOFMANN
Veneficium secundum –
der Giftmischerei zweiter Teil
Roman
Turmhut Verlag